군신,
함께 정치를 논하다

윤정분(尹貞粉)

1952.2.3. 경북 예천 출생. 숙명여고, 연세대학교 사학과 졸업. 國立臺灣大學校 歷史學硏究所 석사,
연세대학교 대학원 사학과 박사. 한성대학교, 원광대학교 강사를 거쳐 덕성여자대학교 사학과 교수로
재직(1984~2017) 중 2017.12.31. 영면. 논저로『中國 近世 經世思想 硏究 : 丘濬의 經世書를 중심으로』
(혜안, 2002),『한국 여성사 연구 70년』(공저, 한국학중앙연구원, 2017) 외 다수

군신, 함께 정치를 논하다

명대 경연정치의 변천과 그 의의

윤 정 분

2018년 5월 15일   초판 1쇄 발행

펴낸이 · 오일주
펴낸곳 · 도서출판 혜안

등록번호 · 제22-471호
등록일자 · 1993년 7월 30일

⑳ 04052 서울시 마포구 와우산로 35길 3(서교동) 102호
전화 · 3141-3711~2 / 팩시밀리 · 3141-3710
E-Mail hyeanpub@hanmail.net

ISBN 978-89-8494-605-7   93910

값 28,000 원

군신, 함께 정치를 논하다

명대 경연정치의 변천과 그 의의

윤정분 지음

혜안

지난 연말, 윤정분 선생님은 홀연히 우리 곁을 떠나셨다. 작별 인사를 고할 아주 짧은 유예도 없이 선생님은 이미 생사를 가르는 단애 저편에 가 계셨다. 맺고 끊음이 유난히도 단호했던 결벽하신 성품 그대로 평상시의 밝게 웃는 모습만을 마지막 기억으로 남기고 떠나신 듯 했다. 베풀어주신 애정과 배려에 미처 감사도 표하지 못했던 송구스러움, 차마 보낼 수 없는 애절함만이 오롯이 남겨진 사람들의 몫이 되고 말았다. 여기 선생님의 추억을 간직하고 싶은 사람들이 뜻을 모아 남기신 글들을 책으로 펴기로 한 것, 감사하고 든든한 일이어서 펜을 들게 되었다.

다만 여기 엮은 글들이 선생님 자신의 그 엄정하신 검증과 퇴고 과정을 거치지 못한 까닭에 연구를 통해서 전하고 싶었던 뜻을 제대로 담을 수 있었는지 마음이 무겁다. 또한 평생 마음을 쏟아 사랑하시던 제자분들의 인사말이 먼저 나와야 함에도 같은 분야를 전공한 인연으로 부족한 글이 선생님 유고집 맨 앞에 나서게 된 것도 송구스럽기만 하다. 부디 자신에게는 엄하셨지만 학생과 후학들에게는 한없이 너그러우셨던 당신께서 미흡한 점은 접어주시고 한 가닥 사모하는 마음만을 받아 주셨으면 싶다.

이 책에 담긴 열 편의 논고는 약 십오 년 세월에 걸쳐 선생께서 전념하셨던 명대 경연에 관한 연구들이다. 수 년 전부터 부쩍 선생님께서는 이제 번잡한 세상사에서 벗어나서 공부에 전념하고 싶다고 말씀하시곤 했다. 그간의 피로도 있었겠지만 이번에 엮은 경연 연구는 당신께서 참으로 마음을 기울이셨고 아마도 후속 작업을 통해 꼭 세상에 남기고 싶었던 분야였던 것 같다. 명대 경연과 정치사는 오랜 세월 천착하셨던 『대학연의보(大學衍義補)』 연구 및 최근의 역주 작업을 통해 더욱 깊이를 더할 수 있었다. 명대 연구자들 중에서 선생님과 같이 방대한 원사료인 명실록을 꼼꼼하게 읽어 나가는 방식으로 연구를 진행하는 이는 흔치 않으리라고 본다. 이 과정에서 통찰하신 시대 상황과 정치 운영, 당대의 주요 현안들을 모두 시야에 넣어 논고를 구성한 흔적이 역력하다.

선생님의 경연 연구는 중국, 그리고 조선과 같이 유교 이념에 기반을 둔 체제에서 이상적인 정치는 어떤 것이어야 하는지 염두에 두셨던 듯하다. 논문에서 여러 차례 설명하셨듯이 경연이란 전통 유교 국가에서 성학 교육과 정사 협의를 통해 군주의 사적 권력인 '가업으로서의 천하(家天下)'에서 '공천하(公天下)'를 실현하는 중요한 제도적 장치이며 사대부들이 추구하는 정치의 이상이기도 하였다.

바른 학문을 숭상하고 이를 통치의 기반으로 삼으려고 하는 군주가 빼어난 성취와 그에 걸맞은 인품을 구비한 신료들과 평생을 두고 학술을 토론하고 배우며 정치를 논의하는 경연이라는 장은 아마도 유교 이념이 낳은 가장 아름다운 광경일 것이다. 선생님 자신, 다사다난한 인생 역정 속에서 자연스럽게 군신 상호간의 예와 공경이 이루어지는 정치의 공간, 두루 백성에게 은혜가 미치는 그 여유로운 가르침의 가능성에 끌리셨던 것은 아닐까, 조심스럽게 추측해 본다.

현실은 물론 녹녹하지 않았다. 정치의 중심 기구로 부상한 내각은 황제 개인의 정치·문학적 자문기구라는 태생적 한계를 가지고 있었고 황제의 일상을 돌보는 환관들과의 협조가 불가피했다. 황권과 신권의 균형에 의한 '군신공치(君臣共治)'의 '공천하'의 이상은 일시적으로 모습을 보였다고 하더라도 제도로서 정착되기는 어려웠다. 자질을 갖추지 못했거나 혹은 잦은 일탈로 정사에 소홀한 황제에 대해 신권이 견제권을 행사하며 공치를 펼 수 있는 여지는 많지 않았다. 문인 엘리트가 주축이 된 신료들 역시 부정부패나 파벌정치의 폐단에 흐르기 일쑤였다.

선생님께서는 명대 경연제도가 사실상 교육기능으로 명맥을 유지했을 뿐 군신 간의 정사협의, 즉 유교적 공론장(confucian public forum)으로서의 기능을 제대로 달성하기는 어려웠다는 점을 간과하지 않으셨다. 경연의 영향력은 성학교육을 통한 수양이라는 황제 개인의 자율성에만 의존하는 형태였고 한계성을 가질 수밖에 없었다. 황제 권력의 자의성에 의존하는 군주권의 독주는 명대 정치사의 특징이자 명 왕조 멸망의 주요 원인으로 작용하였다고 보셨다. 이런 점에서 명대의 경연은 군신 간의 정치적 공론장으로서 경연이 이상적으로 시행되고 있었던 조선 시대의 경연제도와는 차이를 보인다고 비교하시기도 했다.

선생님의 연구는 명조 멸망을 백여 년 앞둔 1572년까지 진행된 채,

중단되고 말았다. 가장 극적인 역사변동기를 앞에 두고 경연 연구는 깊이를 더하며 마지막 단계로 접어들고 있었다. 환갑을 넘기신 후에도 학문에 대한 선생님의 열정과 헌신은 오히려 막 새로 시작한 사람의 신선함을 더해가고 있었다. 이제 그 결실을 거둘 시기였음을 … 유고를 보면서 새삼 안타까움으로 마음이 저리다.

윤정분 선생님. 온 힘을 다해 달려오셨던 학문과 삶의 여정, 그 굽이굽이에서 선생님의 따뜻함을 접했던 사람은 누구도 선생님을 잊지 못할 겁니다. 부디 하나님 품 안에서 평화와 휴식을 누리소서. 미처 다하지 못한 사모의 마음을 전합니다.

末學 차 혜 원 올림

3부 체제 위기와 '군신공치'의 쇠퇴

1부

건국 초기 경연의 시행과 정국운영

明代 經筵制度와 政局運營의 추이

— 洪武(1368~1398)~弘治(1488~1505) 年間을 중심으로 —

I. 서론

전통 유교 국가에서 경연은 성학 교육과 정사 협의를 통해 군주의 사적
권력인 '家天下'에서 '公天下'를 실현하는 중요한 제도적 장치이자 사대부들
이 추구하는 정치의 이상이기도 하였다.[1] 따라서 경연의 충실한 시행
여부와 경연의 역할과 기능적 특징은 각 시대에 따라 君權과 臣權의 길항과
균형 관계, 군주권의 私와 公의 실현 여부와 그 정도를 가늠할 수 있는
중요한 잣대가 될 수 있다고 하겠다. 그런데 특히 경연에서의 교육 기능의
성패 여부는 군주의 자율성에 따라 결정되는 경우가 많기 때문에, 군주의

---

1) 王瑞來는 중국의 정치사와 사상사적 관점에서 황제 권력의 추이와 황권의 개념
   변화에 주목하면서, 중국의 황권은 황제의 자의적 행위와 이에 기반한 '家天下'觀이
   점차 공적 권력, 즉 '天子無私'의 '公天下'로 발전되는 추세임을 강조하였다. 특히
   그는 경연의 講官·侍講 제도와 諫言 제도는 황제의 사적 권력이 '公'으로 전환하는
   중요한 제도적 장치임을 지적하면서, 중국 근세의 '군주 독재 체제론'에 대해
   비판적 시각을 제시하였다. 따라서 그는 중국의 군주권은 최고의 권력자라는
   지위로부터 정치 조직에 대한 개입 정도에 따라 황권의 정도가 결정되는 상징적
   존재로 변화됨으로써, 점차 공공화되었다고 밝히고 있다. 이러한 정치 사상의
   발전 과정에서 '君臣共治'는 사대부들의 '公天下'의식을 반영한 것이라고 강조하였
   다. 王瑞來, 「總說」, 『宋代の皇帝權力と士大夫政治』, 東京 : 汲古書院, 2001, pp.17~81
   참조.

시적 권력이 공공화로 전환되기엔 일정 정도 한계가 있기 마련이었다. 이에 비해 정사 협의 기능은 언로 개방과 諫言을 통해 군주의 사석 권력이 공공화로 확대되도록 하였고, 이를 통하여 유가 정치 사상의 이상인 '君臣共治'의 실현을 기대할 수 있게 하였다. 이런 점에서 경연에서의 정사 협의 기능은 군주와 사대부들이 함께하는 정치적 공론의 장으로서2) 그 의미와 역할이 더욱 크다고 할 수 있겠다.

명대 경연은 正統 元年(1436) 2월 처음으로 定制된 것으로 알려져 있다.3) 그러나 명대 경연이 제도화되기까지는 명 태조 주원장에 의해 시행된 經史 講論이 그 원형이 된 이래, 永樂(1403~1424)·宣德(1426~1435) 年間을 거쳐 비로소 제도로 정착될 수 있었다. 이 과정에서 명대 經史 강론은 창업기에는 유교적 통치이념을 채택함은 물론이고, 3省 제도의 폐지 등 군주 독제 체제의 확립이라는 시대적 상황에 따라 황제의 '備顧問', 즉 자문 기구로서의 기능이 중시되었다. 한편, 수성기인 선덕 연간에 이르러서는 내각제의 정착과 더불어 閣臣을 중심으로 한 '參預機務'의 기능이 강화됨으로써, 경사 강론에서 군신간의 정사 협의 또한 충실하게 이루어지게

---

2) 이원택은 경연의 기능을 '군주 교육'이라는 제도적 측면보다는, 군신간에 이루어지는 정사 협의의 장, 즉 '유교적 공론장(confucian public forum)'이었다는 사실을 강조하였다. 이에 따라 그는 경연의 정치적 기능에 대해, ① 전제 군주 체제 하에서 빈발하는 군주의 자의성과 폭력 등을 순화하여 정치를 공적인 것으로 돌리려는 하나의 정치적 과정(political process), ② 군주와 유교지식인들이 공동체와 정치에 대한 공동 감각(communal sense)을 마련하는 일종의 對面對話의 정치술(political art), ③ 경학과 경세술이 결합되는 방식 등 세 가지 특징에 주목하였다. 이원택, 「정치 포럼으로서의 經筵과 유교지식인의 정체성-효종대의 『心經』강의를 중심으로-」, 『동서양의 군주교육과 정치-동양의 經筵과 서양의 PAIDEIA』, 연세대 국학연구원·한국정치평론학회 2011 공동심포지움 발표집, 2011.4.22, p.28.

3) 正史·會典類는 물론이고, 기타 개인 문집류에서도 예외 없이 이렇게 기록하고 있다. 예컨대 『明史』(影印本), 臺北 : 鼎文書局, 1980 ; 李東陽, 『大明會典』(影印本)2冊, 卷52, 臺北 : 新文豊出版社, 1976, p.917a葉을 비롯하여, 기타 개인 문집인 鄧球, 『皇明泳化類編』(影印本)1冊, 卷23, 臺北 : 國風出版社, 1965, p.603 ; 孫承澤, 『春明夢餘錄』(影印本) 卷9, 臺北 : 大立出版社, 1980, p.95a葉 등 참조.

되었다. 이렇듯 명대 경연제도는 이를 담당하는 내각제도의 시행 여부와 중앙정치 체제의 변화, 그리고 정국운영의 추이에 따라 각 시대마다 각기 다른 양상과 특징을 반영하고 있다고 하겠다.

그럼에도 불구하고 명대 경연제도에 대한 선행 연구는, 1) 경연의 기능이 황실 교육에 있음을 전제로 하고 여기서 나타나는 황실 교육 체계의 제 문제, 즉 황제와 皇儲를 포함하는 황실 교육 체제의 독점성과 비경쟁성, 도덕 수양만을 이상으로 추구함으로 인해 초래되는 정치적 전문성과 실무 능력이 결여된 교육 내용 등 명대 정치의 문제점과 독재 군주 체제의 부패 원인을 규명하려는 교육·정치사적 연구4), 2) 경연에 대한 구체적 운영 실태, 특히 경연을 담당하는 내각과 한림원 등에 대한 제도사적 연구5) 등에 집중되어 있다고 할 수 있다. 이렇듯 명대 경연제도 관련 선행 연구는 대부분 경연제도의 목적이 황실 교육에 있다는 점을 전제로 함으로써 경연의 또 다른 주요 기능인 '참예기무', 즉 정사 협의의 기능을 구체적으로 규명하지 못했을 뿐만 아니라, 각 시대별 경연제도의 변화 추이와 정국운영의 연관성을 구체적으로 규명하는 데는 여전히 부족한 점이 많다고 하겠다. 또한 명대 전 시대를 통괄하는 거시적 관점에서 경연제도를 정형화함으로써, 명대 각 朝代別 경연제도의 추이와 특징에 대한 구체적 분석이 사상된 채 지나치게 단편적인 평가에 머물고 있다는 비판을 면하기 어렵다고 할 수 있다.

따라서 이 글에서는 경연 관련 주요 史料와 지금까지 필자가 진행해

---

4) 대표적인 연구로는 楊希哲,「論明代皇權與皇位繼承」,『吉林大學社會科學學報』1992 年4期, 1992, pp.83~90 ; 趙玉田,「明代的國家建制與皇儲敎育」,『東北師範大學報』 (哲學社會科學版) 2001年4期, 2001, pp.36~42 ; 張俊普,「明初皇儲敎育的體系建構」, 『華中師範大學 歷史文化學院』, pp.1~11 등을 들 수 있다.

5) 張英聘,「略述明代的經筵日講官」,『邢台師專學報(綜合版)』1995年4期, 1995, pp.14~ 16 ; 楊業進,「明代經筵制度與內閣」,『故宮博物院院刊』1990年2期, 1990, pp.79~87 참조.

온 연구를 토대로 명 중기(洪武~弘治 연간)까지의 경연의 운영 실상과 그 특징, 그리고 경연제도를 통해 본 정국운영의 변화 추이를 각 시대별로 살펴보고자 한다. 이를 위해 먼저, 황제 독재 체제의 정립과 함께 명대 경연제도의 기틀이 마련되기 시작한 홍무·영락 연간의 經史 강론과 그 운영 실상을 고찰하고자 한다. 또한 閣臣의 '참예기무'가 보장됨으로써 경연에서 정사 협의가 가장 원활하게 이루어졌던 선덕 연간(1426~1435)의 경사 강론과 더불어, 명대 경연제도가 정제화된 천순·정통 연간의 경연제도의 실상과 그 운영 실태에 대해, 특히 내각제 시행과 이를 중심으로 하는 당시의 정국운영과 관련하여 검토할 것이다. 마지막으로, 내각제의 쇠퇴와 더불어 과도관 체계의 등장에 따른 중앙정치 조직의 변화와 공론 정치가 고조된 성화·홍치 연간의 경연제도의 운영 실태에 대해서도 살펴보고자 한다. 이상의 고찰을 통해 명대 중기(홍무~홍치 연간)까지의 경연제도의 추이와 이와 관련된 정국운영의 특징을 종합적으로 평가함으로써, 향후 조선시대 경연제도와의 비교사적 연구에 필요한 단초를 제공하고자 한다.

II. 洪武(1368~1398)·永樂(1403~1424) 年間의 經史 講論[6]과 황제 독재 체제의 정립

주원장은 명의 건국 과정에서 유교주의 통치이념을 채택하고 전국의 儒士들을 대거 수용함으로써 신왕조 창업의 제도적 기반을[7] 마련하는 한편,

---

6) 홍무·영락 연간의 경사 강론에 대해서는, 拙稿,「明初 경연제도의 배경과 그 특징─朱元璋의 經史 강론과 군주권 강화를 중심으로─」,『明淸史硏究』25집, 2006.4, pp.1~27 ; 拙稿,「永樂帝(1403~1424)의 經筵 운영과 그 특징─북경 천도 추진과 관련하여─」,『中國史硏究』49집, 2007.8, pp.151~178 참조.

7) 유교주의 통치이념의 제도화는 이후 홍무 연간 초기까지 국자감 등 각급 학교의

經史 講論을 통해 유교적 통치이념의 정립은 물론이고 황실 교육과 정사 자문을 실행하고자 하였다. 이에 따라 지정 18년(1358) 12월 주원장은 儒士 許元·胡翰·葉瓚玉·吳沈·汪仲山·李公常·金信·徐孶·童冀(義)·戴良·吳履(復)·張起敬·孫履 등을 中書省으로 불러 접대하고, 이들에게 날마다 2명씩 교대로 經史의 진강과 治道를 설명하게 함으로써,8) 경사 강론을 처음으로 시작하였다. 또한 지정 20년(1360) 5월에는 '儒學提擧司'를 설치하여9) 世子에 대한 경학 교육을 실시하는가 하면, 지정 23년(1363) 3월에는 건국 과정에서 통치이념과 제도적 기틀을 마련하는 데 결정적 역할을 했던 이른바 '浙東 4先生(陶安·劉基·宋濂·章溢)을 접견하기도 하였다.10) 그리고 같은 해 5월에는 수도 남경에 '禮賢館'를 설치하여 절동 4선생을 비롯하여 金華11) 출신의 학자(王褘·許元·王天錫) 등 전국의 名儒를 초빙하여 이곳에 머물게 하는 동시에, 이들과 수시로 經史를 논하고 政事를 자문하였다.12) 이로부터 주원장은 朝會를 파한 후에는 白虎殿이나 便殿에서 수시로 經史를

설립과 과거제도의 시행, 한림원 설치, 人才의 추천제 등으로 이어졌다. 이에 대해서는 拙稿, 위의 논문(2006.4), pp.5~7 참조.

8) 『太祖實錄』 1冊, 卷6, 戊戌年 12月 辛卯條, p.75. 그런데 鄧球, 앞의 책, 卷21, p.579에서는 己亥年(지정 19년, 1359) 춘정월로 기술하고 있는데, 태조실록의 戊戌年이 타당한 것으로 판단된다. 또한 儒士들의 이름에 대해서는 본문의 괄호와 같이 기록하고 있다. 특히 吳履의 경우는 『明史』 卷130, 「열전」 卷18과 『皇明泳化類編』에 따르면 吳復이라고 기록한 사실로 볼 때, 실록의 吳履는 吳復의 誤記로 생각된다.

9) 『太祖實錄』 1冊, 卷8, 庚子年 5月 丁卯條, p.106.

10) 『太祖實錄』 1冊, 卷8, 庚子年 3月 戊子朔條, p.93. 소위 '浙東 4先生'에 대해서는, John W. Dardess, "The Che-tong Confucian Elite and the Idea of World-Salvation," Berkeley Los Angeles London, Confucianism and Autocracy, University of California Press, 1983, pp.132~182 참조.

11) 이 지역 출신들은 주원장 정권에 참여한 유학자들의 출신지 중에서 가장 많은 비중을 차지할 뿐만 아니라, 명 개국의 이론적 토대를 제공한 宋濂·王褘·胡翰·戴良 등 '金華學派'로 잘 알려진 곳이기도 하다. 이에 대해서는 李慶龍, 「명초 金華學派의 華夷論 형성과 邊境 인식」, 『明清史硏究』 24집, 2005.10, pp.185~225 참조.

12) 『太祖實錄』 1冊, 卷12, 癸卯年 5月 癸酉條, pp.153~154.

강론하게 하는 한편, 역대 제왕들의 치술과 그 득실, 그리고 왕조 창업을 위한 정책 방향 등 주요 政事를 논하기도 하였다. 경사 강론은 이후 지정 25년(1365) 9월 국자학의 설립을 계기로, 지정 26년(1366)부터는 국자학 박사 등에게 '進講'[13]하게 하는 등 경사 강론이 마침내 정기적인 형태로 진행되다가, 특히 명 왕조가 건국된 1368년 이후에는 한림원과 전각대학사가 제도화된 것을[14] 계기로 이들이 경사 강론을 전담하게 되었다.

이 시기(지정 18~26년, 1358~1366) 定制化되기 시작한 홍무 연간의 경사 강론의 특징은 주원장의 요구에 따라 儒士나 侍臣들이 이에 응하는 형식을 취함으로써 황제가 주도하는 형식으로 시행되었을 뿐만 아니라, 군신 관계에서도 황권을 특별히 강조하는[15] 등 군주 독재권 강화를 위한 정사 자문의 성격이 강했다. 이러한 특징은 창업을 준비하는 과정에서 황제의 강력한 통치력이 요구되는 시대적 상황과 황제 개인의 정국운영 방침에서 비롯되는 것이라 하겠다. 이는 원말의 혼란과 부패의 원인과 관련하여, 주원장이 "군주가 무능하고 음탕하여 權臣이 발호하니, 전란이 일어나고

---

13) 당시 국자학 박사 許存仁과 起居注 王褘가 강론할 내용은 이미 예정되어 있었을 뿐만 아니라, 이전과는 달리 '進講'이라는 용어를 처음으로 사용하고 있는데, 이는 경사 강론이 보다 의제화되고 있음을 반영하는 것이라 하겠다.

14) 한림원은 홍무 원년(1368) 9월에 설치되었다. 『太祖實錄』 1冊, 卷35, 洪武 元年 9月 癸卯條, p.384. 한림원의 관제 제정과 구체적인 기능에 대해서는, 『太祖實錄』 2冊, 卷38, 洪武 2年은 春正月 戊申條, p.769 ; 張治安, 『明代政治制度研究』, 臺北 : 聯經出版社, 1993, pp.313~353 참조. 한편 내각대학사의 설치와 기능에 대해서는 吳緝華, 「論明代廢相與相權之轉移」, 『明代政治制度』(臺北 : 學生書局, 1971, pp.19~30 ; 「明初殿閣大學士研究」, 같은 책, pp.91~146 ; 山本隆義, 「明代の内閣」, 『明代政治制度の研究－内閣制度の起原と發展－』(再版本), 京都 : 同朋舍, 1985, pp.472~532 ; 阪倉篤秀, 『明王朝中央統治機構の研究』, 東京 : 汲古書院, 2000 등 참조.

15) 이러한 특징은 지정 26년(1366) 8월 博士 許存仁에게 經史를 進講하게 하는 자리에서 주원장이 신하의 자기 성찰과 수양을 통해 군주를 잘 보필할 것을 특별히 강조한 사실이나, 같은 해 9월 侍臣 王褘 등이 진강하는 자리에서 群臣들을 통제하여 대업을 달성한 당 태종의 용인술을 높이 평가한 것에서도 잘 엿볼 수 있다. 『太祖實錄』 1冊, 卷21, 丙午年 8月 壬子條, pp.298~299 ; 같은 책, 丙午年 9月 乙巳條, p.302.

민의 생명이 위태롭게 되었다."16)라고 한 사실에서도 잘 엿볼 수 있다. 어쨌든 명 왕조의 창업을 준비하고 있던 주원장으로서는 儒士를 대거 수용하여 유교주의 통치이념을 확립하는17) 한편, 황제 주도의 경사 강론을 통해 창업을 위한 구체적인 治道 방안을 마련하고자 하였다. 따라서 당시 경사 강론의 교재로는 경전보다는 역대 제왕들의 治術을 논하는 史書와18) 더불어, 특히 치도를 강조하고 있는『大學』이 중시되었다. 경사 강론의 교재로『대학』이 특별히 중시된 것은 경사 강론이 시작된 지정 18년(1358) 12월 주원장이 儒士 范祖幹과 葉儀를 辟召하자 이 자리에서 범조간이『대학』을 진상한 것이 계기가 되었다. 즉 범조간은

황제가 치도에는 "무엇을 우선으로 삼아야 하는가?'라고 묻자, [범조간이] 답하기를, "이 책 [대학]에서 벗어나는 것이 없습니다."라고 하자, 왕[태조]이 [범]조간에게 '그 뜻을 나누어 구체적으로 설명하라'고 명하였다. [이에][범]조간은 "제왕의 道는 修身·齊家로부터 治國·平天下에 도달하게 하는 것이니, 반드시 상하와 사방이 均齊하고 方正하게 함으로써, 만물이 각기 있어야 하는 자리를 지킬 수 있게 한 다음에야 비로소 治라고 할 수 있습니다."고 답하였다.19)

---

16)『太祖實錄』1冊, 卷39, 洪武 2年 2月 丙寅, pp.783~784.
17) 홍무 원년 춘정월 경사 강론을 행하는 자리에서, 주원장은 한림학사 陶安의 건의를 수용하여 仁義를 치도의 근본으로 삼을 것을 천명하였다.『太祖實錄』2冊, 卷29, 洪武元年 春正月 癸巳條, pp.498~499 ; 鄧球, 앞의 책, p.582.
18) 이는 吳元年 4月『漢書』를 강론하면서 제왕들의 업적과 통치술에 대해 집중적으로 논의한 것이나, 홍무 원년 3월 역대 사서를 통해 황제의 환관 총애가 漢·唐의 멸망 원인이라는 사실을 지적하고 이를 감계로 삼을 것을 강조한 것, 또한 홍무 2년 2월 시강학사 詹同에게 仁義에 입각한 治道를 강조하면서 漢·唐·宋의 정치적 득실을 감계할 것을 강조한 사실 등에서 알 수 있다.『太祖實錄』1冊, 卷23, 吳元年 夏4月 壬子條, p.329 ;『太祖實錄』2冊, 卷31, 洪武 元年 3月 丙辰條, pp.552~5543 ; 같은 책, 卷39, 洪武 2年 2月 辛卯條 p.799 참조.
19)『太祖實錄』1冊, 卷6, 至正 18年 12月 辛卯條, p.74.

고 하여, 『대학』의 8德目(修身~平天下)이 치도의 핵심임을 강조하자 주원장은 이에 특별히 주목하기 시작하였다. 이에 따라 홍무 3년(1370) 2월 마침내 홍무제는 東閣에 나가 한림학사 宋濂과 侍制 왕위에게 『大學』의 10章을 진강하게 하였다.[20] 더구나 홍무 4년(1371) 9월에는 대학의 보충서인 眞德秀의 『大學衍義』를 황제가 직접 열람하는가 하면,[21] 홍무 5년(1372) 12월에 이르러서는 宋濂이 帝王學에 가장 필요한 책으로서 眞德秀의 『대학연의』[22]를 추천하자, 심지어는 그 내용을 전각의 좌우 벽에 크게 써서 붙이고 이를 수시로 볼 수 있도록 하였다.[23] 더욱이 홍무 6년(1373) 春正月에는 宋濂 등에게 『대학연의』 가운데 黃老政治에 대한 司馬遷의 평가 부분을 강론하게 하고,[24] 홍무 17년(1384)에는 侍臣들에게 『대학연의』의 중요성에 대해 아래와 같이 특별히 강조하기도 하였다.

　짐이 『대학연의』를 보니 治道에 유익한 것이 많으니, 매번 이 책을 열람하면서 반성하고 삼가하기도 한다. 그런 까닭에 유신들에 명하여 매일같이 태자와 제왕들에게 이를 강설하게 함으로써 옛날을 거울삼아 오늘을 생각하게 하고, 그 得失을 窮究하도록 하였다. 무릇 책은 먼저 經書를 강설하고 그 다음에 四書를 강설하도록 하되, 그 요점을 분명하게 하여 사람들로 하여금 이를 보기 쉽게 하여, 진실을 깨달아 나라의 귀감으로 삼게 하라.[25]

---

20) 『太祖實錄』 3冊, 卷49, 洪武 3年 2月 辛酉條, p.961 ; 鄧球, 앞의 책, 卷21, p.583. 이 밖에도 홍무 5년 12월 예부시랑 曾魯에게, "『大學』은 천하를 평정하고 다스리는 데 근본이다."고 강조한 데에서도 잘 알 수 있다. 『太祖實錄』 4冊, 卷77, 洪武 5年 12月 己卯條, p.1410.

21) 『太祖實錄』 3冊, 卷68, 洪武 4年 9月 丙辰條, p.1273.

22) 拙稿, 『大學衍義補研究-15世紀 中國經世思想의 한 分析-』, 연세대 박사학위논문, 1992, pp.28~39 ; 朱鴻, 「理論型的經世之學-眞德秀大學衍義的用意及其著作背景」, 『食貨月刊』 15卷13期,1985, pp.108~119 등 참조.

23) 鄧球, 앞의 책, 卷21, p.583.

24) 鄧球, 위의 책, 卷21, p.587.

25) 鄧球, 위의 책, 卷21, p.587.

이로써 볼 때, 홍무 6년부터 홍무제는『대학연의』를 자신의 수양과
행동지침으로 삼는 한편, 이를 태자와 諸王들의 강론 교재로 삼게 하는
등 매우 중요시하고 있음을 알 수 있다. 이렇듯『대학』과『대학연의』가
강론 교재로 사용된 것은 이후 영락(1403~1424)·선덕 연간(1426~1434)에
도 그대로 지속되었고,[26] 또한 경연이 제도화된 정통 연간(1436~1449)
이후로는『貞觀政要』와 함께 日講의 핵심 교재로 자리하게 되었다.[27]

한편 영락 연간(1403~1424)의 경사 강론은 先代 홍무 연간과 마찬가지로
황제의 주도로 운영되었다. 다만 이 시기 강론의 주요 목적은 영락제의
정통성 확립을 위한 수단인 동시에, 그가 추진한 국정의 최대 과제인
북경 천도와 밀접하게 연계되어 운영되었다는 데에 그 특징이 있다고
하겠다.[28] 이는 영락 연간에 시행된 경사 강론이 영락제의 재위 기간
22년 동안 太學 視學 때 시행한 경연을 포함하여 단 세 차례에[29] 불과했다는
사실에서도 잘 알 수 있다.[30] 즉 영락 연간에는 황제 관련 경사 강론에

---

26) 鄧球, 위의 책, 卷22, p.593, 永樂 2年(1404) 夏6月과 秋8月의 기사 참조.

27) 孫承澤, 앞의 책, 卷9, p.93b葉.

28) 영락 연간의 경사 강론에 대해서는, 拙稿,「永樂帝(1403~1424)의 經筵 운영과
   그 특징-북경 천도 추진과 관련하여-」,『中國史硏究』49집, 2007.8, pp.151~178
   참조.

29) 명실록에 따르면, 영락 연간의 경사 강론은 영락 2년(1404) 6월 문화전에서
   대학사 楊士奇가『대학』을 진강하면서 처음 시행된 이래, 같은 해 8월 右春坊
   대학사 解縉이『대학』「正心」章을 강론하였다는 기록이 있다. 또한 영락 4년(1406)
   3월에는 太學에 視學하면서 彛倫堂에서 강론을 시행하였는데, 여기서 祭酒 胡儼은
   『尙書』「堯典」을, 그리고 司業 張智는『易經』「泰卦」를 진강하였다. 그러나 이것
   이외에는 황제와 관련된 경사 강론 기록이 더 이상 나타나지 않고 있다. 영락
   2년 6월의 강론에 대해서는 鄧球, 앞의 책, 卷22, p.593. 그런데『太宗實錄』에는
   영락 2년 6월의 경사 강론에 대한 기록이 누락되어 있다. 한편, 같은 해 8월의
   강론은『太宗實錄』10冊, 卷33, 永樂 2年 8月 己丑條, p.588 ; 鄧球, 위의 책,
   pp.593~594. 태학 視學 때 거행된 강론은『太宗實錄』10冊, 卷52, 永樂 4年 3月
   辛卯條, pp.771~773 참조.

30) 영락제는 경사 강론은 거의 시행하지 않았음에도 불구하고, 視朝 후에는 便殿에서
   經書와 史書를 직접 열람하거나 한림원의 儒臣을 불러 강론하게 하기도 하고,
   文淵閣의 藏書 현황을 직접 점검하는 등 經史에 대한 관심이 적지 않았던 것으로

대한 기록은 매우 소략한 데 비해, 皇儲 교육 관련 강독에 대해서는 매우 중시하였다. 특히 명 실록에 따르면, 영락제는 영락 2년(1404) 4월 太子에 대한 경사 강독을 시행하는 한편, 고금의 嘉言善行과 태자에게 유익한 내용을 모은『文華寶鑑』을 특별히 간행하여 하사하면서 이를 수시로 講說하고 학습할 것을 당부하였다.[31] 또한 영락 5년(1407) 4월에는 그가 특별히 총애했던 황태손(후일 宣德帝)에 대해서도 경사 강독을 시작하는가 하면,[32] 자신의 북경 순행에 대동하여 현장 체험과 武事 교육도 병행하는[33] 등 皇儲 교육에 남다른 관심을 보였다.

주지하는 바와 같이, '靖難'을 통해 皇位를 찬탈한 영락제는 홍무제 이래 남경을 근거지로 하는 京師 체제에서 벗어나 燕王시절 자신의 세력 근거지 인 북경 천도를 은밀하게 추진하였다. 이에 따라 그는 황제에 즉위하자마자 홍무 35년(1402) 7월에는 자신이 수도 남경에 체류하게 됨에 따라 초래될 수 있는 北平(燕王府 소재지)의 공백을 메우기 위해 이곳의 軍民 大事를 장자인 高熾에게 위임하는 한편, 영락 2년(1402) 3월에는 그를 황태자로 책봉하고 북경의 정무를 관장하게 하였다. 또한 북경 천도 계획을 구체적으로 추진하기에 앞서 後嗣 문제를[34] 서둘러 마무리하는 동시에, 천도를

보인다.『太宗實錄』11册, 卷53, 永樂 4年 夏4月 己卯條, p.794.

31) 『太宗實錄』10册, 卷30, 永樂 2年 夏4月 甲申條, pp.545~546. 또한 영락제는『文華寶鑑』의 편찬 배경에 대해 홍무제가 태자 교육을 위해 경전의 핵심 내용을 발췌한 『儲君昭鑑錄』을 예로 들어 설명하면서, 당시 한림학사 겸 우춘방대학사 解縉 등에게 東宮을 잘 보필할 것을 당부하였다. 같은 책, 卷30, 永樂 2年 夏4月 甲申條, p.546.

32) 영락제는 太子 少保 姚廣孝와 侍詔 魯瑄·鄭禮 등에게 長孫의 훈육과 지도를 당부하였다.『太宗實錄』11册, 卷66, 永樂 5年 夏4月 辛卯條, p.926.

33) 영락 8년 10월 영락제는 황태손을 북경 순행에 대동하면서, 그에게 풍속과 농업 실상 등 현지의 民情을 살피도록 하였다.『太宗實錄』12책, 卷109, 永樂 8年 冬10月 癸卯條, p.1406.

34) 황태자에 대한 책봉 문제는 영락 원년 정월 群臣들이 책봉을 요청한 이래 계속 지연되다가, 일 년여가 지난 영락 2년 3월에 마침내 일단락되었다. 이에 대해서는 拙稿, 앞의 논문(2007.8), pp.162~165 참조.

위한 북경 營建 공사와 이를 위한 순행에 앞서 제3자인 趙王 高燧를 北京留守에 임명하고 '北京行府' '留守後軍都督府' 등의 관청을 설치하는 등 사전 준비 작업을 추진하였다. 이렇게 천도를 위한 사전 준비 작업을 마무리한 영락제는 마침내 영락 6년(1408) 8월 북경 순행 계획을35) 알리는 조서를 내리는 동시에, 황제의 京師 부재를 대비하여 황태자를 남경의 '監國'에 명하고 업무 지침인 「皇太子留守事宜」를 마련하게 하는 등 북경 천도 작업을36) 본격화하였다. 이렇듯 북경 천도라는 최대 국정 과제를 추진함에 있어서, 영락제는 무엇보다 후계자 양성을 통한 황실의 안정에 특별히 주목할 수밖에 없었고, 이를 위해 황태자와 황태손에 대한 경사 강독을 중시하였던 것이다. 따라서 영락제는 영락 7년(1409) 2월 성현의 말씀을 직접 발췌하여 만든 『聖學心法』을 간행하고, 이를 황태자 교육에 필요한 강독 교재로 사용하게 하였다.37) 뿐만 아니라 황태손에 대한 교육에도 남다른 관심을 보임으로써, 상술한 바와 같이 영락 5년(1407) 4월부터

---

35) 영락제의 북경 순행은 영락 7년 2월~8년 11월, 영락 11년 2월~14년 10월, 영락 15년 3월~18년 말까지 3차례에 걸쳐 이루어졌고, 북경 체류 기간도 약 9년에 달했다. 또한 漠北 원정은 영락 8년, 12년, 20년, 21년, 22년 등 5차례에 걸쳐 이루어졌다. 이에 대해서는 新宮學, 「北京巡狩と南京監國」, 앞의 책, p.289 ; 張俊普, 앞의 논문, p.4 ; 楊杭軍, 「評永樂帝の五次北征」, 『河南師範大學學報』(哲學社會科學版) 22~29, 1995, pp.35~37 등 참조.

36) 북경 천도 추진 단계에 대해서는 新宮學, 「北京遷都」, 『北京遷都の研究』, 東京 : 汲古書院, 2004, pp.122~287. 한편, 北京 巡幸과 이에 따른 南京 監國에 대해서는 같은 책, 「北京巡狩と南京監國」, pp.289~305 참조. 이 밖에도 張德信, 「明成祖遷都述論」, 『江海學刊』 1991-3, 1991, pp.124~129 ; 萬明, 「明代兩京制度的形成及其確立」, 『中國史研究』 1993-1, 1993, pp.123~132 ; 文亨, 「東控滄海興華夏北撫衆邦貫古今 — 記明王朝定都北京及前後」, 『建城檔案』 2001-3, 2001, pp.39~40 ; 蔣贊初·張彬, 「明代 "兩京"建城時的歷史地理背景與布局方面的比較研究」, 『大同高專學報』 10-1, 1996.3, pp.6~11 ; Farmer, Edward L., "*Early Ming Government : The Evolution of Dual Capitals,*" Harvard University Press, 1976 ; 檀上寬, 「明朝成立期の軌跡 — 洪武朝の疑獄事件と京師問題をめぐって」, 『明朝專制支配の史的構造』, 東京 : 汲古書院, 1995, pp.313~432 등 참조.

37) 『太宗實錄』 11冊, 卷88, 永樂 7年 2月 甲戌條, p.1162.

강론을 시행한 이래 영락 6년(1408) 11월에는 황태자의 輔導官을 설치하는[38] 한편, 강독 내용에 있어서는 특별히 현지 답사와 武事 등 실질적인 덕목을 강조하였다. 이로써 1차 북경 순행 기간 중인 영락 8년(1410) 2월에는 황태손을 北京留守로 명하고, 같은 해 10월에는 북경 순행에 대동하면서 현지 民情을 직접 보고 살피게 하였다.[39] 또한 영락 10년 8월에는 당시 병부상서 金忠에게 수시로 武事를 가르치도록 명하기도 하였다. 더욱이 영락제는 특히 황태손을 총애하여, 순행 중에도 제왕학에 필요한 치술과 경험담을 직접 설명하는 등 현장 학습을 중시하는 동시에, 守成의 군주로서의 자질 함양을 강조하였다.[40] 이와 같이 영락제가 皇儲 교육을 특별히 강조한 것은 『文華寶鑑』(영락 2년), 『聖學心法』(6년), 『務本之訓』(15년) 등 教材를 편찬 간행함으로써, 교육 내용에 직접 관여하고 있는 데에서도 잘 알 수 있다. 뿐만 아니라 皇儲 교육 내용에서도 '建極'과 『大學』의 治道(修身~平天下)를 제왕학의 핵심으로 삼는[41] 한편, 문무의 겸비와 실용을 守成의 군주에 필요한 덕목으로 특별히 중시하였다.[42] 이상의 사실로 볼 때, 홍무·영락 연간의 경사 강론은 필요할 때마다 수시로 개최하고 황제가 주도적으로 정사를 협의하는 형태로 운영되었다고 하겠다. 이렇게 시행되기 시작한 경사 강론은 이후 선덕 연간을 거쳐 정통 연간에 이르러 명대

---

38) 『太宗實錄』 11冊, 卷85, 永樂 6年 11月甲寅條, pp.1128~1129.
39) 『太宗實錄』 12冊, 卷109, 永樂 8年 冬10月 癸卯條, p.1406.
40) 황태손에 대한 강론과 현장 학습은 拙稿, 앞의 논문(2007.8), pp.168~174 참조.
41) 이는 영락 7년 2월 『聖學心法』의 편찬 배경을 설명하는 내용에서 잘 알 수 있다. 拙稿, 앞의 논문(2007.8), p.166 주)51 참조.
42) 이는 영락 12년(1414) 3월과 5월 황태손의 輔臣과 황태손에게 당부한 내용에서, "장손에게 經史를 講說하여 文事와 武備가 어느 한 쪽으로 치우치지 않게 하라."고 한 것이나, "창업과 守成은 어렵다.……너는 앞으로 황위를 계승할 책임이 있으니, 반드시 학문에 힘써야 한다. 그러므로 무릇 천하의 일에 대해 사람들의 어려움을 두루 살펴 알지 않으면 안 되며, 또한 두루 듣고 널리 보지 않으면 안 된다."고 한 것에서 잘 알 수 있다. 拙稿, 앞의 논문(2007.8), pp.170~171, 주)64, 주)67 참조.

경연제도가 마침내 定制化되기까지 하나의 원형이 되었다고 하겠다. 다만 그 운영과 취지 면에서, 홍무 연간의 경사 강론이 황제 독재 체제 확립과 관련하여 황권 강화에 역점을 두어 운영된 것이라 한다면, 영락 연간의 경사 강론은 황제 자신의 정통성 확립은 물론이고 특히 당시 국정 현안인 북경 천도와 관련하여 皇儲 교육을 통한 황실의 안정과 후계자 양성에 그 초점이 있었다고 할 수 있다. 따라서 이 시기 경사 강론은 어디까지나 황실 교육과 황제의 政事 자문으로서 '備顧問' 역할에 한정되어 있었기 때문에, 경사 강론의 정치적 기능인 군신간의 정사 협의는 제대로 작동되지 못했다고 하겠다. 이는 상술한 바와 같이, 왕조의 기틀을 마련하는 창업기라는 특수한 상황에서 황제 독재 체제의 구축, 정통성 확립과 북경 천도 등 당시의 정국운영과 주요 현안과 깊은 연관성을 지녔기 때문이었다. 따라서 강론 교재 또한 聖學에 필요한 수양 덕목을 담고 있는 경전보다는 治道와 治術의 내용을 담고 있는『대학』이 중시된 것이 특징이라고 할 수 있다. 특히 영락 연간의 경우는 후계자 양성을 중시함으로써 皇儲의 소양과 자질 함양에 필요한 經史 내용의 발췌 이외에도, 현장 학습과 武事 등 실무 교육이 그 어느 때보다 강조되었다는 점이 주목된다고 하겠다.

III. 宣德(1426~1435)·正統(1436~1449)·天順(1457~1464) 年間의 내각제와 경연의 제도화 [43)]

이 시기 경사 강론의 특징은 무엇보다 홍무·영락 시기의 경사 강론과는

---

43) 이에 대해서는, 拙稿,「宣德 年間(1426~1435)의 經史 강론과 그 특징－宣德 初 현안문제와 宣德帝의 정국운영과 관련하여－」,『中國史硏究』 57집, 2008.12, pp.247~273 ; 拙稿,「正統·天順年間의 經史 講論과 정국운영－經筵의 제도화와 내각제 운영과 관련하여－」,『中國史硏究』 61집, 2009.8, pp.83~112 참조.

달리, 선덕 4년(1429)이후 완성된 내각제도를 계기로 경연은 내각이 주도하여 정기적으로 시행되었을 뿐만 아니라, 특히 正統 年間에 이르러서는 경연이 제도화되었다는 데 있다고 하겠다. 뿐만 아니라, 경연의 교재도 이전과는 달리 經書와 史書가 定制化되기 시작하였으며, 또한 召對를 통해 내각의 '參預機務'에 의한 君臣 간의 정사 협의가 그 어느 때보다 활발하게 이루어지고 있었다.

여기에는 물론 내각제도의 정비와 함께 閣臣을 중심으로 '輔政 體制'가 구축되었기 때문이었다.[44] 주지하는 바와 같이, 三省 제도는 홍무 13년(1380) 胡惟庸의 獄을 계기로 中書省마저 폐지됨에 따라, 모든 政事는 황제 한 사람에게 집중되었다. 그러나 이러한 황제 독재 체제의 확립은 황제 개인에게는 각지에서 올라오는 章奏를 처결해야 하는 등 오히려 과중한 부담을 초래하였다.[45] 이에 따라 홍무 18년(1385)에는 마침내 내각제를 설치하여 황제의 자문 역할을 담당하게 하였다. 내각제는 특히 洪熙 年間(1425)에 이르러서는 영락 연간(1403~1424)에 폐지되었던 太師·太傅·太保 등 '公孤官'이 부활됨에 따라 이들의 황제 자문의 권한과 기능이 대폭 강화되기 시작하였다. 더욱이 선덕 4년(1431)에는 閣臣에게 '公孤官(정5품 에서 정2품으로 승격)'의 명예 직함이 부여됨과 동시에, 6部의 尚書와 더불어 각종 章奏에 대해 의견을 첨부할 수 있는 '條旨權(票擬權)'이 주어짐으로 인해 '참예기무'의 권한이 더욱 확대되기에 이르렀다. 이들에게는 선대의 遺臣 '三楊'을 비롯한 吏部尚書 蹇義와 戶部尚書 夏原吉의 사례에서와 같이, 6部 尚書의 겸직도 가능하게 됨으로써 政事에 직접 간여할 수 있는 막강한 권한이 주어졌다. 이로써 閣臣들은 황제와 상시적인 召對를 통해

---

44) 내각에 의한 '輔政 體制'의 구축과 더불어, 선덕 연간 이들과의 召對를 특히 강조한 것에 대해서는, 拙稿, 앞의 논문(2008.12), pp.263~270 참조.

45) 홍무제의 경우, 홍무 7년 9월 14일부터 21일까지 처리한 업무는 매일 평균 章奏 207.5건을 비롯하여 423.8건에 달할 정도로 방대한 양이었다. 張治安, 앞의 책, p.228 참조.

정사를 논의하거나 경사 강론을 전담하면서 자신들의 의견을 직접 개진하는 등 실제로는 재상과 같은 역할과 기능을 수행하였다. 이에 따라 閣臣을 중심으로 진행된 이 시기의 경사 강론은 홍무·영락 연간처럼 단순히 황제의 '備顧問' 기능에만 국한되었던 것과는 달리, '참예기무'의 기능이 한층 강화되기에 이르렀다. 이로써 각신 중심의 '輔政 體制'의 구축과 더불어 황권은 경사 강론과 召對를 통해 일정 정도 견제되는 등 정국운영은 그 어느 때보다 군신간의 협의가 강조된 시기라고 할 수 있다.

선덕 연간(1426~1435)의 경연은[46] 선덕 2년(1427) 2월에 처음 시작한[47] 이래 수시로 시행되다가, 특히 선덕 5년(1430)부터는 侍臣들과 주로 召對를 통해 經史 내용을 바탕으로 정사를 함께 논의하는[48] 등 日講을 중심으로 운영되었다.[49] 또한 이 시기 經史 講論은 한림원이나 내각의 儒臣들을 중심으로 한 강론 전담관이 정착되기 시작하였다.[50] 한편, 강론 교재로는

---

46) 拙稿, 앞의 논문(2008.12), pp.247~272 참조.

47) 孫承澤, 앞의 책, 卷9, 「文華殿」, p.94b葉 ; 鄧球, 앞의 책, 1冊, 卷21, 「聖神絲綸經綸」, p.599. 그런데 명실록에는 같은 해 10월에 『易經』을 강론했다는 기록에서 처음으로 보이고 있다. 『宣宗實錄』 卷32, 宣德 2年 冬10月 壬申條, pp.824~825.

48) 이 시기 '三楊'을 중심으로 하는 3孤官 등 閣臣들과의 경사 강론과 召對에서 논의한 내용은 토지 제도와 부역제도, 상하의 소통과 諫言의 강조, 民瘼에 대한 지방관의 상시적 보고 체계 강화와 이를 위한 巡撫제도의 시행, 지방 관리에 대한 엄격한 고과 제도 시행, 인재발탁과 인재 양성 기관으로서 학교의 강조, 역대 戶口의 盛衰에 대한 관심과 논의, 환관의 自宮 入宦 금지, 度牒制의 엄격한 시행과 崇儒 정책, 북방 경비 강화, 鄭和의 원정을 통한 대외 조공 체제의 완비, 전통적 華夷觀의 강조 등 당시 나라를 안정시키는 현실적인 여러 방안이었다. 拙稿, 앞의 논문 (2008.12), pp.269~270 참조.

49) 당시에는 "朝會가 끝나면 수시로 문화전이나 편전에서 大臣과 儒臣들을 불러 경서를 강론하게 하고 政事를 자문하였는데, 당시는 경연[月講]을 열지 않았다."고 하였다. 鄧球, 앞의 책, 卷21, 「聖神絲綸經綸」, p.601. 특히 召對에서 이루어진 경사 강론은 이를 전담하는 '講官'이라는 명칭이 처음으로 사용되었다. 이로써 볼 때, 당시 召對의 일강이 상당히 의제화되고 있음을 알 수 있다.

50) 경사 강론을 담당하는 사람은 임시직으로서 '講臣' '儒臣' 등으로 호칭되었으나, 선덕 연간에 이르러서는 강론을 전담하는 '講官'으로 호칭됨으로써 제도화되기 시작하였다. 이에 대해서는 楊業進, 앞의 논문(1990.2), p.80.

수로『孟子』,『易經』,『貞觀政要』,『漢書』(선덕 2년),『周書(堯典)』,『春秋』,
『孝經』(3년),『典謨』(4년),『禮記』(5년),『宋史』(7년)『周書』(9년) 등이었다.
여기서 주목되는 것은『정관정요』,『주서』등 특히 역대 정치제도와 治術과
관계된 것을 중시하였다는 사실이다. 이는 선덕제가 守成의 군주로서
역대 왕조의 정치제도와 제왕의 치술을 거울삼아 이를 당시 현실에 적용하
려는 '實惠'의 태도를 취했던 것과도51) 무관하지 않다고 할 수 있다.

내각에 의한 보정 체제의 구축으로 閣臣을 중심으로 한 君臣 간의 균형
체제로 운영되던 선덕 연간의 정사 협의 기능은 왕조 창업기인 홍무·영락
시기와는 달리 상대적으로 臣權 강화, 즉 皇權 견제 기능이 중시될 수밖에
없었다. 이러한 상황은 정통 연간(1436~1449)에 이르러 마침내 경연의
제도화로 반영되었다. 즉 정통 원년(1436) 2월, 선대의 老臣 楊士奇의 건의에
따라 예부에서는「경연의주」를 마련함으로써,52) 명대 경연제도에 대한
절차와 내용이 구체화되기에 이르렀다.53) 이를 계기로 같은 해 3월에는
처음으로 경연을 개최하고 경연관들에게 연회를 베풀었다.54) 여기서 주목
되는 사실은 그해 7월에는 都察院 都御史 陳智에게 경연을 담당하게 함으로
써, 閣臣이나 한림원 출신이 아닌 과도관에게도 경연 강론을 담당하게
하였다는 점이다. 이는 특히 경태(1450~1456)·천순 연간(1457~1464)이래

---

51) 선덕제는 퇴조 후에 武英殿에 들러 侍臣들과 井田制 등 토지제도에 대해 논의하면
    서, 養民은 "省徭役, 薄徵斂, 重本抑末" 등 "實惠"에 있다고 강조하였다.『宣宗實錄』
    卷77, 宣德 6年 3月 丁丑條, p.1795.

52) 『英宗實錄』卷14, 正統 元年 2月 丙辰條, pp.262~265 ; 鄧球, 앞의 책, 卷23, p.604.

53) 그 주요 내용은, ① 경연의 종류(月講, 일명 經筵은 매월 2·12·22일 등 3차례
    개최하고, 日講은 매일 早·午朝 후 2회 개최하는 것으로 대별됨), ② 경연의
    개최 장소, ③ 황제에 대한 의례, ④ 進講의 진행 순서와 절차, ⑤ 경연 담당관
    및 배석자 등이다.

54) 正統·天順 年間의 경연에 대해서는, 拙稿,「正統·天順年間의 經史 講論과 정국운영
    −經筵의 제도화와 내각제 운영과 관련하여−」,『中國史硏究』61집, 2009.8,
    pp.83~112 참조. 이 시기 처음으로 시행한 경연에서는『대학』과『尚書』가 강론되
    었다. 이에 대해서는『英宗實錄』卷15, 正統 元年 3月 乙亥條, p.281.

중앙 언관인 6科 給事中과 耳目官인 13道 監察御史 등을 중심으로 한 科道官들의 발언권이 강화되고 공론 정치가 등장하기 시작한 당시의 상황을[55] 반영하고 있다는 점에서 특기할 만한 변화라고 할 수 있다. 어쨌든 정통 연간의 경연 관련 기록에 따르면, 경연이 처음으로 시작된 정통 원년 3월 이후로는 이에 대한 구체적인 기록이 보이질 않다가, 정통 7년(1442) 정월 호부상서 王佐에게 경연에 侍班하게 했다는 기록을 시작으로 영종이 北征을 단행하기 직전인 정통 13년(1448) 7월까지 약 7년 동안 尙書나 한림원 소속 관원들에게 경연에 侍班토록 하거나 한림원 修撰을 侍講으로 승직하게 하는 등의 조치만을 언급하고 있을 뿐이다. 따라서 이 시기의 경연 개최 시기나 강론 내용 등에 대해서는 구체적인 언급이 없다는 점이 특징이라 하겠다.[56] 이로써 미루어 볼 때, 정통 연간의 경연은 제도화에도 불구하고, 어디까지나 유교적 통치이념을 실천하는 황실의 의례적 형식이자 상징으로 시행되고 있었을 뿐이었다. 이러한 상황은 '土木堡의 變'이 발생한 직후인 정통 14년(1449) 12월 吏部 聽選知縣인 黎進이 景泰帝에 올린 상주문에서,

근년에 上皇[영종]께서 비록 경연제도를 마련한 바 있지만, 땅에 엎드려 절하고 내용에 대해서는 단지 작은 목소리로 읊고는 곧바로 나가 버리고 맙니다. [이로써]강론하는 사람은 최선을 다하여 간언할 수 없고, 듣는 사람들도 이를 논하는 것을 멈출 수밖에 없습니다. 따라서 선왕의 政事와 교육을 거론할 수가 없습니다.[57]

---

55) 과도관 체제의 등장에 대해서는 曹永祿, 『明代 科道官體系의 형성과 政治的 機能에 관한 연구』, 서울대 박사학위논문, 1987, pp.71~91 참조.
56) 拙稿, 앞의 논문(2009.8), p.88 참조.
57) 『英宗實錄』 卷186, 正統 14年 12月 乙未, pp.3733~3734. 이 밖에도 영종의 부재로 인해 등극한 景泰帝에게 군신들은 경연의 중요성을 빈번하게 上奏한 사실이나, 경연을 담당하는 한림원의 강독관과 5경 박사 등의 결원이 많았던 것에서도 이러한 사정을 짐작할 수 있겠다.

라고 한 것에서 잘 엿볼 수 있다. 이렇듯 정통 연간에는 경연이 제도로 정착되었음에도 불구하고 실제로는 하나의 의례로만 시행된 데에는 당시 정치·사회적 상황과 무관하지 않은 것으로 생각된다.

알려진 바와 같이, 영종은 9세의 어린 나이로 皇位에 등극함에 따라, 정통 연간 초기의 政事는 주로 그의 조모인 太皇太后 張氏와 先帝의 遺臣인 '三楊' 및 일부 勳臣(英國公 張輔·예부상서 胡濙)에 의해 좌우되고 있었다. 이에 따라 영종 초기의 경연은 父皇인 선덕 연간처럼 군신간의 정사 협의가 원활하게 이루어질 수 없었다. 특히 정통 연간 초에는 '北虜南倭'로 대변되는 국방의 불안정과 빈번한 자연 재해, 그리고 민란이 발생하는 등 정국이 불안정한 상황에서, 경연은 자연히 나이 어린 황제를 대상으로 한 성학 교육에만 초점이 맞추어질 수밖에 없었다. 더구나 정통 7년(1442)을 전후하여 선대의 老臣 '三楊'과 환관의 발호를 지극히 경계하던 태황태후마저 차례로 타계함에 따라, 그 이후로는 태감 王振을 비롯한 환관 세력의 발호로 인해 閣臣을 비롯한 조정 대신들과의 召對는 거의 이루어지지 않았다. 이러한 상황에서 경연이 설사 개최된다고 하더라도 군신간의 자유로운 정사 협의는 아무래도 어려울 수밖에 없었다.[58]

한편 영종이 약 7년간의 포로 생활에서 돌아와 皇位에 복귀한 천순 연간(1457~1464)의 경연제도에 대해서는 명실록을 비롯한 각종 사료에서는 단지 황태자 관련 경사 강독에 대해서만 간헐적으로 언급하고 있을 뿐이다. 이렇듯 천순 연간에는 황제 관련 경연이 거의 언급되지 않고 있는 것은 영종의 復辟 이래 정국운영의 변화와 관련이 있었던 것으로 보인다. 즉 포로 생활에서 귀환한 영종은 황제로 복귀하자마자 親征을

---

58) 이러한 상황은 정통 14년 9월 남경 한림원 시강학사 周敍가 올린 상소에서, "정통 연간이래 王振이 권력을 함부로 휘두르며 혼자서만 측근에 있었습니다. 이에 群臣들은 召對를 할 수가 없었으며, 설사 召對하더라도 상세하게 진언할 수 없었습니다. 이로써 오늘날의 화토목보의 變를 초래하기에 이르렀습니다."고 한 데에서 잘 엿볼 수 있다. 『英宗實錄』 卷182, 正統 14年 9月 壬午, p.3552.

주장한 태감 王振을 비롯한 환관 세력들과 자신의 復辟에 소극적이거나 景泰(1450~1456) 정권에 적극 가담한 관료들을 제거하고 親政 체제를 구축하였다. 이로써 천순 원년(1457) 정월 내각을 전면적으로 개편하는 한편, 2월에는 자신의 복벽에 결정적인 역할을 담당한 이부우시랑 李賢에게 한림원 학사를 겸하게 하는 동시에, 내각에 입각케 하여 '참예기무'하게 하였다. 이현은 특히 천순 2년(1458)~4년(1460)동안 실질적인 내각 수보의 역할을 담당함으로써, 인사를 비롯한 당시의 주요 政事는 그에 의해 좌우되고 있었다.[59] 더구나 영종은 천순 4년(1460) 7월 당뇨로 추정되는 足疾의 발병으로 인해 조정 회의조차 참석하기 힘든 상황이었다. 그의 질병은 그 이후로도 아무런 차도가 없이 천순 8년(1464) 마침내 타계하기에 이르렀다. 이러한 상황에서 천순 연간의 경연은 더 더욱 유명무실하게 될 수밖에 없었다.

이상의 사실로 종합해 볼 때, 영종 시기의 경연은 정통 원년에 이르러 마침내 제도화되었음에도 불구하고, 실제로는 유교주의 통치이념을 표방하는 하나의 의례적 형식에 불과할 뿐이었고, 명 왕조 창업기의 '비고문'의 기능이나 선덕 연간의 '참예기무'의 기능은 제대로 발휘되지 못했다고 하겠다. 따라서 영종 시기의 경연은 처음으로 定制된 것을 계기로 시행된 것을 제외하고는 대부분 그 실효성을 상실하기에 이르렀고, 단지 황태자를 대상으로 한 성학교육의 형태로만 그 명맥이 유지되었다고 할 수 있다. 더구나 '土木堡의 變'에서 복벽한 천순 연간에 이르러서는 선덕 연간에 정립된 내각제도가 내각수보인 李賢 일인에 의해 좌우됨으로써 내각제 또한 기형적으로 운영됨에 따라 황권을 잠재적으로 위협하는 지경에까지

---

59) 특히 당시 영종은 각지에서 올라오는 奏文을 열람하는 것조차 귀찮아하여, 대부분의 政事는 李賢에게 일임하거나 상의하였다. 또한 천순 3년에는 京師 가까이에 저택을 마련하여 그에게 하사하는 등 특별히 대우하였다. 이에 대해서는 拙稿, 앞의 논문(2009.8), pp.103~106 참조.

이르렀다. 이러한 상황에서 친순 연간의 경연에서는 군신간의 정사 협의는
물론이고, 황제가 정국운영을 주도하는 것은 더욱 불가능하였다. 따라서
정통 원년 경연의 제도화는 종전의 경사 강론의 기능과 역할을 종합하고
확대 정립하기 보다는, 오히려 그 기능이 形骸化되는 상황을 반영하는
이념적 형식에 불과하다고 할 수 있겠다.

Ⅳ. 成化(1465~1487)·弘治(1488~1505) 年間의 경연제도[60]와 공론 정치

成化 年間(1465~1487)에 이르러 경연은 先帝인 英宗시기부터 형해화되기
시작한 경연 기능이 개선되기는커녕, 그 시행조차 제대로 이루어지지
않은 채, 더욱 유명무실화되기에 이르렀다. 이는 당시 동요되는 사회·정치
적 제반 상황과 중앙정치 체제의 변화, 그리고 이에 따른 정국운영 방식과
밀접하게 관련되어 있었다. 더욱이 憲宗은 皇位에 즉위한 이래 조정에
참석하지 않은 등 시종 政事를 등한시함으로써, 군신간의 面對조차 이루어
지지 않았다. 따라서 성화 연간의 경연제도는 그 중요성과 위상이 더욱
축소될 수밖에 없었다.

성화 연간에는 閣臣이 조정에서 배제된 것은 물론이고, 황제가 직접
조정 회의를 주관하는 '面議'가 사라지고, 그 대신 6부 상서가 품의하는
'9卿科道官'[61] 중심의 '廷議'제도가 조정의 중심이 되었다. 따라서 군신간의

---

60) 成化·弘治 年間의 경연제도와 정국운영에 대해서는, 拙稿, 「成化 年間(1465~1487)
의 經筵과 정국운영-내각제의 쇠퇴와 科道官體系의 성립과 관련하여-」, 『明淸史
硏究』 34집, 2010.10, pp.1~30 ; 拙稿, 「弘治 年間(1488~1505)의 경연제도와 정국운
영-내각제의 복원과 공론 정치와 관련하여-」, 『中國史硏究』 73집, 2011.8,
pp.117~148 참조.

61) '廷議'는 정통 10년(1445)에 처음으로 구성되기 시작하였고, 그 구성원은 6부
상서·大理寺卿·通政司史·都御使 등 9卿이었다. 여기에서는 주로 주요 政事를 논의

면대는 거의 이루어지지 않았기[62] 때문에 경연제도의 시행 또한 기대하기 어려웠다. 더욱이 선제인 영종 시기 이래 환관 세력의 발호로 특히 司禮監 태감은 황제의 최종 결재권인 '批紅(朱批)權'을 행사하여 실제로는 '內相'으로서 막강한 권한을 행사하기에 이르렀다. 이로써 성화 연간의 정국은 이들 태감과 내각이라는 監閣의 쌍두 체제에 의해 운영되었다. 더구나 당시에는 북방의 오이라트가 빈번하게 침입하는 등 국방이 불안정하였을 뿐만 아니라, 각지에서 민란이 발생하는 등 체제가 극심하게 동요되고 있었다. 이러한 상황에서 국가의 제반 문제에 대한 民情 상달과 諫言의 일정한 수용은 불가피한 일이었고, 언관의 역할은 자연히 강조될 수밖에 없었다. 이에 따라 정통 연간 이래 지방의 民情 상달을 담당하는 언관인 6科給事中과 糾劾을 담당하는 耳目官으로서 13道 감찰어사 등 科道官의 역할이 더욱 중시되기에 이르렀다. 이들은 각 지역의 공론을 형성하고 이를 통해 정치세력으로 등장함으로써 공론 정치가 본격화되기 시작하였다.[63] 과도관들을 중심으로 하는 공론 정치는 마침내 중앙정치 조직에도 그대로 반영되어, 정국운영의 중심이 종전의 '面議'에서 '9卿科道官會議'(즉 '廷議')로 변화되었다.

이러한 상황에서 새로운 황제로 즉위한 헌종은 선대의 예에 따라 즉위년인 천순 8년(1464) 6월 「경연의주」를 제정하는[64] 한편, 이를 계기로 일강을 시행하고 7월부터는 그 교재로 『대학연의』를 첨가하여 강론하였다.[65]

한 데 비해, '廷推'에서는 주로 인사 문제를 다루었다.

62) 특히 성화 연간에는 성화 7년(1471) 12월 太子少保 이부상서 겸 문연각대학사인 彭時를 접견한 이후로는 조정 대신들과 면대한 기록이 남아 있지 않다.

63) 科道官體系의 형성과 이에 따른 公論政治의 등장과 추이에 대해서는, 曺永祿, 「明代 科道官體系의 형성과 政治的 機能에 관한 연구」, 서울대 박사학위논문, 1987 ; 같은 책의 일어판 曺永祿, 『明代政治史研究－科道官の言官的機能』, 渡昌弘 譯, 東京 : 汲古書院, 2003 참조.

64) 『憲宗實錄』 卷6, 天順 8年 6月 丁酉條, pp.154~157.

65) 당시의 경연은 먼저 일강의 형태로 진행되었을 것으로 보인다. 이는 예과급사중

또한 그해 8월에는 마침내 경연(월강)을 처음으로 개최하였는데, 여기서는
『大學』과『尙書』「堯典」이 강론되었다.66) 그러나 그 이후로는 일강은 물론
이고 월강 또한 시행되지 않았던 것으로 보인다. 이는 명실록 등 사료에서
이 시기 경연 관련 기록이 전무한 사실과, 특히 成化 3년(1467) 이래 과도관
을 비롯한 조정 대신들이 경연(월강)과 일강의 개최를 끊임없이 주청한
사실에서도67) 엿볼 수 있다. 어쨌든 이렇게 중단된 경연은 성화 5년(1469)
8월에야 마침내 재개되었다.68) 그러나 이 역시 다시 중단되었다가 성화
7년(1471) 3월 황제가 경연(월강)에 참석한 것을69) 계기로, 그해 12월까지
는 일강의 형태로 간헐적으로 열렸던 것으로 보인다. 그러나 당시의 경연은
월강과 일강을 불문하고 매우 형식적으로 이루어지고 있었다. 이는 당시
경연 관련 기록이 매우 소략할 뿐만 아니라, 그 시행 빈도 또한 매우
적었던 사실에서도 잘 알 수 있다.70) 이렇듯 군신간의 정사 협의가 원활하게
이루어지지 않은 채, 황제가 정사를 소홀히 하고 환관 세력이 국정을
농단하는 상황에서, 언로 개방과 民情의 상달을 위한 경연의 충실한 시행과
성학 교육의 필요성을 강조하는 과도관들의 요구가 그 어느 때보다 쇄도하
고 있었다.71) 이는 명 왕조 개국 이래 유교주의적 통치이념이 실제로는

張寧이 강론 교재로『大學衍義』를 추천할 것을 건의하자, 헌종은 이를 흔쾌히
수용하면서 "날마다 이를 진강하게 하라."고 언급한 것에서 잘 알 수 있다.
이에 대해서는『憲宗實錄』卷8, 天順 8年 秋7月 庚辰條, pp.173~174 참조.

66) 이날 경연에서는 華蓋殿大學士 李賢이『大學』의 首章을, 이부좌시랑 겸 한림원
학사 陳文이『尙書』「堯典」의 首章을 강론하였는데, 헌종은 이를 계기로 매월
2일·12일·22일에 경연을 개최할 것을 명하였다.『憲宗實錄』卷8, 天順 8年 8月
癸未條, p.177.

67) 이에 대해서는 拙稿, 앞의 논문(2010.10), pp.8~9 참조.

68)『憲宗實錄』卷70, 成化 5年 8月 癸酉條, p.1382.

69)『憲宗實錄』卷89, 成化 7年 3月 乙酉條, p.1727.

70) 당시의 경연에 대해서는 명 실록에만 단지 세 차례 언급하고 있는데, 그나마도
"황제가 경연에 참석했다." "조회를 마치고 경연에 다시 참석했다."는 등 매우
소략하다.

71) 경연과 면대를 통한 군신간의 정사 협의를 강조하는 과도관들의 상소가 빗발치는

동요되는 가운데, 이들 언관들을 중심으로 황권을 견제하려는 공론 정치의 등장이라는 새로운 정국운영 양상이 전개되고 있음을 반영한 것이라 하겠다. 이로써 정사 협의의 장으로서 경연 또한 내각 등 종전의 중앙 언로 중심으로 국한할 것인가, 아니면 사대부를 중심으로 하는 지방 공론으로까지 확대 수용할 것인가를 둘러싸고 정치 세력 간의 갈등이 더욱 첨예해질 수밖에 없었다. 이러한 갈등과 대립 속에 특히 성화 12년(1476) 12월 이후로는 일강마저 제대로 시행되지 않았다.[72] 이렇듯 황제를 대상으로 하는 경연이 제대로 시행되지 않은 상황에서, 이 시기 경연제도는 황태자를 대상으로 한 성학 교육으로 그 명맥을 유지할 뿐이었다.[73]

경연의 필요성을 강조하는 공론은 홍치 연간(1488~1505)에도 더욱 더 확산되었을 뿐만 아니라, 이를 둘러싸고 마침내 정치 세력 간의 대립 양상으로 전개되기에 이르렀다. 이러한 상황에서 孝宗은 吏部右侍郎 楊守陳의 건의를[74] 수용하여 「경연의주」를 제정하는[75] 동시에, 그해 3월부터 경연을 시작할 것을 천명하였다. 이와 함께 弘治帝의 즉위를 계기로 내각과 廷議의 舊臣들을 대폭 물갈이함으로써,[76] 특히 내각제를 중심으로 하는

가운데, 홍치제는 매우 고압적인 태도로 일관하면서 이를 수용하지 않았을 뿐만 아니라 심지어는 이들 언관들을 처벌하기까지 하였다. 이에 대해서는 拙稿, 앞의 논문(2010.10), pp.12~15 참조.

72) 이는 성화 12년 12월 남경 6科給事中들이 처벌을 무릅쓰고 헌종에게 "퇴조 후 틈을 내어 편전에 납시어 [대신들과] 접견하는데 힘써야 합니다."고 간언한 사실에서 알 수 있다. 『憲宗實錄』卷160, 成化 12年 12月나 己丑條, pp.2930~2931 참조.

73) 황태자에 대한 경사 강독은 성화 12년(1476) 7월 남경의 5府와 6部, 그리고 成國公 朱儀가 처음으로 건의한 이래, 성화 13년(1477) 12월 형과급사중 趙良의 주청을 계기로 헌종은 마침내 강독 시행을 허락하였다. 이에 대해서는 『憲宗實錄』卷155, 成化 12年 秋7月 戊申條, p.2821 ; 같은 책, 卷173, 成化 13年 12月 己未條, pp.3133~3134. 또한 황태자의 강학과 강독관 임명 사실에 대해서는 같은 책, 卷175, 成化 14年 2月 戊申條, pp.3157~3158 참조.

74) 『孝宗實錄』卷10, 弘治 元年 閏正月 庚午條, pp.211~214 ; 孫承澤, 앞의 책, 卷9, p.95下葉.

75) 『孝宗實錄』卷10, 弘治 元年 閏正月 辛未條, p.214.

정사 협의제를 복원하고자 하였다. 따라서 홍치제는 즉위하자마자 「경연의주」를 서둘러 제정하고·내각을 재편하였다. 여기에는 공론 정치가 확산되는 가운데 환관이 정사를 농단하는 등 先帝 시기의 폐단을 극복하고, 경연을 통해 언로를 개방하는 등 정국운영을 재정비하자는 과도관들의 상소가 크게 작용했기 때문이었다. 이 과정에서 경연을 시작한 지 불과 두 달이 지난 홍치 원년 5월에는 당시 太子太保 이부상서 王恕의 진언이 발단이 되어, 경연 시행을 둘러싸고 조정 대신들과 과도관을 중심으로 하는 정치 세력 간에 마침내 격렬한 논쟁이[77] 일어나기에 이르렀다. 논쟁의 발단이 된 왕서의 진언 내용은 1) 황제의 건강을 고려하여, 혹한이나 혹서의 경우에는 천순·성화 연간의 「경연의주」에 따라 경연을 잠시 중단해야 하며, 2) 경연은 어디까지나 성학 교육에 그 목적이 있기 때문에 儀衛와 연회 등 불필요한 허례허식은 필요하지 않다는 것 등이었다. 이에 대해 大理寺辦事 進士 董傑과 감찰어사 湯鼐 등 사대부와 과도관들은 1) 경연의 중요성을 '祖宗之美制'라는 점을 이유로 하루라도 중단할 수 없고, 2) 사대부들의 공론에 위배된다는 것 등을 내세워 경연의 일시적 중단조차 강력하게 반대하였다.[78] 이에 대해 효종은 "경연 강학은 고금의 美事이지만, 근자에 와서 찌는 더위를 만나 이를 잠시 중단했지만,……조금만 서늘해지면 즉시 시행할 것이다."[79]라 하여 王恕의 입장에 동조함으로써, 경연을 통해

---

76) 성화 23년(1487) 9월 즉위한 홍치제는 과도관들의 탄핵을 계기로 閣臣 尹直·萬安·劉吉 등 舊臣들이 致仕를 청하자, 그 대신 徐溥·劉健을 入閣시키고, 또한 王恕·馬文升을 廷議의 당상관으로 새롭게 발탁함으로써, 제일 먼저 인사 쇄신을 단행하였다. 이에 대해서는, 郭厚安, 『弘治皇帝大傳』, 北京 : 中國社會出版社, 2008, pp.60~64 참조.

77) 논쟁의 발단과 전개과정에 대해서는 拙稿, 「弘治 年間(1488~1505)의 經筵과 政局運營－내각제 복원과 공론 정치와 관련하여－」(2011.8), pp.124~131 참조.

78) 『孝宗實錄』 卷14, 弘治 元年 5月 丁亥條, pp.350~352 ; 같은 책, 卷14, 弘治 元年 5月 壬辰條, pp.355~358 ; 같은 책, 卷16, 弘治 元年 6月 乙未條, pp.360~361 등 참조.

79) 『孝宗實錄』 卷16, 弘治 元年 6月 乙未條, pp.360~361.

정사 협의와 언로개방을 강화하고자 하는 사대부와 과도관들의 공론을
수용하지 않았다. 이러한 상황에서 홍치 연간의 경연은[80] 「경연의주」의
제정을 계기로 홍치 원년 3월 처음으로 시행되었지만, 그 이후로는 제대로
시행되지 않았다. 이는 홍치 3년(1490) 3월 戸科給事中 屈伸의 다음과 같은
지적에서 잘 알 수 있다.

  옛날 제왕들은 날마다 강학하지 않을 때가 없었고, 또한 강학이 없는
  곳에는 가지도 않았습니다.……聖學을 기르고 聖心을 함양하는 것은 오직
  매월의 경연과 매일의 直講에 의존할 뿐입니다. [그럼에도 불구하고] 어찌하
  여 일 년 가운데 큰 추위와 더위에는 강론을 중단하며, 또한 4~5월의 한
  달 중에도 그 儀禮를 행하는 것도 겨우 2~3회에 불과할 뿐입니까?……엎드려
  바라옵건대, 皇上께서는 수시로 경연에 납시고 날마다 直講에 임하시어,
  귀로 듣고 가슴으로 생각하시고 이를 마음으로 깊이 체득하신 것을 행동으로
  보여 주시기 바랍니다.[81]

이와 같이 경연을 통해 언로를 개방하고 공론을 반영하자는 과도관들의
상소가 계속되는 가운데, 언로 개방은 사대부들의 주요한 현안이자 공론의
핵심 주제가 되었다. 특히 홍치 4년(1491) 이후에는 언로 개방과 '廷議'에
황제가 직접 참여하는 '面議' 시행에 대한 요구와 더불어, 언로 개방 대상
또한 재야 사대부로까지 확대해야 한다는 사대부들과 과도관들의 상소가
쇄도하였다.[82] 그러나 효종은 즉위한 이래 내각제 복원을 통해 중앙 언로
중심의 정국운영을 꾀하고자 하였다. 이로써 당시 경연은 정사 협의 기능보
다는 어디까지나 황실의 성학 교육에만 그 초점이 맞추어졌다. 따라서
「경연의주」의 제정에도 불구하고, 당시의 경연은 어디까지나 의례적인

---

80) 弘治 年間의 경연제도에 대해서는, 拙稿, 앞의 논문(2011.8), pp.117~148 참조.
81) 『孝宗實錄』 卷36, 弘治 3年 3月 丁巳條, pp.773~774.
82) 이에 대해서는 拙稿, 앞의 논문(2011.8), pp.133~136, 주)47~51 참조.

형식에 불과하였을 뿐만 아니라, 그 시행 또한 매우 간헐적으로 이루어지고
있을 뿐이었다. 그나마도 홍치 8년(1495) 이후부터 황제는 視朝 시간조차
준수하지 않는 등 政事에 소홀함으로써,[83] 경연은 더욱 유명무실하게
되었다. 이러한 상황에서 홍치 8년 2월에는 예부좌시랑 겸 한림원 시강학사
李東陽과 첨사부소첨사 겸 한림원 시강학사 謝遷을 入閣시켜 '參預機務'하게
함으로써, 내각제에 의한 정국운영 방식이 강화되기에 이르렀다. 특히
홍치 10년(1497) 3월부터는 내각 대학사 徐溥·劉健·李東陽·謝遷 등과 召對를
통해 정사를 협의하는 소수 각신 중심의 보정 체제를 시행함으로써, 언로
개방과 정사 협의의 대상은 더욱 제한되었다.[84] 이로써 사대부들을
비롯한 과도관들이 주장하는 경연에서의 언로 개방과 공론 정치의
반영은 더욱 더 기대하기 어려웠다. 따라서 홍치 연간의 경연제도는
그 시행이나 실질적인 의미는 그만큼 퇴색하기 마련이었고, 경연은
단지 유교주의 통치이념의 의례나 형식에 불과하였다. 더욱이 홍치
11년(1498) 10월 효종을 양육한 태황태후의 거처인 淸寧宮의 화재로
인해 보정 체제의 핵심인물인 劉健·李東陽·謝遷 등 3인이 모두 致仕를
자청하는가 하면,[85] 당시 太監 李廣과 연루된 조정 대신들에 대한 과도관
들의 탄핵이[86] 이어지는 등 정국이 혼란한 상황에서 황제는 홍치 13년

---

83) 효종이 視朝 시간을 준수하지 않은 것은 홍치 8년(1495) 정월 병과급사중 周序의
   상소에서 잘 알 수 있다. 『孝宗實錄』卷96, 弘治 8年 正月 丁未條, pp.1767~1768.
   홍치제의 이러한 태도는 그 이후로도 개선되지 않은 채, 심지어는 上奏 처리조차
   적체되는 등 政事가 제대로 운영되지 못했다. 이에 대해서는 같은 책, 卷114,
   弘治 9年 6月 甲辰條, pp.2075~2976 ; 같은 책, 卷122, 弘治 10年 2月 甲戌條,
   pp.2178~2181 ; 拙稿, 앞의 논문(2011.8), p.138, 주)56 등 참조.

84) 당시 소수 閣臣에 의한 정국운영과 황제의 政事 소홀에 대해서는, 拙稿, 앞의
   논문(2011.8), pp.25~29 참조.

85) 『孝宗實錄』卷143, 弘治 11年 11月 癸卯條, pp.2484~2485. 물론 홍치제는 이들의
   致仕 요청을 하락하지 않았다.

86) 감찰어사 胡獻에 의해 제기되었다. 『孝宗實錄』卷143, 弘治 11年 11月 癸卯條,
   pp.2488~2490 참조.

(1500) 4월 이후로는 視朝조차 외면함으로써,[87] 보정 체제에 의한 정사 협의 조차 그 기능을 상실하게 되었다.

V. 결론

명대 경연제도는 주원장이 시작한 경사 강론을 원형으로 마침내 정통 연간에 제도로 정착되었다. 그러나 각 시기의 경연제도는 황제 독재 체제의 구축과 내각제의 운영 추이, 국정 과제와 주요 현안, '廷議'의 설립과 공론 정치의 등장 등 당시의 중앙정치 조직과 정국운영의 변화에 따라 그 시행 여부와 내용뿐만 아니라, 그 목적과 기능 또한 각기 상이한 특징을 보여주고 있다고 하겠다. 즉 창업기인 홍무·영락 연간의 경사 강론은 유교적 통치이 념을 실천하는 중요한 상징이었을 뿐만 아니라, 특히 그 운영 면에서는 황제가 주도함으로써 황제 독재 체제의 강화를 위한 수단으로 시행되고 있었다. 한편, 수성기인 선덕 연간의 경사 강론은 내각제의 정립과 더불어 내각에 의한 보정 체제가 구축됨에 따라, 군신간의 정사 협의가 그 어느 때보다 원활하게 이루어지고 있었다.

그러나 이 역시 정사 협의의 대상이 내각을 중심으로 하는 중앙 언로에만 국한됨으로써, 군신 공치에 의한 황권 견제는 일정 정도 제한적이거나 불가능할 수밖에 없었다. 왜냐하면 명대의 내각제도는 황제 개인의 정치· 문학적 자문 기구에 불과했을 뿐만 아니라, 당시의 황제 독재 체제는 이들 내각과 사례감의 두 축에 의해 유지되고 있었기 때문이었다. 따라서 설사 내각의 '참예기무'가 이루어진다고 하더라도 내각은 어디까지나 황권의 보조적 수단일 뿐이어서 황권과 신권의 균형에 의한 '군신공치'의

---

87) 拙稿, 앞의 논문(2011.8), p.31, 주)73 참조.

'公天下'를 기대하기란 어려운 일이었다. 이러한 상황에서 특히 정통 연간 이후에는 어린 황제의 등극과 황제의 정사 소홀, 특히 환관 세력의 발호와 내각수보제 등 기형적인 정국운영과 북방 변경 지역의 불안, 빈번한 자연 재해와 사회·경제적 혼란 등 불안한 정국과 봉건 체제가 동요되는 가운데, 경연은 제도화 되었음에도 불구하고 단지 의례적인 형태로만 간헐적으로 시행됨으로써 점차 유명무실하게 되었다. 이는 곧 유교적 통치이념이 실제로는 동요되고 있음을 반영하고 있을 뿐만 아니라, 명 중기이후 등장하기 시작한 사대부 중심의 공론을 반영하는 정치적 공론장으로까지 발전시키지 못함에 따라 시대의 변화상에 부응 하지 못했음을 의미한다고 하겠다.

이렇듯 유교주의 통치이념에 입각한 정사 협의의 실현과 이에 의한 君臣共治를 기대할 수 없는 상황에서, 명대 경연제도는 단지 교육 기능으로 만 그 명맥을 유지할 뿐이고 군신간의 정사 협의, 즉 유교적 공론장(confucian public forum)으로서의 기능은 제대로 달성될 수 없었다. 이에 따라 황제의 사적 권력, 즉 '家天下'는 어디까지나 성학 교육을 통한 수양이라는 황제 개인의 자율성에만 의존하는 형태로 제약될 뿐이었다. 이렇듯 군주권에 대한 견제 장치가 제대로 작동되지 못한 상황에서 황제 권력의 자의성에 의존하는 군주권의 독주는 명대 정치사의 특징이자 명 왕조 멸망의 주요 원인으로 작용하였다. 이런 점에서 명대 경연제도는 군주의 교육 기능뿐만 아니라, 특히 군신간의 정치적 공론장으로서 경연이 이상적으 로 시행되고 있었던 조선시대의 경연제도[88]와는 많은 차이를 보이고

---

88) 이태진, 「朝鮮王朝의 儒敎政治와 王權」, 『東亞史上의 王權』, 한울아카데미, 1993, pp.102~117. 이 밖에도 南智大, 「朝鮮初期의 經筵制度」, 『韓國史論』 6, 1980, pp.140~161 ; 權延雄, 「世宗代의 經筵과 儒學」, 『世宗朝文化研究』 1, 한국정신문화 연구원, 1982 ; 權延雄, 「朝鮮 英祖代의 經筵」, 『東亞研究』 17, 1989, pp.367~389 ; 權延雄, 「宋代의 經筵」, 『東亞史의 比較研究』, 一潮閣, 1987 ; 權延雄, 「高麗時代의 經筵」, 『慶北史學』 6, 1983 ; 權延雄, 「朝鮮 成宗朝의 經筵」, 『韓國文化의 諸問題』, 國際文化財團, 1981 ; 權延雄, 「燕山朝의 經筵과 士禍」, 『黃鐘東教授停年紀念史學論

있다고 하겠다.[89)]

叢』, 1994 ; 權延雄, 「朝鮮 中宗代의 經筵」, 『吉玄益敎授停年紀念史學論叢』, 1996 ; 윤
훈표, 「조선 전기의 경연－15세기 말부터 16세기 초까지의 변모를 중심으로－」,
『동서양 군주교육과 정치』, 연세대 국학연구원·한국정치평론학회주최 2011 공동
심포지움 발표문, pp.13~25 ; 鄭在薰, 「明宗·宣祖年間의 經筵」, 『朝鮮時代史學報』
10, 1999 등 참조.

89) 명대 경연제도와 조선시대 경연제도의 차이는 황(왕)권의 개념과 왕조 운영의
기본적인 틀에서 많은 차이를 보이고 있다고 하겠다. 즉 명대의 황권은 황제
개인의 사적 권력이라는 개념이 강했다. 따라서 설사 내각을 중심으로 정사
협의가 이루어진 경우라 할지라도 이 역시 황권의 보조적 정치 권력일 뿐이어서,
권력의 공적 개념으로까지 확대되기에는 여전히 한계가 있었다고 하겠다. 이에
비해, 조선의 경우는 유교적 왕도 정치의 실현을 이상으로 추구함으로써 왕권이
군주 개인의 사적 권력이 아니라 사림(儒士)들에 의한 견제를 전제로 하는 공적
권력의 개념으로 자리하였다. 이러한 권력의 공적 개념의 성립과 확대는 경연제도
의 엄격한 시행을 통해 君臣共治를 추구함으로써 권력의 공공화를 꾀하였다고
할 수 있다. 따라서 명대와 조선의 경연제도는 경연관에 대한 처우 등 정치제도,
국가 체계와 정국운영, 君權과 臣權과의 역학 관계, 강론 텍스트 등에서 많은
차이를 보이고 있다고 하겠다. 이에 대한 구체적인 비교 분석은 향후 작업으로
미루기로 한다.

明初 經筵제도의 배경과 그 특징
─朱元璋의 經史 강론과 군주권 강화를 중심으로─

Ⅰ. 서론

전통 왕조에서 經筵은 군주들과 왕자들에 대한 經史 교육과 政事 자문의
장으로서, 당시 군주들의 정국운영과 정치 이념을 구체적으로 이해하는
데 중요한 연구 주제라고 하겠다. 經史 講論을 전담하는 侍讀·侍講官을
설치하여 이를 공식적으로 제도화한 唐代이래 지속되어 온 경연은[1] 명대에
도 그대로 계승되었다. 명대의 경연제도에 대해, 대부분의 사료에서는
명이 건국된 지 60여년이 지난 英宗 正統 元年(1436) 春 2월에 그 儀禮를
제도화함으로써 시작되었다고 기록하고 있다.[2] 그러나 경연의 구체적인

---

1) 중국에서 경연이 시작된 것은, "三公坐而論道"에서 그 연원을 찾을 수 있지만,
   경연을 전담하는 관리를 두어 제도화된 것은 당대부터라고 할 수 있다. 傅顯達,
   「明代翰林院之研究」, 臺灣國立政治大學 公共行政研究所 碩士學位論文, 1978.6,
   pp.3~10 ; 馬端臨, 『文獻通考』(영인본)上冊 卷45「學校」6, '唐開元禮' 考427上, 北京
   : 中華書局 ; 『文獻通考』卷54, 「職官」8, '翰林侍讀學士' '翰林侍講學士', 考491中下
   참조.

2) 鄧球, 『皇明泳化類編』(영인본) 第1冊, 臺北 : 國風出版社, 天集, 「聖神絲綸經論」卷23,
   p.603. 한편 孫承澤, 『春明夢餘錄』(영인본) 卷9, 臺北 : 大立出版社, p.95a(5葉)에서
   는 正統 원년 2월 "대학사 楊士奇의 요청에 따라 경연을 열기 시작했다."고 구체적으
   로 설명하고 있다. 또한 李東陽, 『大明會典』(영인본) 卷52, 「禮部」10, 臺灣 : 新文豊
   出版社, p.917a에는 단지 "正統 初에 처음으로 의례로 정해졌다"라고만 하여,

운영 방법과 절차, 주요 교재 선정 등은 이미 명나라를 개창한 朱元璋에
의해 그 기틀이 마련되었던 것으로 보인다.

明 왕조를 개창하는 동시에 모든 정치제도 등 국가 체제를 정비한 주원장
과 관련하여, 지금까지의 연구는 대부분 명의 건국 과정에서 나타난 주원장
의 지원 세력과 명 정권의 성격, 유교주의 통치이념과 명초 정치제도의
특징, 주원장 개인에 대한 연구 등 元·明 교체의 역사적 의미를 분석하고
평가하려는 시각이 주류를 이룬다고 할 수 있다.3) 그러나 주원장에 의해
정립된 유교주의 정치 이념의 실상과 정국운영 방향을 구체적으로 이해할
수 있는 명대 경연제도의 내용과 특징, 그리고 그 추이에 대한 연구는
미진한 실정이다.

따라서 본 논문에서는 명대 경연제도를 통해 나타나는 당시 제왕들의
정국운영과 정치 이념의 구체상을 이해하는 일환으로서, 특히 명대 경연제
도의 原型이 마련되는 과정을 명 태조 朱元璋을 중심으로 고찰하고자
한다. 이를 위해 특히 주원장이 시행한 황제와 諸王에 대한 經史 講論의
내용에 대해『태조실록』등 관련 사료를 통해 살펴보고, 이를 통해 홍무제의
국정운영책의 일면을 군주권 강화의 측면에서 검토해 보고자 한다. 이로써
명의 통치이념과 국정운영의 구체상을 이해하고, 더 나아가서는 명대
경연제도가 차지하는 정치적 위상과 의미, 그리고 그 추이를 이해하는
데 試論으로 삼고자 한다.

구체적으로 명기하지 않고 있다.
3) 대표적인 연구서로서는 檀上寬,『明朝專制支配の史的構造』, 東京 : 汲古書院, 1995
; 檀上寬,『明の太祖 朱元璋』, 東京 : 白帝社, 1994 ; 吳晗, 박원호 역,『주원장전』,
지식산업사, 2003 ; 陳梧棟,『朱元璋研究』, 天津 : 人民出版社, 1993 ; 權重達,「朱元
璋 政權 參與 儒學者의 思想的 背景」,『中國近世思想史研究』, 서울 : 중앙대 출판부,
1998, pp.299~331 ; 全淳東,『明王朝成立史研究』, 개신사(충북대 출판사), 2000 ;
John W. Dardess, *"Confucianism and Autocracy,"* Berkeley Los Angeles London
University of California Press, 1983 등 참조.

II. 朱元璋의 유교주의 표방과 제도화

주지하는 바와 같이 주원장은, 왕조를 개창한 중국의 황제 중에서 보기 드물게 '布衣'출신으로서 명을 건국한 창업 군주였다. 그는 元末의 정치 부패와 가렴주구가 극심한 가운데 각지에서 일어난 농민 봉기 과정을 통해 마침내 명 왕조를 건국하였다. 명 왕조의 창업은 외견상으로는 한족 문화의 부흥을 의미하는 것 같지만, 실제로는 원 말의 반란 집단에서 출발하여 점차 군사 집단, 정치 집단으로 전환하는 과정을 거치면서, 마침내 명 왕조를 개창하였던 것이다.4) 이러한 전환의 배경과 왕조 개창은 무엇보다 '儒士'로 불리는 지식인들의 적극적 참여와 호응에 의해 가능하였던 것이다. 이로써 주원장이 창업 과정에서 가장 중시한 국가 정책은 유교주의에 입각한 '敎化'였다. 따라서 그는 자신이 의지했던 紅巾軍과는 점차 통치이념을 달리 하게 되었고, 특히 양자강을 건너 강남으로 세력을 확장하면서부터 유교주의를 공식적으로 표방하기 시작하였다.5) 이에 따라 주원장은 동향 출신의 무장 세력인 功臣들 이외에도, 유교의 교양을 구비한 전국의 儒士를 지속적으로 초빙하여 政事에 필요한 자문을 구하는 등, 이들을 적극적으로 수용하여 명조 개창의 지원세력으로 삼았다.6)

---

4) 山根幸夫,「元末の反亂と明朝支配の確立」,『岩波講座 世界歷史』12卷, 東京 : 岩波書店, 1971, p.17 ; 權重達,「朱元璋 政權 參與 儒學者의 思想的 背景」,『中國近世史硏究』, 서울 : 중앙대출판부, 1998, p.302.

5) 유교주의로 전환한 시기에 대해서는 和州를 공략한 시기(1354~1355), 강남에 진출한 시기(1355), 集慶路(지금의 南京)를 점령한 시기(1356), 韓林兒를 滁州에서 감금하고 陳友諒을 굴복한 시기(1363), 龍鳳 年號를 폐지한 시기(1367) 등 다양하다. 이에 대해서는 野口哲郞,「初期朱元璋集團の性格」,『橫濱國立大學 人文紀要』, pp.32~33. 이 외에도 全淳東, 앞의 책, p.90 ; 權重達,「朱元璋 政權 參與 儒學者의 思想的 背景」, 앞의 책, p.330 ; 山根幸夫, 앞의 논문, pp.32~34 참조.

6) 權重達, 위의 책, pp.305~310에서 주원장 정권에 참여한 인사들에 대해,『太祖實錄』을 근거로 주원장이 독립군단으로 출발한 至正 13년(1353)부터 명 왕조 건국시기인 1368년까지 15년 동안 약 50명을 도표화하고 있다. 이들의 출신은 주원장이 세력을 확대해 가는 순서와 일치하는데, 이들 중 참여폭이 가장 큰 지역은 金華를

즉 至正 13년(1353) 滁州를 함락시킨 것을 계기로 강남으로 진출하면서부터 유교주의를 표방하는 인사 정책을[7] 확대해 가는 한편, 지정 19년(1359)에는 寧越府 知府인 王宗顯으로 하여금 지방 학교인 郡學을 열어 儒士 葉儀와 宋濂을 五經師로 삼고 戴良을 學正으로, 吳沈과 徐原을 訓導로 삼아 지방 교육에 힘쓰게 함으로써[8] 교화의 방침을 구체화 하였다. 이와 함께 주원장은 같은 해에 '不殺'주의를 강조함으로써[9] 종전의 공격과 점령을 위주로 삼는 무력 통치에서 탈피하여 유교주의를 통치이념으로 하는 문치주의를 공식적으로 표방하기에 이르렀다. 특히 지정 20년(1360) 3월에는 마침내 명 건국 과정에서 지배 이념과 제도에 대한 이론을 제시하는데 결정적인 역할을 담당한 이른바 '절동 4선생'을 접견하였다.[10]

이때부터 유교주의를 통치이념으로 채택하고자 하는 주원장의 노력은 제도화로 반영되었다. 이에 따라 같은 해인 지정 20년 5월 '유학제거사'를 설치하는 동시에, 宋濂을 提擧로 임명하여 世子를 이곳에 보내 경학을 학습하도록 함으로써,[11] 황실의 교화에도 주목하기 시작하였다. 뿐만 아니라 지정 23년(1363) 5월에는 建康(지금의 남경)에 '禮賢館'을 설치하고 여러 名儒를 초빙하여 이곳에 머물게 하고, 이들과 수시로 經史를 논하며 政事를 자문할 수 있도록 함으로써, 유교주의 이념을 제공할 인재 수용의 제도적 장치를 마련하였다. 이로써 여기에는 陶安·夏煜·劉基·章溢·宋濂·蘇

중심으로 하는 절강성이고, 다음으로 안휘성과 강서성임을 밝히고 있다.

7) 至正 13년(1353) 滁州를 함락한 이후 至正 18년(1358)까지의 사례에 대해서는 『太祖實錄』 1冊, 卷6, 乙未年 6月 丁巳條, p.33 ; 『太祖實錄』 1冊, 卷6, 戊戌年 12月 庚辰條, p.70 ; 『太祖實錄』 1冊, 卷6, 戊戌年 甲申條, p.73 참조.

8) 『太祖實錄』 1冊, 卷7, 乙亥年 庚申條, p.80.

9) '不殺'주의에 대해서는 전순동, 앞의 책, p.82 참조.

10) 『太祖實錄』 卷8, 庚子年 3月 戊子朔條, p.93 ; 소위 '浙東 4선생'에 대해서는 John W. Dardess, "The Che-tung Confucian Elite and the Idea of 'World-Salvation'," 앞의 책, pp.131~182 참조.

11) 『太祖實錄』 1冊, 卷8, 庚子年 5月 丁卯條, p.106.

伯衡 등과 李文忠이 추천한 金華[12] 출신의 王禕·許元·王天錫 등 명망있는
儒士들을 초빙하여 상주하도록 하였다.[13] 이어서 주원장은 吳王으로 칭하
게 된 지정 24년(1364)에는 덕망 있는 유사를 널리 발탁하는 것이 '至治'의
필수적 요건임을 강조하는 한편, 이를 중서성에 명하기도 하였다.[14] 이와
아울러 吳를 칭했던 지정 27년(1367) 10월에도 起居注 등 관리를 파견하여
幣帛을 하사하면서까지 각 지방의 숨어있는 인재를 구하고자[15] 노력하였
다.

　인재를 광범위하게 초빙하려는 주원장의 노력은 명나라를 건국한 이후
에도 끊임없이 지속되었다. 이에 洪武 元年(1368) 8월에는 원나라 한림학사
였던 危素·張以寧·魯堅 등이 대장군 徐達의 軍門에서 알현하자 이들 儒士들
을 예우했을[16] 뿐 아니라, 같은 해 9월에는 현인을 구한다는 詔書를[17]
내리는 한편, 文原吉·詹同·魏觀·吳輔·趙壽 등을 천하에 나누어 파견하여
직접 賢才를 구하도록하기도 하였다.[18] 이처럼 인재에 대한 초빙과 함께,
주원장은 인재 선발의 기준에 대해서도 주목하여 '擧主之法'을 엄격하게
시행할 것을 명하기도 하였다.[19]

　이러한 인재의 발탁과 양성은 학교와 인재 양성 기관의 설치로도 구체화
되었다.[20] 즉 至正 25년(1365) 9월에는 集慶에 '國子學'을 설립하여 기존의

---

12) 이 지역은 주원장 정권에 참여한 유학자들 중에서 가장 많은 비중을 차지하는
　　출신지역일 뿐 아니라, 명 개국에 이론적 토대를 마련한 宋濂·王禕·胡翰·戴良
　　등 '金華學派'로 잘 알려진 곳이다. 이에 대해서는 李慶龍,「명초 金華학파의 華夷論
　　형성과 邊境 인식」,『明淸史硏究』24집, 2005.10, pp.185~225 참조.
13)『太祖實錄』1책, 卷12, 癸卯年 5月 癸酉條, pp.153~154.
14)『太祖實錄』1책, 卷14, 甲辰年 3月 庚午條, p.186.
15)『太祖實錄』1책, 卷26, 吳 元年 冬10月, 甲辰條, p.383.
16)『太祖實錄』2책, 卷34, 洪武 元年 8月, 戊子條, p.621.
17)『太祖實錄』2책, 卷35, 洪武 元年 9月 癸亥條, pp.629~630.
18)『太祖實錄』2책, 卷36上, 洪武 元年 11月 己亥條, p.659.
19)『太祖實錄』3책, 卷45, 洪武 2年 9月 壬辰朔條, p.877.
20) 權重達,「明代 敎育制度의 政治思想的 배경」, 앞의 책, pp.331~346 참조.

集慶 路學을 대체하는 동시에, 博士·助敎·學正·學錄·典樂·典書·典膳 등 여러 관직을 설치하고 許存仁을 박사로 임명하였다.[21] 이어서 몇 달이 지난 뒤 지정 26년(1366) 2월에 劉承直을 국자박사로 삼고 李曄 등을 助敎로 선발하는 등 국자감 관직을 임명하고,[22] 11월에는 또 다시 郭永을 국자박사, 李克正을 學正, 張孟兼을 學錄, 呂仲善을 典膳으로 임명하는 등 국자감에 대한 조직 및 人選을 다져 나갔다. 이를 바탕으로 吳 元年(1367)에는 마침내 국자감의 관제를 구체화하고, 박사 許存仁과 劉承直 등을 각각 祭酒와 司業 등의 관직으로 승격시킴으로써[23] 국가 최고 교육기관을 定制하였다. 최고 교육기관의 설치와 함께 홍무 원년(1368)에는 국가의 제도와 禮文을 입안하는 翰林院을 설립하고,[24] 홍무 2년(1369) 정월에는 한림원의 관제를 제정함으로써 황제에 대한 자문 기구 역할을 담당하게 하였다.[25] 이처럼 인재 양성 기관으로서 국자감과 한림원을 설립하는 한편, 같은 해 4월에는 특별히 功臣 자제를 국자감에 입학시켜 儒學을 수학하게 하여[26] 훗날 인재로 활용하도록 하였다. 또한 홍무 5년(1372) 3월에는 관료들의 자제를 국자감에 입학시켜 독서하도록 하는 동시에, 朝參에도 참석하여 의례를 배우게 한 연후에 任官하도록 하기도 하였다.[27] 특히 국자감 출신을 한림원에 충원하는 등 두 기관의 연계성에도 주목하여, 홍무 8년(1375) 5월에는 국자감생 중에서 젊고 총명한 사람을 선발하여 '小秀才'라 칭하고, 이들을

---

21) 『太祖實錄』 1책, 卷17, 乙巳年 9月, 丙辰條, p.239.
22) 『太祖實錄』 1책, 卷19, 丙午年 2月, 庚午條, pp.262~263.
23) 국자감의 관제는 祭酒 4品, 司業正 正5品, 博士 正7品, 助敎 從8品 등으로 하였다. 『太祖實錄』 1책, 卷26, 吳 元年 冬10月 丙午條, p.384.
24) 『太祖實錄』 1책, 卷35, 洪武 元年 9月 癸卯條, p.628.
25) 한림원의 관제는 承旨 正3品, 學士 從3品, 侍講學士 正4品, 侍讀學士 從4品, 直學士 正5品, 典簿 正7品 등으로 하였다. 『太祖實錄』 2책, 卷38, 洪武 2年 春正月, 戊申條, p.769 ; 한림원에 대한 구체적인 제도와 기능에 대해서는 張治安, 『明代政治制度』, 臺北 : 聯經出版社, 1993, pp.313~353 참조.
26) 『太祖實錄』 2책, 卷44, 洪武 2年 夏4月, 己巳條, pp.816~817.
27) 『太祖實錄』 4책, 卷73, 洪武 5年 3月 乙酉條, p.1335.

한림원에 배속시켜 문화전과 武英殿에서 '說書'를 담당하도록 하였다.[28] 중앙에 국자감을 설치한 것 외에도, 홍무 2년(1369) 冬10월에는 전국의 郡縣에도 학교를 설립하도록 詔書를 내림으로써,[29] 지방 학교제도도 정립하였다. 이와 함께 홍무제는 이듬해 3년(1370) 2월에는 6部가 천하의 인재를 널리 구하는 일을 총괄하도록 명하는[30] 한편, 더 나아가서는 지방의 수령들이 학식과 덕망이 있는 사람들에게 예우하여 京師에 보내도록 하였다.[31]

인재의 招致와 교육 기관과 한림원 등을 통한 인재양성에 대한 명 태조의 관심은 과거제에 대한 정비에까지 미쳤다. 홍무 3년(1370) 5월, 명 태조는 역대 왕조의 取士策의 장단점을 고찰하는 동시에, 종전의 과거제에서 나타난 폐단을 지적하여 자신이 직접 인재를 선발하는 親策을, 같은 해 8월 과거제와 함께 시행한다는 조서를 내렸다.[32] 이에 따라 다음해인 홍무 4년(1371) 춘정월에 3년 1擧의 과거제를 제도화하고[33] 이를 정착시켰다. 그러나 이러한 과거제에 의한 取才 또한 지나치게 詞章에만 편중되고 실무는 물론이고 德行이 부족하다는 것을 이유로 약 2년 뒤인 홍무 6년 2월에 중단시키기에 이르렀다.[34] 이로써 같은 해 4월에는 吏部가 직접 방문하여 천하의 인재를 각 지방에서 적극 추천하도록 할 것을 명하여,[35] 산림에 은거하는 지방의 有德者를 적극 추천하여 京師에 초빙하여 관리로 등용하는 방침을 세웠다.

이처럼 명 건국 과정에서뿐만 아니라, 건국 이후에도 儒士 등 지식인층에

---

28) 『太祖實錄』 4책, 卷100, 洪武 8年 5月 丁酉條, p.1697.
29) 『太祖實錄』 3책, 卷46, 洪武 2年 冬10月 辛卯條, pp.924~925 ; 같은 달 辛巳條, pp.923~924 참조.
30) 『太祖實錄』 3책, 卷49, 洪武 3년 2月 戊子條, p.972.
31) 『太祖實錄』 3책, 卷52, 洪武 3年 5月 丁酉條, p.1018.
32) 『太祖實錄』 3책, 卷52, 洪武 3年 5月 己亥條, pp.1019~1020.
33) 『太祖實錄』 3책, 卷60, 洪武 4年 春正月, 丁未條, p.1181.
34) 『太祖實錄』 4책, 卷79, 洪武 6年 2月 乙未條, pp.1443~1444.
35) 『太祖實錄』 4책, 卷81, 洪武 6年 夏4月, 辛丑條, p.1465.

대한 끊임없는 초빙과 인재 양성의 제도화는 주원장 정권이 강남을 중심으로 하는 '남인정권'이라는 지역적 한계성과도 무관하지 않다고 하겠다.36) 즉 주원장 정권은 그의 출신 지역인 安徽省을 근거지로 출발하였고, 이후 경제적 중심지인 강남으로 세력 기반을 확대하여 이 지역의 지주층 출신의 지식인을 대거 흡수함으로써 점차 왕조 개창의 틀을 구축하였다. 이에 따라서 주원장 정권에 참여한 강남 지주층 출신의 지식인 집단은 유교주의에 입각한 통치이념을 제공함으로써, 명 건국의 기틀을 마련하는데 결정적 역할을 담당하였다. 이 때문에 명이 건국된 초기에 있어서 과거와 추천에 의해 등용된 관료들 중에는 강남(南人) 출신이 큰 비중을 차지하였다. 이러한 강남 편중의 인사는 자연히 지역적 유착으로 인한 부정과 비리, 폐쇄적 지역주의 등의 문제점을 초래하여, 이후 명실상부한 통일왕조로 발전하는 데에는 걸림돌이 될 수밖에 없었다. 이에 따라 상술한 바와 같이 '거주지법'을 엄격하게 하는가 하면 과거제를 시행하고, 특히 홍무 4년 12월에는 '南北更調制'를 시행함으로써37) 남인 억제책을 통해 인재 등용의 폭을 전국적으로 확대하고자 하였다. 물론 이러한 노력은 소기의 성과를 거두지 못함으로써 주원장은 결국 과거제를 폐지하기에 이르렀고, 이를 대신하여 인재의 현지 조달이라는 추천제가 명조의 건국 이전처럼 존속하게 되었다.38) 따라서 명이 건국된 초기에도 왕조가 개창되기 이전과 마찬가지로, 홍무제는 儒士를 중심으로 지식인층을 끊임없이 초빙하고자 노력했다고 하겠다.

이렇게 인재의 적극적인 유치와 양성뿐만 아니라, 주원장은 고금의 도서 수집과 소장에도 관심을 보임으로써, 지정 26년(1366) 5월에 有司로

---

36) 檀上寬,「明王朝成立期の軌跡－洪武期の疑獄事件と京師問題をめぐって－」, 앞의 책, pp.39~82 참조.

37) 『太祖實錄』 3책, 卷70, 洪武 4年 12月 丙戌條, p.1299.

38) 檀上寬,「明王朝成立期の軌跡－洪武期の疑獄事件と京師問題をめぐって－」, 앞의 책, pp.48~52.

하여금 경전 등 고금의 도서를 널리 구하고 이를 秘府에 소장하고 열람하도록 하는 한편, 고금의 서적 수집과 소장에도 관심을 보인 한 무제의 공로를 높이 평가하기도 하였다.[39] 이와 함께 홍무 원년 2월에는 先師인 孔子를 國子學에 배향하는 동시에, 곡부에 사신을 보내 제사를 지내게 하였다.[40] 이로써 매년 수차례에 걸쳐 정기적으로 釋奠을 거행함으로써,[41] 유교주의를 통치이념으로 표방하였을 뿐 아니라, 이를 제도화 하였다.

이상에서 살펴본 바와 같이 주원장은, 유교주의에 입각한 교화를 강조하고, 이를 위해 인재를 양성하기 위한 중앙의 국자감과 지방 학교인 郡·縣學의 설립, 인재 발탁 기관으로서 한림원의 설치, 과거제 시행과 取才, 그리고 재야에 숨어있는 隱逸 인재의 발탁, 고금의 도서 수집과 소장 등을 통해 유교주의에 의한 국가의 통치이념을 정립해갔다. 유교주의의 확산과 보급에 대한 주원장의 노력은 여러 책을 편찬 발간한 데에서도 잘 반영된다. 즉 홍무 원년 3월에는 郊祀·종묘·山川 등 각종 의례와 역대 제왕들에 대한 제사 등을 기록한 『存心錄』을 禮官들과 여러 儒臣들이 함께 편찬하도록 명하여,[42] 이를 홍무 4년 秋7月에 완성하기도 하였다.[43] 또한 더 나아가 홍무 8년 2월에는 御製書인 『資世通訓』을 편찬하여 君道와 臣道를 설파하는 동시에, 民用·士用·工用·商用 등을 설명함으로써 교화를 중시하였다. 이와 더불어 향촌의 일상생활에서 유교적 의례를 교화하기 위해 홍무 5년 3월에 '鄕飮酒禮'를 거행함으로써[44] 유교주의의 생활화를 꾀하기도 하였다. 또한

---

39) 『太祖實錄』 1책, 卷20, 丙午年 5月 庚寅條, p.287 ; 鄧球, 『皇明泳化類編』 1책, 「天集」, 臺北 : 國風出版社, p.579.

40) 『太祖實錄』 2책, 卷30, 洪武 元年 2月 丁未條, p.516.

41) 명 태조시 釋奠을 거행한 사례는 자주 보이는데, 대체로 仲春과 仲秋 두 계절 중에서 上丁日에 거행하는 것으로 정했다. 『太祖實錄』 2책, 卷34, 洪武 元年 8月 丁丑條, pp.605~606.

42) 『太祖實錄』 2책, 卷31, 洪武 元年 3月 己亥條, p.540.

43) 『太祖實錄』 3책, 卷67, 洪武 4年 秋7月, 辛亥條, p.1253.

44) 『太祖實錄』 4책, 卷73, 洪武 5年 3月 戊戌條, p.1342.

홍무 8년에는 전국의 향촌에 社學을 설립하여 京師와 전국의 행정 단위뿐 아니라, 향촌의 말단 조직까지도 교육 기관을 확장하여 향촌 서민들에 대한 교육과 교화에 대해서도 관심을 가져 이를 제도화하였다.45) 이로써 명왕조의 통치이념은 주원장에 의해 이루어진 각종 제도와 교화를 통해 중앙에서 지방까지, 위로는 황실에서부터 아래로는 서민들에 이르기까지 제도적으로 널리 확장되고 보급되었다고 하겠다.

III. 經史 講論과 政事 자문

1. 황제에 대한 經史 講論

경연은 황제와 諸王들을 대상으로 개인적 도덕 수양은 물론이고, 帝王으로 서 필요한 모든 덕목을 교육하는 제왕학의 수련장이었다. 따라서 교육의 대상은 자연히 황제와 제왕들이고, 이를 담당하는 여러 경연관과 이를 의무적으로 참관해야 하는 대신들도 예외는 아니었다. 여기에서는 주로 유교 경전과 역대 史書를 강론하는 것은 물론이고, 당시 현안 등 政事를 논의하기도 하였다.

 명대 경연제도는 이미 상술한 바와 같이 정통 2년 춘정월에 제도화된 것으로 알려져 있다. 그러나 실질적인 경연의 내용과 儀式은 주원장이 명 왕조를 개창하는 과정에서 經史 강론을 행함으로써 이미 그 기틀이 마련되기 시작하였다. 『太祖實錄』에 따르면, 황제의 經史 강론은 지정 18년(1358) 12월, 주원장이 儒士 許元·葉瓚玉·胡翰·吳沈·汪仲山·李公常·金信 ·徐孶(孼)·童冀(羲)·戴良·吳履(復)·張起敬·孫履 등을 불러 中書省에서 식사

---

 45) 『太祖實錄』 4책, 卷95, 洪武 8年 春正月, 丁亥條, p.1655.

를 대접하는 한편, 날마다 2명씩 經史를 진강하고 治道에 대해 설명하도록 명한 데에서[46] 처음으로 보인다. 그리고 지정 23년(1363) 5월에는 '禮賢館'에 여러 名儒를 招致하여 머무르게 하면서, 이들과 함께 經史를 논하는 것은 물론이고 時事에 대해 자문하기도 하였다.[47] 이때부터 주원장은 至正 24년(1364) 5월 朝會를 파한 후에 白虎殿에 나가 『漢書』를 읽고, 侍臣 宋濂과 孔克仁 등과 漢의 治道가 三代의 治를 달성하지 못한 이유와 그 원인에 대해 논하는가 하면,[48] 같은 해 9월에는 便殿에 들러 侍臣인 詹同과 역사상의 인물을 논하고,[49] 戰法을 논하기도 하였다.[50] 특히 吳를 칭하기 얼마 전인 지정 25년(1365)에는, 起居注로 임명한 滕毅와 楊訓文에게 역대 황제들 중에서 특히 악정을 행한 夏의 桀王, 商의 紂王, 秦의 始皇帝, 隋의 煬帝 들이 행한 일들을 설명하게 하고, 옛날 人君들이 행한 선악을 귀감으로 삼도록[51] 하였다. 또한 지정 26년(1366)에는 국자박사 許存仁, 起居注 詹同과 用人문제를 논하고 역대 현인 재상을 칭송하는가 하면,[52] 太史令 劉基와 起居注 王禕와 함께 국가 개창을 위한 주요 정책 방향에 대해 논의하면서, '明禮樂', '正人心', '厚風俗' 등을 근본으로 삼을 것을 제시하였다.[53] 뿐만

---

46) 『太祖實錄』 1책, 卷6, 戊戌年 12月 辛卯條, p.75 ; 鄧球, 『皇明泳化類編』 卷21, p.579에 서는 己亥年(至正 19년, 1359) 春正月이라고 하고 있고, 儒士들의 이름도 본문의 괄호와 같이 기술하고 있다. 여기서 시기에 대해서는, 명 태조실록의 戊戌年이 타당한 것으로 생각된다. 또한 실록에서 吳履라고 한 것은 『明史』 卷130, 「열전」 卷18에 따르면 吳復이라고 기록하고 있는 것으로 보아, 『皇明泳化類編』의 기록이 타당한 것으로 판단된다. 전순동, 앞의 책, p.100의 주) 211 참조.

47) 『太祖實錄』 1책, 卷12, 癸卯年 5月 癸酉條, p.153.

48) 『太祖實錄』 1책, 卷15, 甲辰年 5月 丙子條, p.195.

49) 여기서는 侍臣 詹同과 石勒과 符堅에 대한 장단점을 평가하였다. 『太祖實錄』 1책, 卷15, 甲辰年 9月 戊寅條, p.202. 이 밖에도 『太祖實錄』 1책, 卷16, 乙巳年 春正月 壬申條, pp.215~216에서도 起居注인 詹同과 兵法에 대해 논하였다.

50) 『太祖實錄』 1책, 卷16, 乙巳年 夏4月 庚子條, pp.224~225.

51) 『太祖實錄』 1책, 卷17, 乙巳年 5月 乙卯條, pp.232~233.

52) 『太祖實錄』 1책, 卷19, 丙午年 3月 戊戌條, pp.272~273.

53) 『太祖實錄』 1책, 卷19, 丙午年 3月 甲辰條, p.273.

아니라, 周禮의 古車制 등 儀制에 대해 侍臣과 논하기도 하고,[54] 太史令 劉基와 起居注 王禕 등과 政策을 논하면서, 특히 '均節財用'을 통해 上下가 함께 족하게 만드는 것이 仁政의 근본임을 제시하기도 하였다.[55]

이상의 사례에서 볼 때, 황제의 經史 강론은 적어도 지정 18년(1358) 이래 이루어지기 시작하였다고 하겠다. 여기서 주원장은 국가 기틀을 마련하기 위한 통치이념과 정국운영책, 그리고 정책 방안과 각종 국가 의례와 제도 등을 자문과 토론을 통해 적극적으로 정립해 갔던 것이다. 또한 경사 강론의 형식도 주원장이 필요할 때마다 '禮賢館'의 儒士나 起居注 등 侍臣들을 수시로 불러 강론하였기 때문에, 그 장소 또한 便殿이나 白虎殿 등 일정한 장소가 없었을 뿐 아니라, 이에 대한 공식적인 儀禮도 완비하지 못했던 것으로 추정된다.[56]

그러나 이러한 임시적인 경사 강론은 여기서 한 걸음 더 발전하여, 吳를 칭하기 직전인 지정 26년(1366)에 이르러서는 經史 강론을 보다 의제화 했던 것으로 추정된다. 즉 앞의 시기(지정 18~25년)의 경사 강론은 주원장의 요청에 따라 儒士나 侍臣들이 이에 응하는 형식을 취함으로써, 주로 주원장의 일방적이고 사적인 자문의 성격이 매우 강했다고 할 수 있다. 그러나 이제 왕조의 개창이 구체화되기 시작한 이 시기에 이르면, 경사 강독은 신하들이 공식 배석하는 것은 물론, 그 장소 또한 일정한 장소에서 공식적으로 진행됨으로써 보다 구체적으로 의제화되기 시작한 것으로 생각된다. 이러한 특징은 지정 26년(1366) 8월에 博士 許存仁에게 經史를 進講하게 하자, 그가 尙書 洪範篇 '休徵咎徵'의 내용을 강론하는 한편, 여기서 주원장이 특히 신하의 수양과 자기 성찰을 통해 군주를 잘 보좌해야 함을 강조한 데에서[57] 잘 엿볼 수 있다. 또한 같은 해 9월에는 侍臣(起居注)

---

54) 『太祖實錄』 1책, 卷20, 丙午年 夏4月 乙卯條, p.275.

55) 『太祖實錄』 1책, 卷20, 丙午年 夏4月 己未條, p.277.

56) 鄧球, 『皇明泳化類編』, 1책, 卷21, p.591.

王禕 등이 進講히는 자리에서 주원장은 한 고조와 당 태종을 비교하면서, 특히 群臣을 통제하여 대업을 정립한 당 태종의 用人術을 높이 평가하고 이에 주목하기도 하였다.[58] 여기서 특히 주목되는 것은 박사 許存仁, 起居注 王禕가 강론할 내용은 이미 예정되어 있었을 뿐 아니라, 이전과는 달리 '進講'이라고 구별하여 기록하고 있는 점으로 미루어 볼 때, 이 시기 경사 진강은 구체적으로 의제화된 것이 분명하다고 하겠다. 또한 이듬해인 吳 원년(1367) 夏4월에 주원장은 起居注 詹同 등에게 歷史書의 直筆을 강조하면서, 당 태종이 사실을 直書함으로써 公天下한 점에서 높이 평가하였다.[59] 또한 같은 해 11월에는 『한서』를 읽고 있다가 侍臣과 국가의 창업에는 무신뿐 아니라 문신의 중요성과 함께 문무 겸용을 역설하기도 하였다.[60] 이처럼 이 시기에는 경전뿐 아니라, 史書를 통해 역대 제왕들의 통치술과 신하들의 역할, 국가운영책과 문치주의 등의 문제를 집중적으로 토론함으로써 왕조 개창의 방향과 기반을 구체화하였던 것으로 보인다.

이러한 준비과정을 통해, 건국된 명에서도 경사 강론은 당연히 그대로 지속되었다. 마침내 명을 건국하자마자 명 태조는 홍무 원년(1368) 춘정월에 여러 유신들과 학술을 논하는 자리에서, 유교의 정통론을 강조하는 翰林學士 陶安의 건의를 수용하여 '仁義'를 治道의 근본임을 강조함으로써, 유교주의 통치이념을 분명하게 천명하였다.[61] 뿐만 아니라, 역대 왕조에

---

57) 『太祖實錄』1책, 卷21, 丙午年 8月 壬子條, pp.298~299 ; 鄧球, 『皇明泳化類編』 卷21, p.581에서는 吳 元年(1367) 夏5月로 기록하고 있다.

58) 주원장의 질문에 대해, 起居注 魏觀이 답한 내용이다. 『太祖實錄』1책, 卷21, 丙午年 9月 乙巳條, p.302.

59) 『太祖實錄』1책, 卷23, 吳 元年 夏4月, 壬子條, p.329. 여기서 주원장은 특히 평소의 언행 중에서 기록할 수 있는 일은 시비선악 등을 명백하게 直書하여 감추는 것이 없도록 함으로써, 후세에 이를 보고 그 사실을 잊어버리지 않도록 할 것을 강조하였다.

60) 『太祖實錄』2책, 卷27, 吳 元年 11月 戊寅條, p.409.

61) 『太祖實錄』2책, 卷29, 洪武 元年 春正月, 癸巳條, pp.498~499 ; 鄧球, 앞의 책, p.582 참조.

대한 史書를 섭렵하면서 漢·唐의 말기에는 모두 환관으로 인해 패망한 사실을 지적하는 한편, 이의 근본 원인이 환관에게 있는 것이 아니라 군주가 이들에게 군사와 정치에 간여할 수 있도록 총애했기 때문이라고 분석하는 동시에, 이를 감계로 삼을 것을 역설하기도 하였다.[62] 이처럼 명 태조는 명의 건국이후에도 侍臣과의 문답과 經史 강론을 통해 구체적인 국가 제도와 治道의 방안을 마련하였다. 이에 따라 태조는 홍무 2년(1369) 2월 侍講學士 詹同에게 무엇보다 仁義에 의한 治道를 거듭 강조하면서 秦의 폭정은 물론이고, 漢·唐·宋의 정치에서 나타나는 득실과 장·단점을 거울로 삼아 취사선택하여 적용할 것을[63] 당부하기도 하였다. 또한 같은 해 3월에는 儒臣들과 『역경』을 논하면서 賢人과의 共治를 강조함으로써[64] 덕망 있는 인재의 등용에 주목하였다. 그리고 11월에는 三代 이래 역대 왕조에 대해 평가하는 동시에, 특히 漢 高祖·唐 太宗·宋 太祖에 대해서는, 武威로써 전란을 평정하고 仁義로써 민을 안정시킨 군주로 높이 평가하였다.[65] 이처럼 기회가 있을 때마다 大臣들이나 侍臣들과 고금의 經史를 강론하던 종전의 방법은 이제 명의 건국과 더불어 翰林官과 殿閣大學士가[66] 이를 전담하게 함으로써 건국 이전의 '說書' 방법을 폐지하였다. 이로써 이후부터는 進講할 때마다 반복 토론하여 그 의미를 강구하는 한편, 강론이 끝나면 반드시 政事를 논의하는 것을 상례로 삼았다.[67]

여기서 특히 주목되는 것은 명 태조는 특별히 『대학』을 중시하였다는 점이다. 주원장이 『대학』에 대해 관심을 보인 것은 명이 건국되기 10년

---

62) 『太祖實錄』 2책, 卷31, 洪武 元年 3月 丙辰條, pp.552~553.

63) 『太祖實錄』 2책, 卷39, 洪武 2年 2月, 辛卯條, p.799.

64) 『太祖實錄』 2책, 卷40, 洪武 2年 3月 乙未條, p.801.

65) 『太祖實錄』 3책, 卷47, 洪武 2年 11月 庚寅條, p.944.

66) 한림원과 전각대학사 제도에 대해서는 吳緝華, 『明代政治制度』, 臺北 : 學生書局, 1971 참조.

67) 鄧球, 『皇明泳化類編』 卷21, p.581. 태조실록에는 이에 대한 구체적인 언급이 없다.

전인 至正 18년(1358) 12월에 처음으로 기록으로 보인다. 즉 주원장이 이 해에 儒士 范祖幹과 葉儀를 辟召하였는데, 이때 범조간이『대학』을 진상하면서,

　　황제가 "治道에는 무엇을 우선으로 삼아야 하는가?"라고 묻자, [범조간이] 답하기를, "이 책[대학]에서 벗어나는 것이 없습니다."라고 하자, 왕[태조]이 [범]조간에게 "그 뜻을 나누어 구체적으로 설명하라"고 명하였다. [이에] [범]조간은 "제왕의 道는 修身·齊家로부터 治國·平天下에 도달하게 하는 것이니, 반드시 상하와 사방이 均齊하고 方正하게 함으로써, 만물이 각기 있어야 하는 자리를 지킬 수 있게 한 다음에야 비로소 治라고 할 수 있습니다."고 답하였다.[68]

라 하여,『대학』의 修身·齊家·治國·平天下가 治道의 주요 핵심임을 강조하고 있음을 알 수 있다. 또한 홍무 3년(1370) 2월에는 東閣에 나가 한림학사 宋濂과 侍制 王褘로 하여금 대학 10장을 진강하게 하였다.[69] 이로써 볼 때, 명 태조는 治道의 수단으로『대학』을 매우 중시했음을 알 수 있다. 더구나 태조는 홍무 4년(1371) 9월에 대학의 보충서인 眞德秀의『대학연의』를 직접 열람하는가 하면,[70] 홍무 5년(1372) 12월에는 宋濂이 帝王學에 가장 필요한 책으로서 진덕수가『대학연의』를 추천하자 그 내용을 크게 써서 전각 벽의 좌우에 붙이고 이를 수시로 볼 수 있게 하도록 명하였다.[71] 이와 함께 같은 해 12월에는 예부시랑인 曾魯에게『대학』의 중요성에 대해 "『대학』은 천하를 평정하고 다스리는데 근본이다."[72]라고 강조하기

---

68) 『太祖實錄』 1책, 卷6, 至正 18年 12月 辛卯條, p.74.
69) 『太祖實錄』 3책, 卷49, 洪武 3年 2月 辛酉條, p.961 ; 鄧球, 『皇明泳化類編』 卷21, p.583.
70) 『太祖實錄』 3책, 卷68, 洪武 4년 9月 丙辰條, p.1273.
71) 鄧球, 『皇明泳化類編』 卷21, p.583.

도 하였다. 이처럼 명 태조는 제왕학의 주요 교재로『대학』을 중시하고, 이를 군주의 家天下 중심으로 부연 설명한『대학연의』를 주요한 강론 교재로 사용하였던 것이다. 이에 따라 홍무 6년(1373) 春正月, 태조는 宋濂 등에게『대학연의』중에서 黃老政治에 대해 司馬遷이 평가한 부분을 강론하게 하였다. 이로부터 10여년이 지난 홍무 17년(1384)에는 侍臣들에게『대학연의』의 중요성을 특별히 강조하여,

  짐이『대학연의』를 보니 治道에 유익한 것이 많으니, 매번 이 책을 열람하면서 반성하고 삼가기도 한다. 그런 까닭에 유신들에 명하여 매일같이 태자와 제왕들에게 이를 강설함으로써 옛날을 거울삼아 오늘을 생각하게 하고, 그 得失을 窮究하도록 하였다. 무릇 책은 먼저 經書를 강설하고 그 다음에 四書를 강설하도록 하되, 그 요점을 분명하게 하여 사람들로 하여금 이를 보기 쉽게 하여, 진실을 깨달아 나라의 귀감으로 삼게 하도록 하였다.[73]

고 하였다. 이로써 볼 때, 태조는『대학연의』를 자신의 수양과 행동지침으로 삼는 한편, 이를 태자와 諸王들의 강론 교재로 삼게 하는 등 매우 중요시하고 있음을 알 수 있다. 대학과『대학연의』를 강론의 주요 교재로 사용한 것은 이후 영락(1403~1424) 연간과 선덕(1426~1434) 연간에도 그대로 지속되었고,[74] 경연제도가 定制된 정통(1436~1449) 연간 이후에는 『貞觀政要』와 함께 日講의 주요 교재로 자리하게 되었다.[75]

이상『太祖實錄』의 기록에서 보이는 황제에 대한 經史 강론의 과정과 내용으로 미루어 볼 때, 다음 몇 가지 특징을 발견할 수 있다. 첫째, 지정 18년(1358) 12월 강론을 처음으로 시작한 이래 홍무 초기까지 경사 강론은,

---

72) 『太祖實錄』4책, 卷77, 洪武 5年 12月 己卯條, p.1410.

73) 鄧球,『皇明泳化類編』卷21, p.587.

74) 鄧球,『皇明泳化類編』卷22, p.593, 永樂 2年(1404) 夏 6月과 秋 8月의 기사 참조.

75) 孫承澤,『春明夢餘錄』卷9, p.93b(2엽).

수원장의 요구외 질문에 따라 講官이 답변하는 형식으로 진행되고 있다는 점이다. 이는 곧 經筵이 名儒 등 신하들이 주도적으로 군주에게 학문과 政事를 자문함으로써, 군주권에 대한 도덕적 견제를 통해 유교적 이상정치인 '至治'를 실현하려는 경연 운영방식과는76) 달리, 군주의 주도로 진행되고 있음을 반영하는 것이다. 이는 곧 군주권 강화와 명대의 독재 군주 체제의 정립을 시사하고 있다는 점에서, 주원장 개인의 국정운영 방안과 깊은 연관성이 있다고 하겠다. 둘째, 이 시기 경사 강독의 형식은 장소와 의례, 전담 부서와 관직 등을 점차 제도화하는 한편, 講官 뿐 아니라 大臣들도 이에 반드시 참관하도록 하여 군주가 이들을 대상으로 자신의 정국운영 방향과 방침을 주지시킴으로써, 실제로는 君臣의 질서를 극대화하고 특히 대신들을 효과적으로 통제할 수 있는 장소로 활용되었다는 점이다.77) 이는 황제의 도덕 수양을 중요한 취지로 삼았던 경연제의 근본 취지와는 상당히 거리가 있는 것으로서, 바로 이 점은 군주에 대한 도덕적 견제조차 불가능함으로

---

76) 그 대표적인 예가 조선의 사림정치기의 경연제도이다. 즉 특히 中宗시기 조선의 경연에서는 사림을 대표로 하는 신하들이 주도적으로 유교 교양을 군주에게 교육하여 이른바 '至治'주의를 실현함으로써 왕권을 견제하는 중요한 제도로 자리하였다. 이에 대해서는 李泰鎭, 「朝鮮王朝의 儒教政治와 王權」, 『東亞史上의 王權』, 서울 : 한울아카데미, 1993, pp.102~117 ; 南智大, 「朝鮮初期의 經筵制度」, 『韓國史論』6, 1980, pp.140~161 ; 權延雄, 「朝鮮 英祖代의 經筵」, 『東亞研究』17, 1989, pp.367~389 ; 權延雄, 「世宗代의 經筵과 儒學」, 『世宗朝文化研究』, 서울 : 박영사, 1982, p.78 참조.

77) 鄧球, 『皇明泳化類編』卷23, p.604에서, 正統 元年 경연제도가 시행될 당시 吏部考功郎中 李茂弘이 "君臣의 情이 不通함으로써, 경연 진강이 단지 文具에 지나지 않을 뿐 아니라, 태평스러운 분위기인 것처럼 꾸며서 설명함으로써 의외의 화를 초래할 수도 있다."고 우려한 말을 인용하고 있는 것에서, 저간의 사정을 잘 보여주고 있다. 또한 같은 책, p.605에서도 尹直의 『瑣綴錄』을 인용하여 "成化 2년(1466) 이후에는 음식과 술을 베푸는 것은 단지 하나의 상례일 뿐이고, (강관은) 조심스럽게 들어가서 침묵하면서 조용히 물러났다. 이로써 이후로는 君臣間에는 한 마디도 없이 접견만 하고, 선생이라는 호칭도 다시는 없게 됨으로써 좌우가 講官의 소중함을 알지 못하였다."고 하고 있다. 이는 곧 경연에서, 강관이 조심스러워 자신의 생각을 소신 있게 밝히지 못하는 등 황제와 강관이 서로의 의견을 자유롭게 교환하거나 토론할 수 없는 분위기를 보여주는 것이라 하겠다.

인해 초래될 수 있는 명대의 군주 독재 체제의 정립이 이미 예견되는 것이라 하겠다. 셋째, 경사 강독을 통해 儒士들을 포함하는 侍臣들과 大臣들과의 政事 자문을 통해 주원장은 자신의 정국운영 방향과 治道의 방안을 정비해 갈 수 있었고, 이에 대한 구체적 교재로서 특히 『대학』을 중시하였다는 점이다.

2. 諸王들에 대한 經史 講讀

경연의 대상은 비단 황제뿐만 아니라, 태자 등 諸王들도 예외는 아니었다. 이에 따라 주원장은 至正 20년(1360) 5월 '유학제거사'를 설립하고, 이곳에 世子를 보내 경학을 배우게 함으로써,[78] 일찍부터 世子에 대한 유교 학습에 관심을 보였음을 알 수 있다. 그 후 명이 건국되기 직전인 吳 원년(1367) 夏4월에 주원장은 白虎殿에서 제왕들에게 『孟子』를 강독하고 있는 것을 친히 參見하고, 당시 顧問이었던 許存仁과 더불어 『맹자』의 핵심 내용과 그 방안에 대해 질문하면서 대화를 나누기도 하였다.[79] 이로써 볼 때, 제왕들에 대한 경사 강독은 적어도 吳 元年(1367) 이전부터 시행되고 있음을 알 수 있다. 이처럼 諸王들에 대한 經史 강독은 명나라가 건국된 이후에도 지속되어, 태조는 홍무 원년 2월에 國子生을 선발하여 太子에게 讀書를 지도하도록 명하는 한편, 국자생 중에서 國琦·王璞·張傑 등 10여 명을 선발하여 태자의 강독을 전담하게 하였다.[80] 뿐만 아니라 같은 해 9월에는 태자의 강독을 전담하는 관직으로 太子賓客에 儒士 梁貞과 王儀를 임명하고, 秦鏞·盧德明·張明易 등을 太子諭德으로 임명하여 태자에게 朝夕으로 경사를 講說함으로써 덕성을 함양하고 제왕의 도와 예악, 그리고 역대 政事의

---

78) 『太祖實錄』 1책, 卷8, 庚子年 5月 丁卯條, p.106.
79) 『太祖實錄』 1책, 卷23, 吳 元年 夏4月 庚戌條, pp.328~329.
80) 『太祖實錄』 2책, 卷30, 洪武 元年 2月, 庚午條, pp.533~534.

득실을 가르치고 시도히는 데 힘쓸 것을 당부하였다.[81] 이와 함께 11월에는 동궁 관료들을 비롯한 동궁을 侍衛하는 유사들에게 연회를 베풀고 관복을 하사하는가 하면, '大本堂'을 새로 건축하여 고금 도서를 이곳에 비치하고, 이곳에서 名儒들이 교대로 夜直하면서 태자와 제왕에게 경사 강독을 하게 함으로써 교육을 전담하도록 하였다. 이에 대해 태조는 때때로 이들에게 향연을 베풀고, 쉬는 날이 없을 정도로 詩賦와 고금의 歷史, 역대 문장을 강론하도록 독려하였다.[82] 이러한 사실로 미루어 볼 때, 태자와 제왕들에 대한 경사 강독은 홍무 원년에 이미 공식적으로 제도화되었던 것으로 생각된다.[83]

이처럼 황태자와 제왕들에 대한 제왕학으로 경사 강독을 특별히 중시했던 태조는 홍무 2년(1369) 9월에 황태자에게 "늘 천하를 걱정하고 게으름을 경계하는 마음으로 임할 것"을 특별히 강조하였다.[84] 뿐만 아니라 홍무 8년(1375) 10월에는 태조가 황태자와 秦王·晉王·楚王·靖江王 등 제왕들이 中都로 出遊하여 武事를 강하게 명하는 한편, 여기에 太子贊善大夫 宋濂과 秦府長史 林溫, 晉府長史 朱右, 楚府長史 趙璹 등이 동행하도록 명하였다. 동시에 輿地書를 열람하면서 濠梁지역의 古迹 1권을 열람하고, 내신에게 명하여 이를 동궁에게 달려가 전달하도록 하기도 하였다.[85]

이처럼 홍무 연간에는 태자와 제왕에 대한 경사 강독은 매우 철저하게 이루어졌던 것으로 보인다. 이는 홍무 9년(1376) 춘정월에 태자와 제왕들이 홍무제의 물음에 답하는 가운에 "매번 유신들이 강설하는 것을 듣고 그

---

81) 『太祖實錄』 2책, 卷35, 洪武 원년 9月, 乙未條, p.637.
82) 『太祖實錄』 2책, 卷36上, 洪武 元年 11月 辛丑條, p.665.
83) 이 밖에도 홍무 5년 12月에는 禮部主事 宋濂을 太子 贊善大夫로 삼는가 하면, 儒士 桂彦良을 太子 正字로 삼는 등 태자의 講書에 필요한 관리를 두었다. 『太祖實錄』 4책, 卷77, 洪武 5年 12月 丁酉條, p.1414 ; 『太祖實錄』 4책, 卷83, 洪武 6年 6月 丁卯條, p.1490 참조.
84) 『太祖實錄』 3책, 卷45, 洪武 2年 9月 己亥條, p.879.
85) 『太祖實錄』 4책, 卷101, 洪武 8年 10月 壬子條, p.1710.

대강을 알고, 그 핵심에 대해서는 아직은 잘 수용하지 못한다."86)고 한 것에서도 보는 바와 같이, 일일이 확인하고 있는 데에서 잘 알 수 있다. 황태자와 친왕에 대한 경사 강독은 홍무 9년 2월에 이르러, 王府의 관제가 제정되면서 伴讀 4명을 증설하여 경전에 밝고 행실이 좋은 老儒를 선발하여 담당하게 하는 한편, 侍讀 4명을 증설하여 서적을 관장하게 한 사실에서87) 더욱 구체화되고 定制되었던 것으로 보인다. 이렇게 홍무 연간에 제도화되기 시작한 태자 및 諸王에 대한 경연은 천순 연간(1457~1464)에 文華殿에 나가 경사를 강독하는 것을 공식적으로 제도화함으로써 명대의 태자 및 제왕의 경연제도88)로 자리하게 되었다.

이상에서 살펴본 바와 같이, 태자를 비롯한 諸王들에 대한 경사 강론의 특징은 주로 經史에 대한 교양을 학습하는 동시에, 이를 통해 제왕의 자질 함양을 주목적으로 삼고 있다고 하겠다. 이는 황제에 대한 경사 강론이 현실적인 국정운영과 통치책에 핵심이 있는 것과는 차별화되는 것이라 하겠다.

Ⅳ. 주원장의 통치책과 군주권 강화

주원장이 경사 강론을 시행한 것은 상술한 바와 같이, 그 운영과 내용 면에서 군주권 강화라는 주원장의 통치 방향과 밀접하게 관련되어 있다고 하겠다. 이처럼 군주권을 강화하고자 한 주원장의 구상은 원나라 멸망

---

86) 『太祖實錄』 4책, 卷103, 洪武 9년 春正月 丁巳條, p.1731.

87) 『太祖實錄』 4책, 卷104, 洪武 9年 2月 丙午條, p.1741.

88) 태자를 비롯한 諸王들에 대한 경연제도에 대해서는, 孫承澤, 『春明夢餘錄』 卷10, '文華傍室', pp.93a~109a ; 李東陽, 『大明會典』(영인본) 卷52, 「禮部」 10, '經筵', 臺北 : 新文豊出版社, pp.920b~923b, 傅維鱗, 『明書』(영인본) 卷57, 「志」 7, '禮儀志' 2, 臺北 : 華正書局, pp.2022~2025 등 참조.

원인에 대한 그의 생각에서 잘 엿볼 수 있다. 즉 주원장은 吳國公으로 칭했던 至正 24년(1364)에 退朝 後 左相國 徐達 등과 대화하는 가운데, 원나라의 멸망 원인이 군주의 무능함과 이로 인한 신하들의 전횡 때문이라고 지적하는[89] 한편, 이에 따라 특히 군주를 잘 보좌할 수 있는 賢臣의 등용을 매우 강조하였다. 이에 같은 해 12월에는 廷臣들에게 원나라의 사례를 들어 賢能者를 선발할 것을 강조하였다.[90] 이처럼 인재의 신중한 추천과 등용을 강조한 주원장의 관심은 吳 元年(1367) 12월에는 중서성에 "사람을 신중하게 택하여 등용해야 한다."[91]고 당부한 것에서도 잘 알 수 있다.

주원장의 이러한 생각은 명을 건국한 이후 국가 정책으로 그대로 반영되었고, 이로써 태조가 가장 중시한 것은 무엇보다 기강을 바로 잡는 일과 '生息', 즉 민의 생계를 보장하는 것이었다. 이는 홍무 원년(1368) 春正月 태조가 東閣에 나가 御史中丞 章溢과 學士 陶安에게 前代(특히 원 나라)의 흥망에 대한 일을 설명하도록 당부하면서, 교만과 나태함을 경계함으로써 기강을 바로 세울 것을 강조하고 있는 데에서[92] 알 수 있다.

또한 명 태조는 養民을 위한 '生息'에 대해서도 특별히 강조하였다. 이는 같은 해 춘정월에 여러 대신들과 조회가 끝난 뒤 侍御하던 御史中丞 劉基와 章溢 등과 토론하는 가운데 잘 반영되어 있다. 여기서 법령을 통해 維新의 정치를 시행해야 한다는 劉基의 주장에 대해, 태조는 이를 반대하면서 민의 배고픔과 목마름을 해결하는 것이 선결 과제임을[93] 강조하였다. 이처럼 실질적인 민의 생계 보장책에 관심을 보인 태조의 태도는 劉基와 함께 生息에 대한 구체적인 방안을 논의하는 가운데에서도 잘 나타나

---

89) 『太祖實錄』 1책, 卷14, 甲辰年 春正月 戊辰條, p.176.
90) 『太祖實錄』 1책, 卷15, 甲辰年 12月 丁巳條, p.211.
91) 『太祖實錄』 2책, 卷28下, 吳 元年 12月 戊辰條, p.472.
92) 『太祖實錄』 2책, 卷29, 洪武 元年 春正月 丁亥條, p.497.
93) 『太祖實錄』 2책, 卷29, 洪武 元年 春正月, 庚辰條, pp.488~489.

있다. 즉 유기가 生息의 구체적인 방안이 '寬仁'에 있다고 답하자, 태조는 "실질적인 혜택을 시행하지 않으면 寬仁이라는 말 역시 무익할 뿐이다."고 하면서, "寬仁은 곧 민의 재부를 기르고 민의 노동력을 쉬게 하는 것"이라고 주장하였다. 이를 위해 명 태조는 '節約'과 '省役', 그리고 '明教化'와 '禁貪暴' 등 네 가지 구체적 정책을 제시하였다.[94]

이로써 볼 때, 명 건국 과정에서 주원장이 중시한 왕조의 정책 방향은 교화를 포함한 기강 확립과 민의 생계 보장, 이 두 가지였다.[95] 이에 따라 기강 확립을 위한 구체적 방안으로서는 이미 상술한 바처럼 유교주의를 채택하여 통치이념을 강화하고, 이에 따른 민의 교화를 통해 기강을 확립하고자 하였다. 이와 아울러 유교 이념으로 무장한 여러 신료들을 발탁하여 이들의 국정 보좌를 통해 원활한 국가운영을 도모하고자 하였다. 이러한 그의 방침은 이미 吳 元年(1367) 11월 주원장이 侍臣들에게 학식과 재주를 겸비한 仁者와 賢者들을 적극 천거하여 관료로 등용하도록 명하는 한편, 이들에 의한 국정 보좌가 국가운영에 필수적 관건임을 강조한 데에서도 알 수 있다.[96] 이와 함께, 예법에 의한 교화[97] 이외에도 법령을 통해 기강을 확립하고자 하였다. 따라서 吳 元年(1367)에는 율령을 直解하여 반포함으로써, 일반 민들이 법의 뜻을 잘 알아서 犯法하지 않도록 하였다.[98] 또한 명을 건국한 직후인 洪武 元年 春正月에는 宰臣들에게 천하를 함께 다스릴 것과 형법을 집행함에 있어서도 신중하게 함으로써 민이 억울한 일이 없도록 할 것을 특별히 당부하기도 하였다.[99]

---

94) 『太祖實錄』 2책, 卷29, 洪武 元年 春正月 乙酉條, p.496.
95) 기강확립과 관련해서는 전순동, 앞의 책, pp.194~216, 생계 보장과 관련되는 민심수습책에 대해서는 전순동, 위의 책, pp.111~118, pp.217~223 ; 山根幸夫, 「元明末の反亂と明朝支配の確立」, 『岩波講座世界歷史』 13, 東京 : 岩波書店, 1969, pp.17~56 참조.
96) 『太祖實錄』 2책, 卷27, 吳 元年 11월 丙申條, p.417.
97) 『太祖實錄』 1책, 卷14, 甲辰年 3月 丁卯條, p.182.
98) 『太祖實錄』 2책, 卷28상, 吳 元年 12월 戊午條, pp.431~432 참조.

결국 명 왕조를 창업하는 과정에서 주원장이 구상한 통치 방향은 상술한 바와 같이, 교화와 법에 의한 기강 확립, 그리고 민의 생계 보장으로서 '生息'이었다. 이러한 민의 생계 보장과 교화, 그리고 법에 의한 기강 확립 등 세 가지 통치 방향은, 황제를 정점으로 하는 전제주의 이데올로기의 구조적 특징을 반영하는 것이라 하겠다. 즉 布衣출신의 주원장은 자영농을 보호 육성한다는 전통적 농민적 평균주의를 이상적으로 표명함으로써 자영농을 왕조의 주요 경제적 기반으로 삼는 동시에, 한편으로는 자신과 대치하는 강남 부호들의 토지를 몰수함으로써 자신의 왕조 창업을 정당시 할 수 있었다. 그러나 이러한 이상을 실현하기 위해서는 현실적으로는 강력한 통제와 억압을 전제로 하기 때문에, 구조적으로는 절대적인 군제권 강화를 통해 '공포정치'를 초래할 수밖에 없었다.[100]

특히 여기서 주목되는 것은 명 건국 후에도 태조는 홍무 2년(1369) 2월 원나라의 舊臣이었던 馬翼을 불러 당시 원나라 政治의 得失을 문의하고, 원나라의 멸망은 결국 君의 안일함과 방종 때문이라고 강조하였다는 점이다.[101] 이에 다음 달인 2월에는 『元史』를 편찬하도록 명하면서, "군주 가 무능하고 음탕하여 權臣이 발호하니, 전란이 일어나고 민의 생명이 위태롭게 되었다."[102]라 하여, 원나라의 정치적 과오를 거울삼을 것을 강조하기도 하였다. 또한 홍무 3년(1370) 6월에는 백관이 上表하여 축하하 는 자리에서, 태조는 원나라가 멸망한 원인에 대해, 군주의 향락과 안일함, 權臣의 발호, 國用의 무원칙, 가중한 세금 징수, 수재와 한재 등 재해의

---

99) 『太祖實錄』 2책, 卷29, 洪武 元年, 春正月, 辛丑條, p.505.

100) 小林一美,「朱元璋の恐怖政治-中華帝國の政治構成に寄せて」,『山根幸夫教授退休記 念明代史論叢』,上卷, 東京 : 汲古書院, 1990, pp.23~43 ; 檀上寬,「明朝專制國家と儒 教的家族國家觀-尾形勇氏の所論によせて」, 같은 책, pp.5~22 ; 檀上寬,「獨裁體制の 確立」,『明の太祖 朱元璋』, 東京 : 白帝社, 1994, pp.207~230 ; 檀上寬,「恐怖政治の擴 大」, 같은 책, pp.231~253 참조.

101) 『太祖實錄』 2책, 卷38, 洪武 2年 春正月 庚子條, pp.759~760 참조.

102) 『太祖實錄』 2책, 卷39, 洪武 2年 2月 丙寅朔條, pp.783~784 참조.

빈발 등이라고 지적하였다.[103]

이 중에서 태조는 특히 權臣에게 권한을 위임함으로써 상하의 소통이 막히게 된 것이 가장 중요한 원인이라는 생각하였다. 이에 따라 태조는 홍무 3년 12월 退朝 후에 西閣에 들러 儒士 嚴禮 등이 올린 治道에 대한 상소문을 어람하고, 侍臣들에게 이르기를

> 너희들은 고금을 잘 알아서 사건의 변화에 통달하고, 또한 원나라가 천하를 얻을 수 있었던 것과 천하를 잃게 된 원인에 대해서도 언급하였다. [이에 대해] 혹자는 "[원]세조와 같이 군주의 현명함과 신하의 충성으로 인해 천하를 얻을 수 있었지만, 후세에는 군주의 무능함과 신하의 아부로 인해 천하를 잃게 되었다."고 하였다. 혹자는 "세조는 현자를 등용함으로써 천하를 얻을 수 있었지만, 후세에는 현자를 등용하지 않아 천하를 잃게 되었다."고도 한다. 또 혹자는 "세조가 節儉을 좋아하여 천하를 얻었지만, 후세에는 사치를 숭상하여 천하를 잃었다."고 주장하였다. [그러나] 황제[태조]가 말하기를 "너희들이 말하는 것은, 모두 그 핵심을 파악하지 못했다. 대저 원나라가 천하를 얻게 된 것은 세조의 뛰어난 武 때문이고, 그가 망한 것은 權臣에게 위임함으로써 상하가 서로 막히게 되었기 때문이다.…… 군주가 친히 庶政을 볼 수 없기 때문에 大臣들이 專權으로써 마음대로 전횡할 수 있게 되었다. 그러므로 오늘날같이 창업 초에는 아래의 民情이 마땅히 위로 통달하게 한다면 그 기대하는 효과가 가능하겠다."라 하였다.[104]

라 하여, 특별히 권신들의 전횡에 주목하고 있음을 알 수 있다. 이러한 태조의 생각은 자연히 군주권의 강화에 역점을 두는 결과를 초래할 수밖에 없었다. 군주권 강화를 꾀하고자 하는 명 태조의 생각은, 송 태조 조광윤이 군주권을 강화하기 위해 趙普의 건의에 따라 이른바 '盃酒釋兵權'을 강행한

---

103) 『太祖實錄』 3책, 卷53, 洪武 3年 6月 丁丑條, p.1046.
104) 『太祖實錄』 3책, 卷59, 洪武 3年 12月 己巳條, pp.1157~1158.

사실을 높이 평가한 것에서도 잘 엿볼 수 있다. 즉 지정 25년(1365) 秋7월에 태조는 左閣에 들러 『宋史』에서 趙普가 [송]태조에게 諸將들의 병권을 회수하도록 건의했다는 부분을 읽고, 起居注인 詹同에게 말하기를,

[조]보는 진실로 賢相이다. 만약 제장들로부터 일찍 병권을 해제하지 않았다면, 宋의 천하가 반드시 五代와 같지 않았다고는 할 수 없었을 것이다. [그럼에도] 역사서에는 [조]보가 남을 많이 시기하고 해한다고 평하였다. [그러나] 이처럼 社稷을 위해 事功적인 것을 시행할 때에만 민을 윤택하게 만든다. [그러므로] 그[조보]에 대해, 어찌 남을 시기하고 해한다고 폄하할 수 있겠는가?[105]

라고 한 데에서 잘 알 수 있다. 後周의 절도사 출신인 송 태조 조광윤은 약 반 세기에 걸친 5代 무인시대의 혼란상을 종식시키고, 문치주의에 의한 독재 군주제를 강화하였던 것은 주지의 사실이다.[106] 그 일환으로 송 태조는 趙普의 건의에 따라, 당시 대규모 병력을 장악하고 있었던 諸將들의 병권을 회수함으로써 군주권 강화의 기틀을 마련하였다. 이는 당시 책략가인 趙普의 건의에 의해 이루어졌는데, 그에 대한 史書의 평가는 부정적이었는데 비해, 홍무제는 공리적 측면을 강조하여 그를 높이 평가하였던 것이다. 결국 주원장은 명나라를 건국하기 전에도 이미 송 태조의 군주권 강화책에 상당한 정도로 주목하였고, 이러한 그의 생각은 이후 명 건국과 함께 독재 군주 체제의 정립으로[107] 반영되었다고 하겠다.

---

105) 『太祖實錄』 1책, 卷17, 乙巳年 秋7月 辛卯條, p.238.
106) 申採湜, 『宋代官僚制研究』, 서울 : 三英社, 1982, pp.21~51 참조.
107) 명대 독재 군주 체제의 확립은, 특히 '胡惟庸의 獄'을 계기로 홍무 13년(1380) 中書省을 폐지함으로써 정치제도로 반영되었다고 할 수 있다. 그러나 실제로는 이른바 '空印의 案'을 구실로 江南의 대지주층을 숙청한 洪武 9년 이래, '胡惟庸의 獄'(홍무 13년), '藍玉의 獄'(홍무 19년), '李善長의 獄'(홍무 23년) 등 홍무 26년까지 이루어진 대숙청을 통해 공포 정치를 시행함으로써 독재권을 강화하였다고 한다.

군주권을 강화하고자 한 태조의 생각은 명나라를 건국한 홍무 원년 (1368) 춘정월에, 원나라의 제도를 모방하여 태자를 中書令으로 하자는 중서성과 도독부의 건의를 수용하지 않은 데에서도 잘 엿볼 수 있다. 즉 태조는 이들의 건의에 대해,

제도를 옛 것에서 취할 때에는 반드시 그 중에서 좋은 것을 택하여 따라야 한다.……또한 나의 아들은 나이가 어려 아직 장성하지 못했고 배움도 충분하지 못하니, [아직은] 政事를 혁신할 수 없는 것이 많다. 그러므로 마땅히 예를 존중하고 전해지는 것을 본받으며 경전을 강습하고 고금에 박통하고 때와 기회를 잘 알고 나면, 훗날 군사와 국가의 중요 업무는 모두 들어 알 수 있게 되니, 무엇 때문에 그를 중서령으로 삼겠는가?[108]

라 하여 반대하였다. 위의 대화 내용에서 보는 바와 같이, 태조는 명분상 태자의 나이가 아직 어리고 배움 또한 부족하다는 것을 구실로 삼고 있지만, 실제로는 태자의 권한 확대를 내심 경계하고 국정운영에서 자신의 군주권 을 강화하려는 의도에서 반대하였던 것으로 추정된다. 이러한 그의 의도는 홍무 3년 12월, 겸직을 파하고 동궁을 전담하는 官屬을 임명하자는 예부상 서 陶凱의 건의에 대해서도, "廷臣들과 동궁의 官屬이 서로 맞지 않으면 갈등이 생기거나, 때로는 골육 간에 이간질을 하는 등 간사한 모략을

이러한 독재권의 강화는, 주원장 정권의 기반이었던 淮西 출신 공신 집단과 강남으 로 세력을 확대하는 과정에서 수용한 강남(절동) 지식인 집단 간의 갈등과 투쟁을 이용함으로써 이루어졌다고 분석하기도 한다. 小林一美,「朱元璋の恐怖政治-中華帝 國の政治構成に寄せて」,『山根行夫教授退休記念 明代史論叢』上卷, 東京 : 汲古書院, 1990, pp.34~35. 이 밖에도 전순동, 앞의 책, pp.128~146 ; 桓上寬,「初期明帝國體制 論」,『岩波講座 世界歷史』, 東京 : 岩波書店, 1997, pp.307~308 ; 桓上寬,「明王朝成立期の 軌跡-洪武帝の疑獄事件と京師問題をめぐって」,『明專制支配の史的構造』, 東京 : 汲古 書院, 1995, pp.39~82 ; 같은 책,「明初'空印の案'小考」, pp.83~114 ; 같은 책,「元·明交 替の理念と現實-義門鄭氏を手掛かりとして」, pp.229~266 등 참조.

108) 『太祖實錄』 2책, 卷29, 洪武 元年 春正月, 庚辰條, p.491.

만들기노 해서 그 회가 저지 않다."는 것을 명분으로 반대하는 한편, "중서성
과 어사대, 도독부의 관료들이 동궁의 贊輔의 직을 겸하도록 명하면서,
부자일체와 君臣이 一心할 것"[109]을 강조한 것에도 잘 알 수 있다. 이처럼
태자 등 諸王들에 대한 경계는 홍무 6년(1373) 3월에 제왕들에게『昭鑑錄』을
편찬하여 하사함으로써 생활의 지침서로 삼게 한 사실에서도[110] 잘 엿볼
수 있다. 또한 같은 해 5월에는『祖訓錄』을 편찬하여 제왕들에게 頒賜하고,
그 내용을 謹身殿의 東廡와 乾淸宮 동벽에 쓰게 하는 동시에, 諸王들에게는
왕궁의 正殿과 내궁 동벽에 써서 때때로 이를 보고 성찰하도록 하였다.[111]
이처럼 태조는 태자와 諸王들에게 謹愼을 특별히 강조하여, 훗날 帝王에
필요한 학문과 수양을 익히는 데 전념하도록 하였다.

뿐만 아니라 홍무 7년(1374) 5월에는 侍講學士 宋濂 등의 건의에 따라,
당 태종의『貞觀政要』의 내용 중에서 聖政과 관련된 내용을 분류하고 이를
재편집하여『皇明寶訓』을 편찬하기도 하였다.[112] 또한 같은 해 7월에는
『道德經』을 직접 御註하면서 儒臣들에게 이르기를,『도덕경』이 "養生과
治國의 道에 있어서는 역시 도움이 되는 것이 있다. 그러나 諸家들의 註는
각기 이견이 있어서, 이 때문에 짐이 주를 하여 그 의미를 드러내고자
하였다."[113]고 하는 한편, 이듬해인 홍무 8년(1375) 夏 4월에는『御註道德經』

---

109) 『太祖實錄』3책, 卷59, 洪武 3年 12月 辛巳條, pp.1163~1164 참조.
110) 『太祖實錄』4책, 卷80, 洪武 6年 3月 癸卯條, pp.1448~1449. 주요한 생활지침
　　　내용은, ① 거동을 경하게 하지 말 것, ② 망령된 것을 배척할 것, ③ 음식은
　　　절약할 것, ④ 의복은 검소할 것 등이고, 이를 통해 백성의 배고픔과 추위,
　　　그리고 수고를 잊지 말 것을 강조하였다.
111) 『太祖實錄』4책, 卷82, 洪武 6年 5月 壬寅朔條, pp.1470~1472. 주요 내용은 箴戒,
　　　持守, 嚴祭祀, 謹出入, 愼國政, 禮儀, 法律, 內令, 內官, 職制, 兵術, 營繕, 供用 등
　　　13항목으로 구성되어 있다.
112) 『太祖實錄』4책, 卷89, 洪武 7年 5月 丙寅朔條, p.1573. 그 내용은 40類로서, '敬天'에
　　　서 '制蠻夷'까지 5권으로 정리하고, 총 45,500여 글자이다. 이때부터 聖政이 있으면
　　　사관이 이를 기록하여 첨가하도록 하였다.
113) 『太祖實錄』4책, 卷95, 洪武 7年 12月 甲辰條, p.1644.

과『玄敎儀』를 반포하였다.114) 이처럼 태조가 유교주의를 표방하면서도 도덕경을 중시한 것은 '무위자연'을 강조하는 노장 사상을 강조함으로써 독재 군주제를 합리화하고 강화한 것과 무관하지 않다는 점에서 특히 주목되는 것이라 하겠다.

V. 결론

명대의 경연제도는 주원장이 왕조 개창 과정에서 교양 학문의 학습, 정책 자문 등을 통해 정책 방향과 구체적인 방안을 마련해 간 經史 강론을 시행한 데에서, 그 기틀이 마련되었다고 하겠다. 즉 지정 18년(1358)~지정 25년(1365)까지 초기의 경사 강론은 주원장의 요청에 따라 일정한 시간이나 장소, 그리고 형식이 제도화되지 않은 채 수시로 시행된 자문 기능으로서, 임시적 성격이 강하다고 할 수 있다. 그러나 점차 왕조 개창을 구체화하기 시작한 至正 26년(1366) 이후부터는 大臣이 배석한 가운데, 장소와 시간, 그리고 의례를 갖추어 공식적으로 進講하게 한 것은 물론이고, 이를 한림관과 전각대학사가 전담하게 하는 동시에 강론이 끝나면 政事를 논의하는 것을 상례화함으로써 점차 제도화해 갔다. 이로써 명대 경연제도의 원형은 이때부터 그 기틀이 마련되었다고 하겠다.

한편, 주원장이 시행한 초기 經史 강론은 유교주의 통치이념을 표방하는 것과 함께 이를 실현하는 방안으로서, 황실에 대한 敎化의 한 방편이었다. 그러나 경사 강론의 실제적인 운영 방법이나 그 절차를 보면, 주원장이 시행한 경사 강론의 특징은 먼저, 주원장 자신의 통치 방향이나 방안, 그리고 이에 대한 구상을 배석한 강관이나 대신에게 일방적으로 설파함으

---

114)『太祖實錄』4책, 卷99, 洪武 8年 夏4月 辛卯條, p.1679.

로써 황제의 주도권이 매우 강하게 반영되고 있다는 점이다. 이는 황제와 신료들과의 학문적 토론이나 황제에 대한 유교적 이념을 교육함으로써 황제권을 견제하거나 士風을 진작시키는 臣權 중심의 문화적 기능115)보다는 황권 중심의 정치적 자문 기구로서의 성격이 강하다는 것을 의미한다. 바로 이러한 특징으로 인해 명의 건국 과정에서 주원장이 시행한 경사 강론과 명 건국 이후 명초의 經史 강론은 자연히 군주권 강화와 깊은 연관성을 지녔다고 할 수 있다. 둘째, 명초 경연의 절차와 내용은 위에서 고찰한 바와 같이, 주원장이 시행한 경사 강론을 기반으로 점차 제도화되었다고 하겠다. 즉 황제에 대한 경연은 政事나 교양 학문 등 황제의 관심사를 중심으로 한 정치적 자문 기구로서의 성격이 강한 데 비해, 태자를 비롯한 諸王들에 대한 경연은 이들의 인격 함양과 서체 연습 등 교육에 중점을 둠으로써 문화적 기능이 중심이 되었다고 할 수 있다. 따라서 황제에 대한 경연은 교재의 선정과 내용을 읽고 해석하는 '讀'이나 '說'만이 아니라, 이에 대한 평가로서 '講'과 '論'이 중요한 부분으로 점하였던 것으로 생각된다. 셋째, 경연 교재에서 주목되는 것은 통치책에 도움이 될 수 있는 史書와 경전을 중심으로 하고 있으면서도, 특별히 『대학』을 중시하고 있다는 점이다. 이는 명대 경연제도에서 줄곧 『대학연의』를 주요 교재로 선정함으로써, 『대학』의 修身·齊家·治國·平天下가 국가운영과 통치책의 중요한 기준이 되었다는 점에서 주목되는 점이라 하겠다.

결론적으로, 주원장은 경사 강론을 통해 유교적 소양을 갖춘 많은 지식인 층들과 토론을 전개하여 통치방향과 그 구체적 방안을 정립하였다. 이러한 조정과 토론 과정에서 군주 자신의 통치책과 구상을 배석하고 있는 대신들에게 표명하고 설파하는 등 國政을 주도적으로 운영함으로써 군주권 강화를 실현하는 중요한 수단으로 사용하였다고 하겠다.116) 군주 주도의 경연

---

115) 南智大, 「朝鮮初期의 經筵制度」, 『韓國史論』 6, 1980, pp.140~160 참조.
116) 이러한 군주 중심의 국정운영과 군주권 강화는 독재 군주 체제가 정립된 이후인

운영 방법은 이후 명초 경연제도의 특징으로 자리하게 되었고, 이후 각 군주들의 정국운영 방침과 통치책에 따라 다양하게 변화되었을 것으로 판단된다. 이에 대한 구체적인 분석은 다음 기회로 미루고자 한다.

홍무 20년 춘정월에 洪範을 친히 註釋하는 동시에, 그 내용을 어좌의 오른 쪽에 써서 걸어 두고 조정회의 때마다 신하들이 이를 보게 함으로써 군주 중심의 '皇極'정치를 강조한 데에서 잘 알 수 있다. 鄧球, 『皇明泳化類編』, 1책, 卷21, p.589.

永樂帝(1403~1422)의 經筵 운영과 그 특징
─북경 천도 추진과 관련하여─

Ⅰ. 서론

알려진 바와 같이, '靖難의 役'을 통해 조카 建文帝(1399~1402)의 황위를
찬탈한 永樂帝(1403~1422) 朱棣는 자신의 새로운 정권의 정당성을 주장하
고자, 태조 洪武帝(1368~1398)의 정치를 계승한다는 것을 명분으로 내세웠
다. 숭유 정책의 일환으로서 시행된 영락 연간의 經筵도 홍무제가 제도적
기틀을 마련한 經筵제도를[1] 그대로 계승한 것으로 알려져 있다. 그러나
경연의 내용과 운영 면에서는 당시 영락제가 처한 정권의 정통성 확립과
그가 추진하려는 국정 과제와 밀접하게 연관하여 시행함으로써, 이 시기
황제를 비롯한 황실 교육의 특징을 보여주고 있다. 이러한 점에서 영락제가
즉위하자마자 표방했던 홍무 정권의 계승이라는 기치는 실제와는 상당한
차이를 지니는 동시에, 영락제의 정권 확립 과정의 특징과 그 구체상을
보여준다는 점에서 주목된다고 하겠다.

---

1) 拙稿,「明初 經筵制度의 배경과 그 특징─朱元璋의 經史 강론과 군주권 강화를
   중심으로」,『明淸史硏究』25, 2006.6, pp.1~27 참조. 여기서 '經筵'은 황제뿐만
   아니라, 황태자와 황태손 등 皇儲에 대한 공식적인 經史 강론을 포함하는 의미로
   사용하고, 이 밖의 현장 및 실무 교육은 이와 구별하여 서술하기로 한다.

명초 經筵제도에 대한 연구는 주로 皇儲에 대한 교육 체계와 嫡長子 계승 원칙에서 기인하는 비경쟁성, 황권 강화와 皇統 계승 체제의 안정성만을 추구함으로써 초래되는 황제 및 皇儲 교육의 전문성 부족, 황제에 의해 좌우되는 皇儲 교육 체계의 비독립성과 자의성, 유교주의적 도덕 수양만을 이상시하는 교육 내용과 이로 인한 황실의 정치적 실무 능력의 결핍 등, 황실 교육 체계와 교육 내용을 비롯한 皇儲 관리 시스템의 문제점을 강조하고 있다.2) 이에 따라 최근 연구에서는 특히 皇儲 교육 내용과 교육 체계의 제도적 결함을 지적하면서, 이를 明朝 황실의 무능과 부패의 원인으로 파악하고 있다. 이처럼 명 황실의 皇儲 관리와 교육 체계에 대한 제도적이고 구조적인 분석을 통해, 명 왕조의 전제 군주 체제의 문제점과 황실 교육의 한계를 규명했다는 점에서 종전의 연구는 그 의의가 있다고 할 수 있다. 그럼에도 불구하고 이들 연구에서는 명 왕조의 각 시대별 경연 운영에 대한 구체적인 분석과 입증이 여전히 미흡할 뿐 아니라, 경연제도에 대한 구조적 분석 틀에만 치중함으로써 거시적 관점에서 이를 정형화하고 있다고 하겠다.3)

따라서 본 논문에서는 관련 자료를4) 통해 영락 연간의 경연 운영의

---

2) 대표적인 연구로는 梁希哲, 「論明代皇權與皇位繼承」, 『吉林大學社會科學學報』 1992-4, 1992, pp.83~90 ; 趙玉田, 「明代的國家建制與皇儲教育」, 『東北師範大學報』 (哲學社會科學版), 2001-4, 2001, pp.36~42 ; 張俊普, 「明初皇儲教育的體系建構」, 『華中師範大學 歷史文化學院』, pp.1~11 등을 들 수 있다. 이 밖에도 張英聘, 「略述明代的經筵日講官」, 『邢台師專學報(綜合版)』 1995-4, 1995, pp.14~16 ; 楊業進, 「明代 經筵制度與內閣」, 『故宮博物院院刊』 1990-2, 1990. 참조.

3) 예컨대 趙玉田, 위의 논문 ; 楊希哲, 위의 논문 등에서는 明代 皇儲 교육제도가 기본적으로 황권 강화와 왕조의 안정성에 목적을 두고 있었기 때문에, 그 구조적 특징을 '초안정 구조'라는 측면에서 이해하고 이에 기인하는 皇位 계승의 '비경쟁성'에 주목하고 있다. 이를 입증하는 방법으로는 주로 경연의 교재내용과 皇儲 교육의 교육 담당자, 東宮 官屬 등을 중심으로 분석함으로써, 제도사와 구조적 측면에만 국한하고 있다.

4) 영락 연간 경연 관련 사료는 『太宗實錄』 이외에도, 孫承澤, 『春明夢餘錄』(影印本) 卷9, 「文華殿」, 臺北 : 大立出版社, 1980, pp.93~105 ; 『春明夢餘錄』 卷10, 「文華傍室」,

특징은 물론, 영락제의 정국운영의 구체상을 일별해 보고자 한다. 이를 위해 영락제의 숭유 정책과 황제 관련 경연 운영의 특징과 더불어, 그 어느 때보다 중시했던 황태자 및 황태손에 대한 경연과 皇儲 교육에 대해 당시 최대 국정 과제인 북경 천도 문제와 관련하여 고찰해 보고자 한다.

II. 황제 經筵과 영락제의 崇儒정책

영락 연간의 경연 내용에 대해 비교적 상세하게 언급하고 있는『太宗實錄』, 『皇明泳化類編』,『春明夢餘錄』등에 따르면, 황제 관련 經筵은 영락 2년(1404) 과 4년(1406) 두 해에만 실시되었던 것으로 보인다. 영락제가 경연을 처음으로 실시한 것은 영락 2년(1404) 6월의 일로서, 영락제는 文華殿에 나가 대학사 楊士奇에게『大學』을 진강하게 하였다. 이 자리에서 영락제는 특히『대학』의 내용 중에서 좋다고 생각하는 부분을 친히 어람하고 帝王學 의 실용성을 강조하는 한편『대학』의 修身·齊家·治國·平天下의 덕목을 높이 평가하였다.[5] 같은 해 8월에도 한림원 학사 겸 右春坊大學士 解縉에게 『대학』의「正心」章을 강의하도록 하면서, 영락제는 특별히 明鏡止水와 같은 군주의 마음가짐을 강조하였다.[6]

pp.107~109 ;『春明夢餘錄』卷11,「武英殿」, pp.111~120 ; 鄧球,『皇明泳化類編』(影印本) 1冊, 卷21~22,「聖神絲綸經綸」, 臺北 : 國風出版社, 1965, pp.579~616 ; 李東陽·申時行, 『大明會典』(影印本) 2冊, 卷52,「禮部」10, 臺北 : 新文豊出版社, 1976, pp.917~923 ; 傅維 鱗,『明書』(影印本) 3冊, 卷57,「志」6, 臺北 : 華正出版社, 1974, pp.2019~2025 ; 尹守衡, 『明史竊』(影印本)1冊, 卷11,「禮樂志」, 臺北 : 華世出版社, 1978, pp.292~293 ;『明會要』 (影印本)上冊, 卷14,「禮」9, 臺北 : 世界書局, 1972, pp.221~232 등이 있다.

5) 鄧球,『皇明泳化類編』卷22,「聖神絲綸經綸」, p.593. 그런데『太宗實錄』에는 이때의 경연 내용이 누락되어 있다.

6) 鄧球,『皇明泳化類編』卷22, pp.593~594 ; 한편,『太宗實錄』,『明實錄』(影印本) 10冊, 卷33, 永樂 2년 8월 己丑條臺北 : 中央研究院歷史語言研究所, p.588(이하에서는 책 수만 표기함)에는 괄호와 같이 글자상의 차이를 보이고 있다. "君心(人心)誠不可有

또한 영락 4년(1406) 3월에는 영락제가 太學에 직접 행차하여 釋奠 의례를 거행하는 동시에, 吏部尙書 蹇義, 戶部尙書 夏原吉, 한림학사 解縉, 祭酒 胡儼 등으로 하여금 十哲에게 나누어 獻祭하게 한 뒤 彛倫堂에서 경연을 시행하도록 하였다. 여기에서 祭酒 胡儼은『尙書』「堯典」을, 그리고 司業 張智에게는『易經』「泰卦」를 진강하게 하고, 영락제는 경연이 끝난 뒤 光祿寺에 명하여 百官에게 다과를 베풀도록 하였다.7) 이로써 영락제는 최고 교육기관인 태학 순시와 황제 교육의 상징인 경연 의례를 통해 홍무제 이래의 崇儒정책을 계승하고 있음을 대내·외에 공식 천명하였다. 이와 함께 같은 해 4월에는 예부에 명하여 전국에 산재한 遺書를 널리 수집토록 하는가 하면, 視朝 후에도 여가를 내어 便殿에서 經書와 史書를 직접 열람하 거나 한림원의 儒臣을 불러 講論하도록 하였다. 이 자리에서 영락제는 文淵閣의 經·史·子·集 등 藏書 현황을 직접 점검하고, 부족한 典籍에 대한 수집과 구입을 적극적으로 명하기도 하였다.8)

이상의 황제 경연 관련 기록으로 볼 때, 영락 2년(1404)에는 경연의 주요 교재가 특히『대학』인데 비해, 영락 4년의 경연에서는『상서』『역경』 등 經書가 진강되고 있음을 알 수 있다. 그런데 영락 연간에도 홍무 연간처럼 史書가 함께 進講되었는지는 구체적인 기록이 없어서 분명하게 알 수는 없지만, 영락제가 退朝 후에 便殿에 들러 經書와 史書를 직접 열람했다는 위의 기록을 통해 미루어 볼 때, 史書에 대한 관심도 적지 않았던 것으로 보인다. 다만 황제 경연에서 史書가 공식 진강되었다는 기록을 찾기 어렵다 는 점을 감안해 볼 때, 영락 연간의 공식 경연에서는 史書보다는 經書가

所好樂, 一有好樂, 流(泥)而不返."

7)『太宗實錄』10冊, 卷52, 永樂 4년 3월 辛卯條, pp.771~773.

8) 영락제는 문연각에 들러 당시 문연각 학사 解縉에게 그곳의 장서 상황을 묻고, 특히 子·集이 많이 누락되어 있다는 사실을 알자 예부상서 鄭賜에게 부족한 典籍을 수집하거나 구매하도록 하였다.『太宗實錄』11冊, 卷53, 永樂 4년 夏4月 己卯條, p.794.

중시되었던 것으로 추정된다. 이는 창업 군주로서 역사상의 군주나 왕조에서 治道의 鑑戒를 삼고자 했던 홍무제와는9) 달리, 황위를 찬탈한 영락제로서는 어쩌면 정통성 是非와 평가가 분명한 역사적 사실과 감계를 기피하고 싶은 심리적 콤플렉스를10) 드러낸 것이라고도 볼 수 있겠다.

영락 연간의 황제 경연에서 특히 주목되는 것은 영락제가 영락 4년(1406), 유학의 최고 교육기관인 태학에 직접 행차하여 석전 의례를 행하는 것과 동시에 경연을 시행하고 있다는 점이다. 이를 통해 영락제는 숭유의 상징적인 의례를 자신이 직접 주관하여 홍무 정권 이래의 유교주의 국가 이념을 계승하고 있음을 공식 천명함으로써, '정난' 이래 끊임없이 제기된 영락 정권의 정통성 문제를11) 일단락 짓고자 하였던 것으로 보인다. 이에 따라 특히 영락제는 홍무 11년(1378)부터 建文帝까지 지속된 남경 京師 체제에서 벗어나 燕王 시절 근거지였던 북경으로의 遷都를 은밀하게 추진함으로써,12) 강남 지역을 중심으로 잔존하고 있는 불만과 비판을 잠재우고자

---

9) 홍무제의 경우에는 경연에서 經書 이외에도 史書를 중시하여 역사상의 帝王들, 특히 한 고조나 당 태종 등에 대한 역사적 평가와 이들의 用人術과 治道, 그리고 각 왕조의 흥망성쇠 등에 대해 많은 관심을 보였다. 특히 홍무제가 자신과 같이 평민 출신으로 황제에 오른 한 고조의 정치를 모방했다는 사실은 잘 알려져 있다. 拙稿, 앞의 논문, pp.9~13 ; 張宏杰, 「權力的奧秘」朱棣研究」, 『社會科學論壇』, 2005.1, pp.138~139 ; 趙翼, 『二十二史箚記』(影印本)下冊, 卷32, 「明祖行事多仿漢高」, 臺北 : 世界書局, 1974, pp.463~464 참조.

10) 張宏杰, 위의 논문, p.137.

11) '靖難' 이래 건문제가 당시 自焚하지 않고 생존하고 있다는 '建文遜國說'의 유포와 같이, 당시 영락 정권의 정통성에 대해서는 회의가 있었던 것은 잘 알려진 사실이다. 이에 대해서는 新宮學, 「北京遷都」, 『北京遷都の研究』, p.130 ; 谷應泰, 『明史紀事本末』卷17, 臺北 : 華世出版社, 1976, pp.197~206 ; 晁中辰, 『明成祖傳』, 北京 : 人民出版社, 1993, pp.209~224 ; 晁中辰, 「建文帝"遜國"新證」, 『安徽史學』, 1995-1, 1995, pp.16~19 참조.

12) 張德信, 「明成祖遷都述論」, 『江海學刊』1991-3, 1991, pp.124~129 ; 萬明, 「明代兩京制度的形成及其確立」, 『中國史研究』1993-1, 1993, pp.123~132 ; 文亨, 「東控滄海興華夏北撫衆邦貫古今－記明王朝定都北京及前後」, 『建城檔案』2001-3, 2001, pp.39~40 참조.

하였다. 이에 따라 경연 의례를 거행한 지 얼마 뒤인 영락 4년(1406) 윤7월, 영락제는 북경 천도를 구체적으로 추진하는 첫 번째 작업인 북경 營建 공사를 시작하였다.13) 이로써 미루어 볼 때, 태학 순시와 경연 의례를 거행한 영락 4년(1406)은 당시 최대의 국정 과제인 북경 천도를 추진하기에 앞서, 국가적 이념 측면에서 정권 확립의 기반을 다졌던 중요한 시기였다고 할 수 있다. 이 때문에 영락제는 특히 홍무제가 추진했던 숭유 정책을 그대로 계승함으로써 '정난'의 정당성과 영락 정권이 홍무 정권을 계승했다는 사실을 강조하고자 하였던 것이다.

이처럼 영락제가 자신의 정권 확립 과정에서 추진한 숭유 정책에 대해 구체적으로 살펴보면, 먼저 영락제는 홍무제 때의 향촌 질서와 교화를 중시하였다. 영락제는 '정난의 역'을 통해 왕위를 찬탈한 지 약 1개월이 지난 홍무 35년(1402) 7월, 建文 연간에 이르러 해이해진 鄕飮酒禮의 재정비와 함께 '木鐸'의 역할을 강조하였다. 이 때문에 홍무제의 『大誥三編』을 철저하게 암송하게 하는 등 鄕飮酒禮 儀式을 엄격하게 시행하도록 하는가 하면,14) 京師(南京)의 耆老들을 招致하여 홍무연간의 '木鐸 敎民令'을 재차 천명함으로써 향촌 질서와 교화에 남다른 관심을 보였다. 이는 '靖難'으로 인해 동요된 민심 수습은 물론이고, 특히 남경을 중심으로 형성된 영락 정권에 대한 반감을 조속히 마감함으로써 "安分守法, 毋作不靖"15) 하고자 하는 영락제의 의도를 반영한 것이라 할 수 있다.

또한 영락제는 홍무제 관련 실록과 시문 등 서적 편찬에도 힘씀으로써

---

13) 북경 천도는 1) 남북 兩京 체제(홍무 35년~영락 4년 윤7월)단계, 2) 북경 營建 공사의 개시와 제1차 북경 순행 시기(영락 4년 윤7월~10년 3월), 3) 제2차 북경 순행과 西宮 건설 시기(영락 10년 3월~14년 10월), 4) 제3차 북경 순행과 紫禁城 건설 시기(영락 14년 10월~18년 12월) 등 여러 단계를 거쳐, 영락 19년 元旦에 마침내 이를 공식 선언함으로써 종결되었다. 이는 新宮學, 「北京遷都」, 앞의 책 (2004), pp.153~183 참조.

14) 『太宗實錄』 9冊, 卷10下, 洪武 35년 秋7월 丁未條, p.172.

15) 『太宗實錄』 9冊, 卷12下, 洪武 35년 9월 乙未條, pp.215~216.

영락 성권이 홍무 정권을 계승한 정통 정권임을 강조하고자 하였다. 이에
따라 홍무 35년(1402) 10월 영락제는 건문 연간에 찬술된『태조실록』에
누락된 내용이 많다는 것을 이유로 재편찬하도록 하였다.[16] 이에 그 다음날
에는『태조실록』의 재편찬의 이유에 대해 언급하면서, "당초『태조실록』이
건문연간의 方孝孺 등에 의해 찬술되었기 때문"[17]이라고 밝히고 있다.
주지하는 바와 같이, 方孝孺는 영락제의 회유와 협박에도 불구하고 '정난'을
비판하고 건문제에 대한 忠節을 굽히지 않았던 반영락 정권의 상징적
인물이었다.[18] 더구나 그는 도덕적 기준을 중시하는 의리적 정통론을
강조하였기 때문에,[19] 황위를 찬탈한 영락제로서는 자신의 정통성 확립에
걸림돌이 되는 方孝孺가 책임자로 撰述한『태조실록』을 그대로 방치할
수는 없었다. 따라서 영락제는 이를 재편찬하도록 하였고, 이로부터 약

---

16) 『太祖實錄』의 재편찬 작업은 監修에 太子 太師 曹國公 李景隆을, 그리고 副監修에는
    太子少保 겸 병부상서 忠誠伯 茹瑺이 담당하도록 하였다.『太宗實錄』9冊, 卷13,
    洪武 35년 冬10월 己未條, p.233.

17) 『太宗實錄』9冊, 卷13, 洪武 35년 冬10월 庚申條, pp.234~235.『太祖實錄』을 재편찬
    하도록 한 데에는, 영락제가 알려진 바와 같이 홍무제와 馬皇后 사이에서 태어난
    네 번째 嫡子가 아니라, 공비 소생인 庶子였다는 사실과도 무관하지 않다. 왜냐하
    면 '靖難'을 통해 등극한 영락제로서는 적장자 계승 원칙을 준수하라는 홍무제의
    祖訓에 어긋나는 것이기 때문에, 이는 황위 계승의 정통성과도 밀접하게 연관되어
    있었다. 이에 대해서는 晁中辰, 앞의 책, pp.7~10 ; 吳晗, 「明成祖生母考」,『淸華學報』
    1935-3, 1935 ; 郭麗淸, 「元順帝·明成祖身世之謎」,『紫禁城』2006-5, 2006, pp.1~5
    등 참조.

18) 방효유의 '壬午殉難'에 대해서는 谷應泰,『明史紀事本末』(影印本) 卷18, 臺北 : 華世
    出版社, 1976, pp.206~218 참조.

19) 方孝孺의 의리적 정통론은 그의 저서『釋統』과『後正統』에 잘 반영되어 있는데,
    특히 '簒臣'과 '賊后'는 윤리를 무너뜨리는 '亂倫'으로 평가하는 한편, '夷狄'은 中華를
    무너뜨리는 '亂華'라고 하였다. 이러한 그의 正統論은 북송의 歐陽脩·蘇軾·司馬光·
    李燾 이래 남송의 朱子, 그리고 元代의 陶宗儀·馬端臨·陳桱·吳澄·胡翰 등을 이어받
    은 것으로서, 의리와 도덕을 정통의 기준으로 삼고 있다. 이에 대해서는 權重達,
    「性理大全의 形成과 그 影響」,『中國近世思想史硏究』, 서울 : 중앙대출판사, 1998,
    pp.400~402 ; 檀上寬, 「浙東學派の思想と明初の政治」,『明朝專制支配の史的構造』, 東
    京 : 汲古書院, 1995, pp.313~432 참조.

8개월이 지난 영락 원년(1403) 6월에 마침내『태조실록』은 완성되었다.[20] 또한 같은 해(1403) 7월에는『永樂大典』의 편찬을 추진하는가 하면,[21] 12월에는『古今列女傳』을 완성하고 親製 서문을 하사하기도 하였다.[22] 이로부터 8일이 지난 후에도 영락제는 연회를 개최하고 謹身殿에 나가 홍무제의 어제문집을 열람하였다. 이때 監生 30여 명을 각 布政司와 府·州·縣에 파견하여 각 관원이나 민가에서 소장하고 있는 홍무제의 御製 詩文과 서적을 수집할 것을 예부에 명하는 동시에,[23] 영락2년 춘정월에도 監生 劉源 등 32명을 각 군현으로 나누어 파견하여 태조의 御製 詩文을 구하도록 하였다.[24] 이와 같이 홍무제를 기리는 작업과 함께,『태조실록』등 홍무제

---

20) 『太宗實錄』10冊, 卷21, 永樂 元年 6월 辛酉條, pp.386~388.『태조실록』편찬에 대한 영락제의 관심은 편찬에 참여한 사람들에게 하사할 賞格을 미리 정하는가 하면, 이들을 대부분 승진시킨 사실에서도 알 수 있다. 이에 대해서는『太宗實錄』9冊, 永樂 元年 5월 乙未條. pp.371~372 ;『太宗實錄』10冊, 永樂 元年 6월 丙寅條, p.389 참조.

21) 영락제는『영락대전』의 편찬을 한림 侍讀 解縉에게 맡기고, "천하 고금의 사물은 흩어져 있고, 또한 여러 일들에 관한 책들은 編帙이 너무나 광범위하여 찾아보기가 어렵다. 따라서 짐은 각 서적에 담고 있는 사물을 모두 수집하여, 이를 분류하고 모아서 韻에 따라 그 내용을 통합하고자 한다.……너희들은 짐의 뜻에 따라 書契이래 (전해진) 經·史·子·集과 百家들의 서적에서부터 天文·地志·陰陽·醫卜·僧道·技藝 등에서 언급되는 말까지도 모두 한 책에 모두 갖추어 싣되, 너무 방대하지 않도록 하라."고 하였다.『太宗實錄』9冊, 永樂 元年 7월 丙子條. p.393.『영락대전』에 대해서는 虞萬里,「有關『永樂大典』幾個問題的辨證」,『史林』2003-6, 2003, pp.21~36 참조.

22) 『古今列女傳』은 한림 侍講學士 解縉에게 편찬을 책임지도록 하였는데, 이때 참여한 解縉과 侍讀 黃淮·胡廣·胡儼과 侍講 楊榮·金幼孜·楊士奇, 그리고 檢討 王洪驥, 典籍 沈度에게 文綺衣 한 벌과 鈔를 하사하였다.『太宗實錄』10冊, 永樂 元年 12월 甲戌條. pp.475~477. 또한 永樂 2년 9월에는 예부에 명하여 이 책 一萬 本을 간행하여 諸番에 하사하도록 하기도 하였다.『太宗實錄』10冊, 永樂 2년 9월 辛亥條, p.601.

23) 『太宗實錄』10冊, 卷26, 永樂 元年 12월 壬辰條. p.483.

24) 『太宗實錄』10冊, 卷27, 永樂 2년 춘정월 丁未條, p.493. 이러한 조치 결과 永樂 2년 2월에 池州府 銅陵縣民 汪行이 太祖 高皇帝의 御製 詩文 1책을 바치기도 하였다. 『太宗實錄』10冊, 卷28, 永樂 2년 2월 丁酉條, p.512.

와 관련된 서적 편찬을 통해 영락제는 자신의 정통성을 입증하고자 노력하였음을 알 수 있다.

이와 같이 영락제는 황위 등극 이후 일련의 숭유 정책을 통해 홍무 정권을 계승한 정통 정권임을 천명하는 한편, 북경 천도를[25] 계획하였다. 이에 따라 영락 원년(1403) 정월에 燕王府의 소재지인 北平府를 '北京'으로 승격시킴으로써 북경에 대한 여러 가지 우대 정책을[26] 시행하였다.

또한 영락제의 숭유 정책은 한림원 출신의 侍臣이나 學士들에 대해 특별히 우대하고 있는 데에서도 잘 나타난다. 특히 당시 한림원 학사였던 解縉·胡廣·胡儼, 侍讀 黃淮, 侍講 楊榮·楊士奇·金幼孜 등에 대해서는, 尙書職과 동일한 수준의 하사품과 은전을 베푸는 등 우대하였다.[27] 여기서 특히 주목되는 것은, 영락 3년(1405) 춘정월 新進 士人들 중 자질이 뛰어난 자들을 문연각에 불러 모아 학문을 연마하도록 하였다는 점이다. 즉 영락제는 나이가 어린 進士 출신인 周忱이 문연각에 들어가기를 원하자, 기뻐하면서 이를 허락하고 그를 포함한 신진 士人 29명을 접견하는 동시에, 이들에게 紙筆墨과 膏燭, 생활비(매월 鈔3錠)와 별도의 숙사를 제공하는 등 특별한 관심을 보였던 것이다.[28] 이를 통해 영락제는 서적 편찬과 간행 작업은[29]

25) Farmer, Edward L., Early Ming Government, "*The Evolution of Dual Capitals*," Harvard University Press, 1976 ; 檀上寬, 「明朝成立期の軌跡－洪武朝の疑獄事件と京師問題をめぐって」, 앞의 책, pp.39~82 ; 萬明, 앞의 논문, pp.123~132 ; 新宮學, 앞의 책(2004) ; 蔣贊初·張彬, 「明代"兩京"建城時的歷史地理背景與布局方面的比較硏究」, 『大同高專學報』 10-1, 1996.3, pp.6~11 등 참조.

26) 영락 원년 5월 北平을 順天府로 개칭하고 이곳에 국자감을 설치하는 동시에, 그동안 중단되었던 과거제를 시행하였다. 뿐만 아니라 이 지역을 비롯한 북방 출신의 歲貢과 생원들에 대해서는, 재시험의 기회를 주는 등 특별히 배려하였다. 이러한 사실은 『太宗實錄』 9冊, 卷17, 永樂 元年 2월 庚戌條, p.301 ; 같은 책, 9冊, 卷17, 永樂 元年 2월 己巳條, p.312 ; 같은 책, 9冊, 卷20下, 永樂 元年 5월 壬寅條 ; 같은 책, 10冊, 卷28, 永樂 2년 2월 癸酉條, p.504 참조.

27) 『太宗實錄』 10冊, 卷34, 永樂 2년 9월 庚申條, p.602 ; 같은 책, 10冊, 卷37, 永樂 2년 12월 甲午條, p.636 ; 같은 책, 10冊, 卷52, 永樂 4년 3월 辛卯條, p.773.

28) 영락제는 한림원 학사 겸 右春坊大學士 解縉에게 신진 士人 중에서 영민한 자를

물론이고, 講論이나 자문역할 등 국가의 棟梁으로 쓰일 인재를 육성하고자
하였던 것이다. 이처럼 인재 육성에 대한 관심은 영락 5년(1407) 3월
국자감생 중에서 38명을 특별히 선발하여 매월 米1石을 지급하면서 釋書를
학습하게 하는 한편, 후일 시험에 합격하면 長安 右門에 별도의 숙사를
건립하여 머물게 한 사실에서나,[30] 한림원을 크게 수리한 것에서도[31]
잘 알 수 있다. 또한 영락제는 인재 육성의 최고기관인 국자감 규율에
대한 정비에도 착수하여, 永樂 3년(1405) 춘정월에 국자감 祭酒 胡儼에게
홍무제 때 제정된 學規를 재천명하게 하였다.[32]

　이상에서 살펴본 바와 같이, 영락제는 등극 이후 경연을 시행하기 직전인
영락 4년(1406) 3월까지 약 4년 동안 府·州·縣學 등 각급 지방 학교의
복원과 설립, 북경과 남경의 국자감 이원 체제 정립, 鄕試·會試·殿試에
이르는 과거제의 정기적 시행 등을 통해, 홍무제의 숭유 정책을 계승한다는
것을 표방하였다. 이로써 유교주의에 입각한 도덕 군주로서의 면모를
과시함으로써 민심을 수습하고, 더 나아가서는 자신의 왕위 찬탈의 정당성
을 부여하고자 했던 것이다. 이에 따라 영락제는 '정난'을 성공적으로
종결하자마자 유교주의를 표방하는 정책을 상술한 바와 같이 시행하였다.
그리고 숭유 정책이 일정 정도 정비된 영락 4년(1406) 3월에는 국자감에

　선발하여 문연각에서 학문을 연마하도록 하였는데, 이때 선발된 사람은 28명이었
　다.『太宗實錄』10冊, 卷38, 永樂 3년 춘정월 壬子條, pp.642~643.

29)　永樂 2년 11월에 韻書인『文獻大成』을 重纂했는데, 여기에 참여한 사람들 중에는
　　解縉 등 한림원 학사 이외에도, 鄒緝·王褒 등과 같이 대부분 진사 一甲 출신이
　　참여했을 뿐 아니라, 편찬 기관 또한 문연각이었다는 점에서 잘 알 수 있다.
　　『太宗實錄』10冊, 卷36, 永樂 2년 11월 丁巳條, pp.627~628. 또한 永樂 5년 11월에
　　『永樂大典』을 편찬할 때에도 高明 등 많은 생원들이 楷書로 선발되어 문연각에
　　들어가 참여하였고, 이 책이 완성되자 원하는 사람들에게는 국자감에 입학할
　　수 있도록 조치하였다.『太宗實錄』11冊, 卷73, 永樂 5년 11월 戊寅條, p.1022.
30)　『太宗實錄』11冊, 卷65, 永樂 5년 3월 癸酉條, p.920.
31)　『太宗實錄』11冊, 卷71, 永樂 5년 9월 癸丑條, p.987.
32)　『太宗實錄』10冊, 卷45, 永樂 3년 춘정월 丙辰條, p.645.

있는 명 태조의 詔書碑 징자를 수리하게 하는 동시에, 이곳에 세울 '視學之碑'에 비문을 직접 써서 하사하였다.[33] 이처럼 국자감에 '시학지비'를 세우고 난 지 얼마 지나지 않아 영락제는 마침내 太學을 직접 순시하고 경연 의례를 거행하는 동시에, 이를 기념하여 奉天門에서 연회를 베풀고 국자감 祭酒 胡儼과 司業 張智에게 紵絲羅衣를, 學官 王俊 등 35명에게 紵絲衣 한 벌을, 그리고 監生 朱瑠 등 3,074명에게 각기 鈔5錠을 하사하는 등 대규모의 은전을 베풀었다. '정난'이후 시행한 일련의 숭유 정책을 통해 홍무 정권의 정통 계승자임을 각인시키는 동시에, 유교 교육의 최고 상징인 태학 순시와 경연을 통해 자신의 정통성을 공식 천명하고자 하였던 것이다.

III. 영락제의 北京 遷都 추진과 皇儲 교육

1. 皇太子 교육과 경연

영락 연간의 자료에는 황제 관련 경연 기록은 매우 소략한 데 비해, 황태자와 황태손에 대한 경연 기록은 비교적 많은 편이다. 이는 영락 연간의 황실 경연 운영상에서 나타나는 특징을 반영한다는 점에서 주목된다.

태자 교육에 대한 기록은 영락 2년(1403) 4월에 처음으로 보인다. 즉 영락 2년 4월, 영락제는 侍臣들에게 고금의 嘉言善行과 태자에게 유익한 내용을 모아 책으로 만들도록 명하고, 이를 간행하여 『文華寶鑑』이라 칭하였다. 이에 영락제는 奉天門에 나가 태자를 불러 이 책을 하사하면서,

　　修己治人의 핵심이 이 책에 있다. 옛날 요·순 임금이 후대에 전하고자 한 것은 오직 '允執厥中'에 있다. (그런데) 제왕의 道는 핵심을 아는 것이고,

---

33) 『太宗實錄』 10冊, 卷52, 永樂 4년 3월 壬辰條, p.773.

핵심을 아는 것은 곧 다스림에 있는데, 너는 이에 힘쓰도록 하라.[34]

고 당부하였다. 이와 동시에 영락제는 이 책을 만든 배경을 설명하면서, 한림학사 겸 右春坊大學士 解縉 등에게 이를 수시로 講說하여 東宮이 덕업을 쌓아 守成의 令主가 되도록 힘써 보필할 것을 당부하였다.[35] 이로써 볼 때, 영락제는 홍무제 이래 제도화 된 황태자에 대한 경연을 정기적으로 시행한 것은 물론이고, 특별히 경전 가운데 핵심적인 내용을 직접 발췌하여 책으로 편찬함으로써 태자가 늘 이를 학습하도록 하고 있음을 알 수 있다. 더구나 이 시기는 영락제가 1년 넘게 끌어오던 황태자 책봉 문제를 매듭지은 직후였다. 따라서 영락제가 직접 교재를 편찬하여 태자에게 하사하여 이를 독서의 지침으로 삼게 한 것은 황태자 책봉과도 직접적인 연관성이 있다고 하겠다.

잘 알려진 바와 같이, 당시 황태자 책봉 문제는 북경 천도 계획과 함께 조정에서 논란이 많았던 주요 현안이었다. 영락제는 황위에 즉위한 직후인 홍무 35년(1402) 秋7월에 長子인 高熾에게 자신의 세력 근거지였던 연왕부 소재지 북평의 軍民 관련 大事를 위임하는[36] 동시에, '靖難'으로 인해 동요된 민심 수습과 함께 북경 천도의 계획을 은밀하게 구상하고 있었다. 이처럼 장자에게 북경의 國政 大事를 위임한 것을 계기로 조정에서는 황태자 책봉 문제가 공식적으로 제기되기 시작하였다. 이에 따라 영락 원년 춘정월 마침내 群臣들은 황태자 책봉을 공식적으로 요청하는

---

34) 『太宗實錄』 10冊, 卷30, 永樂 2년 夏4월 甲申條, pp.545~546.

35) 『文華寶鑑』 편찬의 배경에 대해, 영락제는 홍무제가 태자의 교육을 위해 經傳의 핵심내용을 발췌하여 편찬한 『儲君昭鑑錄』을 그 예로 들어 언급하였다. 이 밖에도 진시황제는 태자에게 법률로 가르치고, 晉 元帝는 태자에게 韓非子를 가르침으로써 제왕의 道가 피폐해지고 講說하지도 않았다고 비판하였다. 『太宗實錄』 10冊, 永樂 2년 夏4월 甲申條, p.546.

36) 『太宗實錄』 9冊, 卷10下, 洪武 35년 秋7월 丙午條, p.170.

表를 올렸는데,[37] 이는 북경 정사를 황태자에게 위임한 지 약 6개월이 지난 때였다. 그 이후에도 수차례에 걸친 群臣들과 諸王들의 요청에도[38] 불구하고, 영락제는 이를 번번이 거절하면서 책봉 문제를 차일피일 미루었다.[39] 이처럼 황태자 책봉 문제를 둘러싸고 조정의 의견이 분분한 상황에서, 영락제는 영락 원년 2월에 둘째 아들인 漢王 高煦에게 북경에 주둔하여 이곳을 방어하게 하는 동시에, 장자에게도 북경에 머물면서[40] 이곳의 정무에 힘쓰도록 명하였다.[41] 이와 아울러 같은 해 10월에는

---

37) 영락제는 群臣들의 요청에 대해, "현재 장자는 공부에 매진해야 할 때이다. 따라서 그가 지식을 더욱 보충하고 도덕 수양을 더 함양하여 황위를 감당할 수 있을 때를 기다려 (태자를) 정해도 늦지 않다."고 함으로써 태자 책봉 요청을 거절하였다. 『太宗實錄』 9冊, 卷16, 永樂 元年 春正月丙戌條, pp.292~293.

38) 예컨대, 永樂 元年 3월에는 文武百官이 황태자의 책봉을 요청하였고, 같은 해 4월에는 영락제의 아우인 周王 橚이 책봉을 주청하였다. 이에 대해 영락제는 장자의 학문과 수양, 그리고 실적이 아직도 미진하기 때문에 덕성을 더 함양하고 학문을 더 증진하게 하여 日就月將하면 그 때에 가서 책봉해도 늦지 않다고 거절하였다. 『太宗實錄』 9冊, 卷18, 永樂 元年 3월 戊寅條, p.319 ; 『太宗實錄』 9冊, 永樂 元年 夏4월, 庚戌條, p.339.

39) 영락제가 이처럼 장자 高熾를 황태자로 책봉하지 못하고 여러 가지 이유를 들어 차일피일 미룬 이유는 군사적 재능이 있는 둘째 아들 高煦에 대한 미련도 한 원인으로 작용했기 때문이었다. 더구나 영락제가 藩邸시절 자신을 扈從했던 丘福 등 무신들도 高煦를 천거했기 때문에, 영락제는 황태자 책봉에 대해 많이 주저하고 고민했던 것으로 보인다. 이에 대해서는 新宮學, 「北京遷都」, 앞의 책 (2004), p.152 ; 鄧球, 『皇明泳化類編』 2冊, 卷37, 「功宗」, '丘福 淇國福公', pp.545~546 참조.

40) 홍무 35년 6월 靖難을 종결하고 황위에 오른 영락제는 남경에 도착한 이후에도 상당한 시간이 경과한 다음에서야 황후와 皇長孫을 남경에 招致하였다. 즉 홍무 35년 11월 13일에야 황후 徐氏를 책립하고, 다음해인 영락 원년(1402) 11월에야 비로소 황장손 瞻基가 남경에 도착하였다. 그리고 영락 2년(1403) 정월 27일에는 隆平侯 張信과 駙馬都尉 永春侯 王寧을 파견하여 장자 高熾와 둘째 아들인 高煦를 남경에 초치함으로써, 이들은 마침내 같은 해 3월 24일에 남경에 도착하였다. 그리고 그 해 4월 4일 장자 高熾를 세자에, 제2자 高煦를 漢王, 제3자 高燧를 趙王에 책립하였다. 이처럼 세자와 황후 徐氏를 북경에 2년 넘게 머물도록 한 것은 북방의 방어를 위한 것은 물론이고, 영락제가 황태자 결정을 두고 고심했기 때문인 것으로 판단된다. 藤高裕久, 「永樂朝の皇儲問題をめぐる一考察」, 『史滴』, 1997. 참조.

장자에게 북경의 정무를 친히 관장하고 관아의 奏牘을 열람하는 등 신하들의 어려움을 몸소 체험하게 함으로써 후일 군주가 되는 데 도움이 되도록 하였다.[42] 이로써 볼 때, 영락제는 장자를 교육함에 있어서 공식적인 황실 교육제도인 경연만을 중시하는 것이 아니라, 정무를 실제로 관장하는 데 필요한 정치적 실무 능력을 배양하도록 하는 데 주력하였음을 알 수 있다.[43]

이처럼 북경 천도의 구상과 함께 이와 연계된 영락제의 황태자 교육을 통해, 황태자 책봉 문제는 마침내 현실화 되었다. 즉 책봉 문제가 처음으로 제기된 이래 1년여가 지난 영락 2년(1404) 3월, 文武群臣과 京師(南京)의 耆老들이 태자의 책봉을 재차 주청함에 따라, 영락제는 마침내 "최근 수차례에 걸친 친왕들의 황태자 冊立 요청과 卿들의 충성스럽고 간절한 요청"을 수용하는 동시에, 예부에 황태자 책봉을 위한 길일을 택하라고 명하였다.[44] 뒤이어 책봉에 필요한 의례와[45] 東宮儀仗을 마련하게 함으로써,[46] 이제까지 끌어온 황태자 책봉 문제는 마침내 일단락되었다.[47] 이에 영락제는

41) 『太宗實錄』 9冊, 卷17, 永樂 元年 2월 癸酉條, p.314.

42) 『太宗實錄』 9冊, 卷24, 永樂 元年 冬10월 乙未條, p.440.

43) 홍무제를 비롯한 명대의 皇儲 교육이 도덕 수양을 위주로 한 것과는 달리, 이 시기에 빈번하게 시행된 監國을 통한 皇儲 교육은 후일 군주로서 필요한 정치적 소양이나 政務능력을 배양하는 데 실질적 효과를 거두었다고 평가하고 있다. 따라서 "仁(宗)·宣(宗)之治"의 전성기는 바로 이러한 監國 시절의 皇儲에 대한 정치적 훈련과 무관하지 않다고 그 효과를 높이 평가하고 있다. 張俊普, 앞의 논문, p.4.

44) 『太宗實錄』 10冊, 卷29, 永樂 2년 3월 己巳條, p.524.

45) 『太宗實錄』 10冊, 卷29, 永樂 2년 3월 庚午條, pp.526~531.

46) 『太宗實錄』 10冊, 卷30, 永樂 2년 夏4월 辛未條, pp.533~534.

47) 영락제가 장자 高熾를 황태자에 책봉한 것은 영락 2년 3월 28일의 일이었다. 이에 앞서 영락제는 자신이 앞으로 천자가 될 것이라고 예견한 太常寺 寺丞 袁珙과 鴻臚寺 序班 忠徹 부자에게 장자 高熾와 황장손 瞻基의 관상을 보게 하는 동시에, 한림원 侍讀 學士 解縉과 北京行部主事 尹昌隆 등을 불러 하문하였다. 이때 이들과 연왕부 長史였던 병부시랑 金忠도 嫡統 계승을 주장함으로써, 마침내 장자를 태자에 책봉하였다. 이러한 결정에는 영락제가 총애했던 황태손에 대한

'靖難'에서 설내직 공로가 있었던 僧錄司 左善 世道衍(후일에 姚光孝로 賜名됨)을 太子 少保로 임명하고, 태자를 보좌하여 匡正해 줄 것을 특별히 당부하였다.[48] 그리고 황태자 책봉에 대한 준비가 완료된 같은 해 4월에 황태자 책봉식을 정식으로 거행토록 하는[49] 동시에, 연회를 성대하게 베풀도록 하였다.[50] 이는 황태자 책봉 문제가 처음으로 제기된 지 1년 4개월이 지난 뒤였다.

어쨌든 황태자 책봉 문제가 일단락되자, 영락제는 국가적 과제인 북경 천도 계획을 적극 추진하고자 하였다. 영락제는 지금까지 북경의 정무를 담당했던 장자 高熾를 황태자로 책봉함에 따라 자칫 북경의 위상이 저하되거나, 공백이 초래될 수도 있음을 고려하여 영락 3년(1405) 2월, 제3자인 趙王 高燧를 북경 '留守'에 임명하고 '北京行部', '留守後軍都督府' 등의 관청을 설치하였다. 이와 함께 영락 4년(1406) 윤7월, 영락제의 북경 巡幸을 대비한다는 명분으로 북경 궁전을 造營하자는 조정 대신들의 제안에 따라, 이를 위한 건축 자재의 조달과 함께 工匠과 民丁의 징발이 전국적으로 이루어지게 되었다. 이렇게 추진된 물적·인적 준비 단계를 거치면서 영락제의 북경 천도 계획은, 영락 7년(1409) 2월 영락제가 첫 번째 北京 巡幸을 단행함으로써 구체화되었다. 이에 앞서 영락제는 영락 6년(1408) 8월에 북경 순행 계획을 알리는 조서를 내리는 동시에, 황제의 京師 부재를 대비하기 위해 황태자를 남경 '監國'에 명하고 구체적 업무 지침인 「皇太子留守事宜」를 마련하도록 지시하였다. 이와 함께 영락제는 황태자의 교육을 위해 자신이 성현의 말씀을 직접 발췌하여 만든 『聖學心法』을 간행하도록

기대도 한 요인으로 작용했던 것으로 알려져 있다. 新宮學, 「北京遷都」, 앞의 책(2004), pp.152~153 참조.

48) 『太宗實錄』 10冊, 卷30, 永樂 2년 夏4월 壬申條, p.534.

49) 『太宗實錄』 10冊, 卷30, 永樂 2년 夏4월 甲戌條, pp.539~542.

50) 즉 4품 이상의 문무 群臣과 近侍官·風憲官을 비롯하여 5품 이하 관료들에게도 각기 鈔1錠을 하사하였다. 『太宗實錄』 10冊, 卷30, 永樂 2년 夏4월 乙亥條, p.542.

하였다.

『성학심법』의 간행을 둘러싼 배경과 저간의 사정에 대해, 『태종실록』에
는

皇上이 책 한 권을 꺼내 한림학사 胡廣 등에게 내보이면서, "옛 사람들이
천하를 다스림에 있어서는 모두 옳았는데, 이들은 비록 태어나면서 알았다
고는 하지만, 聖人 또한 학문에 의존하였다. 漢·唐 시대에서부터 宋에 이르기
까지 聖賢의 明訓은 經傳에 갖추어져 있었지만, 그 분량이 지나치게 방대하여
그 핵심을 받아들이기 쉽지 않았다. 그런데 帝王之學은 그 핵심을 취하여
이를 착실하게 행한다면 다스림을 달성할 수 있다. 황태자는 천하의 근본이
다. 이제 태자는 진학해야 할 때로서, 짐은 그에게 제왕학의 핵심을 알게
하여 앞으로 태평성세가 이루어지기를 기대하고자 한다. 秦·漢이래 태자에
게 가르치는 내용은 대부분 申不害와 韓非子의 刑名과 術數였는데, 이 모두는
正道가 아니다. 이에 짐은 여가가 있을 때마다 聖賢의 말씀을 발췌하고
그 가운데 執中과 建極에 관련되는 내용과 修身·齊家·治國·平天下와 절실하게
연관된 내용을 이제 이 책으로 만들었다. 경들은 이를 한번 열람해 보아서,
만약 옳지 못한 것이 있다면 짐의 말을 고치도록 하라."고 하였다. [호]광
등이 나누어 열람하고 이를 다 읽은 후에, "제왕의 도덕에 관한 핵심이
이 책에 다 기록되어 있으니 마땅히 그 근거와 훈고를 달아 만세토록 전하여
야 하니, 이를 간행하도록 하기 바랍니다."라고 주청하였다. 이에 영락제는
그렇게 하자고 하였다. 마침내 이 책을 『聖學心法』이라 하였고, 司禮監에서
이를 간행하도록 하였다.[51]

라고 상세하게 서술하고 있다. 이로부터 3개월이 지난 영락 7년(1409)
5월 마침내 『성학심법』을 간행하여 황태자에게 하사하였다.[52] 더구나

---

51) 『太宗實錄』 11冊, 卷88, 永樂 7년 2월 甲戌條, p.1162.
52) 『聖學心法』은 모두 4권으로서, 君道, 臣道, 父道, 子道로 나누어져 있다. 영락제는

이 책의 간행을 명한 일이 있은 지 얼마 지나지 않은 영락 7년 2월에 영락제는 북경 巡幸을 위한 太社 太稷에 대한 제를 올리고 난 다음, 右春대학 사인 黃淮와 左諭德 楊士奇에게 태자의 '監國'을 보좌할 것을 당부하였다.[53]

이상의 사실로 미루어 볼 때, 영락제는 황태자에 대한 경연은 홍무 연간의 제도를 그대로 계승하면서도, 이에 더하여 황태자 교육에 필요한 교재를 직접 발췌하고 간행하게 하는 등 자신이 직접 챙기고 있음을 알 수 있다. 교재의 내용은 주로 성현의 말씀 중에서, 특히 황제권력의 집중을 강조하는 '建極'과 이에 필요한 治道인『대학』의 수신·제가·치국·평천하를 중시하고 있는 동시에, 군주의 수신 덕목으로 '執中'을 강조하고 있음을 엿볼 수 있다. 따라서 영락제는 "예를 존중하는 師傅로 하여금 經典을 講習하게 함으로써, (皇儲에게) 古今의 이치와 때를 통달하게 하여 후일 軍國 重務를 담당하는 데 도움이 되도록 한다."[54]는 홍무제의 皇儲 교육 지침을 그대로 계승하고 있음을 알 수 있다.

이처럼 영락제는 중국 고대 이래로 유교 경전에 입각한 도덕 수양을 강조하는 皇儲 교육을 계승하는 한편, 여기에서 한 걸음 더 나아가 북경 천도라는 국가적 과제를 추진하는 것과 연관하여 황태자에 대한 실무 교육도 강화하였다. 이로써 영락제는 1차 북경 순행(영락 7년 2월)을 단행하기에 앞서 영락 6년(1408) 8월에 순행 사실을 알리는 조서를 내리는 한편,『성학심법』의 간행과「皇太子留守事宜」를 마련하도록 지시하였다. 이렇게 북경 천도를 추진하면서 수차례에 걸친 북경 순행과 漠北 遠征을[55]

이 책의 서문에서, "이 책은 經傳에 담겨 있는 내용 중에서 옛날 제왕들의 治國·平天下에 필요한 매우 핵심적인 내용과, 자손을 가르칠 때 필요한 불변의 원칙을 찾아볼 수 있다."고 설명하고 있다.『太宗實錄』11冊, 卷92, 永樂 7년 5월 庚寅條, pp.1204~1223.

53)『太宗實錄』11冊, 卷88, 永樂 7년 2월 戊寅條, pp.1168~1169.

54) 余繼登,『典故紀聞』(影印本), 北京 : 中華書局, 1997 ; 夏燮,『明通鑑』(影印本), 北京 : 中華書局, 1980 ; 趙玉田, 앞의 논문, p.37 재인용.

55) 영락제의 북경 순행은 영락 7년 2월~8년 11월, 영락 11년 2월~14년 10월, 영락

단행할 때마다 영락제는 황태자를 '監國'에 임명함으로써, 황제의 부재중인 수도 남경의 政事를 대신 처리하게 하였다. 이에 따라 황태자는 황제를 대신하여 조정 政事를[56] 관장했던 '監國' 기간 동안 정기적인 경연을 통해 유교 교양을 학습하는 것 이외에도, 治國에 필요한 政事는 물론이고 현장의 民情을 살필 수 있었다. 이처럼 황태자에 대한 영락제의 '監國'제도 시행은 명대 皇儲 교육이 주로 도덕 수양이나 이상적인 治道에 치중된 것과는 달리, 정치적 실무 능력과 민정 학습도 함께 병행할 수 있었다는 점에서 주목된다고 하겠다.

2. 皇太孫의 교육과 경연

영락제는 皇太孫에 대한 교육에도 남다른 관심을 보였다. 기록에 따르면, 황태손에 대한 최초의 경연은 영락 5년(1407) 4월에 이루어졌다. 이때 皇太孫이 出閣하여 정식으로 就學하는 것을 축하하는 賀禮를 행했는데, 이 자리에서 영락제는 太子 少保 姚廣孝와 侍詔 魯瑄·鄭禮 등에게 長孫에 대한 훈육과 지도를 다음과 같이 당부하였다.

사람의 학문은 늘 먼저 말로 하는 것을 위주로 한다. 짐의 장손은 태어날 때부터 자질이 밝고 지혜로우니 너희들은 마땅히 마음을 다해 開導하도록

15년 3월~18년 말까지 3차례에 걸쳐 이루어졌고, 북경 체류기간도 약 9년에 달했다. 또한 漠北 원정은 영락 8년, 12년, 20년, 21년, 22년 등 5차례에 걸쳐 이루어졌다. 이에 대해서는 新宮學, 「北京巡狩と南京監國」, 앞의 책, p.289 ; 張俊普, 앞의 논문, p.4 ; 楊杭軍, 「評永樂帝的五次北征」, 『河南師範大學學報』(哲學社會科學版) 22-2, 1995, pp.35~37 참조.

56) 황태자가 '監國'으로서 처리했던 업무는 주로 중앙 문·무직 하급관리의 임명과 승진, 지방관의 승진 임명과 교체, 지방의 과거제 시행, 賑恤사업 등 일상적인 政事에 국한되었고, 軍國에 관련된 중요 政務는 황제에게 품신하여 결재 받도록 하였다.

하라. 무릇 경전과 史書에 실린 孝悌와 仁義의 내용과 선왕들의 훈계 중에서 천하를 경륜할 수 있는 내용을 날마다 講究하여 이를 오랫동안 익히고 깊게 함양하게 한다면, 德性이 순수해지고 도량과 지식이 넓어져서 후일 크게 쓰이게 될 것이다. 그러므로 儒生들과 같이 章句를 해석하고 文辭에만 공들일 필요가 없다.[57]

이처럼 황태손 교육에서 영락제가 특히 강조한 것은 단순히 글자 해석이나 문체 등에만 매몰되는 당시 儒生들의 공부 방식이 아니라, 인격 수양과 덕성 함양이었다. 황태손에 대한 이와 같은 영락제의 교육 방침에 따라, 영락 6년(1408) 11월에는 太子 太師 淇國公 丘福, 이부상서 蹇義, 병부상서 겸 詹事府 詹事 金忠, 한림원 학사 겸 좌춘방대학사 胡廣, 우춘방대학사 겸 한림원 侍讀 黃淮, 우춘방 右庶子 겸 한림원 시강 楊榮, 좌춘방 大諭德 겸 한림원 시강 楊士奇, 우춘방 右諭德 겸 한림원 시강 金幼孜, 司經局 洗馬 姚友直 등에게 皇太孫을 전담하여 輔導하도록 당부하였다.[58] 한편, 1차 북경 巡幸 중인 永樂 8년(1410) 2월, 영락제는 皇太孫에게 北京에 '留守'할 것을 명하고, 호부상서 夏原吉 등에게 「留守北京事宜」를 의논하도록 명하였다.[59] 이로부터 3일 뒤에는 특별히 호부상서 夏原吉에게 皇太孫을 잘 보필하여 지도할 것을 부탁하기도 하였다. 이에 永樂帝는

짐의 長孫이 나이가 비록 어리지만, 학문에 힘쓰고 덕성을 함양해야 할 때이다. 너는 이에 진력하여 마음을 다해 長孫을 朝夕으로 잘 보필하여 이끌면, [장손의]지식이 더욱 넓어지고 도덕을 쌓아서 장차 황위를 계승할 자질을 갖게 될 것이다. 그러면 너에게도 영광이 될 것이다.[60]

57) 『太宗實錄』11冊, 卷66, 永樂 5년 夏4월 辛卯條, p.926.
58) 『太宗實錄』11冊, 卷85, 永樂 6년 11월 甲寅條, pp.1128~1129.
59) 『太宗實錄』12冊, 卷101, 永樂 8년 2월 戊戌條, pp.1311~1313.
60) 『太宗實錄』12冊, 卷101, 永樂 8년 2월 辛丑條, p.1314.

고 하는 한편, 그에게 米 2천 石과 鈔 1천 貫을 하사하고 行在 吏·戶·兵 3部를 겸직하게 하였다. 또한 永樂 8년(1410) 秋7월에는 皇太孫에게 북경에 머물면서 백성을 안정시키고 정치를 잘 할 것을 당부하면서, 그를 보좌하는 夏原吉에게는 鈔 1천 貫을 하사하는 등 은전을 베풀었다.

또한 같은 해(1410) 10월에는 북경 순행에 皇太孫을 대동하고, 그에게 풍속과 농업 실상 등 현지의 民情을 직접 보고 살피도록 하였다.[61] 이로써 볼 때, 영락제는 황태자로 하여금 남경을 '監國'하게 하는 동시에 황태손에게 는 북경을 '留守'케 함으로써 민심을 안정되게 하는 동시에, 앞으로 있을 북경 천도는 물론이고 자신이 남경 체류 시에 야기될 수도 있는 북경 공백에도 대비하고 있음을 알 수 있다.

특히 황태손에 대한 교육에서 영락제가 주목한 것은 단순히 經傳 중심의 공식적인 경연뿐만 아니라, 현장 체험과 武事 교육도 중시하고 있다는 점이다. 이에 따라 1차 북경 순행이 끝난 뒤인 永樂 10년(1412) 8월, 영락제는 당시 병부상서 金忠에게 여가가 있을 때마다 황태손에게 武事를 가르치도록 하는 한편, 直隸 應天府와 江北 鳳陽·滁和府, 北京·山東·山西·陝西·河南·四川· 湖廣등 전국 각지에 사람을 파견하여 17~20세의 건장하고 무예가 뛰어난 사람을 선발하여 황태손을 특별히 隨從하도록 하였다.[62] 이와 함께 한림원 庶吉士 劉獬을 예부 급사중으로 삼고, 吏科給事中 張英, 國子監 學錄 王讓과 함께 皇太孫을 시종하면서 講說하도록 하였다.[63] 또한 영락제는 2차 북경 순행을 시행했던 영락 12년(1414) 3월에도 皇太孫을 대동하였다. 이때 영락제는 侍臣들에게 말하기를,

짐의 長孫은 총명하고 영민하며 용기와 지혜 또한 보통 사람을 초월한

---

61) 『太宗實錄』 12冊, 卷109, 永樂 8년 冬10월 癸卯條, p.1406.
62) 『太宗實錄』 12冊, 卷131, 永樂 10년 8월 丙辰條, p.1615.
63) 『太宗實錄』 12冊, 卷131, 永樂 10년 8월 癸酉條, p.1620.

다.……또한 學士 胡廣과 庶子 楊榮, 諭德 金幼孜 등에게 이르기를, 군영에서
여가가 있으면 너희들은 매일 長孫에게 경전과 史書를 講說하여 文事와
武備가 어느 한 쪽으로 치우쳐 모자라지 않게 하라.[64]

고 함으로써, 巡幸 중에서도 皇太孫에 대한 經史 講說을 지속하고 있음을
알 수 있다. 특히 영락제는 북경 순행 중 宣府에 도착하였을 때 임시
군영에서도 직접 황태손의 지식 정도를 시험하고, 당시 皇太孫의 학식이
크게 발전하였다고 칭찬하기도 하였다. 이 자리에서 侍臣들이 "太孫 殿下의
자질과 지식이 보통 [사람들의 수준]을 넘어서니 후일 반드시 太平 天子가
될 것입니다. 이는 宗祀와 生民의 복입니다."라고 축하하자, 영락제는 "짐은
일찍이 東宮 官屬에게 서로 협심하여 동궁을 보좌할 것을 명하였는데,
너희들은 모두 성의를 다해야 한다."[65]고 당부하였다.

특히 황태손에 대한 영락제의 관심과 총애가 남달랐음은 잘 알려진
사실이다. 따라서 영락제는 북경 순행에 황태손을 대동하였고, 순행에서
지나는 지역마다 그곳에서 제왕에 필요한 治術과 경험담을 직접 설명하기
도 하였다. 뿐만 아니라, 때로는 황태손과의 대화를 통해, 영락제는 자신의
漠北 친정 등 정치적 행위의 정당성을 위로받기도 하였다.[66] 이렇게 각별하
게 총애하는 皇太孫에 대해, 영락제는 기회가 있을 때마다 자신이 직접
교육 지침을 내리는 한편, 특히 현장 학습을 매우 강조하였던 것이다.
이러한 사실은 영락 12년(1414) 5월 열병식을 마친 영락제가 옆에서 入侍하

64) 『太宗實錄』 13冊, 卷149, 永樂 12년 3월 庚寅條, pp.1739~1740.

65) 『太宗實錄』 13冊, 卷149, 永樂 12년 3월 戊戌條, p.1741.

66) 永樂 12년(1414) 4월 영락제가 남경으로 귀환 도중 淸水源에 도착하였을 때,
자신의 漠北 친정에 대해 황태손에게 질문하자 황태손은 "북쪽의 오랑캐를 황무지
인 사막으로 물리치고 한족의 지역과 단절시킴으로써, 자손들과 臣民들로 하여금
오랫동안 태평하게 하고 복을 누리게 하기 위한 것입니다."라고 답하자, 영락제는
"손자의 말은 곧 나의 마음이다."고 탄복하면서 매우 흡족해 한 사실에서 엿볼
수 있다. 『太宗實錄』 13冊, 卷150, 永樂 12년 4월 丁卯條, pp.1753~1754.

고 있던 황태손에게,

　창업과 守成은 어렵다. 뿐만 아니라, 前代 제왕들은 深宮에서 성장하여 富貴와 안일에 빠지기 쉽고, 古今의 일에 불통하고 백성들의 어려움을 알지 못하였다. 이에 經國의 업무에 대해서 잘 모르고 이를 탐구하지 않아서 마침내 멸망하기에 이른 사람들이 있는데, 나는 늘 이를 경계하였다. 너는 앞으로 황위를 이을 책임이 있으니, 반드시 학문에 힘써야 한다. 이로써 무릇 천하의 事에 대해서는 사람들의 어려움을 두루 살펴 알지 않으면 안 되며, 또한 두루 듣고 널리 보지 않으면 안 된다. 섭렵한 것이 많으면 자연히 마음이 탁 터지고 넓어져서 여러 가지 일이 닥치더라도 모두 처리하여 잘못이 없게 된다. 이렇게 되면 祖宗이 맡긴 國事에 어긋나지 않게 되고, 또한 복과 은택이 천하에 미칠 것이다. 너는 힘쓰도록 하라.67)

라고 당부한 데에서도 잘 알 수 있다. 이처럼 영락제가 황태손을 특별히 총애한 것은 북경 천도를 대비하는 과정에서 초래될 수 있는 황제권력의 공백, 그리고 수도 남경의 監國인 太子로의 권력 집중을 견제하는 것과도68) 일정 정도 관련이 있었던 것으로 추정된다. 여기에는 물론 성격적인 면도

---

67)　『太宗實錄』 13冊, 卷151, 永樂 12년 5월 癸酉條, p.1755.

68)　영락제가 남경 '監國'이었던 황태자에게 권력이 집중되는 것을 견제한 것은 강남을 중심으로 북경 천도 계획이 표면화되는 1차 북경 순행기간인 영락 7년부터 가시화 되었던 것으로 추정된다. 이러한 사실은 영락 7년 윤4월 황태자가 결재한 6科의 업무를 매월 보고하지 않았다는 것을 이유로 '監國'의 보좌관에게 경고한 사실이나, 같은 해 6월 황태자가 副都御史와 호부시랑으로 임명한 관원을 거절하고 재심사한 사실, 그리고 2차 북경 순행기인 영락 12년 윤9월 황태자의 輔導官을 북경에 소환하는가 하면, 3차 북경 순행기인 영락 16년 7월에 황태자의 輔導官을 소환하여 사형시킨 사건 등에서 잘 엿볼 수 있다. 『太宗實錄』 11冊, 卷91, 永樂 7년 윤4월 戊申條, p.1193 ; 『太宗實錄』 卷92, 永樂 7년 5월 癸酉條, pp.1200~1201 ; 『太宗實錄』 12冊, 卷93, 永樂 7년 6월 乙丑條, p.1237 ; 『太宗實錄』 13冊, 卷156, 永樂 12년 윤9월 甲辰條, pp.1793~1794 ; 『太宗實錄』 14冊, 卷202, 永樂 16년 秋7월 甲戌條, pp.2094~2095.

한 요인으로 삭용하였다. 즉 황태손이 할아버지인 영락제의 성품과 매우 닮은데 비해, 황태자는 온후하고 문약하였을 뿐 아니라 지나치게 비대했기 때문에 활동적이고 무사적 기풍이 강한 영락제와는 너무나 대조적이었다.

어쨌든 황태자와 영락제의 갈등과 긴장 관계가 노골화된 영락 12년 (1414) 윤9월의 사건[69] 이후, 영락제는 같은 해(1414) 12월에 皇太孫을 비롯한 皇孫들의 妃에 대한 揀擇令을 내렸다. 이로써 直隸와 북경을 비롯한 전국 각지에 관원을 파견하여 皇孫妃에 적합한 후보자를 물색하는[70] 동시에, 황태손의 성인 의례를 준비하도록 하였다.[71] 뿐만 아니라, 당초 황태손을 시종하던 幼軍 대신에 이를 전담하는 親軍指揮使司의 官屬으로 구성된 '府軍前衛'를 신설하고, 여기에 指揮使 5명, 指揮同知 10명, 指揮僉事 20명, 衛鎭撫 10명, 經歷司 經歷 5명, 千戶所 正千戶 25명, 副千戶 50명, 所鎭撫 50명, 百戶 250명을 각각 배속하였다.[72] 이와 함께 황태손을 시종하는 幼官 중에서 특히 허약하고 부실한 사람에 대해서는 건장하고 전투에 능한 사람으로 대체하는 한편 幼軍을 지휘하는 '府軍前衛'의 관리들에 대해서도 나이가 있고 단정한 사람으로 바꾸도록 하였다.[73] 이렇게 황태손에 대한 경호 및 혼례에 대한 준비를 진행한 영락제는 3차 북경 순행 기간인 영락 15년(1417) 秋7월,『務本之訓』을 편찬하여 황태자를 비롯하여 황태손에게 하사하면서,

---

69) 이 사건을 계기로 영락제가 그렇게도 신임했던 '3楊' 중에서 楊士奇와 楊溥가 연루되어 하옥되었다. 위의 주68)『太宗實錄』13冊, 卷156, 永樂 12년 윤9월 甲辰條, pp.1793~1794.

70) 황손비의 후보자는 軍民이나 관직자 중 家法이 엄한 가문의 딸 중에서, 나이가 11~17세로서 용모가 단정하고 부모가 모두 생존하고 있는 사람을 그 대상으로 삼았다.『太宗實錄』, 13冊, 卷159, 永樂 12년 12월 己卯條, p.1809.

71) 황태손의 혼례는 이로부터 약 1년 4개월이 지난 영락 14년 夏4월에 이루어졌다. 『太宗實錄』, 13冊, 卷175, 永樂 14년 夏4월, 癸未條, p.1922.

72)『太宗實錄』13冊, 卷163, 永樂 13년 夏4월 丁丑條, p.1844.

73)『太宗實錄』13冊, 卷165, 永樂 14년 秋7월 辛丑條, p.1859.

지난 날 짐이 侍行을 통해 民情事를 두루 알고자 하였는데, 마침내 그 내용들을 모아 책으로 만들어 너희들을 가르치고자 하니, 이를 『務本之訓』이라 하였다. 이 책에는 제왕들의 修·齊·治·平의 도리가 개괄적으로 갖추어져 있을 뿐 아니라, 그 내용은 모두 절실한 내용이다.……너[太孫]는 미래의 후계자로서 宗社와 백성들이 기대하는 바이다. 이제부터 틈만 있으면 반드시 儒臣들과 이 책을 강독하여 그 뜻을 분명하게 받든다면, 칭송을 받게 되고 후일에는 태평성세를 기대할 수 있을 것이다.[74]

라 하였다.

또한 영락제는 특히 3차 북경 순행 기간인 영락 15년(1417) 3월부터 18년(1420) 12월까지 북경에 머물면서 북경 천도를 위한 마지막 작업을 정리하는 동시에, 그 어느 때보다 황태손에 대한 교육을 열심히 독려하였다. 이에 따라 영락제는 영락 17년(1419) 秋 8월에 황태손에게, "自古로 독서를 통해 이치를 익히지 않은 채, 제가·치국·평천하한 제왕이 없었다."[75]고 독서와 학문에 힘쓸 것을 당부하였다. 그리고 같은 해 12월에도 도덕 수양으로서 孝·悌·忠·信의 4개 덕목을 특별히 강조하기도 하였다.[76] 이와 함께 영락 18년(1420) 9월에는 揚州府 府學 敎授 蘭從善과 靑州府 府學 敎授 林長楸, 寶鷄縣 縣學 敎諭 徐永達 등을 한림원 編修로 발탁하고, 이들에게 황태손을 시종하면서 독서하도록 하였다.[77]

이상의 사실로 볼 때, 황태손의 교육과 경연도 황태자와 마찬가지로 북경 천도 계획과 이를 위한 북경 순행과 연계되어 이루어졌음을 알 수 있다. 이로써 영락제는 영락 5년(1407) 4월 황태손의 就學을 공식화한

---

74) 『太宗實錄』 13冊, 卷191, 永樂 15년 秋7월, 乙亥條, p.2019.

75) 『太宗實錄』 14冊, 卷215, 永樂 17년 秋8월 癸未條, pp.2151~2152.

76) 『太宗實錄』 14冊, 卷219, 永樂 17년 12월 丁亥條, p.2174.

77) 이 밖에도 甘泉縣學 敎諭 張昱, 河東縣學 敎諭 韓山由, 永年縣學 敎諭 劉順 등을 국자감 박사로 발탁하여 황태손의 독서를 보좌하도록 하였다. 『太宗實錄』 14冊, 卷229, 永樂 18년 9월 丁卯條, p.2225.

이래, 1차 북경 순행기인 영락 8년(1410)에는 황태손에 대한 경연을 전담하는 輔導官을 선발하여 經·史를 講說하도록 하는가 하면, 전국에서 17~20세의 건장한 壯丁을 선발하여 侍從軍으로 삼아 皇太孫을 호위하도록 하였다. 특히 황태손에 대한 교육 내용에 있어서도 유교적 소양 교육은 물론이고, 북경의 민정 순시 등 직접적인 현장 체험과 武藝에 대한 교육도 강조함으로써 정사에 필요한 실무를 익히게 하였다. 이를 통해 영락제는 자신이 남경 환도한 후의 북경에 대해 특별한 관심으로 보임으로써, 마침내 영락 8년 2월 황태손을 北京 '留守'로 삼아 자신을 대신하여 정무를 실질적으로 관장하게 하였던 것이다. 이는 영락제가 구상하고 있던 장기적 국가 과제인 북경 천도를 대비하는 동시에, 황실의 건실한 후계자를 육성하기 위한 조처였다고 생각된다. 이러한 영락제의 생각은 經史 강독을 위주로 하는 종전의 경연 내용은 말할 것도 없고, 여기에서 한 걸음 더 나아가 자신이 직접 교재를 편찬함으로써 皇儲교육을 적극 주도하고 있는 데에서도 알 수 있다.

IV. 결론

이상의 고찰을 통해 영락 연간의 경연은 정권의 정통성 확립은 물론이고, 특히 영락제가 추진한 최대 국정 과제인 북경 천도와 밀접하게 관련하여 운영되었다는 데에 그 특징이 있다고 하겠다.

먼저, 영락 연간에 시행된 황제의 경연은 태학 순시와 경연 의식을 직접 거행한 영락 4년(1406) 이후부터 구체화되고 공식 정비되었다고 하겠다. 이로써 영락제는 홍무제 이래의 숭유정책을 계승하고 유교주의에 입각한 도덕 군주를 지향하는 한편, 『태조실록』의 재편찬과 유교 관련 서적을 편찬하여 자신이 홍무 정권의 정통 계승자임을 과시하고자 하였다.

이념적인 측면에서 영락 정권의 합리화를 통해, '정난'으로 인해 초래된 민심 이반과 불만을 조기에 수습하고, 대내적으로는 영락 정권의 기반을 확립해 가고자 하였던 것이다. 이처럼 영락제의 황제 경연은 영락 정권의 확립 과정에서 정통성 확립과 국가 이념의 정립에 중요 수단으로 활용되었다고 하겠다. 따라서 창업 군주인 홍무제가 경연을 통해 臣權에 대해 황제권을 강화하는 수단으로 적극 활용한 데 비해, 영락제의 경연은 숭유 정책을 통한 정통성 확립을 위해 상징적 의미로서 시행되었던 것으로 보인다. 이로써 영락제는 특히 태학의 순시와 경연 의례를 직접 거행함으로써 상징적 의례를 통해 자신이 '壬戌殉難'에서 보였던 잔인하고 흉포한 무사 기질의 군주가 아니라, 文治를 중시하는 유교주의적 도덕 군주임을 과시하고자 하였던 것이다. 이에 따라 평상 시 황제 관련 경연의 내용을 상당히 구체적으로 자주 언급하고 있는 홍무 연간의 기록에 비해, 『태종실록』에는 황제관련 경연 내용이 구체적으로 언급되지 않고 소략할 뿐 아니라, 특별히 정통성 확립에 힘썼던 영락 연간 초기에 국한되어 있는 것도 바로 이러한 이유 때문인 것으로 판단된다. 뿐만 아니라, 경연내용에 있어서도 역사적 시비 판단이 개입되는 史書상의 인물 평가보다는 經書에 대한 내용만을 언급하고 있는 점도 홍무제의 경연 내용과는 차별화되는 점에서 주목된다고 할 수 있겠다. 이 역시 황위 찬탈을 통해 등극한 守成의 군주인 영락제로서는 홍무제와 달리 역사상의 군주에 대한 평가를 기피하고 싶었던 것과도 무관하지 않다고 추정된다.

한편, 영락제가 특별히 중시했던 황태자와 황태손 등 皇儲 교육의 특징은 북경 천도와 관련한 국정운영과 밀접하게 연관되어 시행되었을 뿐 아니라, 교재 편찬 등 황실 후손에 대한 교육내용을 직접 관장함으로써 후계자 수업에 역점을 두었다는 점이다. 이는 영락제의 북경 천도라는 장기적인 국정 과제를 추진함에 있어 황실의 지속적인 안정 등 영락제의 국정운영과 밀접하게 연관되어 있었기 때문이었다. 따라서 영락제는 황태자를 비롯한 황태손에 대해서는 홍무제 이래의 주요 경연 교재인 經書와 史書 이외에도, 특히 현장 체험 등 실무 교육을 중시함으로써 후계자 수업에 힘썼다. 여기에는 상술한 바와 같이 북경 천도 계획을 추진하기 위한 북경 정무의 관장과 학습, 북경 천도 계획으로 인해 성립된 과도기적인 兩京 체제와 京師 남경의 공백, 그리고 황태자로의 권력 집중 견제 등 영락제의 정국운영이 크게 작용하였던 것은 물론이다. 바로 이러한 이유 때문에 영락제는 황제에 대한 경연보다는 황태자 및 황태손 등 皇儲 교육에 특별한 관심을 보여, 그 교육 내용까지도 직접 관장하고자 하였던 것이다. 따라서 영락제는 황태자와 황태손에 대한 교육에 대해서는 특별한 관심을 보임으로써 영락 2년(1403)부터 후손에 대한 경연을 시행하는 한편, 특히 그가 총애하는 황태손에 대해서는 武事에 대한 교육은 물론이고 경연과 교육 담당 輔導官과 심지어는 전담 시종 무관들을 발탁하여 보필토록 하였다. 뿐만 아니라, 북경 순행 시에도 황태손을 대동하여 현장 교육을 시행함으로써 후계자 수업을 강화하였던 것이다. 이처럼 황태자와 황태손에 대한 경연과 교육에 대한 지대한 관심은 황위의 찬탈을 통해 황위에 등극했다는 자신의 정치적 상황과 守成의 군주 역할을 남달리 강조했던 영락제의 정국 구상과 운영이 크게 작용했다고 하겠다.

이로써 종합해 볼 때, 홍무 연간의 경연이 군주권의 강화에 역점을 둠으로써 주로 朝廷 내부의 臣權과의 권력 관계에 초점을 두어 운영되었던 것이 특징이라면,[78] 영락 연간의 경연은 북경 천도와 관련하여 '監國' 등 실무적 皇儲 교육에도 관심을 기울임으로써 후계자 양성에 그 주요 목적이 있었다고 하겠다.

---

78) 拙稿, 앞의 논문, p.26 참조.

2부

명대 정치 구조의 변화와 경연

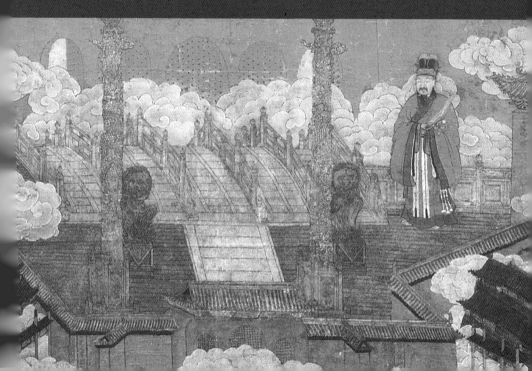

宣德 年間(1426~1435)의 經史 講論과 그 특징
─宣德 初 현안문제와 宣德帝의 정국운영과 관련하여─

I. 서론

宣德帝(1426~1435)의 치세는 父皇 仁宗(1425)의 치세와 함께 명 왕조 초기 전성기를 구가한 이른바 '仁宣之治'로 칭송되었다.[1] 여기에는 선덕제가 洪武(1368~1398)·永樂 年間(1403~1424)의 정치적 특징인 군주권 강화와 공포정치를 마감한 것을 비롯하여, 內閣제도의 완비를 통한 輔政 체제의 구축, 漢王 高煦의 반란을 계기로 번왕들에 대한 削藩 조치 등 宗藩 문제의 해결, 巡撫제도로 대변되는 지방제도의 정비, 監察제도의 정비와 강화, 사법제도의 정비, 兌運法으로 대변되는 漕運法 개선, 南·北·中卷 실시와 과거 합격자 비율 확정 등 과거제 개선, 鄭和의 남해 遠征 결산과 이를

---

1) '仁宣之治'에 대한 평가는, ① 明初 永樂帝(1403~1424) 이래 3楊을 비롯한 여러 輔臣들의 협조 하에 내각제도와 감찰제도의 개선과 황실 문화의 발전과 사회경제의 회복 등을 통해 명 왕조의 안정과 발전기를 구가하였다는 긍정적인 평가(趙中男, 「論朱瞻基的歷史地位」, 『求索』, 2004.11, pp.227~231 참조)와 더불어, ② 이러한 '仁宣之治'의 안정과 발전은 오히려 영락제가 시행한 운하의 준설과 이로 인한 원활한 漕運과 국고의 비축 등 영락 연간의 사회 경제적 발전과 풍성함에서 기인한 것이라는 점에서 '永宣之治'라고 하는 것이 타당하다는 비판적인 견해(晁中辰, 「"仁宣之治"還是"永宣之治"」, 『山東大學學報』(哲學社會科學版), 2003.2, pp.22~26 참조) 등 상당한 차이를 보이고 있다.

통한 조공국의 획대, 安南과의 和議와 평화 유지, 北邊 巡狩와 몽고 방비 구축, 조선 및 일본과의 교역 유지 등 內·外에 걸친 선덕세의 다양한 업적이 그 예로 제시되고 있다.[2] 이처럼 선덕 연간에 이루어진 일련의 조치는 영락 연간에 추진되었던 북경 천도,[3] 漠北 親征과 鄭和의 원정, 대운하 준설과 天壽山 營建사업 등 막대한 재정 지출 및 국력 소모를 일정 정도 해결한 것은 물론이고, 황위 찬탈 과정으로 빚어진 영락 연간의 공포 분위기를 진정시키고 정국을 안정시키는 요인으로 작용하였다.

　선덕제가 시행한 내정의 안정책은 대부분 '遵守祖訓'의 원칙에 따라 홍무·영락 연간의 정책을 계승한 守成 군주로서의 면모를 드러낸 것으로서, 국가의 이념 또한 홍무제 이래의 숭유 정책을 그대로 계승하였다. 숭유 정책에 입각한 황실의 經史 講論도 예외는 아니었다. 그러나 선덕 연간에 시행된 경사 강론의 운영은 왕조의 창업 기반을 구축하는 데 중점을 둔 홍무·영락 연간과는 상당한 차이가 있었다. 그러면서도 선덕 연간의 경사 강론은 홍무·영락 연간과 마찬가지로[4] 당시의 주요 현안과 선덕제의

---

2) 특히 森正夫는 '仁宣之治'시기의 개혁을 긍정적으로 평가하면서, 이 시기에는 홍무 연간이래의 강남을 기반으로 하는 "納糧戶의 지배"가 동요됨으로써 이에 대한 실태 파악과 함께 在地의 사회관계를 조정하는 개혁이 진행되었다고 평가하였다. 이에 대해서는 森正夫, 『明代江南土地制度の研究』, 東京 : 同朋舍, 1988) 참조.

3) 영락 연간의 북경 천도 과정에 대해서는 新宮學, 『北京遷都の研究－近世中國の首都移轉－』 3章, 「北京遷都－永樂遷都プロジェクトの諸段階」, pp.123~287 참조. 여기서 저자는 北京 천도 프로젝트에 대해, ① 南北 兩京 체제의 시행단계(홍무 35년 7월~영락 4년 윤7월), ② 북경 營建공사의 시작과 제1차 순행 단계(영락 4년 윤7월~영락 10년 3월), ③ 제2차 순행과 西宮 건설 단계(영락 10년 3월~영락 14년 10월), ④ 제3차 순행과 자금성 건설 단계(영락 14년 10월~영락 18년 12월) 등 4단계로 나누고, 그 과정을 새로운 수도의 설정, 궁궐 건설, 최고 권력자의 이동, 관료 및 군대의 이동과 정부의 이전, 정보 및 물류 시스템의 구축, 수도 공간 전체의 완성의 6개 과정으로 설명하고 있다. 또한 영락 이후 홍희·선덕 연간의 북경 천도 과정에 대해서는 新宮學, 『北京遷都の研究－近世中國の首都移轉－』 6章, 「洪,熙から宣德へ－北京定都のへ道－」, pp.347~403 참조.

4) 홍무 연간의 경사 강론은 특히 군주권 강화와 관련되어 있었다고 한다면, 영락 연간의 경사 강론은 당시의 국가적 과제였던 북경천도 추진과 관련되어 있었다.

정국운영과 밀접한 연관성을 지니면서 시행되었다. 따라서 본 논문에서는 명실록 등 당시 주요 사료와 기존의 연구 성과를 중심으로 선덕 연간에 시행된 경사 강론의 운영 실태와 함께 그 특징을 고찰함으로써, 당시 정국운영의 구체상을 규명해보고자 한다.

II. 卽位 初의 현안과 經史 講論의 시행

선덕 연간의 경사 강론에 대한 기록은 선덕 2년(1427) 2월에 선덕제가 文華殿에 나가 翰林院 학사를 불러『孟子』「離婁」篇을 진강하게 하였다는 것에서[5] 처음으로 나타난다. 그런데『명실록』에는 같은 해 冬10月 한림원 儒臣이『易經』의 觀大象을 마쳤다는 기록에서[6] 처음으로 보이고, 같은 해 12월에도 侍臣이『貞觀政要』를 進講하였다고[7] 기록하고 있다. 이로써 미루어 볼 때, 이 시기 경사 강론은 선덕 2년부터 본격적으로 시행되었던 것을 알 수 있다. 이러한 사실은 선덕 2년 7월 선덕제가 한림원 侍講 陳敬宗을 國子監 司業으로 발탁하면서, 경사 진강의 담당자인 侍講 등을 '淸華之職'이라고 칭하고, "비록 그 品秩은 낮지만 그 소임은 귀중하여, 가히 儒者들의 영광이라 할 수 있다."[8]고 높이 평가한 사실에서도 잘

이에 대해서는 拙稿,「明初 經筵제도의 배경과 그 특징－주원장의 經史 강론과 군주권 강화를 중심으로」,『明淸史硏究』25, 2006.4, pp.1~27 ; 拙稿,「永樂帝 (1403~1424)의 經筵 운영과 그 특징－북경 천도 추진과 관련하여」,『中國史硏究』 49, 2007.8, pp.168~174 참조.

5) 孫承澤,『春明夢餘錄』卷9,「文華殿」, p.94下葉 ; 鄧球,『皇明泳化類編』1冊, 卷21, 「聖神絲綸經綸」, p.599. 그런데 명실록에는 이에 대한 기록이 누락되어 있다.

6) 『宣宗實錄』卷32, 宣德 2年 冬10月 壬申條, pp.824~825.

7) 『宣宗實錄』卷34, 宣德 2年 12月 甲寅條, pp.859~860 ;余繼登,『皇明典故紀聞』卷9, p.128.

8) 『宣宗實錄』卷29, 宣德 2年 秋7月 丁酉條, p.760.

엿볼 수 있디. 이처럼 선덕 2년부터 경사 강론은 상당히 중시되었을 뿐 아니라, 이를 담당하는 한림원과 국자감 소속 儒臣들에 대한 예우도 또한 매우 중시되었다.

경사 강론 이외에도 선덕제는 기회가 있을 때마다 經典과 史書를 읽음으로써 경사에 대해 매우 커다란 관심을 보였다. 예컨대 경사 강론을 정식으로 시작한 직후인 선덕 2년(1427) 3월에는 左順門에 들러 입시하고 있던 少師 吏部尙書 蹇義 등에게 친히 쓴 『漢書』 서문을 보여주면서,

지난밤에 『漢書』를 읽고 여기에 실린 循吏들에 대해 마음으로 느끼는 바가 많았으므로 서문을 써서 논하였다. 이제 이 서문을 경들에게 보여주니, 경들은 이를 반드시 간직하여 짐의 뜻에 따르기를 바란다. 그 서문에 이르기를, 班固가 『漢書』를 써서 「循吏」傳에 文翁·王成·黃覇·襲遂·朱邑·召臣 등 6인을 싣고 있다. 그런데 그들이 한 일을 보면, 학교를 흥하게 하고, 農桑에 힘쓸 것을 권장하며, 수리를 복구하고 검약할 것을 권장하였는데, 이는 오직 백성을 사랑하는 일에 있을 뿐이다. [이들이] 다른 특출한 재주나 능력이 있어서 사람들에게 놀랄 정도로 보고 듣게 할 내용이 아님에도 불구하고, 이들을 굳이 [循吏傳에] 싣는 이유는 무엇이겠는가? 이는 [循吏]직을 받들어 민을 이치에 맞게 다스리면 민은 자연히 교화된다는 사실 때문이 아니겠는가?……천하의 민은 반드시 천하의 賢士들을 필요로 하는데, 후세 郡守·縣令 등의 직이 소중한 이유이다. 무릇 하나의 郡과 邑은 그 땅이 수 천리나 수 백리에 달하고, 그 民 또한 수 천만에 달하지만, 이들이 의지하는 수령의 역할은 오직 民을 가르치고 보살피는 것뿐이다. 가르치고 기르는 길은 農桑과 학교뿐이다. 農桑의 업이 회복되면 民들이 의식에 족하게 되며, 학교의 교육이 이루어지면 民은 예의를 익혀 그 성품을 온전하게 한다. 이렇게 되면 善治라고 할 것이다.……그러므로 守令의 선발은 엄해야 한다. ……"9)

---

9) 『宣宗實錄』 卷26, 宣德 2년 3月 辛丑條, pp.680~682 ; 朱國禎, 『大政記』 卷11, p.8上

라고 하여, 『漢書』「循吏」傳의 취지와 함께 지방 수령의 중요성을 장황하리만큼 설파하고 있는 경우가 그러하였다. 같은 해 9月에는 罷朝 후에 좌순문에서 侍臣들과 理兵과 經國의 도리에 대해 논의하는 가운데 그 전날 밤에 읽은 『宋史』를 인용하면서, 송 태조가 五代 분열을 통일하면서도 유독 幽·薊 지역을 중국에 통합하지 못한 이유에 대해 지적하였다.[10] 또한 10月에도 武英殿에 들러 당 현종이 저술한 『孝經』을 보고 요·순임금의 孝를 칭송하는 동시에, 효가 治道의 근본이라고 지적하였다.[11] 이처럼 선덕 2년부터 본격적인 경사 강론은 물론이고, 틈나는 대로 경사관련 서적을 읽고 언급한 사실로 미루어 볼 때, 경사에 대한 선덕제의 관심은 상당히 높았다고 하겠다. 그럼에도 선덕 연간의 경사 강론이 祖宗의 禮에 따라 즉위년에 시행되지 못하고 선덕 2년부터 본격적으로 시행된 데에는 몇 가지 현안이 그 원인으로 작용하였던 것으로 추정된다.

먼저, 선덕 원년(1426) 漢王 高煦의 모반과 이를 진압하는[12] 등 藩王문제를 둘러싼 황실의 불안정과 이로 인한 혼란한 政局을 들 수 있다. 주지하는 바와 같이, 한왕 고후는 영락제가 특별히 총애했던 왕자로서 황태자 책봉을 둘러싸고 장자였던 선덕제의 父皇 洪熙帝 高熾와 많은 갈등을 빚었던 인물이었다.[13] 더구나 홍희제가 즉위(1425)한 지 1년도 채 못 되어 病死하고

葉.

10) 『宣宗實錄』 卷31, 宣德 2年 9月 辛丑條, p.807.

11) 『宣宗實錄』 卷32, 宣德 2年 冬10月 丙寅條, p.821.

12) 宣德帝의 삼촌이자 그의 父皇 洪熙帝의 강력한 경쟁자였던 漢王 高煦가 宣德 원년 8월에 반란을 일으키자 宣德帝는 親征하여 이를 진압하였다. 漢王의 반란과 진압과정에 대해서는, 『宣宗實錄』 卷20, 宣德 元年 8月 乙丑條, p.525 ; 宣德 元年 8月 癸酉條, pp.535~536 ; 宣德 元年 8月 丁丑條, p.536 ; 朱國禎, 『大政記』 卷上11, p.6 ; 『宣宗實錄』 卷20, 宣德 元年 8月 戊寅條, pp.536~538 ; 『宣宗實錄』 卷20, 宣德 元年 8月 庚辰條, pp.538~539 ; 卷20, 宣德 元年 8月 辛巳條, pp.539~540 ; 『宣宗實錄』 卷20, 宣德 元年 8月 壬午條, pp.540~541 ; 卷20, 宣德 元年 8月 癸未條, pp.541~542 ; 『宣宗實錄』 卷20, 宣德 元年 8月 甲申條, pp.542~545 참조.

13) 영락 연간 황태자 책봉과 관련하여 적장자인 高熾와 漢王 高煦, 그리고 皇太孫인

그의 직장지인 선덕제가 즉위하자, 홍희제이래 지속된 削藩 정책에 불만을 품은 한왕은 마침내 선덕 원년 8월에 반란을 일으켰다. 선덕세는 친정을 단행하여 이 반란을 진압하였다.[14] 이 사건을 계기로 선덕 원년 11월 조정에서는 한왕의 殘黨 문제를[15] 거론하면서 한왕과 趙王 高燧에 대한 削兵을 정식으로 건의하였다.[16] 이로써 삭번 정책은 강력하게 추진되었고, 이에 반기를 든 여러 번왕들의 행동이 표면화되기에 이르렀다. 이에 선덕제는 선덕 2년(1427) 춘정월 조왕에게 경고하는 칙서를 내리지만[17] 끝내 효과를 거두지 못한 채, 조왕의 모반 사건은 결국 발생하고야 말았다.[18] 이어서 3월에도 晉王 濟熿의 逆謀가 고발됨에[19] 따라, 같은 해 4월에는 그를 庶人으로 강등시켰고,[20] 선덕 3년(1428) 5월에는 汝南王과 新安王을 서인으로 강등시키기에 이르렀다.[21] 한편, 선덕 6년(1431) 11월과 7년

瞻基(후일 선덕제)를 둘러싼 立儲 문제에 대해서는, 趙中男, 「朱棣與朱高熾的關係及其社會政治影響」, 『湖南科技學報』26-3, 2005.3, pp.120~124 ; 胡凡, 「立儲之爭與明代政治」, 『西南師範大學學報(哲學社會科學版)』1997-4, 1997, pp.93~98 참조.

14) 선덕제가 순조롭게 황위를 계승하고 삼촌인 漢王의 반란을 조속히 진압할 수 있었던 데에는 仁宗妃이자 그의 모친인 張皇太后의 지원과 역할이 컸다. 이에 대해서는 林延淸, 「仁宗張皇后與明初政治」, 『史學月刊』2003-8, 2003, pp.35~39 참조. 한편, 漢王 반란은 선덕 2년 8월 乙酉에 진압되었으며, 이와 관련하여 주살된 자는 640여 명이고 변방에 充軍된 자는 1,500여명, 변방의 민으로 유배된 사람은 727명으로 그 규모가 상당히 컸다. 이에 대해서는 『宣宗實錄』卷20, 宣德 元年 8月 乙酉條, pp.545~546 ; 같은 책, 卷21, 宣德 元年 9月 己亥條, p.552 ; 같은 책, 宣德 2年 9月 庚子條, p.553 참조.

15) 『宣宗實錄』卷22, 宣德 元年 11月 戊申條, p.598 ;『宣宗實錄』卷22, 宣德 元年 12月 丁卯條, p.608 ; 朱國禎, 『大政記』卷11, p.7.

16) 『宣宗實錄』卷23, 宣德 元年 12月 庚午條, pp.610~611.

17) 『宣宗實錄』卷24, 宣德 元年 春正月 丙午條, pp.635~636.

18) 『宣宗實錄』卷25, 宣德 2年 2月 庚申條, p.649.

19) 『宣宗實錄』卷26, 宣德 2年 3月 甲午條, pp.675~676 ; 朱國禎, 『大政記』卷11, p.8上葉.

20) 『宣宗實錄』卷27, 宣德 2年 夏4月 甲子條, pp.703~710 ; 朱國禎, 『大政記』卷11, p.8下葉. 이처럼 선덕제는 漢王 반란을 계기로, 藩王의 위법 행위를 엄격하게 금지시키는 한편, 藩王의 護衛軍을 변방에 파견 복역하도록 하는 등 藩王의 지위와 세력을 약화시키는 일련의 조치를 취하였다. 이로써 宣德 末年에는 8개의 藩王만이 남게 되었다. 趙中男, 「論朱瞻基的歷史地位」, 『求索』, 2004.11, p.227 참조.

(1432)에도 伊王과 遼王에 대해 경고의 諭書를 내리는가 하면,[22] 선덕 9년(1434) 5월에는 형제 불화를 이유로 요왕에게 경고하고,[23] 代王에게도 소속 藩王府 長史들이 저자에서 행패를 부린 일을 이유로 경고하는[24] 등 번왕에 대한 엄격한 통제 정책을 시행하였다.[25]

이처럼 홍희제의 급사로 창졸지간에 선덕제가 황위에 등극한 선덕 원년에는 영락제의 황위 찬탈 이래 그동안 누적되었던 황실의 갈등이 표면화되어 정국이 매우 불안정한 상황이었다. 그러므로 경사 강론을 곧바로 시행하기란 매우 어려웠을 것으로 추정된다.

둘째, 황실의 안정과 이를 위한 황태자 책봉 문제의 해결을 들 수 있다. 독재 군주 체제에서 建儲 문제는 황실의 안녕과 왕조의 안정적인 지속에도 직접적인 연관성을 지닌 것이라 하겠다. 더구나 적장자 계승 원칙을 어기고 황위를 찬탈한 영락제와 그 뒤를 이은 홍희제의 急死를 목도했던 당시 조정 대신들로서는 건저 문제를 당시 정국 안정을 위해 그 무엇보다 중요한 과제로 인식했을 것이다. 이러한 사실은 선덕 2년 11월 선덕제가 장자의 출생을 기념하여 大赦의 조서를 반포한 지[26] 불과 며칠 뒤 문무백관들이 그를 황태자로 책봉하자고 건의하였던 것에서도 잘 엿볼 수 있다.[27] 물론 선덕제는 이러한 문무백관의 건의를 허락하지 않았지만,[28] 이들은 그 다음날에도 황태자 책봉을 건의하였다. 선덕제가 이 역시 허락하지 않자,

21) 『宣宗實錄』卷43, 宣德 3年 5月 甲戌條, pp.1063~1069 ; 朱國禎, 『大政記』卷11, p.10下葉.
22) 朱國禎, 『大政記』卷12, p.19下葉 ; p.21下葉.
23) 朱國禎, 『大政記』卷12, p.24上葉.
24) 朱國禎, 『大政記』卷12, p.24下葉.
25) 명대 藩王制의 폐단에 대해서는, 趙全鵬, 「明代宗藩對社會經濟的影響」, 『河南師範大學學報』(哲學社會科學版) 21-5, 1994, p.50 참조.
26) 『宣宗實錄』卷33, 宣德 2年 11月 己亥條, pp.844~847 ; 朱國禎, 『大政記』卷11, p.9上葉.
27) 『宣宗實錄』卷33, 宣德 2年 11月 壬寅條, p.848.
28) 『宣宗實錄』卷33, 宣德 2年 11月 癸卯條, pp.849~850.

문무백관은 당일 선덕제의 모친 張皇太后에게 이 문제를 건의하였다.[29] 이처럼 조정 대신들의 집요한 요청과 건의로 인해, 마침내 선덕제는 그 다음날에 황태자 책봉을 허락하는 勅諭를 내리게 되었고,[30] 이로써 건저 논의는 일단락되었다. 이에 따라 같은 해 12월에는 禮部에서 마침내 황태자 책봉 의례를 정식으로 올림으로써,[31] 황태자 책봉 준비 작업이 완료되었다. 이처럼 그 어느 때보다 집요하고 조급하게 강행된 조정 대신들의 황태자 책봉 요청은 선덕 3년 2월 황태자 책봉식을 거행함으로써[32] 모두 종결되었다.

셋째, 南京에서 빈발한 지진 등 자연재해도 경사 강론이 선덕 2년 후반에 가서야 본격화되는 한 가지 요인으로 작용하였던 것으로 생각한다. 南京을 중심으로 북경 등 京師에서 발생한 지진은 특히 선덕 원년과 2년에 집중되었다. 『明實錄』에 따르면, 홍희제가 병사한 홍희 원년(1425) 6월 이래 7개월 동안 남경에서 발생한 지진은 총 8차례에 달했고,[33] 선덕 원년(1426)에도 10차례에 걸쳐 발생하는[34] 등 선덕제가 즉위한 한 해 동안 총 18차례에

---

29) 『宣宗實錄』 卷33, 宣德 2年 11月 甲辰條, pp.851~852.

30) 『宣宗實錄』 卷33, 宣德 2年 11月 乙巳條, p.855.

31) 『宣宗實錄』 卷34, 宣德 2年 12月 甲寅條, pp.857~859.

32) 『宣宗實錄』 卷36, 宣德 3년 2月 戊午條, pp.895~896.

33) 『宣宗實錄』 卷1, 洪熙 元年 春正月, p.7 ; 『宣宗實錄』 卷2, 洪熙 元年 6月 甲寅條, p.35 ; 『宣宗實錄』 卷2, 洪熙 元年 2月 18日條, p.42 ; 『宣宗實錄』 卷3, 洪熙 元年 秋7月 戊寅條, p.90 ; 『宣宗實錄』 卷10, 洪熙 元年 冬10月 戊寅條, p.271 ; 『宣宗實錄』 卷11, 洪熙 元年 11月 戊申條, p.301 ; 『宣宗實錄』 卷12, 洪熙 元年 12月 丙寅條, p.319 ; 『宣宗實錄』 卷12, 洪熙 元年 12月 己巳條, p.321 ; 『宣宗實錄』 卷12, 洪熙 元年 12月 癸酉條, p.323 ; 『宣宗實錄』 卷12, 洪熙 元年 12月 庚辰條, p.327.

34) 朱國禎, 『大政記』 卷11, p.4下葉 ; 『宣宗實錄』 卷19, 宣德 元年 秋7月 壬寅條, p.502 ; 『宣宗實錄』 卷19, 宣德 元年 秋7月 乙巳條, p.506 ; 『宣宗實錄』 卷19, 宣德 元年 秋7月 丙午條, p.506 ; 『宣宗實錄』 卷20, 宣德 元年 8月 丙寅條, p.527 ; 『宣宗實錄』 卷20, 宣德 元年 8月 丁卯條, p.528 ; 『宣宗實錄』 卷20, 宣德 元年 8月 戊辰條, p.529 ; 『宣宗實錄』 卷20, 宣德 元年 8月 丁亥條, p.546 ; 『宣宗實錄』 卷22, 宣德 元年 11月 丁酉條, p.595 등 참조. 이에 대해 朱國禎, 『大政記』 卷11, p.6上葉에서는 "남경에서 지진이 누차 일어났다."고 기록하고 있다.

달할 정도로 빈발했음을 알 수 있다. 이는 매 달 평균 1.5차례에 해당하는 것으로서, 특히 선덕제가 즉위한 해(1425) 12월과 선덕 원년(1426) 7~8월에는 매 달 3~4차례에 달할 정도로 집중적으로 발생하였다. 이처럼 지진의 발생 빈도가 잦았을 뿐 아니라, 그 피해 또한 매우 심각하여 남경의 天地壇 등 각종 祠宇와 宮闕, 그리고 諸 衛倉이 파괴되어 대대적으로 수리해야 할 정도였다.35) 또한 경사 강론이 시작된 선덕 2년 초반인 1~3월에도 남경에서는 총 9차례의 지진이 발생하였을36) 뿐 아니라, 그 피해도 심각했다. 당시 지진 피해의 심각성은, 특히 선덕 2년 2월에 工部가 파괴된 남경을 수리하는데 필요한 목재 채취를 위해 湖廣都司와 布政司에서 각기 軍·民 2천 명을 동원해 줄 것을 요청한 사실이나,37) 이에 대한 복구 작업이 선덕 3년말까지 약 1년여 동안 이루어졌다는 사실에서도38) 잘 알 수 있다.

---

35) 天地壇과 각종 祠宇을 수리한 사실은『宣宗實錄』卷14, 宣德 元年 2月 壬辰條, p.389 ;『宣宗實錄』卷15, 宣德 元年 3月 庚申條, p.417 참조. 또한 諸 衛倉에 대한 수리는『宣宗實錄』卷17, 宣德 元年 5月 癸卯條, p.458, 궁궐 수리는『宣宗實錄』卷19, 宣德 元年 秋7月 壬辰條, p.493 참조.

36) 宣德 2年 1~3月 南京에서 발생한 지진에 대해 명실록에는『宣宗實錄』卷25, 宣德 2年 春正月 戊午條, p.624, p.647(朱國禎, 앞의 책, 卷11, p.8上葉) ;『宣宗實錄』卷25, 宣德 2年 2月 己未條, p.649 ;『宣宗實錄』卷25, 宣德 2年 2月 甲戌條, p.658 ;『宣宗實錄』卷25, 宣德 2年 2月 戊寅條, p.661 ;『宣宗實錄』卷25, 宣德 2年 2月 己卯條, p.661 ;『宣宗實錄』卷25, 宣德 2年 2月 癸卯條, p.665 ;『宣宗實錄』卷25, 宣德 2年 2月 戊子條, p.670 ; 卷26, 宣德 2年 3月 辛卯條, p.675 ;『宣宗實錄』卷26, 宣德 2年 3月 乙巳條, p.683 등에서 기록되어 있다. 이에 대해, 朱國禎,『大政記』卷11, p.8上葉에서는 "남경에 屢震이 있었다."고 밝히고 있다.

37)『宣宗實錄』卷25, 宣德 2年 2月 戊子條, p.670.

38) 당시 남경의 지진 피해에 대한 복구 작업이 대규모였다는 것은 宣德 3年 4月 남경의 內府庫와 光祿寺 등을 복구하기 위해 工匠 수천 명을 동원함에 따라, 匠·民의 고충이 지나치게 크다는 것을 이유로 동원된 남경의 諸司의 匠工과 民의 작업을 일시 정지시킨 사실에서도 잘 알 수 있다. 이에 대해서는『宣宗實錄』卷41, 宣德 3年 夏4月 甲寅條, p.996 참조. 또한 같은 해 12월에는 襄城伯 李隆에게 남경의 衛所軍과 餘丁은 물론이고, 應天府의 匠人을 동원하여 이곳의 여러 衛倉를 수리하도록 하였다.『宣宗實錄』卷49, 宣德 3年 12月 丙申條, p.1188 참조.

그 이후 경사에서 일어난 지진은 선덕 4년(1429) 남경에서 6회, 북경에서 2회 발생하였고, 선덕 5년(1430)에도 남경에서 4회, 북경에서 1회 발생하였다.[39] 그러나 이 시기 지진의 발생 빈도는 이전에 비해 적었을 뿐 아니라, 그 이후로는 지진이 거의 발생하지 않았던 사실로[40] 보아, 선덕 연간의 京師 지진, 특히 남경에서 발생한 지진은 주로 즉위년~선덕 2년 초에 집중되고 있었음을 알 수 있다.

이상에서 살펴본 바와 같이, 선덕제의 즉위년과 선덕 원년에는 한왕의 모반 사건을 계기로 여러 번왕에 대한 처리 문제와 함께, 황태자 책봉 문제 등 황실의 안정과 자신의 통치 기반을 강화해야 했다. 또한 선덕제가 "南京은 국가의 근본과 관련된 소중한 곳"[41]으로 중시했던 남경에서 지진이 빈번하게 발생했을 뿐 아니라, 그 피해 또한 상당히 심각했으므로 內政과 정국이 매우 혼란한 상황이었다. 따라서 즉위 직후에는 현실적으로 경사 강론을 시행하기 어려웠을 것이고, 당시 현안이 어느 정도 마무리 된 선덕 2년에 가서야 비로소 경사 강론을 본격적으로 시행할 수 있었을 것으로 판단된다.

---

39) 宣德 4年에 발생한 지진 중 南京의 지진은 『宣宗實錄』 卷50, 宣德 4年 春正月 庚戌條, p.1199 ; 『宣宗實錄』 卷50, 宣德 4年 春正月 甲寅條, p.1200 ; 『宣宗實錄』 卷50, 宣德 4年 春正月 辛未條, p.1208 ; 『宣宗實錄』 卷52, 宣德 4年 夏4月 庚子條, p.1286 ; 『宣宗實錄』 卷59, 宣德 4年 11月 庚戌條, p.1416 ; 『宣宗實錄』 卷60, 宣德 4年 12月 庚辰條, p.1428 등 총 6회다. 한편, 北京 지진은 『宣宗實錄』 卷50, 宣德 4年 春正月 丁巳條, p.1200 ; 『宣宗實錄』 卷60, 宣德 4年 12月 乙亥條, p.1426 등 2회이다. 또한 宣德 5年에 발생한 남경 地震은 『宣宗實錄』 卷61, 宣德 5年 正月 壬子條, p.1445 ; 『宣宗實錄』 卷61, 宣德 5年 正月 庚申條, p.1451 ; 『宣宗實錄』 卷72, 宣德 5年 11月 乙巳條, p.1680 ; 『宣宗實錄』 卷73, 宣德 5年 12月 乙亥條, p.1698 등 4회이다. 북경은 『宣宗實錄』 卷73, 宣德 5年 12月 己丑條, p.1712(朱國禎, 『大政記』 卷12, p.17下葉)의 1회이다.

40) 宣德 8年 11월 단 1차례뿐이다. 이에 대해서는 『宣宗實錄』 卷107, 宣德 8年 11月 丙午條, p.2392 참조.

41) 宣德帝는 父皇 洪熙帝가 6月 붕어한 지 얼마 되지 않은 10月에 南京을 관할하는 兵部에 칙서를 내려 남경의 방어를 특별히 당부하면서 남경의 중요성을 언급하였다. 『宣宗實錄』 卷10, 洪熙 元年 冬10月 己巳條, p.264.

III. 宣德 年間의 經史 講論과 그 내용

상술한 바와 같이, 선덕 2년 2월 이후 본격적으로 시행되기 시작한 경사 강론은 그 이후에도 지속되었다. 이에 따라 선덕 3년(1428) 2월에는 退朝後 文華殿에서 한림원 儒臣들에게 「舜典」을 진강하게 하였는데, 여기서 선덕제는

> 황제께서 말씀하시기를 "二典 三謨는 만세의 君臣들의 治道를 알 수 있으니, 여기서 비롯되지 않는 내용이 없다.……九官 12牧을 설치하여 예악과 刑政, 養民의 道를 관장하게 하였다. [그런데] 후세의 建官은 번다하고 복잡하지만 그 요지는 이것에서 벗어나지 않는다. 당시의 군주와 신하는 비록 모두 상이하게 답하거나 서로를 경계하지만, 治道의 효과를 내는데 있어서는 서로 화합하는 모습으로 나타났다. [그런데] 어찌하여 후세에는 [정치가] 이에 못 미치는가"라고 물으셨다. 이에 侍臣들이 답하기를, "똑똑한 [황제]와 어진 [재상]이 서로 만났기 때문에 이와 같이 治化의 전성을 이룰 수 있었던 것입니다."고 하였다. 황제가 말씀하시기를 "무릇 하늘은 聖人을 낳게 하여 후세의 법도로 삼게 하였고, 공자는 경전을 刪定하여 사람들에게 唐虞부터 요순시대가 있음을 알게 하였으니, 진실로 만세의 帝王之師라고 불릴 만하다."고 하였다.[42]

라 하여, 군주와 재상의 협조에 주목하는 면모를 보였다. 즉 선덕제는 요·순시대의 盛世 원인이 君臣의 협조에 있다고 본 것이다. 특히 선덕제는 이러한 군신간의 협조 방안으로서 경사 강론에 주목하고, 강론의 목적이 "황실의 輔導"에 있음을 밝히고 있다.

---

42) 『宣宗實錄』卷37, 宣德 2年 2月 癸酉條, pp.914~915 ; 孫承澤, 『春明夢餘錄』卷9, 「文華殿」, p.94下葉 ; 鄧球, 『皇明泳化類編』1冊, 卷21, 「聖神絲綸經綸」, p.599.

황제[선덕제]께서 行在 吏部에 권유하기를 "황제가 儒者를 가까이 하고자 하는 것은 經史 강론을 통해 輔導하는 있는데, 그 취지가 현명하고 좋아서 따를 만하다."고 하였다.[43]

이로써 볼 때, 선덕 연간의 경사 강론은 내각제의 정비와 더불어 당시 구축된 輔臣체제에 수반되는 보좌 기능을 담당하는 것이었다. 따라서 경사 강론을 담당했던 내각 侍臣들을 특별히 중시했던 선덕제는 같은 해 10월 한림원 儒臣들이 『春秋』를 진강하자, 講官들에게 茶果宴을 베푸는 등[44] 특별히 우대하였다.[45] 특히 여기서 주목되는 것은 다과연을 베푸는 경연 의례를 행하면서 '講官'이라는 명칭을[46] 처음으로 사용하고 있다는 사실이다. 경연 의례가 공식적으로 정해지기 이전의 경우, 경사 강론은 한림원 출신의 近臣들이 수시로 담당하던 임시직으로서, 주로 '講臣', '儒臣' 등으로 불렸다. 따라서 이를 전담하는 직책인 '講官'이라는 명칭이 처음으로 보이는 것은 경사 강론을 담당하는 관직이 제도적으로 정착되기 시작한다는 점에서 주목된다고 하겠다.[47]

한편, 선덕 4년(1429) 4월 선덕제는 便殿에서 儒臣들이 史書를 진강하는 자리에서 한 무제와 당 태종에 대해 논하면서, 이들이 모두 재위 기간이 길었던 이유는 賢相(田千秋와 李林甫)이 있었기 때문이라고 밝히기도 하였다.[48] 또한 같은 해 5월에도 문화전에 나가 『尙書』「典謨」편을 읽고, 이에

---

43) 『宣宗實錄』卷44, 宣德 3年 6月 辛丑條, p.1079.

44) 『宣宗實錄』卷47, 宣德 3年 冬10月 庚寅條, p.1158 ; 孫承澤, 『春明夢餘錄』, 「文華殿」, p.95上葉 ; 鄧球, 『皇明泳化類編』1冊, 卷21, 「聖神絲綸經綸」, pp.600~601.

45) 『宣宗實錄』卷29, 宣德 2年 秋7月 丁酉條, p.760 참조.

46) 鄧球, 『皇明泳化類編』1冊, 卷21, 「聖神絲綸經綸」, p.601.

47) 楊業進, 「明代經筵制度與內閣」, 『故宮博物院院刊』1990-2, p.80.

48) 『宣宗實錄』卷53, pp.1273~1274, 宣德 4年 4月 甲申條 ; 鄧球, 『皇明泳化類編』1冊, 卷21, 「聖神絲綸經綸」, p.601에서는 宣德 4年 4月 己酉라고 하여 차이를 보이고 있다.

대한 詩를 써서 廷臣들에게 보여주는가 하면,[49] 7월에도 文淵閣에 나가
少傅 楊士奇와 太子少傅 楊榮 등과 함께 경사를 논하면서 정사를 자문하는
한편, 이들과 학사들에게 鈔를 하사하기도 하였다.[50] 같은 해 선덕 4년
4월 황제는 重陽節을 맞이하여 午門에서 3품 이상의 관원들과 학사들에게
御製詩를 특별히 하사하는가 하면,[51] 10월에도 문연각에 나가 少傅 楊士奇와
太子少傅 楊榮, 太子少保 金允孜 등 3孤官과 學士 楊溥·曹鼐·王直·王英, 侍讀
李時勉·錢習禮, 侍講 陳循 등에게 경사 관련 典籍을 수집하게 하고 이를
열람하는 한편, 이들에게 정사를 자문하고 酒宴을 베풀었다.[52] 또한 며칠
뒤에도 문연각에 잠깐 들러 입시하고 있던 少傅 楊士奇와 太子少傅 楊榮
등 儒臣들에게 내탕금을 풀어 하사하는 동시에, 친히 쓴 御製詩 1편을
하사하기도 하였다.[53] 선덕 8년(1433) 7월에도 少傅 工部尙書 兼 謹身殿
大學士 楊榮에게, "卿은 博通한 학문과 明敏한 지식, 연마된 재주로 업무에
임했다."고 칭찬하면서 포상과 함께 연회를 베풀었고,[54] 같은 해 10월에는
少傅 吏部尙書 蹇義와 少傅 兵部尙書 兼 華蓋殿 大學士 楊士奇 등에게 특별히
포상하고 연회를 베푸는[55] 등 여러 사례를 볼 수 있다. 이처럼 선덕제는
강론을 담당하는 한림원 학사들을 특별히 우대하였다.

경사 강론에 대한 직접적인 기록은 선덕 4년 이후로는 더 이상 보이지
않지만, 상술한 바와 같이 侍臣들과 함께 역대 정치제도와 토지 및 부역
제도, 역대 군주의 治道 등에 대해 평가하거나 논의한 召對 관련 내용이

---

49) 『宣宗實錄』 卷54, 宣德 4年 5月 癸酉條, pp.1305~1306 ; 朱國禎, 『大政記』 卷12,
   p.14上葉.
50) 『宣宗實錄』 卷56, 宣德 4年 秋7月 己未條, p.1336 ; 朱國禎, 『大政記』 卷12, p.15上葉.
51) 朱國禎, 『大政記』 卷12, p.14下葉 ; 余繼登, 『皇明典故紀聞』 卷9, p.135.
52) 『宣宗實錄』 卷59, 宣德 4年 冬10月 庚辰條, pp.1400~1401 ; 朱國禎, 『大政記』 卷12,
   p.15上葉.
53) 『宣宗實錄』 卷59, 宣德 4年 冬10月 戊子條, p.1406.
54) 『宣宗實錄』 卷103, 宣德 8年 秋7月 丁丑條, pp.2316~2317.
55) 『宣宗實錄』 卷106, 宣德 8年 冬10月 丙寅條, pp.2373~2374.

지속적으로 등장하고 있디. 선더제의 경사 관심에 대한 직접적인 기록은 선덕 7년(1432) 5월 편전에서『宋史』를 읽고 송나라가 국방이 쇠약한 이유와 함께, 송이 멸망한 원인은 소인배들을 기용한 때문이라고 지적한 내용에서56) 다시 등장하고 있다. 이와 더불어 선덕 9년(1434) 11월 한림원 侍臣들이『周書』진강을 마쳤다는 진강 관련 기록이57) 마지막으로 보인다.

이상에서 살펴본 바와 같이 첫째, 선덕 연간의 경사 강론은 선덕 2년 2월에 시작한 이래 선덕 4년까지 시행되었고, 그 이후로는 侍臣들과 수시로 召對를 통해 경사 내용을 바탕으로 政事를 함께 논의했던 것으로 보인다. 또한 선덕제가 사망하기 직전인 선덕 9년 11월에『周書』진강을 마쳤다는 기록으로 보아, 간헐적이나마 경사 강론이 이루어졌던 것으로 추정된다. 이때 사용된 교재는 주로『孟子』,『易經』,『貞觀政要』(선덕 2년),『周書(舜典)』, 『春秋』(선덕 3년),『典謨』 등이었다. 이 밖에도 선덕제는『漢書』(선덕 2년), 『孝經』(선덕 3년),『典謨』(선덕 4년),『禮記』(선덕 5년),『宋史』(선덕 7년) 등을 직접 읽었다고 언급하고 있다. 이로써 미루어 볼 때, 이 시기 경사 강론은 召對를 통해서도 부정기적으로 시행되었고, 그 형식은 '日講'의 형식이었던 것으로 판단된다.58) 따라서 당시의 경사 강론은 正統 元年 (1436)에 공식적으로 제도화된 경연제도에서와59) 같이 매달 정기적으로 개최되는 경연, 즉 '月講'의 형식으로 정기화된 것이 아니라, 부정기적으로

---

56) 『宣宗實錄』卷90, 宣德 7年 5月 丁丑條, p.2062.

57) 『宣宗實錄』卷114, 宣德 9年 11月 己亥條, p.2062.

58) 황제의 일과에 대해서는 萬曆帝의「課表」에 잘 나타나 있다. 이에 따르면, 10일 중 3, 6, 9일은 上朝, 나머지 7일은 日講이 있다. 日講 중에서 특히 2일에 해당하는 날은 經筵을 실시하는데, 경연은 2월 12일부터 5월 초 2일까지의 春講과 8월 12일부터 10월 초2일까지의 秋講으로 나누어진다. 이에 대해서는 李大鳴,「萬曆皇帝的一張課表」,『紫禁城』, 2005, pp.70~75 ;『大明會典』卷52,「禮部」10, pp.917上葉~920下葉.

59) 『大明會典』卷50, 禮部條 ;『大明會典』卷174, 翰林院條 ;『明史』,「職官志」; 鄧球, 『皇明泳化類編』 1冊, 卷23,「聖神絲綸經綸」, pp.605~616, '經筵禮儀' 참조.

시행되었던 것으로 보인다. 강론 장소 또한 문화전이나 편전 등에서 수시로 개최함으로써 장소가 일정하지 않았던 것으로 짐작된다. 따라서 이러한 사정은 『皇明泳化類編』에서

선덕 이전에는 朝會가 끝나면 수시로 文華殿이나 便殿에서 大臣과 儒臣들을 불러 經書를 강론하고 政事를 자문하였는데, 당시는 經筵을 열지 않았다.[60]

고 지적한 것에서도 잘 알 수 있다. 그러면서도 처음으로 '강관'이란 명칭이 등장하고 있는 사실에서 알 수 있듯이, 진강을 전담하는 관직의 제도화가 시작됨으로써 정통 원년 경연제도 공식화의 기반이 되었던 것으로 판단된다. 한편, 강론 교재에서 주목되는 것은 역사 관련 강론 교재로는 『漢書』 『宋書』 등 역대 왕조 관련 史書는 물론이고, 『貞觀政要』 『周書』 등 특히 역대 정치제도와 治術을 중시하였다는 사실이다. 이는 상술한 바와 같이 선덕제가 역대 왕조의 정치제도와 치술을 거울삼아 당시 현실에 적용하려는 '實惠'를 강조한 것과도 무관하지 않은 것이라 할 수 있겠다.

둘째, 선덕 연간 경사 강론은 선덕 4년(1429) 완성된 내각제와 밀접한 연관성이 있다고 하겠다. 주지하는 바와 같이, 승상제 폐지를 계기로 신설된 홍무 연간의 내각제는 황제의 문학적 자문기능을 담당하였을 뿐이었고, 따라서 그 담당자인 대학사의 품관 또한 높지 않았다. 뿐만 아니라, 홍무 18년(1385)에 정식으로 제정된 한림원의 侍讀·侍講 등의 관제와 華蓋·文華·武英殿 등 殿閣大學士 및 太師·太傅·太保 등 '公孤(三孤)官'은 경연제도의 확립과 직접적인 연관성이 없었다.[61] 그러나 홍희 연간에 이르러서는

---

60) 鄧球, 『皇明泳化類編』 1冊, 卷21, 「聖神絲綸經綸」, p.601.

61) 經筵制度를 비롯한 講官과 이를 관장했던 內閣과 翰林院에 대해서는, 吳琦·唐金英, 「明代翰林院的政治功能」, 『華中師範大學學報』(人文社會科學版) 45卷 1期, 2006.1, pp.96~101 ; 張英聘, 「略述明代的經筵日講官」 『邢台師專學報』, 1995年 4期, 1995.4, pp.14~16 ; 楊業進, 앞의 논문(1990.2), pp.79~87 ; 李大鳴, 앞의 논문, pp.70~75

영락 연간에 폐지되어있던 '3公(孤)官'이 부활된 것과 더불어, 특히 선덕 4년에는 내각에 '票擬權'이 주어짐으로써 한림원의 內署에 불과했던 내각의 권한이 확대되기에 이르렀다. 이로써 내각대학사는 명예직함으로서 6部의 수장인 尙書와 함께 각종 章奏에 대한 의견을 사전에 첨부할 수 있는 '條旨'권을 가지게 됨으로써 '參預機務'의 기능을 담당하게 되었다.[62] 뿐만 아니라 이들 내각대학사들은 대부분 한림원 출신으로[63] 太師·太傅·太保 등 '3公(孤)官'을 겸직하면서 경사 강론을 담당하거나 황제의 정사 자문이나 의논의 대상이 됨으로써, 그 위상이 더욱 강화되었다. 이처럼 경사 강론이나 자문 역할을 담당하는 閣臣들은 한림원 출신의 儒臣들로서 선덕 연간의 輔臣 체제의 기반이 되었다.

셋째, 선덕제의 경사 강론의 운영은 홍무제·영락제 때 황제의 주도 아래 군주권 강화와 관련이 있었던 것과는[64] 달리, 輔政 체제의 등장과 관련하여 臣權, 특히 내각대학사와 '3孤官'의 권한 강화와 관련된다는 점에서 주목된다. 이는 창업 군주로서 홍무제에 이어 명 왕조의 제도적 기틀을 마련한 영락제가 강력한 군주권을 바탕으로 황제가 주도적으로 정국을 운영했던 명 초기의 정치체제와는 달리, 점차 내각대학사와 3孤官 등 侍臣들과의 협조를 통한 君臣의 균형 체제로 전환하고 있음을 의미한다고 하겠다. 이처럼 경사 강론에서 臣權의 강화는 이후 정통 연간에 이르러

참조.

62) 내각에 대한 '條旨' 즉 票擬權이 허락된 것은 병약했던 仁宗때부터 시작되었지만, 그 구체적인 형식이 정해진 것은 선덕 연간이었다. 특히 선덕 연간의 표의권은 그 대상 또한 '3楊'을 비롯한 閣臣에만 국한되지 않고, 吏部尙書 蹇義와 戶部尙書 夏原吉 등 황제가 신임하는 老臣들에게도 확대되었다. 黃佐, 『翰林記』卷2, 「參預機務」, p.14 ; 黃訓, 『皇明名臣經濟錄』卷6, 王瓊, '論內閣官制', 臺北 : 學海出版社, p.425 ; 孫承澤, 『春明夢餘錄』卷23, 「內閣」1, p.250上葉 ; 張治安, 『明代政治制度硏究』, 臺北 : 聯經出版社, 1992, pp.78~79 등 참조.

63) 閣臣들 중 약 80%가 한림원 출신이었다. 이에 대해서는 吳琦·唐金英, 위의 논문, p.98 ; 張治安, 「閣臣出身經歷及籍貫」, p.107 참조.

64) 拙稿(2006.4), pp.1~27 ; 拙稿(2007.8), pp.151~178 참조.

경연의 제도화로 반영되었다.[65] 이로써 경연을 담당하는 강관의 '補導皇帝'의 기능은 경사 강론을 전담하는 내각의 강화와 더불어, 그 기능 면에서도 '備顧問'이라는 홍무 연간의 단순한 문학적 자문 기능에서 벗어나, 이제는 내각이 '票擬權' 행사와 '參預機務'하는 실질적인 재상으로서의 권한을 지니기에 이르렀다. 이로써 홍무·영락 연간에 확립된 군주 독재 체제는 특히 선덕 연간에 이르러 '3孤官'을 중심으로 하는 輔政 體制가 구축됨으로써 크게 약화되었는데, 이는 경사 강론의 운영에서도 그대로 반영되었다고 하겠다.

IV. 召對 강화와 宣德帝의 정국운영

선덕 연간에는 이전의 홍무·영락제와는 달리 大臣들과의 召對를 통해 당시 현안을 거론하는 경우가 많았다. 주지하는 바와 같이 선덕제 朱瞻基는 영락제가 특별히 총애하던 황태손으로서, 영락제의 漠北 親征과 북경 巡行에 자주 동행하였을 뿐 아니라, 북경 천도를 준비하는 과정에서 북경의 '留守'로서 政務를 처리하는 등 통치자로서의 실무와 자질을 익혔다.[66]

---

65) 楊業進, 앞의 논문, 1990.2, pp.82~87 참조. 여기에서는 명대 정치제도에서 차지하는 내각에 대해, 홍무 연간의 '備顧問'이라는 황제의 단순한 문학적 자문 기능에서 선덕 연간에는 '표의권'과 '參預政事'기능으로 전환함으로써 내각이 실제로 재상의 역할을 담당하였다고 파악하고 있다. 뿐만 아니라 경연제도의 제도화와 함께 경연의 강관은 내각에서 담당한다는 사실에 주목하여 경연제도는 황제권의 팽창을 견제하는 기반이 되었다고 지적하고 있다. 내각의 변천과 황제권과의 관련된 지금까지의 연구 성과에 대한 정리는 田澍, 「八十年代以來明代政治中樞模式研究述評」, 『政治學研究』 2005.1, pp.6~109 참조. 이 밖에도 田澍, 「明代內閣的政治功能及其轉化」, 『西北師大學報(社會科學版)』 31卷 1期, 1994.1, pp.95~101 ; 孫大江, 「明代的內閣」, 『玉溪師轉學報(社科版)』 1995.5, pp.42~49 ; 陳志剛, 「論明代中央政府權力結構的演變」(『江海學刊』 2006.2, pp.151~156 등 참조.

66) 이에 대해서는 拙稿, 위의 논문(2007.8), pp.168~174 참조.

뿐만 아니라, 선딕제는 특히 영락 연간의 舊臣들을 輔臣으로 중용하는 한편, 이들에게 정사를 자문하거나 의논하는 召對를 강화하여 정국운영의 중요한 수단으로 활용하였다.

이처럼 선딕제가 輔臣들의 자문 역할을 중시한 것은, 홍무 연간 이래 자문 기구였던 '홍문관'을 폐지하면서 특히 내각의 자문 기능을 강화한 것과도 깊은 관련이 있었다. 주지하는 바와 같이 홍무 13년(1380) 승상 제도가 폐지됨으로써 설치된 내각제도는 특히 선덕 연간에 이르러 정사의 자문 역할이 한층 강화되었다. 물론 내각의 기능이 강화되기 시작한 것은 홍희제가 내각에 '票擬權'을 허락함으로써 제도적으로 가능하였다. 즉 홍희 제는 홍무제가 설치한 '弘文館'을 계승하여 '弘文閣'이라 개칭하는 동시에 '銀印章'을 하사하고, "정사에 미흡한 점이 있다면, 이 인장을 사용하여 비밀리에 보고하도록 하라"[67]는 이른바 '표의권'을 부여하였다. 이후 홍문 각은 선덕 연간에 이르러 폐지되고 그들이 가진 표의권은 내각으로 이전됨 으로써, 마침내 내각은 단순한 자문 기능에서 벗어나 정사에 직접 간여할 수 있는 막강한 권한을 갖게 되었다.[68] 더구나 선덕 연간에는 吏部 尙書 蹇義와 戶部 尙書 夏原吉의 예에서처럼 閣臣이 6部의 상서직을 겸하게 함으로 써 그 권한이 크게 강화되었다. 뿐만 아니라, 이들에게는 영락제가 폐지한 '公孤'의 명예직을 하사하고 그 品秩 또한 정5품에서 정2품으로 높였다.[69] 이로써 선덕 4년에 완비된 내각은 황제와의 상시적인 召對를 통해 함께 정사를 논의하거나 경사 강론을 전담하여, 이를 통해 자신들의 의견을 황제에게 직접 개진하는 등 실제로 재상과 같은 역할을 담당하기에 이르렀

---

67) 『仁宗寶訓』, 臺北:中央研究院歷史語言研究所, 『明實錄·附錄』卷1, p.55.
68) 新宮學, 앞의 책, pp.348~349. 특히 명대 홍문관의 변천과정에 대해서는, 吳緝華, 『明代制度史論叢』下冊, 臺北:學生書局, 1971 참조.
69) 陳志剛, 「論明代中央權力結構的演變」, 『江海學刊』, 2006.2, pp.151~156；孫大江, 「明代的內閣」, 『玉溪師轉學報』(社科版) 1994-5, 1994, pp.42~43；田澍, 「明代內閣的 政治功能及其轉化」, 『西北師大學報』(社會科學版) 31-1, 1994.1, pp.95~101 참조.

다. 이처럼 선덕제는 이들 閣臣들을 중심으로 정사를 논의하는 輔政 體制를 구축하였던 것이다. 이에 따라 선덕제는 종전의 '師保職'을 중시하였는데, 少師 蹇義·少傅 楊士奇·少保 夏原吉·太子少傅 楊榮 등에게,

　　옛날의 '師保'職은 道를 논하고 나라를 경륜하는 데 정성을 다하여 협조하고, 여러 부서의 정사를 도우는 것을 꺼리지 않았다. 오늘날 少師 蹇義와 少傅 楊士奇, 少保 夏原吉, 太子少傅 楊榮 등은 모두 先帝가 간택하여 짐에게 부탁한 遺臣으로, 나이가 많아서 부서의 일을 맡기는 것은 예의가 아니다. ……짐이 황위를 계승한 이래 [경들이] 특히 밤낮으로 [짐이] 잘 할 수 있도록 늘 보좌하여 도와줄 수 있기를 기대해 왔다. 경들은 춘추가 높기 때문에 번다한 일을 맡기는 것은 노인을 우대하고 현자를 예우하는 것에 합당하지 않은 일이다.……師保의 귀한 자리와 협조를 잘 해야 하는 [자문]職은 여러 정사를 가리지 않고 믿고 맡길만하니, 조정의 일을 끝마치면 짐의 곁에서 조석으로 함께 서로 좋은 방안을 논의하여 국가를 평안하게 하자.……70)

고 당부하였다. 이로써 내각은 황제와 정사를 수시로 협의하고 자문하는 실질적인 협의 기구로 자리하게 되었다.

　　선덕제가 내각을 특별히 중시한 사실은 실록의 기록에서 여러 차례 보인다. 즉 선덕 3년(1329) 4월 선덕제는 이들 侍臣들(少傅 楊士奇·太子少傅 楊榮)에게 선덕제 자신이 저술한 『御製曺參論』을 보여 주면서 재상들의 역할을 강조하는 한편, 역대 宰相들을 예로 들어 평가하였다.71) 선덕 6년 (1431) 9월에는 退朝 후에 侍臣들과 漢·唐시대 여러 군주들의 知人觀에

---

70) 『宣宗實錄』 卷47, 宣德 3年 9月 乙酉條, pp.1154~1155.
71) 역대 재상에 대해 평가하면서, 선덕제는 특히 曹參이 賢相으로 평가되는 데에는, 군주가 祖法을 지켜야 하는 데 비해 재상은 淸靜하게 처신한 데 있다고 강조하였다. 그는 특히 송대 王安石과 呂卿 등의 무리들은 神宗이 천하를 어지럽게 만드는 데 일조한 사람들이라고 평하였다. 『宣宗實錄』 卷41, 宣德 3年 夏4月 丙寅條, pp.1008~1010.

대해 논의하면서 재상 발탁의 중요성을 강조하기도 하였다.[72] 또한 선덕 7년(1432) 7월에는 退朝 후 무영전에 나가 入侍하고 있던 한림원 儒臣들과 漢·唐 創業 시의 輔臣들에 대해 의논하면서 당시에 필요한 인재 발탁을 강조하였다.[73] 특히 선덕 8년(1433) 4월에도 연회 중에 侍臣들에게 '曲肱之臣'의 중요성을 특별히 강조하면서,

> 황제께서 연회 중에 侍臣들에게 "唐·虞임금은 어떻게 盛治를 이룰 수 있었는가?"라고 물었다. 이에 侍臣들이 답하기를 "堯·舜 임금은 聖人으로서 德治를 하였기 때문에 성세를 이룰 수 있었습니다."라고 하였다. 황제가 말하기를 "군주가 있었기 때문이기도 하지만, 또한 그 신하가 있었기 때문이기도 하다. 만약 그 당시 禹稷·契皐·陶伯이 나타나 요·순을 돕지 않았다면 어찌 혼자서 다스릴 수 있었겠는가? 머리와 팔다리는 서로 의지하는 것이지만, 당시 군신들은 모두 서로 경계하고 조심하여 조금이라도 자만하는 마음을 가지지 않았으니, 이 때문에 성세를 이룬 것이다. 만세 이후에도 唐·虞의 盛治를 논하고자 한다면 마땅히 이들[재상]에 그 근거를 두어야 할 것이다."[74]

라고 언급한 데에서도 잘 엿볼 수 있다. 이처럼 선덕 연간에는 홍무제나 영락제와는 달리 영락제의 遺臣을 비롯한 輔臣들과의 논의를 중심으로 政局을 운영하였고, 이로써 선덕제는 侍臣들과의 잦은 召對를 통해 중요한 현안을 해결하고자 하였다.

당시 召對에서 논의되었던 주요 내용을 살펴보면 다음과 같다. 첫째, 역대의 지방제도와 官制, 토지제도 등 각종 제도의 장·단점을 검토하고, 이를 당시의 실정에 맞게 적용하고자 하였다. 예컨대 선덕 4년(1429)

---

72) 『宣宗實錄』 卷83, 宣德 6年 9月 壬申條, pp.1916~1917.
73) 『宣宗實錄』 卷90, 宣德 7年 秋7月 丁丑條, p.2062.
74) 『宣宗實錄』 卷101, 宣德 8年 夏4月 癸卯條, p.2273.

10월에는 退朝 후 무영전에 들러 侍臣들과 封建制度에 대해 논의하면서, 周代가 8백 년 동안 지속된 데 비해 秦은 한 세대 만에 망한 것은 비단 봉건제 시행 여부에 있는 것이 아니라, 덕치 여부가 그 원인이라고 주장하는가 하면,[75] 선덕 5년(1430) 正月에는 侍臣들과 前代 官制를 논하면서 冗官의 폐단을 지적하기도 하였다.[76] 또한 선덕 6년(1431) 3월에도 退朝 후에 무영전에 들러 侍臣들과 井田制 등 토지제도에 대해 논의하면서 養民은 "省徭役과 薄徵斂, 重本抑末" 등 實惠에 있음을 강조함으로써,[77] 제도보다는 실질적인 혜택에 주목하였다. 이처럼 실용과 실질을 중시하는 그의 태도는 선덕 8년(1433) 春正月 연회 중에 侍臣들과 王政의 우선 순위에 대해 이야기하면서, 古制의 묵수보다 교화와 '致富庶'가 중요하다고 언급한 사실에서도[78] 잘 알 수 있다.

둘째, 侍臣들의 直言을 통한 諫言과 이를 통한 상하의 소통을 특별히 강조하였다. 선덕 원년(1426) 6월 한림원 儒臣들이 致治는 用人에 있다는 내용을 진언하자, 선덕제는 『易經』의 泰·否 二掛를 들어 上下의 소통과 직언의 중요성을 강조하였다.[79] 또한 선덕 4년(1429) 춘정월에도 罷朝후 齋宮에 들러 翰林學士 楊溥를 불러 直言해 줄 것을 요청하는가 하면,[80] 선덕 5년(1430) 4월에도 侍臣들에게 唐 太宗의 사례를 들어 諫官의 설치를 특별히 강조한 사실에서도[81] 잘 알 수 있다.

셋째, 治國에 필요한 經國之道에 대해 논하면서, 그 구체적인 방안을

---

75) 『宣宗實錄』 卷59, 宣德 4年 冬10月 乙酉條, pp.1404~1405.

76) 『宣宗實錄』 卷62, 宣德 5年 正月 乙丑條, pp.1461~1462 ; 余繼登, 『皇明典故紀聞』 卷10, p.137.

77) 『宣宗實錄』 卷77, 宣德 6年 3月 丁丑條, p.1795.

78) 『宣宗實錄』 卷98, 宣德 8年 春正月 癸酉條, pp.2210~2211.

79) 『宣宗實錄』 卷18, 宣德 元年 6月 甲戌條, p.480.

80) 朱國禎, 『大政記』 卷12, p.13上葉 ; 『明宣宗實錄』 卷50, 宣德 4年 春正月 己巳條, pp.1207~1208.

81) 『宣宗實錄』 卷65, 宣德 5年 夏4月 辛巳條, pp.1535~1536.

모색하였다. 이에 따라 선덕 원년(1426) 춘정월, 退朝 후 좌순문에 들러 侍臣들과 理民의 道를 논의하는[82] 한편, 선덕 2년(1427) 2월에도 侍臣들과 足民之道에 대해 논의하였고,[83] 같은 해 9월에는 罷朝 후에 좌순문에 들러 侍臣들과 理兵과 經國之道에 대해 논의하였다.[84] 또한 선덕 3년(1428) 2월에는 退朝 후 문화전에 나가 侍臣들과 治民의 本末에 대해 논의하고,[85] 선덕 5년(1430) 6월에도 罷朝 후 무영전에 들러 侍臣들과 禮記 月令에 대해 언급하면서 '敬天勤民'이 治道의 근본임을 강조하였다.[86] 같은 해 7월에도 侍臣들에게 연회를 베풀면서 商·周시기 천하를 얻게 된 道에 대해 언급하면서 仁義·道德을 강조하였다.[87] 이로써 볼 때, 선덕제는 治道의 근본을 德治에 두고 그 구체적 방안으로서 養民에 주목하였음을 알 수 있다.

넷째, 用人과 인재 발탁, 그리고 이를 위한 학교의 인재 양성을 강조하였다. 이로써 선덕 2년(1427) 춘정월에는 退朝 후 좌순문에 나가 入侍하고 있던 行在 吏部尙書 蹇義 등과 求賢의 詔書에 대해 상의하였고,[88] 선덕 3년(1428) 11월에도 退朝 후에 문화전에 들러 侍臣들과 인재 육성을 위한 學校의 중요성과 官吏의 실용 교육을 강조하기도 하였다.[89] 또한 선덕 5년(1430) 8월에는 罷朝 후 문화전에 들러 學士 楊溥 등 侍臣들과 治民을 논하면서 庶官들의 중요성과 인재 발탁을 강조하였다.[90]

다섯째, 사회·경제적 폐단 등 당시 사회 문제에 대해 관심을 보이면서 이에 대한 방안을 논의하였다. 따라서 선덕 2년(1427) 7월에는 罷朝 후에

---

82) 『宣宗實錄』卷13, 宣德 元年 春正月 癸丑條, p.356.
83) 余繼登, 『皇明典故紀聞』卷9, p.126 ; 『宣宗實錄』卷25, 宣德 2年 2月 辛丑條, p.654.
84) 『宣宗實錄』卷32, 宣德 2年 9月 辛丑條, p.821.
85) 『宣宗實錄』卷37, 宣德 3年 2月 乙亥條, pp.916~915.
86) 『宣宗實錄』卷67, 宣德 5年 6月 辛未條, pp.1573~1574.
87) 『宣宗實錄』卷69, 宣德 5年 秋7月 己酉條, pp.1597~1598.
88) 『宣宗實錄』卷24, 宣德 2年 春正月 庚戌條, p.447.
89) 『宣宗實錄』卷48, 宣德 3年 11月 辛未條, p.1174.
90) 『宣宗實錄』卷69, 宣德 5年 8月 丙戌條, pp.1623~1624.

좌순문에 나가 入侍하고 있던 禮部尙書 胡濙에게 "自宮하여 환관에 들어오는 사람은 부모가 물려 준 신체를 훼손하는 것으로서, 이는 가장 不孝한 것"[91]이라고 지적함으로써, 당시 自宮 仕宦者의 폐단을 지적하였다. 또한 같은 해 8월에도 罷朝 후에 좌순문에 들러 入侍하고 있던 尙書 蹇義·夏原吉 등과 당시 각지에서 빈발한 水災와 旱災에 대한 救恤策을 논의하였다.[92] 뿐만 아니라, 선덕 3년(1428) 8월에는 역대 인구에 대해서도 관심을 보이면서 무영전에 나가 侍臣들과 역대 戶口의 성쇠에 대해 논의하였고,[93] 선덕 5년(1430) 7월에도 罷朝 후에 좌순문에 나가 侍臣들과 함께 지방 관리들의 賢能과 貪酷을 심사하여 보고하도록 명하기도 하였다.[94] 그리고 선덕 6년(1431) 2월에는 관리를 파견하여 民瘼을 살피자는 戶部의 上奏에 대해 侍臣들과 논의하고,[95] 선덕 7년(1432) 7월에는 萬歲山으로 수렵 차 巡行을 나서면서 儒臣들을 불러 고금의 都畿에 대한 산천 형세를 열람하게 하는[96] 등 地理와 地形에 대해서도 관심을 보였다.

여섯째, 用兵과 武備 등에 대해서도 관심을 보였다. 이에 따라 선덕 4년(1429) 8월에는 侍臣들과 用兵의 문제를 토론하는가 하면,[97] 선덕 5년 (1430) 2월에는 奉天門에서 侍臣들과 武備의 중요성에 대해 논하기도 하였다.[98]

일곱째, 역대 창업 군주에 대해 논하면서 이들에 대한 治道를 참고하고자 하였다. 이에 따라 선덕 5년(1430) 3월 무영전에 나가 侍臣들과 漢 왕조

---

91) 『宣宗實錄』 卷29, 宣德 2年 秋7月 乙卯條, p.773.

92) 『宣宗實錄』 卷30, 宣德 2年 8月 戊辰條, p.781.

93) 『宣宗實錄』 卷46, 宣德 3年 8月 辛巳條, pp.1115~1116 ; 余繼登, 『皇明典故紀聞』 卷9, p.131.

94) 『宣宗實錄』 卷68, 宣德 5年 秋7月 癸亥條, pp.1606~1607.

95) 『宣宗實錄』 卷76, 宣德 6年 2月 戊午條, pp.1771~1772.

96) 朱國禎, 『大政記』 卷12, p.21上葉.

97) 『宣宗實錄』 卷57, 宣德 4年 8月 辛卯條, pp.1363~1364.

98) 『宣宗實錄』 卷63, 宣德 5年 2月 丁丑條, pp.1476~1477.

이래 창업 군주에 대해 평가하였고,[99] 선덕 8년(1433) 8월에도 侍臣들과 함께, 특히 漢 高祖와 唐 太宗 등 創業 군주의 장·단점과 득실에 대해 평가하기도 하였다.[100]

여덟째, 華夷觀을 강조함으로써 유교적 禮樂과 敎化를 우선시하였다. 이는 선덕 9년(1434) 3월 황제가 侍臣들과 兩晉에 대해 논하면서, "兩晉은 모두 오랑캐가 雜居함으로 인해 禮樂과 敎化가 어지러워졌다."고 비판한 사실에서[101] 잘 엿볼 수 있다.

이상에서 살펴본 바와 같이, 선덕제는 이부상서 蹇義, 호부상서 夏原吉, 그리고 '三楊' 등을 중심으로 하는 侍臣들과의 召對를 통해 역대 治道의 원리와 창업 군주들의 治術 등을 감계로 삼았음을 알 수 있다. 이로써 선덕제는 명 건국 이래의 유교주의를 계승하여 德治와 敎化를 근본으로 삼고, 內治의 안정을 기하는 守成의 군주로서 養民에 힘썼다. 그 구체적 방안으로 선덕제는 토지 제도와 조세 정책, 구휼책 등 역대 각종 제도를 그대로 묵수하기 보다는 당시 현실과 실정을 고려한 '實惠'를 특별히 강조하였다. 따라서 특히 상하의 원활한 소통과 이를 위한 諫言의 중시, 民瘼에 대한 지방관의 상시적 보고 체계의 강화와 이를 위한 巡撫 제도의 시행,[102] 지방 관리에 대한 엄격한 고과 제도 시행, 인재 발탁과 인재 양성 기관으로서 학교의 중시, 역대 戶口의 盛衰에 대한 관심, 환관의 自宮 入官 금지, 度牒制의 엄격한 시행과 숭유 정책, 북방 경비의 강화와 鄭和의 원정을 통한 대외 조공 체제의 완비, 전통적 華夷觀 강조 등 당시 나라를 안정시킬 수 있는

---

99) 『宣宗實錄』卷64, 宣德 5年 3月 戊午條, pp.1512~1513.

100) 『宣宗實錄』卷103, 宣德 8年 秋7月 戊寅條, p.2318.

101) 『宣宗實錄』卷109, 宣德 9年 3月 癸巳條, pp.2449~2450.

102) 巡撫制度는 宣德 5年 전후로 周枕과 于謙 등을 6部 右侍郎으로 삼고, 江西·浙江·湖廣·河南·山西·山東·北直隸·南直隸·蘇杭 등지로 8~20여 년간 파견하여 稅糧을 총괄하도록 함으로써 처음 시행되었다. 이에 대해서는 吳廷燮, 『明督撫年表』下卷, 卷4, 北京：中華書局, 1982, p.349 ; 趙中男, 앞의 논문(2004.11), p.228 참조.

현실적인 여러 정책을 추진하였다. 이는 모두 輔臣들과의 召對를 통해 가능할 수 있었으며, 이러한 輔政 체제의 구축과 군신간의 긴밀한 협의를 통해 이른바 '仁宣之治'를 이룩할 수 있었다.

Ⅴ. 결론

앞에서 살펴본 바와 같이, 선덕 연간의 경사 강론은 선덕 2년부터 본격적으로 시행하였던 것으로 보인다. 이처럼 경사 강론을 선덕제의 즉위년에 시행하지 못한 데에는 당시 漢王의 반란 등 황실의 갈등과 황태자 책봉 문제, 남경에서 빈번하게 일어난 지진 등 긴박하고도 중요한 문제가 있었기 때문으로 추정된다.

어쨌든 선덕 2년부터 시행된 선덕 연간의 경사 강론은 홍무제·영락제 이래 시행된 황실 교육의 지침을 그대로 계승한 것이었지만, 그 운영 방식에 있어서는 상당한 차이를 보이고 있다고 하겠다. 우선 이 시기 경사 강론은 내각의 권한 강화와 함께 이를 담당하는 내각대학사 등 '3孤官'을 중심으로 하는 侍臣들의 '票擬權' 행사와 함께 '參預機務'가 본격화됨으로써, 독재 군주권이 상대적으로 약화되었다는 점이 특징이라고 하겠다. 이는 선덕제의 정국운영과도 밀접한 연관성을 지니는 것으로서, 이 시기 주요 현안은 '3楊'과 '蹇·夏'로 대표되는 侍臣들과 협의하는 '輔政 體制'를 통해 논의되고 결정되었다. 이로써 홍무·영락 연간처럼 황제가 정국을 주도적으로 운영했던 황제 독재 체제와는 달리, 侍臣들의 협조와 입김이 상당히 중시되는 君臣의 협의 체제가 성립되었다.

이러한 변화는 경사 강론의 형식에서도 그대로 반영되어, 선덕제는 시간이 날 때마다 수시로 侍臣들과 召對를 통해 황제 자신이 친람한 경사의 내용을 자문하는가 하면, 이를 근거로 政事를 논의하였다. 따라서 이 시기 경사 강론은 선대의 경시 강론에서처럼 일정한 의례를 중시하거나 후대에서 법제화된 經筵에서처럼 공식적인 형식을 취하지 않고, 황제가 필요할 때마다 수시로 자문하는 형식을 취하면서 시행되었다. 따라서 공식적인 進講은 매우 간헐적으로 이루어졌던 것으로 보인다. 뿐만 아니라 경사 강론의 문답 형식 또한 일방적으로 자신의 의견을 侍臣들에게 설파한 홍무제와는 달리, 侍臣들이나 강관의 의견을 청취하고 논의하는 형식을 취함으로써 君臣 협의 체제가 중시되었음을 알 수 있다.

한편 召對와 경사 진강에서 언급되고 있는 교재로는 진강에서 언급된 『孟子』·『易經』·『貞觀政要』(宣德 2年), 『周書(舜典)』·『春秋』(宣德 3年), 『周書』 등이 있고, 선덕제가 召對에서 언급한 『漢書』(宣德 2年), 『孝經』(宣德 3年), 『典謨』(宣德 4年), 『禮記』(宣德 5年), 『宋史』(宣德 7年) 등이 있다. 이로써 볼 때, 당시의 경사 강론 교재 또한 종전과 마찬가지로 전례에 따라 『易經』·『春秋』·『孝經』·『禮記』·『孟子』 등 四書五經을 비롯하여, 『貞觀政要』·『周書』·『漢書』 등 史書 관련 서적이었음을 알 수 있다. 그런데 여기서 주목되는 것은 특히 『貞觀政要』, 『周書』 등 역대 정치제도와 治術을 중시하였다는 사실이다. 이는 상술한 바와 같이 선덕제가 역대 왕조의 정치제도와 치술을 거울삼아 당시 현실에 적용하려는 '實惠'를 강조한 것과 무관하지 않은 것으로, 이른바 '仁宣之治'를 이룩할 수 있는 토대가 되었을 뿐 아니라 선덕제의 정국운영책의 일면을 볼 수 있다는 점에서 주목된다고 하겠다.

正統(1436~1449)·天順(1457~1464) 年間의
經史 講論과 정국운영
─經筵의 제도화와 내각제 운영과 관련하여─

Ⅰ. 서론

잘 알려진 바와 같이, 明代의 經筵[1]은 명 왕조가 창건된 지 약 60여 년이 지난 正統 元年(1436)에 이르러 비로소 제도화된 것으로 알려져 있다.[2] 이 시기에 이르러 경연이 儀禮를 갖추어 제도로 정형화될 수 있었던 데에는,

---

1) 經筵은 매달 세 차례에 걸쳐 시행되는 '大經筵', 매일 早朝와 午朝 등 두 차례의 朝會가 끝난 뒤에 이루어지는 '小經筵'으로 대별되는데, 전자는 일명 '月講', 후자를 '日講'이라고도 한다. 특히 '日講'은 그 절차와 의례 면에서 '大經筵(月講)'과는 달리 비교적 간소하게 이루어졌기 때문에, '小講'이라고도 한다. 이에 대해서는 孫承澤, 『春明夢餘錄』(影印本) 卷9, 臺北 : 大立出版社, 1980, 「文華殿」, pp.94上葉~95下葉 참조. 본고에서는 大經筵(月講)과 小經筵(日講)을 구별해야 할 필요가 있을 경우에 한해, '月講'과 '日講'으로 구별하고, 그 밖에 經史 講論에 중점을 둘 때에는 '經筵'으로 통칭하기로 한다.

2) 李東陽·申時行, 『大明會典』(影印本) 卷52, 「禮部」10, 臺北 : 新文豊出版社, 1976, p.917에서는 "國初經筵無定日, 或令文學侍從之臣講說, 亦無定所. 正統初, 始著爲儀, 常以月之二"라 하여, 正統 元年에 개설되기 시작된 經筵제도를 "正統初"라고 막연하게 기술하고 있다. 이 밖에도 孫承澤, 『春明夢餘錄』(影印本) 卷9, 「文華殿」, 臺北 : 大立出版社, 1980, p.95上葉 ; 鄧球, 『皇明泳化類編』(影印本) 卷21, 「聖神絲綸經綸」, 臺北 : 國風出版社, 1965, p.603 ; 傅維鱗, 『明書』(影印本) 卷57, 「志」6, 臺北 : 華正出版社 1974, pp.2019~2020 ; 尹守衡, 『明史竊』(影印本) 卷11, 「禮樂志」, 臺北 : 華世出版社, 1978, p.292 ; 『明會要』(影印本) 卷14, 「禮」9, 臺北 : 世界書局, p.222 등 참조.

明 왕조의 제도적 기반을 구축했던 洪武(1368~1398)·永樂(1403~1424) 年間의 창업기를 거쳐, 守成期인 洪熙·宣德 年間(1425~1435)에 시행된 經史 講論을 바탕으로 비로소 가능할 수 있었다.[3]

정통 원년 2月에 비로소 만들어진 경연제도는 황실 교육에서 이루어진 경사 강론의 의례와 절차를 보다 구체적으로 제도화한 것이지만, 그 실제적인 운영과 내용 면에서는 이전과 많은 차이를 보이고 있다고 하겠다. 즉 경연을 운영함에 있어서 황제가 주도적인 역할을 함으로써 군주 독재체제를 강화한 홍무·영락 연간이나, 父皇 선덕 연간(1426~1435)의 경연 운영 방식처럼 君臣의 적절한 협의를 전제로 하는 輔政 體制와는 달리, 英宗 시기의 경연제도는 그 政事 협의의 주도권이 환관이나 내각수보로 대체되는 경향이 두드러지게 되었다.[4] 뿐만 아니라, 특히 경사 강론의 구체적인 내용과 관련해서도 前代 경사 강론의 경우는 그 敎材와 시행 시기 등을 구체적으로 알 수 있는 기록이 산재해 있는데 비해, 경연이 제도화된 영종 시기에 이르러서는 경연의 절차와 의례 등 제도적 측면에 대한 언급만이 있을 뿐이고 이에 대한 구체적인 기록은 거의 전무한 형편이

---

3) 이에 대해서는, 拙稿,「明初 經筵제도의 배경과 그 특징－朱元璋의 經史 강론과 군주권 강화를 중심으로－」,『明淸史硏究』25집, 2006.4, pp.1~27 ; 拙稿,「永樂帝(1403~1424)의 經筵 운영과 그 특징－북경 천도 추진과 관련하여－」,『中國史硏究』49집, 2007.8, pp.151~178 ; 拙稿,「宣德年間(1426~1435)의 經史 講論과 그 특징－宣德 初 현안문제와 선덕제의 정국운영과 관련하여－」,『中國史硏究』57집, 2008. 12, pp.247~273 참조.

4) 내각의 기능과 관련하여, 洪武·永樂 年間은 황제의 '備顧問'의 역할에서 宣德 年間 이후부터는 내각이 '票擬權'의 행사와 講官職 등을 통해, '參預政事'의 기능으로 전환하였다. 더구나 經史 講論을 담당하는 內閣 大臣들은 대부분 六部의 수장인 尙書職을 겸함으로써, 실제로 재상의 역할을 담당하였다. 이로써 내각 대신들은 잦은 召對나 경연과 日講에서의 經史 講論을 통해 황제권을 견제할 수 있었다. 이는 곧 당시 君臣의 '輔政 體制'를 의미하는 동시에, 전대와는 달리 臣權의 상대적 강화를 의미한다고 하겠다. 이에 대해서는, 拙稿,「宣德年間(1426~1435)의 經史 講論과 그 특징」, pp.262~263 ; 楊業進,「明代經筵制度與內閣」,『故宮博物院院刊』1990-2, 1990, pp.82~87 참조.

다. 따라서 당시 月講과 日講이 제도에 규정된 것처럼 지속적으로 시행되었는지의 여부와 경사 강론의 교재와 그 내용이 구체적으로 무엇인지에 대해서는 분명하게 확인할 수 없다. 이러한 점에서 이 시기 경연의 制度化가 지니는 의미와 경사 강론의 특징뿐만 아니라 당시 정국운영의 구체상을 유추해 볼 수 있겠다.

따라서 본고에서는 명실록 등 이 시기 주요 史料와 선행 연구를[5] 바탕으로, 정통 연간(1436~1449), 천순 연간(1457~1464) 등 영종 시기 경사 강론의 실상에 대해 살펴보고, 이를 당시 내각제 운영과 관련하여 검토함으로써 경연의 제도화가 지니는 의미와 더불어 당시 정국운영의 특징을 검토해 보고자 한다.

---

[5] 明代 經筵制度와 관련된 선행 연구는 주로 皇室 교육제도의 문제점에 초점을 맞추어, 皇儲에 대한 교육 체계와 적장자 계승 원칙에서 기인되는 비경쟁성, 황권 강화와 皇統 계승 체제의 안정성만을 추구함으로써 초래되는 황제 및 皇儲 교육의 전문성 부족, 황제의 자의성에 의해 좌우되는 皇儲 교육체계의 비 독립성, 유교주의적 도덕 수양만을 이상시하는 교육 내용과 이로 인한 정치적 실무 능력의 결핍 등을 중심으로 다루고 있다. 따라서 이들 선행 연구에서는 황실 교육의 문제점을 규명함으로써 명대 황실의 무능과 부패 원인을 정치제도사의 측면에서 찾거나, 명대 경연에 대한 제도적 고찰에만 국한되어 있기 때문에 경연의 구체적 운영이나 당시의 정국운영의 구체 상을 파악하기에는 한계가 있다고 하겠다. 선행 연구에 대해서는 楊希哲,「論明代皇權與皇位繼承」,『吉林大學社會科學學報』1992-4, 1992, pp.83~90 ; 趙玉田,「明代的國家建制與皇儲教育」,『東北師範大學報』(哲學社會科學版) 2001-4, 2004, pp.36~42 ; 張俊普,「明初皇儲教育的體系建構」,『華中師範大學歷史文化學院』, 2003.5, pp.1~11 ; 張英聘,「略述明代經筵日講官」,『邢台師專學報(綜合版)』1995-4, 1995, pp.14~16 ; 楊業進,「明代經筵制度與內閣」, pp.82~89 등 참조.

II. 正統·天順 年間의 經史 講論

1. 正統 年間 經筵의 제도화와 經史 講論

영종 시기 경연을 비롯한 경사 강론에 대한 기록은 정통 원년(1436) 2월에 예부상서 胡濴 등이 「經筵儀注」를 올렸다는 『英宗實錄』의 기록에서[6] 처음으로 보인다. 이에 따르면 知經筵事에 太師 英國公 張輔, 同知經筵事에 楊士奇·楊英·楊溥 등을 임명하는 한편, 少詹事 兼 侍讀學士에 王直, 少詹事 兼 侍講學士 王英, 侍讀學士 李時勉과 錢習禮, 侍講學士 陳循, 侍讀 苗衷, 侍講 高穀, 한림원 修撰 馬愉·曹鼐 등 모두 13명을 경연관으로 임명하였다. 경연관 임명과 관련하여 특히 주목되는 점은 경연관을 임명함에 있어 閣臣 뿐만 아니라, 勳臣을 최고 책임자로 포함시켰다는 사실이다. 이는 元代의 경연 의례에 따른 것으로, 특히 李文達과 李賢 등이 內閣 首長을 담당했던 正統 年間 이후부터는 勳臣과 閣臣이 함께 知經筵事를 담당하는 것이 의례로 정착되기 시작하였다.[7]

「경연의주」의 주요 내용은, ① 경연 개최 시기(月講의 경우는 매월 초2일·12일·22일 등 매달 3회, 日講은 早·午朝 후 2회)[8]와 장소(文華殿), ② 황제에 대한 의례, ③ 강론 교재(경연 개설 당시에는 『大學』, 『尙書』임), ④ 進講의 진행순서와 절차, ⑤ 日講 절차 등이다.[9] 이렇듯 경연제도가 마련된 이후

---

6) 『英宗實錄』(影印本) 卷14, 臺北 : 國立中央研究院, 正統 元年 2月 丙辰條, pp.262~265 ; 鄧球, 『皇明泳化類編』 卷23, p.604 참조.

7) 孫承澤, 『春明夢餘錄』 卷9, p.95上葉 ; 『明會要』 卷14, 「禮」9, p.222.

8) 鄧球, 『皇明泳化類編』 卷23, p.603에는 경연 시기를 初9日과 19日로 기록하고 있어서, 날짜가 상이하다.

9) 「經筵儀注」의 주요 내용은, 매월 세 번 文華殿에서 經筵을 개최한다는 것 이외에도, ① 경연 시에 御案을 御座의 동남쪽에 설치하고, 講案은 御案의 南東에 설치하며, 경연 당일에는 司禮監官이 일찍 나와 강론할 책을 펴 놓는다. 이때 강론할 經書인 『大學』과 『尙書』 각 한 권을 御案 위에 놓아두는데, 四書『大學』는 동쪽에, 經典『尙

경연이 처음으로 개최된 것은 그로부터 얼마 지나지 않은 그해 3월이었다. 즉 英宗은 경연에 참석하는 한편, 知經筵事와 同知經筵事를 비롯하여 강론을 담당한 경연관들에게 左順門에서 연회를 베푸는 동시에, 品階에 따라 賞賜하였다.10) 또한 정통 원년 7월에는 都察院 都御史 陳智에게 경연을 담당하도록 하였다.11) 이로써 볼 때, 정통 원년 2월 「경연의주」가 마련된 직후에는

書』은 서쪽에 두며, 또한 각 [『大學』과 『尙書』] 한 권씩을 講案 위에도 둔다. 講官 두 명은 각자 講義할 내용을 따로 편집하여 이를 책 안에 둔다. ② 황제가 奉天門에서 早朝를 마친 후에 文華殿으로 나오면 늘 하는 禮대로 將軍이 侍衛하고, 鴻臚寺官이 三師三少官과 尙書, 都御史와 學士들, 그리고 講讀官과 執事官 등을 인도하여 어좌 앞에서 五拜三叩頭의 禮를 행하고 각기 品階에 따라 東西로 나누어 선다. 侍衛御史와 給事中 각각 두 명도 동서로 나누어 北向하여 선다. 그러면 두 명이 御案을 들고 나와 御座 앞에 두고, 또 다시 두 명은 講案을 들고 나와 御案의 정남쪽 가운데 둔다. 그러면 鴻臚司官이 進講을 시작한다고 선창하면, 講官 한 명은 東班에서 다른 한 명은 西班에서 나와 講案 앞에서 北向하여 나란히 선다. 鴻臚寺官의 선창에 따라 鞠躬拜와 叩頭禮를 하고 나면 몸을 바로 한다. 한림원 집사관 한 명이 동반에서 나와 진강할 御案 앞에 꿇어 앉아 四書를 펴고, 御案의 동남쪽으로 물러선다. 그러면 講官 한 명이 講案 앞으로 나가 進講하고 물러선다. 그러면 執事官은 다시 御案 앞으로 나가 꿇어앉아서 책을 덮고는 동반으로 물러난다. 또 다시 집사관 한 명이 西班에서 나와 御案 앞에서 꿇어앉아 經典을 펴고 御案의 서남쪽으로 물러선다. 그 이후의 절차는 동반의 경우와 마찬가지로 한다. ③ 진강이 끝나면 두 명이 御案을 들고, 다른 두 명은 講案을 들고 각자 원래의 자리로 물러난다. 그러면 鴻臚寺官이 經筵禮가 끝났다고 선창하고, 황제는 還宮한다. ④ 日講은 단지 講讀官이 네 명이며, 학사들이 교대로 이를 담당(侍班)하고 [경연 때처럼] 侍衛·侍儀·執事官을 필요하지 않는다. 담당 강독관들이 알현할 때에는 叩頭禮를 하고 東西로 나누어 선다. 먼저 四書를 강독하고, 그 뒤에는 경전이나 史書를 강독하는데, 伴讀官은 교재의 내용을 열 번씩 읽는다. 그 다음에는 講官이 그 大義를 직설적으로 설명하되, 분명하고도 알기 쉽게 해야 한다. 그 다음에는 侍書官이 황제의 글씨 연습을 돕는다. 모든 절차가 끝나면 각 伴讀官과 講官, 侍書官은 叩頭하고 물러난다. 이에 대해서는, 『英宗實錄』 卷14, 正統 元年 2月 丙辰條, pp.262~265 ; 鄧球, 『皇明泳化類編』 卷23, pp.604 참조 ; 鄧球, 『皇明泳化類編』 卷23, pp.605~608.

10) 『英宗實錄』 卷15, 正統 元年 3月 乙亥條, p.281. 『明史』에는 正統 元年 3月 乙亥日에 "經筵에 참석했다."만 간단하게 기록하고 있다. 『明史』(影印本) 卷10, 「本紀」10, 臺北 : 新文豊出版社, p.101 참조. 또한 그 다음날에는 太師 英國公 張輔 등 경연관들은 正統帝의 賞賜에 대해 謝恩의 표를 올렸다. 『英宗實錄』 卷15, 正統 元年 3月 丙子條, pp.281~282.

경연이 개최되었을 뿐 아니라, 『大學』과 『尙書』를 강론 교재로 삼았음을
알 수 있다.

그러나 그 이후의 기록에서는 경연의 교재나 운영 방식 등 경사 강론에
대한 구체적인 내용이나 운영 면모를 추정할 수 있는 내용이 발견되지
않다가, 정통 7년 이후에 이르러서야 비로소 尙書들에게 경연을 侍班하도록
하거나, 일부 경연관을 임명한 기록이 나타나고 있다. 먼저 경연을 담당할
경연관과 관련하여, 정통 7년(1442) 춘정월 戶部尙書 王佐에게 그날의 경연
을 侍班하도록 명하는가 하면,[12] 같은 해 8월에도 兵部尙書 徐晞와 工部尙書
王巹, 錦衣衛 指揮同知 王山與 등에게 경연을 侍班하도록 하였다.[13] 또한
정통 8년(1443) 2월에도 吏部尙書 王直과 禮部 左侍郎 겸 한림원 侍講學士
吳仍 등에게 講論을 담당하게 하였고,[14] 정통 13년(1448) 7월에도 侍讀學士
張翼에게 경연을 담당하도록 하였다.[15] 한편, 경연관을 충원하거나 승진
발탁한 것과 관련해서는, 정통 8년 8월 한림원의 編修 趙恢와 檢討 王振·李紹·
何瑄 등을 경연관으로 충원하는가 하면,[16] 정통 10년(1445) 10월에는 한림
원 編修 謝璉을 侍講에,[17] 그리고 정통 12년(1447) 4월에도 編修 徐珵을
侍講에 승진 발탁함으로써 경연관을 충원하였다.[18] 뿐만 아니라, 당시
영종은 경연관의 학문 연마와 이를 통한 자질 함양에도 특별한 관심을
보여, 정통 12년 2월 禮部尙書 胡濙 등에게,

---

11) 『英宗實錄』 卷20, 正統 元年 秋7月 丁巳條, p.397.
12) 『英宗實錄』 卷88, 正統 7年 春正月 壬午條, p.1768.
13) 『英宗實錄』 卷95, 正統 7年 8月 庚寅條, p.1906.
14) 『英宗實錄』 卷101, 正統 8年 2月 壬辰條, p.2035.
15) 『英宗實錄』 卷168, 正統 13年 秋7月 己巳條, p.3251.
16) 『英宗實錄』 卷107, 正統 8年 8月 壬辰條, p.2169.
17) 『英宗實錄』 卷134, 正統 10年 冬10月 辛酉條, p.2675.
18) 『英宗實錄』 卷152, 正統 12年 夏4月 戊午條, p.2989.

조정의 인재는 반드시 양성하여 실제로 쓰임이 있도록 해야 한다. 이제부터 侍講 등 官員인 杜寧·裵綸·劉儼·商輅·江淵·陳文·楊鼎·呂原·劉俊·王玉 등에게 매일 東閣에 모두 머물게 하면서 학문과 글쓰기에 전념하도록 명하였다. 또한 학사 曹鼐·陳循·馬愉 등에게 시험을 엄격하게 관리하여 장차 그 효과를 거두도록 함으로써, 會講 시에 교대로 경연의 일을 맡게 하라.[19]

는 조치를 내리기도 하렸다.

정통 연간의 경사 강론에서 특히 주목되는 것은, 정통 13년(1448) 4월 南京翰林院 侍講學士 周敍의 上奏文에서 『宋史』를 경연 교재로 강론한 사실에 대해 언급하고 있는 점이다.

제가 보건대, 宋·遼·金 3史는 元 至正 연간에 만들어졌습니다. 당시 나라를 좌우하던 大臣들은 모두 거란·여진족들이어서 正統을 宋에 두지 않았습니다. 이에 따라 宋은 세 나라로 나누어 기록하였을 뿐 아니라, 심지어는 遼와 金을 宋의 앞에 둠으로써 인심과 공론에 따르지 않았습니다. 당초 이를 편찬할 때에는 [正統이 잘못된 사실을] 지적하는 사람은 많았지만, 이를 수정하지 못한 채 백여 년이 흘렀습니다. 歷史에 뜻을 두고 綱常을 바로 세우고자 하는 사람들은 분노와 탄식을 그냥 덮어둘 수 없습니다.……皇上은 큰 책임을 맡을 자질을 가지고 列聖의 正統을 이어 받아, 날마다 경연에 나가 儒臣들에게 여러 차례에 걸쳐 『宋史』를 강론하게 함으로써 治道의 기준으로 삼았습니다. 이제 宋代의 明君과 賢臣들의 事蹟 중에서, 무엇을 감추며 어떤 것을 지금에도 표창해야 하는지에 대해, 문학이 뛰어난 한림원 신하 한 사람에게 명하여 宋代의 全書를 撰述하게 하시기를 바랍니다. [이에] 황제가 이르기를, '사람을 선발할 필요가 없이 [周敍 네가 혼자서 編修하라'고 하였다.[20]

---

19) 『英宗實錄』 卷150, 正統 12年 2月 甲寅條, p.2949.
20) 『英宗實錄』 卷165, 正統 13年 夏4月 丁卯條, pp.3196~3197.

위의 내용으로 볼 때, 정통 13년 무렵에는 경연에서 『宋史』를 여러 차례 강론하였을 뿐만 아니라, 『宋史』의 編修 요청에 대해서는 영종이 매우 소극적인 태도를 보이고 있음을 알 수 있다.

이상의 사실로 볼 때, 정통 연간의 경연은 정통 원년 2월에 月講과 日講을 포함하는 경연의 절차와 형식 등을 담은 「경연의주」를 마련한 것은 물론이고, 이를 계기로 정통 원년 『大學』과 『尙書』를 강론하는 등 제도화된 「의주」에 따라 경연을 충실하게 이행하였던 것으로 보인다. 그러나 그 이후로는 경연에 대한 기록이 전혀 보이지 않다가, 정통 7년 (1442) 7월부터 北征을 단행하기 직전인 정통 13년(1443) 7월까지 영종이 尙書나 한림원 소속의 관원들에게 그날의 경연을 侍班하도록 명하거나 한림원의 修撰을 侍講으로 승진시키는 한편, 이들의 자질을 함양시키는 조치 등 제도적 측면만을 언급하고 있음을 볼 수 있다. 즉 경연이 제도화된 정통 원년을 제외하고, 그 이후에는 경연이 거의 중단되었다가 정통 7년부터 비로소 경연이 다시 시행되었지만, 이 역시 강론 교재나 개최 일시, 경사 강론 시 논의된 내용 등 구체적인 언급이 없는 것으로 보아 매우 간헐적이고 형식적으로 시행되었던 것으로 판단된다. 이처럼 정통 연간의 경연은 어디까지나 제도화를 통해 유교주의 정치를 실현하는 의례적이고도 상징적인 의미를 반영할 뿐이었고, 실제로는 홍무제나 영락제처럼 경연을 통해 황제가 정국을 주도적으로 운영하거나, 선덕제처럼 내각 대신들과의 긴밀한 협의를 거치는 '輔政' 체제의 기능은 잘 발휘하지 못했던 것으로 보인다.

이러한 사실은 특히 영종이 볼모로 잡혀간 "大不可思言之事"를 당하여 景泰帝에게 경사 강론과 더불어 경연을 열어 大臣들과 국정을 협의할 것을 간청하는 上疏가 잇달았던 것에서도 잘 엿볼 수 있다. 즉 정통 14년 (1449) 9월 남경한림원 시강학사 周敍가 당시 황제인 경태제에게 上奏하는 내용 가운데,

경사를 가까이 해야 합니다. 古今의 治理와 국가의 흥망과 관련된 사실은 모두 典籍에 실려 있으니, 이를 알면 鑑戒로 삼을 수 있습니다. 엎드려 바라옵건대, 전하께서는 群臣에게 물어 殿閣을 만들어 여러 서적과 史書를 구비하도록 하고, 학식이 純正한 사람들을 선발하여 이들과 義理를 강론하면, 時政을 널리 익히고 총명해져서 날로 治道에 보탬이 될 것입니다.[21]

라 하여 특히 경사를 가까이해야 함을 강조한 사실에서나, 같은 해 12월 順天府 昌平縣 儒學 增廣生員 馬孝祖가 경태제에게 올린 상주문에서 경사 강론을 통해 二帝三王의 治道를 배워 시행할 것을 강조한 사실에서도 잘 알 수 있다.

첫째, 聖心을 길러야 합니다. 무릇 폐하의 마음은 곧 天心의 근본입니다. [따라서] 근본이 바르면 천하도 결코 바르지 않음이 없습니다. 그런데 君心이 올바르게 되는 것은 좌우에서 보좌하는 사람에게서 비롯됩니다. 엎드려 바라옵건대, 폐하께서는 退朝 후 여가시간에는 3~5명의 大臣들을 便殿에 불러 강론하게 하시고 [여기서] 二帝 三王이 천하를 다스린 治道를 찾기 바랍니다.[22]

특히, 같은 해 12월 吏部 聽選知縣 黎進은 경태제에게 올린 상주문에서 정통 연간의 경연이 제 기능을 발휘하지 못하고 있었던 사실에 대해,

臣이 듣기에는 이전의 聖王과 明王은 반드시 聖德을 쌓아서 元老 大臣들과 함께 서로 道德을 논하고 義理를 開陳함으로써 至治를 달성하였습니다.

---

21) 이 상소문에서 周敍는 ① 厲剛明, ② 親經史, ③ 修軍政, ④ 選賢才, ⑤ 安民心, ⑥ 廣言路, ⑦ 謹微漸, ⑧ 修庶政 등 8事를 강조하고 있다. 『英宗實錄』卷182, 正統14年 9月 壬午條, pp.3547~3553 참조.

22) 『英宗實錄』卷186, 正統 14年 12月 戊午條, p.3731.

근년에 上皇 [英宗]이 비록 經筵[제도]을 마련한 바 있지만, 단지 [進講하는 사람이] 땅에 닿도록 엎드려 절하면서 [진강] 내용에 대해서는 단지 작은 목소리로 읊고는 바로 나가 버리는 것에 불과합니다. [이로써] 강론하는 사람은 최선을 다할 수가 없고, 그 나머지 듣는 사람들도 모두 학문하기를 멈출 수밖에 없습니다. 따라서 先王의 政敎를 거론할 수가 없습니다.[23]

라 하여, 정통 연간의 경연이 단지 형식에 불과했음을 잘 지적하고 있다.

주지하는 바와 같이 月講과 日講을 통한 경사 강론은 황실의 교육뿐만 아니라, 내각대신을 비롯한 조정 대신들과 함께 황제가 정사를 논의하는 朝廷의 기능을 수행하는 자리이기도 하였다. 더욱이 경연은 元代 翰林院 承旨 蘷蘷가

天下의 일에 대해서는 마땅히 宰相이 언급해야 한다. [그런데] 재상이 언급할 수 없으면 臺諫이 이를 언급하고, 臺諫도 언급하지 못하면 經筵에서 언급한다.[24]

라고 지적한 바와 같이, 경사 강론을 통해 정사를 논의하는 동시에 皇權을 견제하는 기능을 담당하기도 하였다. 그러나 정통 연간의 경연은 「경연의주」를 통해 제도화했음에도 불구하고, 경사 강론의 실제적 기능인 대신들과의 정사 논의는 거의 이루어지지 않은 채 매우 의례적이고도 형식적으로 시행되었다.

이렇듯 정통 연간에 이르러 경연이 大臣들과의 정사 논의라는 기능을 다하지 못했던 사실은, 심지어 경연을 담당하는 한림원의 講讀官이나 五經 博士 등의 결원이 많았다는 데에서도 엿볼 수 있다. 이에 대해, 경태제가

---

23) 『英宗實錄』 卷186, 正統 14年 12月 乙未條, pp.3733~3734.
24) 孫承澤, 『春明夢餘錄』 卷9, p.94上葉에서 元代 翰林院 承旨 蘷蘷가 말한 것을 인용하고 있다.

황제로 즉위한 직후인 정통 14년 12월 戶部尚書 겸 翰林院 學士 陳循은

> 오늘날 本院[한림원]의 講讀官에서부터 五經博士에 이르기까지 모두 결원
> 이 많습니다. 皇上[景泰帝]께서 寶位에 등극하심에 따라 用人을 할 때입니다.
> 하물며 文學侍從官을 더욱 精選하여 顧問에 대비하면 聖學에 이롭게 될
> 것입니다. 바라옵건대 吏部에 명하시어 본원의 現任官들과 庶吉士 중에서
> 선발하여 승진시키거나 講讀官 등의 결원을 충원하시기 바랍니다.[25]

라 하여, 당시 講讀 등 강론 담당자조차 많이 부족했던 정통 연간의 사정을
잘 설명해 주고 있다.

이상의 내용을 종합해 볼 때, 정통 연간의 경사 강론은 제도화된 정통
원년을 제외하고는, 정통 2년~7년에는 경연이 거의 중단되었던 것으로
보인다. 그러다가 정통 7년부터 간헐적이나마 재개되기 시작하여 정통
14년 7월까지 매우 의례적인 형태로만 시행됐던 것으로 판단된다. 따라서
경연이 재개된 정통 7년~14년의 시기에서조차도 실록에는 강론 교재와
개최 시기 등 경사 강론에 대한 구체적인 언급이 없을 뿐 아니라, 이에
대한 기록 또한 단지 경연을 담당할 강독관에 대한 임명 사실만을 간략하게
언급하고 있을 뿐이다. 더구나 정통 말년에 이르러 경사 강론을 담당하는
관리조차 결원으로 남겨져 있었다는 사실은 당시의 경연이 얼마나 충실하
지 못했는지를 반영해 준다고 하겠다. 이렇듯 경연이 제도대로 시행되지
못한 상황에서, 간혹 강론이 개최된 경우라 할지라도 경연의 주요 기능인
君臣의 원활한 정사 협의를 기대한다는 것은 당연히 어려운 일이었다.

여기에는 정통 연간의 정치·사회적 상황과 관련하여 몇 가지 원인이
작용했던 것으로 보인다. 첫째, 어린 나이에 황제로 즉위한 것과 무관하지
않았던 것으로 추정된다. 주지하는 바와 같이, 선덕제의 장자인 정통제는

---

25) 『英宗實錄』 卷186, 正統 14年 12月 辛酉條, pp.3740~3741.

9실의 어린 나이로 황제에 등극함에 따라 祖母인 太皇太后 張氏가 섭정하였다.26) 따라서 영종이 즉위한 정통연간 초의 정사는 주로 父皇 시기의 遺臣 三楊(楊士奇·楊榮·楊溥) 등 내각대학사를 비롯하여, 勳臣인 英國公 張輔와 禮部尙書 胡濙 등 여러 尙書들에 의해 좌우되었다. 따라서 왕조의 기반을 구축하고자 했던 홍무·영락 연간의 창업기와 같이 경사 강론을 통해 황제가 주도적으로 정국을 운영27)했던 것과는 달리, 정사의 대부분은 이들 大臣들에 의해 주도되고 처리되었다. 『皇明泳化類編』에는 경연제도가 정착되던 당시의 상황에 대해,

　　正統 元年 春2月에 經筵을 열기 시작하였는데, 마침내 예부와 한림원에 명하여 講筵의 儀禮를 상세하게 정하여 제도화 하도록 하였다. 당시 英宗은 어린 나이로 皇位를 계승하여 대학사 楊士奇 등이 상주하여 말하기를 "작년 10월 宣宗皇帝가 左順門에 들러 臣[楊士奇] 등을 불러 말씀하시기를 明年 봄 東宮이 출각하여 文華殿에서 經史 講書를 하였는데, 무릇 내외 시종은 賢良하고 廉謹한 신하를 신중하게 선발하였습니다. [그러나] 불행하게도 얼마 되지 않아 先皇帝가 崩御하시니 臣은 감히 이 말을 더 하지 못했습니다. [그런데] 이[경연]는 매우 중대하여 감히 오랫동안 침묵할 수 없었습니다. 이제 [선황제의] 장사도 끝마쳤으니, 바라옵건대 조속히 경연을 열어 聖學을 진강하게 하시고, 장차 예부와 이부, 그리고 한림원이 함께 講官을 신중하게 선발하되, 반드시 학문에 관통하고 언행이 단정하며 老成重厚하고 見識이

---

26) 山根幸夫,「宦官と農民」,『中國史』, 東京 : 山川出版社, 1999, pp.46~66 참조.

27) 홍무 연간의 經史 講論은 황제가 일방적으로 자신의 의견을 조정 대신들에게 설파하는 등 皇權 강화와 연관되어 있다는 것이 특징이다. 홍무연간의 경사 강론의 특징에 대해서는 拙稿,『明初 經筵제도의 배경과 그 특징』, p.15 참조. 한편, 永樂 年間의 經史 講論에서는 특히 당시 北京遷都와 北方 親征이라는 국가적 대사업을 추진과 관련하여 皇儲의 중요성을 특별히 강조하였다, 이로써 당시의 經史 강론은 특히 皇太子와 皇太孫을 대상으로 시행됨으로써, 주로 후계자 양성에 그 목적을 두었다는 것이 특징이라 하겠다. 이에 대해서는, 拙稿, 앞의 논문 (2007.8), pp.175~176 참조.

大體에 통달한 사람으로 그 직을 맡게 하십시오."라 하였다. 또한 말하기를, "天子가 就學하는 事와 體는 황태자와 친왕과는 다르니, 바라옵건대 예부와 한림원에 명하여 講筵儀禮를 상세하게 정하게 하소서."라 하였다. 이로써 [황제께서] 말씀하시기를, "이번 달 초9일과 19일에 經筵에 나갈 것이니 너희 한림원과 春坊 儒臣들은 나누어 侍講하도록 하라."고 하셨다.……이로 써 마침내 제도로 정하게 되었다.28)

라 하여, 경연이 내각대학사 楊士奇 등이 건의하여 추진되고 있음을 밝히고 있다. 따라서 정통 원년 2월에 제정된 「경연의주」는 제도화라는 측면에서 는 종전의 경사 강론을 종합하고 체계화한 것이라 할 수 있지만, 실제로는 군신의 정사 협의 기능보다는 황제 교육의 기능이 중시될 뿐이었다. 더구나 어린 황제가 政事를 직접적으로 관장하지 못하는 상황에서, 경사 강론은 이를 담당하는 내각 대신들의 "參預機務"의 기능을 정당화하는 한편 정사를 이들에게 일임하는 하나의 방편에 불과하였던 것으로 생각된다.

둘째, 당시 '北虜南倭'로 대변되는 국방의 불안정과 더불어 자연재해와 민란이 빈발하는 등 당시 불안정한 政局과도 관련이 있었던 것으로 보인다. 이에 대해서는 정통 14년(1449) 12월 兵科給事中 劉斌이 경태제에게 올린 上奏文에서,

오늘날에는 北虜가 비록 잠시 퇴각했지만, 上皇[英宗]이 아직 돌아오시지 못하고 크나큰 원수 또한 아직 갚지 못했으며 남방의 福建·廣東과 四川의 적들이 아직 잠잠해지지 않고 있습니다. 폐하께서는 때마침 황위에 올라 寢食을 돌보지 않고 밤낮으로 萬事를 혁신하여 새롭게 中興의 治를 마련하고 자 애쓰고 계십니다.……나라의 법도와 致治는 가장 상세하고 치밀했지만, 수십 년 동안 정치는 무너지고 積弊되었습니다. [이로써] 法度로 나라를

---

28) 鄧球,『皇明泳化類編』卷21,「聖神絲綸經綸」, 臺北 : 國風出版社, 1965, pp.603~604.

다스리려 하니 실제로는 善治할 수 없고, 지금에 와서 법도를 정돈하려
하나 法度가 무너졌습니다. 이 때문에 [신분이] 貴한 자와 賤한 자들이 서로
속이고 上下의 情이 不通하고 있고, 民用 또한 크게 곤궁해졌습니다. 天象도
여러 차례 변고를 나타내기에 이르러 旱災와 蝗災의 피해가 거듭 일어나고
있습니다. [또한] 작년에는 황하가 넘치고 금년에는 海水가 고갈되었습니
다.……臣이 원하옵건대, 폐하께서는 옛날 제왕들을 본받아 窮理를 통해
修身盡性을 핵심으로 삼고, 修身盡性을 治平의 근본으로 삼으시며, 經筵에
나가시어 名儒를 선발하는 데 힘쓰시고 이들과 함께 토론함으로써 至治의
바탕으로 삼기 바랍니다.[29]

라 한 것에서도 잘 알 수 있다.

셋째, 太監 王振으로 대변되는 환관의 발호와도 밀접하게 관련이 있었다.
주지하는 바와 같이, 王振을 비롯한 환관 세력의 전횡은, 정통 7년(1442)을
전후하여 환관의 발호를 견제할 수 있었던 先代의 老臣 '三楊'과 특히 환관의
정치 간여를 지극히 경계한 太皇太后 張氏의 사망을 계기로 극에 달했다.
이에 따라 경연을 개최한다고 해도 閣臣들은 황실 교육을 형식적으로
담당할 뿐이고, 황제와 정사를 협의하는 기능과 역할은 담당할 수 없었다.
더욱이 당시에는 대신들과의 召對가 거의 이루어지지 않았을 뿐 아니라,
설사 召對가 이루어지더라도 大臣들은 황제의 측근에 있는 王振을 의식하여
자신들의 의견을 자유롭게 피력할 수가 없었다. 이러한 사실은 정통 14년
(1449) 9월 남경한림원 시강학사 周敍가 올린 상소문에서,

　　正統 年間 이래 王振이 권력을 함부로 휘두르고, 혼자서만 [황제의] 측근에
　　있었습니다. 이에 群臣들은 召對를 할 수 없었으며, 설사 召對를 하더라도
　　상세하게 말할 수 없었습니다. 이로써 오늘날의 禍토목보의 변를 초래하기

---

29) 『英宗實錄』卷186, 正統 14年 12月 壬申條, pp.3750~3757. 당시 각종 민란과 북변
　　상황에 대해서는, 山根幸夫, 「宦官と農民」, pp.49~56 참조.

에 이르렀습니다.30)

라 한 데에서 잘 엿볼 수 있다.

2. 天順 年間의 經史 講論

정통 14년 7월 오이라트에 대한 親政을 단행한 영종이 그 해 9월 '土木堡의
變'으로 인해 포로가 되고, 그동안의 공백기를 채운 동생 경태제(1450~
1456)에 이어, 다시 皇位에 복귀한 영종은 年號를 '天順'이라 하였다.31)
천순 연간(1457~1464)의 경사 강론에서 보이는 특징은 황제에 대한 경연에
대한 기록은 없고, 단지 황태자를 대상으로 하는 經史 講讀에 대해서만
언급하고 있다는 점이다.

황태자에 대한 경사 강론에 대해서는, 刑科給事中 王理가 천순 2년(1458)
춘정월에,

자古로 제왕이 宗祀를 계승한 중책은 이보다 더 깊이 생각할 것은 없습니
다. 太子는 天下의 근본으로서, [품행이] 方正한 文學之士를 신중하게 선발하
여 태자의 좌우에 두고 [태자가] 德性을 쌓는데 도움이 되도록 해야 합니다.
현재 東宮殿下는 하늘이 내린 총명함과 예지 또한 날로 새로워지니 관료를
신중하게 잘 선발하여 날마다 강독을 하도록 하여 元良의 德을 쌓게 한다면,
종묘와 사직이 영원히 평안하고 실로 天下 臣民의 행운이 될 것입니다.32)

---

30) 『英宗實錄』 卷182, 正統 14年 9月 壬午條, p.3552.
31) 景泰帝(1450~1456)는 약 7년간 재위하다가 景泰 7年 춘정월에 병으로 붕어하였다.
    이로써 당시 武淸侯 石亨, 太監 曹吉祥 등이 병사를 이끌고 당시 南宮에 거처하고
    있던 英宗을 맞이하여 皇位에 복귀시켰는데, 이것이 곧 '奪門之變'이다. 이에
    대해서는 『明史』 卷12, 「本紀」12, p.112 참조.
32) 『英宗實錄』 卷286, 天順 2年 春正月 乙丑條, pp.6134~6135.

라고 선의하자, 황제는 처음으로 황태자에게 날씨가 따뜻해지면 講學을 시행할 것을 명하였다. 이에 따라 그 해 3월 禮部에서 황태자가 出閣 讀書할 것을 요청하자, 영종은 吏部와 禮部에게 한림원과 함께 강독관을 선발하고 「講學儀注」를 정하여 보고하도록 하였다.33) 이로부터 3일 뒤에 예부에서는 마침내 황태자의 出閣 講學에 필요한 의례와 절차를 담은 「講學儀注」를 보고하였다.34) 그 주요 내용은 강학을 위한 儀禮 이외에도, 경사 강독에

---

33) 『英宗實錄』 卷289, 天順 2年 3月 壬寅條, p.6179.

34) 그 내용은 ① 欽天監에서 4월 乙丑(초8)일 巳時를 길일로 선택한다. ② 당일 아침에 예부와 鴻臚寺의 執事官이 文華殿에서 四拜禮를 하고, 拜禮를 마치면 鴻臚寺官은 東宮을 모시고 文華殿에 나가며, 집사관은 동궁을 인도하여 문화전에 설치된 자리에 오르게 한다. 三師와 三少官과 관료들이 차례로 궁궐에 올라 四拜禮를 마치고 나면 각자 차례로 제자리로 물러가 선다. 그러면 내시관이 나와 東宮을 모시고 後殿에 마련된 자리에 오르게 하고 書案을 들여온다. 매일 강독을 담당할 侍班·侍讀·講官들이 들어와 東·西班으로 나누어 入侍하고, 內侍가 책을 펼치면 侍讀과 講官이 차례로 들어와 進讀하고, [進讀이 끝나면] 절하고 자리로 물러간다. 매일 강독은 常例대로 한다. ③ 매일 早朝가 끝난 뒤에 東宮은 出閣하여 자리에 앉으면, 內侍가 書案을 가지고 들어온다. 이때 侍衛·侍儀·執事官 등의 관원은 필요하지 않고, 다만 侍班·侍讀·講官들만이 들어와 叩頭禮를 하고 난 다음에는 東·西로 나누어 서있고, 內侍는 [讀講할] 책을 편다. 먼저 四書를 읽는데, 이는 東班의 侍讀官이 앞에 나와서 수십 번을 伴讀하고, 자기 자리로 돌아간다. 다음으로는 經書나 史書를 강독하는데, 이때는 西班의 侍讀官이 앞에 나와서 伴讀한다. [이때] 글자의 音을 바르게 해야 하고 구독점도 명확하게 해야 하며, 강독이 끝나면 절하고 물러난다. ④ 매일 巳時[오전 9~11시]에 侍班官과 侍讀·講官, 侍書官은 동궁이 자리에서 일어날 때까지 東·西로 나누어 서있으면서 侍班한다. 內侍는 [강독할] 책을 펴는데, 먼저 강독할 史書를 미리 펴놓으면 東班의 侍班官이 앞에 나와서 [내용을] 한 번 進講하고, 물러나서는 제 자리로 돌아간다. 다음으로 經書나 史書를 진강할 때에는, 西班의 侍講官이 앞에 나와 마찬가지로 강독한다. 이때 [그 내용을] 직언으로 설명하여 명확하게 잘 알 수 있도록 해야 한다. 講讀이 끝나면 內侍는 책을 덮고, 侍書官이 앞으로 나와 글씨를 쓰는 것을 侍書한다. 이때 書法과 글자의 점과 획을 명확하게 설명해야 한다. 글자 쓰기가 끝나면 각 관원들은 절하고 물러난다. ⑤ 점심 후에는 휴식을 하거나 말 타기와 활쏘기를 하도록 권한다. ⑥ 매일 저녁에는 讀本 중에서 그날 배운 것을 각기 십여 번씩 완전히 숙지할 때까지 복습한다. ⑦ 3일간 독서한 후에는 한번 복습을 하되, 반드시 외워서 숙지해야 한다. ⑧ 복습할 때에는 새로운 책을 가르치지 않고, 講官은 책의 전체 내용을 강론하되, 大義를 잘 알게 하여야 한다. ⑨ 朔望초하루와 보름과 큰 비바람과 눈이 많이 내리거나 큰 추위와 더위를 만나게 되면, 강독과

대한 구체적인 절차를 설명하고 있다. 즉 경사 강독은 그날 공부할 교재의 내용을 읽는 '讀', 그 의미와 뜻을 해설하는 '講', 그리고 해당 내용에 대한 글자를 연습하는 '書' 등의 세 가지 공부 내용으로 구성되었다. 그리고 강독의 순서는 讀→ 講→ 書의 차례로 진행되었으며, 이를 담당하는 관리 또한 '侍讀', '侍講', '侍書'로 불렀다. 뿐만 아니라, 강독의 교재는 경연에서와 마찬가지로 四書와 經史였지만, 다만 그 의례에 있어서는 황제를 대상으로 하는 경연과는 달리 侍衛官이나 侍儀官은 배석하지 않았다.

어쨌든 동궁에 대한 「강학의주」가 정해진 지 두 달이 지난 천순 2년(1458) 3월 吏部와 禮部에서는 한림원과 함께 侍班·講讀官 등을 선발하여 황제에게 보고하였다. 이로써 侍班官에 吏部尙書 한림원 학사 李賢을 임명하고 날마다 入侍하도록 하는가 하면, 太常寺 少卿 겸 翰林院 學士 彭時와 한림원 학사 呂原에게는 하루씩 서로 교대로 侍班하도록 하였다. 그리고 詹事府 詹事 陳文, 小詹事 柳鉉 등에게는 교대하지 않고 날마다 入侍하도록 하였다. 한편, 한림원 학사 李紹·劉定之와 侍讀學士 錢溥에 대해서는 하루 한번 씩 교대하도록 하였다. 강독관에는 한림원 학사 倪謙, 尙寶司卿 겸 侍講 黃諫, 尙寶司 司丞 겸 編修 萬安, 尙寶司 司丞 겸 編修 李泰, 左春坊 左中允 孫貞, 右春坊 右中允 劉珝, 左春坊 左贊善 牛綸, 右春坊 贊善 司馬恂 등 여덟 명에게 하루 네 명씩 교대로 이를 담당하도록 하였다. 그리고 侍書官으로는 太常寺 少卿 黃乘, 中書舍人 겸 正字 吳瑾 등 두 사람에게 하루씩 교대하여 담당하게 하였다.[35]

이렇게 황태자의 경사 강론에 필요한 여러 관원을 임명한 후, 다음 달인 천순 2년 4월에는 文華殿에서 황태자의 강독을 개최하고 이를 기념하

글자쓰기를 잠시 중단한다. ⑩ 매일 합쳐서 侍班官 두 명, 侍讀講官 네 명, 侍書官 한 명으로 한다는 것 등이다. 『英宗實錄』卷289, 天順 2年 3月 乙巳條, pp.6182~6184. 이 밖에도 『大明會典』卷52, 「禮部」10, pp.920~921 ; 傅維鱗, 『明書』卷57, 「志」6, pp.2023~2024 등 참조.

35) 『英宗實錄』卷289, 天順 2年 3月 己酉條, p.6186.

여 문무백관에게 언회를 베푸는 한편, 이후로는 講學 장소를 左春坊으로 옮기도록 하였다.36) 이렇듯 천순 2년 4월부터 시행되기 시작한 황태자의 경사 강론은 삼복더위로 잠시 중단되다가, 같은 해 7월에 이르러 재개되기 시작하였다. 이에 대해 당시 吏部尙書 겸 한림원 학사 李賢이,

> 東宮殿下의 出閣 講讀은 [동궁이] 날로 총명해지는데 매우 유익합니다. [그런데] 삼복더위로 인해 5월 24일에는 잠시 중단하였습니다. 이제 삼복더위가 지나고 날씨도 점차 서늘해지니 택일을 하지 않더라도 종전과 같이 강독을 시행하고자 합니다. [이로써] 학업이 날로 발전하고 叡智와 德이 날로 새롭게 되기를 바랍니다.37)

라고 건의하자, 영종은 천순 2년 7월부터 다시 강론을 시행하도록 명하였다. 이로써 황태자에 대한 강론은 재개되었지만, 그 이후의 강론 개최에 대해서는 더 이상 기록에서 보이지 않고 있다.

하지만 황태자에 대한 경사 강독의 경우는 유교주의 정치 이념에 입각한 황실의 후계자 양성과 더불어 이에 필요한 聖學 교육이 특별히 중시되었던 사실을 감안해 볼 때, 朔望과 불순한 날씨 등 특별한 경우를 제외하고는 이후에도 「강학의주」가 규정한대로 지속되었을 것으로 판단된다. 이는 앞의 인용문에서 보는 바와 같이, 황태자에 대한 강론을 중단한 사유와 시기를 굳이 황제에게 보고한 사실에서도 추정해 볼 수 있겠다.

---

36) 황태자의 經史 講論 장소를 문화전에서 左春坊으로 옮기게 된 이유에 대해서는, 황제가 退朝 후에 반드시 文華殿에 들러 奏牘을 열람하였기 때문이라고 밝히고 있다. 『英宗實錄』 卷290, 天順 2年 夏4月 乙丑條, p.6194.

37) 『英宗實錄』 卷293, 天順 2年 秋7月 癸卯條, pp.6262~6263.

III. 內閣制와 政局운영

1. 正統 年間의 내각제와 정국운영

선덕 10년(1435) 1월 선덕제가 붕어함에 따라 9세의 어린 나이로 즉위한
정통 초기에는 祖母인 太皇太后 張氏와 先代의 老臣인 '三楊(楊士奇·楊榮·楊
溥)', 英國公 張輔 등이 정사를 관장하였다. 따라서 정국운영은 자연히
내각대학사 겸 '三孤官'이었던 '三楊' 등을 비롯한 先代의 老臣들을 중심으로
이루어질 수밖에 없었으며, 또한 유교주의 정치 이념을 충실하게 실천하고
자 했던 이들의 생각에[38] 따라 경사 강론도 매우 중시되었을 것으로
생각된다. 이에 따라 유교주의를 실현하는 황실 교육의 장으로서 경연을
제도화하는 것은 물론이고, 경사 강론을 통해 군신이 정사를 논의하는
동시에 이러한 輔政 體制를 통해 정국을 운영하는 형식을 취하였다. 특히
당시 내각은 洪熙 年間에 이르러 '票擬權'을 행사한 이래 父皇 선덕 연간
(1426~1435)에 와서는 행정 실무의 최고 수장인 尙書職을 겸함으로써
정사를 장악하기에 이르렀다. 이처럼 내각의 '參預機務' 기능은 정통 연간에

---

38) 이는 永樂帝 이래 累代의 元老大臣이었던 '三楊'에 대해 평가하기를, "成祖 시에
楊士奇·楊榮은 解縉과 함께 內閣에 入閣하였고, 楊溥 역시 仁宗 시 閣僚가 되었다.
이로써 이들 3인은 4代의 皇帝를 받들어 정사를 돌보았다. 楊溥의 경우는 비록
入閣이 그 뒤에 있었지만, 德望이 서로 견줄 만하였다. 이로써 賢相이라고 분명하게
칭할 경우에는 반드시 먼저 '三楊'을 꼽는데, 이들은 모두 儒術의 근본에 능하여
사물에 통달하고, 협력하여 서로 도우며 게으르지 않고 함께 노력하였다. 어떤
史書에서는 [당 태종의 '貞觀의 治'를 구현했던 재상] 房[玄齡]·杜[如晦]가 여러
가지 좋은 방안으로 군주를 보좌하여 [황제를] 보완하고 재정을 비축했다고
[이들을 賢相으로] 꼽기도 하는가 하면, 또한 [당 현종의 '開元의 治'를 구현했던
재상] 姚崇은 應變으로써 天下의 업무에 잘 대처하였고, 宋璟은 守文으로써 天下의
올바름을 지켰다고 [이들을 賢相으로] 꼽기도 하였다. 그런데 '三楊'이 어찌 이들에
버금가겠는가?"라 하여 賢相으로 높이 평가할 뿐 아니라, 이들이 모두 儒敎에
통달했다고 지적한 데에서도 잘 알 수 있다. 『明史』卷148, 「列傳」36, p.1617上葉
참조.

이르러서도 지속적으로 강화되었을 뿐 아니라, 어린 황제로서는 이들에게 政事를 의존할 수밖에 없었다. 따라서 당시에는 閣臣들이 특별히 중시되었는데, 이는 翰林院 侍講 曹鼐의 경우에서 보는 바와 같이, 영종이 大祀禮를 행하던 중 品秩을 무시하고 그를 특별히 奉天殿에 올라오도록 명하는 등 班列에서조차 파격적인 대우를 한 사실에서도 잘 엿볼 수 있다.[39] 이렇듯 당시 內閣 學士들에 대한 파격적인 우대와 함께 특히 "참예기무"하게 한 사실은 정통 9년(1444)이래 자주 거론되고 있다.[40]

  그러나 보정 체제의 핵심 인물인 '三楊' 중에서 정통 5년(1440) 楊榮이 노환으로 사망하고 뒤이어 楊士奇에 대한 탄핵사건이 발생한 것과[41] 함께, 섭정을 했던 太皇太后 張氏마저 정통 7년(1442)에 사망함에 따라, 내각의 권한은 크게 약화될 수밖에 없었다. 이로써 정통 5~7년 이후부터 내각제에 의한 君臣의 輔政 體制는 父皇시대인 선덕 연간처럼 원활하게 운영되지 못한 채, 주요 政事는 태감을 비롯한 이들 환관세력과 밀착된 일부 인사들에 의해 壟斷되고 있었다.[42] 특히 정통 2년(1437) 司禮監 太監으로 발탁된

---

39) 正統 9年 春正月에 大祀禮를 행하던 중, 한림원 시강인 曹鼐를 奉天殿 전각에 오르게 하는 한편, 3일 뒤에는 그를 한림원 학사로 승진시키고 내각에 들어와 "參預機務"하도록 명하였다. 『英宗實錄』 卷112, 正統 9年 春正月 壬戌條, p.2249 ; 『英宗實錄』 卷112, 正統 9年 春正月 乙丑條, p.2270.

40) 正統 9年 4月 한림원 학사 陳循과 正統 14年(1445) 8월에는 翰林院 修撰 商輅와 彭時 등을 入閣시켜 "參預機務"케 한 것이 대표적인 예라고 하겠다. 이에 대해서는, 『英宗實錄』 卷115, 正統 9年 夏4月 丙戌條, p.2317 ; 卷182, 正統 14年 9月 庚辰, p.3539 ; 陳循에 대해서는 『明史』 卷168, 「列傳」56, p.1783上葉 ; 商輅에 대해서는, 같은 책 卷176, 「列傳」64, p.1867上葉 ; 彭時에 대해서는 『明史』 卷176, 「列傳」64, p.1864下葉 참조.

41) '三楊' 중에서 당시 少師 工部尙書 겸 謹身殿 大學士 楊榮은 正統 5년(1440) 7월에 사망하였다. 뒤이어 楊士奇 또한 正統 7年(1442) 11월에 그의 아들 稷이 불법과 방자한 일을 일삼아 체포됨으로써 탄핵되어 정국운영의 실권을 상실하였고, 正統 9年 3月에 마침내 사망하였다. 이에 대해서는, 『英宗實錄』 卷69, 正統 5年 秋7月 壬寅條, pp.1329~1332 ; 卷98, 正統 7年 11月 己巳條, p.1973 ; 卷103, 正統 8年 夏4月 丁酉條, pp.2082~2083 ; 卷114, 正統 9年 3月 癸亥條, pp.2300~2302 등과 『明史』 卷148, 「列傳」36, pp.1610上葉~1613下葉 참조.

王振은 환관 세력의 발호를 적극 견제했던 태황태후의 사망을 계기로 정국을 좌우할 수 있는 발판을 마련하였다. 더구나 이 무렵 내각을 주도하였던 '三楊'의 퇴각으로 새롭게 입각한 馬愉와 曹鼐[43] 등 閣臣들의 세력은 매우 미약하여 '三楊'과 같은 능력과 세력을 발휘할 수 없었으므로 太監 王振의 전횡과 환관 세력의 발호는 정통 7년 이후부터 더욱 극에 달했다.[44] 이처럼 당시 환관 세력이 휘두른 무소불위의 전횡과 정치 농단의 폐해에 대해서는, 영종이 포로로 잡혀간 직후인 정통 14년(1445) 9월 十三道 監察御

---

42) 특히 당시 태감 王振의 발호와 政事 농단에 대해서는, "그가 皇城에 저택을 짓고 그 동쪽에는 智化寺를 짓는 등 토목사업을 일으키고, 마침내는 麓川[민란]에 군사를 일으켜 서남쪽에서 큰 소란을 야기하였다. 侍講 劉球가 번개와 지진이 일어난 것을 계기로 당시의 잘못을 개진하여 [王振을 자극하는 말을 하자, 그는 [劉]球를 하옥시키고, 指揮 馬順으로 하여금 두 손과 두 발을 자르도록 하였다. 또한 大理寺 少卿 薛瑄과 祭酒 李時勉이 본디 [王]振에게 예를 다하지 않자 그는 그들이 다른 일을 하는 것을 막고 [薛]瑄을 모함하여 거의 죽음에 이르도록 하였고, [李]時勉에게는 國子監門에서 가르치도록 하였다. [심지어는] 御史 李鐸이 [王]振을 보고도 무릎을 꿇지 않자 철령위로 謫戍하였으며, 駙馬都尉 石璟이 그의 가솔을 꾸짖자 [王]振은 천한 자신의 가솔을 자신과 同類로 취급하였다고 생각하여 하옥시켰다. 또한 그는 霸州 知州인 張需에게 분노하여 牧馬를 구비하는 것을 금하고 校卒이 그를 체포하게 하는 한편, 擧主인 王鐸과 함께 그를 연좌시켰다. 뿐만 아니라, 戶部尙書 劉中敷, 侍郞 吳璽와 陳璔을 長安門 앞에서 형틀을 채우게 하는 한편, 이를 원망하면 죄를 가중시켰다.……황제의 마음은 [王]振에게 기울었으며, 일찍이 그를 선생이라고 부르며 극진하게 포상하고 칭찬하였다. 이로써 [王]振의 권세는 날로 더해져서 公侯 勳戚들조차 그를 '翁父'라 불렀다. 따라서 화가 미치는 것을 두려워하는 사람들은 다투어 그에게 아부함으로써 죽음을 면하고, 뇌물을 실은 수레가 가득 찼다."고 한 데에서 잘 볼 수 있다. 『明史』卷304, 「列傳」192, p.3343下葉 참조.

43) 『英宗實錄』卷112, 正統 9年 春正月 乙丑條, p.2252.

44) 당시 환관세력의 등장과 太監 王振의 발호에 대해서는, 鄧球, 앞의 책 卷23, pp.604~605의 贊에서, "당시에는 王振이 황제를 뒤에서 보좌하고 있었다. 太皇太后 [張氏]는 그가 바른 사람이 아니라는 사실을 이미 알고 있었다. 그러나 '三楊'은 이들을 거세할 방책을 미리 추진하지 않음으로써, 마침내 큰 변[토목보의 변]을 초래하였다. 三楊이 이를 억제하였다면, 이처럼 비참함[土木堡의 變]에 이르지는 않았지 않겠는가?"라고 비평하였다. 이 밖에도 『明史』卷304, 「列傳」192, '宦官', p.3343下葉 참조. 한편 '三楊'에 대해서는, 『明史』卷148, 「列傳」36, pp.1610上葉 ~1617上葉 참조.

史 秦顯 등이 경태제에게 건의한 내용에서 잘 나타나 있다.

첫째는 여러 가지 좋은 의견을 모아 萬機를 다스려야 합니다.……우리
왕조를 계승한 황제들은 모두 舜임금의 心性으로서 마음을 삼았습니다.
[이에] 모든 庶務는 반드시 大臣들을 편전에 불러 의논하되, 그들이 각자
마음 [의견]을 다할 수 있도록 널리 자문하였습니다. 이로써 政令이 서로
잘 소통할 수 있도록 허용되었습니다. [그런데] 근래에 와서는 姦臣들이
함부로 [사람을] 발탁하여 正人·君子를 욕되게 하며 멀리하니, 忠臣과 諫言하
는 士들이 몰래 해를 당하게 되었습니다. 이로써 정치는 조직[환관 세력이나
파당]에 따르고 침묵하여 말하지 않게 되었으며, 설사 직언하게 되더라도
이를 시행하지 않을 뿐 아니라, 그 화가 집안에까지 미치게 됩니다. 지금의
황제께서는 중흥의 정치를 하시고자 하신다면, 마땅히 재주가 뛰어나고
덕이 높으며 치도에 밝은 학식을 지닌 臣下 4~5명을 발탁하여 내각에 入閣시
키고, 退朝 후 여가가 있으면 이들을 文華殿에 불러 날마다 쌓이는 상주문과
政事를 서로 상의하여 가장 타당한 것을 찾도록 힘써야 합니다.[45]

특히 태감 王振의 전횡은 정통 8년(1444) 한림원 시강학사였던 劉球가
당시 雷震으로 奉天殿이 훼손되는 天災를 계기로 황제에게 自省을 촉구한
上疏文을[46] 올린 데 대해, 그를 錦衣衛에 하옥시켜 사망하게 하고 며칠이
지난 뒤에는 그의 屍身조차 棄市하도록 하는 등 잔혹한 일도 서슴지 않은

---

45) 『英宗實錄』 卷183, 正統 14年 9月 壬寅條, pp.3590~3592 참조.
46) 한림원 시강학사 劉球는 황제의 自省을 촉구하는 상소문에서, ① 經筵을 자주
　　열어 聖學에 힘써 心德을 바로 할 것, ② 政務를 살핌에 있어서 그 기강을 바로
　　세울 것, ③ 현명하고 덕망 있는 사람을 선발하여 大臣으로 중용할 것, ④ 禮臣을
　　선발하여 祀典을 융숭하게 할 것, ⑤ 考課를 엄히 하여 吏治를 감독할 것, ⑥
　　刑罰을 신중하게 하여 억울함이 없게 할 것, ⑦ 工事를 없애서 民의 수고로움을
　　덜 것, ⑧ 荒政을 개선하여 民의 빈곤함을 돌볼 것, ⑨ 전쟁을 중단하여 民의
　　생명을 중시할 것, ⑩ 武擧의 선발을 공정하게 하여 良將을 발탁할 것 등 당시
　　추진해야 할 시급한 사안 열 가지를 건의하였다. 이에 대해서는, 『英宗實錄』
　　卷105, 正統 8年 6月 丁亥條, pp.2124~2131 참조.

사실에서도 잘 알 수 있다.

2. 天順 年間의 내각제와 정국운영

土木堡의 變을 거친 英宗이 귀환하여 황제에 복귀한 천순 연간(1457~1464)에 이르러서, 영종은 오이라트 부족에 대한 親征을 적극 주장한 태감 王振을 대표로 하는 세력들과 자신의 復辟에 소극적이거나, 아우인 경태 연간(1450~1456)에 적극적으로 활약했던 관료들을 거세하고 새로운 親政체제를 구축하였다. 이에 따라 먼저, 천순 원년(1457) 正月 황제를 보좌하고 정사를 함께 논의하는 내각을 전면적으로 개편하는 조치를 다음과 같이 단행하였다.

> 左春坊 大學士 겸 한림원 侍講 倪謙, 右春坊 大學士 겸 한림원 시강 呂侍, 右庶子 겸 한림원 시강 劉定之 등을 모두 通政司 左參議로 삼았다. [또한] 左春坊 左庶子 겸 한림원 侍講 林文과 右春坊 右庶子 겸 한림원 시강 李紹를 尙寶司卿으로 삼는 동시에 종전대로 시강을 겸하게 하였다. 左春坊 左諭德 겸 한림원 編修 錢溥와 司經局 洗馬 겸 한림원 修撰 柯潛을 尙寶司 少卿으로 삼고 이전의 직을 겸하게 하였다.……[한편] 中書舍人 겸 正字 劉錢과 한림원 檢討 겸 司諫 傅宗, 그리고 典籍 兼 司諫 李鑑은 겸직을 혁파하게 하였다.[47]

또한 같은 해 2월에는 吏部 右侍郎 李賢을 한림원 학사로 겸하도록 명하고 내각에 입각하여 "參預機務"하게 하였다.[48] 이로써 당시 내각에서 활동했던 많은 학사들이 제거되고, 점차 李賢이 좌우하는 내각 首輔제도의 서막이 열리게 되었다. 더구나 李賢은 入閣한 이후 점차 내각을 독점하면서 심지어

---

47) 『英宗實錄』卷274, 天順 元年 正月 庚寅條, pp.5819~5820.
48) 『英宗實錄』卷275, 天順 元年 2月 癸卯條, p.5840.

는 당시 훈적들과도 대립힘으로써 천순 원년 6월 잠시 下獄되기도 하였다.[49]
그러나 그에 대한 하옥 조치는 당일 저녁 갑작스러운 비바람과 천둥·폭우로
인해 奉天門의 동쪽 현판이 부서지는 變故를 이유로 그를 석방함으로써
마무리 되었다.[50] 이로써 李賢은 곧 복권되었는데, 이는 천순 원년 11월에
石亨이 東宮을 隨侍하는 군사 2천 명 중에서 156명을 선발하여 매달 朔望
朝參 시에 문화전에서 [동궁을] 교대로 侍衛하도록 奏請한 것이 황제의
재가를 받아낸 사실[51] 등 이후 그의 두드러진 활약상에서 잘 알 수 있다.

어쨌든 李賢이 실질적인 내각수장의 역할을 본격적으로 담당하게 된
것은 천순 2년(1458)이후의 일이었다. 그의 활약상은 천순 2년 7월 영종이
그를 문화전에 불러 태감 趙吉祥의 전횡에 대해 문의하고 상의한 것을[52]
시작으로, 그해 8월에는 그를 비롯해 太常寺 少卿 겸 한림원 학사 彭時,
한림원 학사 呂原 등에게 『輿地』의 편찬을 당부한 데에서[53] 잘 엿볼 수
있다. 뿐만 아니라 특히 천순 2년~4년에 영종이 인사 문제조차도 대부분
李賢의 의견을 그대로 수용한 것에서도,[54] 그의 권한이 막강하였음을
알 수 있다. 이렇듯 李賢은 인사권뿐만 아니라, 사소한 정사 문제까지도

---

49) 『英宗實錄』 卷279, 天順 元年 6月 己亥條, pp.5972~5973.
50) 『英宗實錄』 卷279, 天順 元年 6月 己亥條, pp.5973~5974.
51) 『英宗實錄』 卷284, 天順 元年 11月 丁卯條, pp.6086~6087.
52) 『英宗實錄』 卷293, 天順 2年 秋7月 戊申條, p.6264.
53) 『英宗實錄』 卷294, 天順 2年 8月 己卯條, p.6281.
54) 그 사례는 ① 天順 2年 9月 致仕한 형부시랑 軒輗를 도찰원 좌도어사에 임명한
것, ② 天順 2年 11月 四川布政司 左布政使 耿九疇를 南京 형부상서로 임명한
것, ③ 天順 2年 12月에는 심지어는 국자감 祭酒의 임명에 대해 상의한 사실,
④ 天順 3年 5月에는 參議와 都轉運鹽司使, 府 同知와 府 通判 등 지방관원을
임명한 사실, ⑤ 天順 4年 8月 결원이 된 工部·兵部侍郎에 당시 副都御史 白圭와
南京 戶部 左侍郎 馬諒을 임시로 임명한 사실 등을 들 수 있다. 이에 대해서는,
『英宗實錄』 卷295, 天順 2年 9月 辛丑條, p.6292 ; 卷297, 天順 2年 11月 丁未條,
p.6325 ; 卷298, 天順 2年 12月 癸未條, p.6344 ; 卷303, 天順 3年 5月 壬午朔, p.6409 ;
卷318, 天順 4年 8月 癸酉條, pp.6638~6639 ; 卷319, 天順 4年 9月 壬午條, pp.6646~
6647 참조.

황제가 직접 논의하는 대상이었다. 예컨대, 천순 2년 10월에 영종은 李賢에게 환관의 폐단에 대해 상의하는가 하면,55) 그 해 12월에도 그를 불러 山川壇의 제사와 관련하여 勳臣을 황제 대신에 참석하게 할 수 있는지의 여부를 묻기도 하였다.56) 또한 천순 3년 5월에는 그를 불러 자신의 復位와 관련하여, 石亨 등 당시 문무백관이 表를 올린 이유에 대해, 그들이 富貴를 탐했기 때문이라는 李賢의 말을 그대로 받아들이는가 하면,57) 그해 12월에도 영종의 복위를 "奪門之變"이라고 칭하는 것은 타당하지 않다는 이현의 주장대로 그 이후부터는 "奪門"이라고 칭하지 못하도록 명하기도 하였다.58)

이처럼 천순 2~4년의 시기에 있어서 영종은 정사의 대부분을 내각 학사 李賢에게 일임하였다. 이는 영종이 각지에서 올라오는 奏文을 열람하는 것조차 귀찮아 한 사실에서도 엿볼 수 있는데, 천순 2년 10월 영종이 그를 불러,

짐이 매번 章奏를 받을 때마다 친히 열람하지 않는 것이 없다. 결정하기 쉬운 것은 즉시 결정하지만, 결정하기 힘든 것은 경들과 상의하여 반드시 타당하다고 결정한 후에 비로소 최종 결재를 내보냈다. [이에 李賢이 아뢰기

---

55) 錦衣衛 官校로 차출된 자들이 재물을 탐하여 민을 괴롭히고 있는 사실에 대해, 李賢은 "당시 천하 백성이 평안하지만, 오직 한 가지 해가 있으니, 그것은 바로 錦衣衛 官校"라고 영종에게 말하자, 황제는 그의 말이 사실인지 비밀리에 指揮 逮果를 파견하여 살피게 하였다. 그 결과 과연 그들 중에는 한 사람이 3~4천량을 지니고 있는 사람도 있음을 확인하고, 황제는 "이후부터 파견된 금의위 官校들이 이와 같이 재물을 탐할 때에는 모두 중죄로 다스려 용서하지 않겠다."고 경고하였다. 『英宗實錄』 卷296, 天順 2年 冬10月 己卯朔條, p.6299.

56) 영종의 질문에 대해, 李賢은 "有故 시에는 대신할 수 있지만, 祖訓에 따르면 불가하다."고 답하자, 황제는 그의 말대로 工部에 명하여 天地壇에 齋宮을 짓게 하고 저녁 무렵에 재궁에 친히 나가 제를 올렸다. 『英宗實錄』 卷298, 天順 2年 12月 戊寅條, p.6342.

57) 『英宗實錄』 卷303, 天順 3年 5月 己酉條, pp.6420~6421 참조.

58) 『英宗實錄』 卷310, 天順 3年 12月 辛亥條, p.6507.

를, "臣들이 보는 것이 반드시 옳다고는 할 수 없습니다. 바라건대, 폐하께서 각별히 심사하여 至當한 것을 구하도록 힘쓴 후에 시행하도록 해야 합니다. 그러면 정치는 不善하지 않은 것이 없게 됩니다."고 하였다. 황제가 "옳은 말이다."라고 하면서 말하기를, "좌우에서 萬機가 지극히 번다하여 일일이 章奏를 친람하면 피곤함을 면키 어렵고 또한 養生의 길이 아니라고 한다. [이에] 짐이 타일러 이르기를, '나는 천하의 무거운 짐을 맡았으니, 어찌 자신의 안일을 도모하겠는가? 내 한 몸이 수고로우면 수많은 백성을 평안하게 하니, 내가 원하는 바이다."고 하자, 좌우에서는 감히 다시는 [이에 대해] 언급하지 않았다.[59]

라고 피력한 데에서도 잘 알 수 있다. 어쨌든 당시 황제는 주요 정사는 물론이고 사소한 문제까지도 일일이 李賢을 불러 상의하는 등 각별히 우대하고 총애하였고, 천순 3년 11월에는 京師 가까이에 저택을 마련하여 그에게 하사하는 등 특별히 배려하기도 하였다.[60]

이처럼 천순 2년 이래 실질적인 내각수보 역할을 담당했던 李賢에게 정사를 의존하고 있던 영종이 특히 천순 4년(1460) 7월부터는 당뇨로 추정되는 足疾로 인해 조정회의에 참석하지 못하게 됨으로써,[61] 당시 내각 수장 李賢에 대한 황제의 의존도는 더욱 더 심해질 수밖에 없었다. 더구나 영종의 족질은 발병한 초기에도 상당히 심각했다. 따라서 대신들이 간청한 수차례의 면대 요청조차 응하지 못한 채,[62] 황태자가 직접 七廟와 太皇太后, 皇考 宣宗皇帝廟에 나가 황제의 건강 회복을 간절하게 축원해야 할 정도로[63] 병세는 심각하였다. 마침내 영종은 천순 5년(1461) 4월 李賢을

59) 『英宗實錄』 卷296, 天順 2年 冬10月 戊辰條, pp.6305~6306.

60) 『英宗實錄』 卷309, 天順 3年 11月 乙巳條, pp.6502~6503.

61) 『英宗實錄』 卷317, 正統 4年 秋7月 丁亥條, p.6613.

62) 황제와의 면대를 요청한 大臣은 吏部尚書 겸 한림원 학사 李賢과 尚書 王翱·馬昂, 駙馬都尉 薛桓 등이다. 『英宗實錄』 卷317, 天順 4年 秋7月 壬辰條, p.6617 ; 『英宗實錄』 卷317, 天順 4年 秋7月 癸巳條, p.6617.

불러, 황제가 직접 번다한 政事를 관장하는 것이 매우 불편하고 힘든 일임을 직접 토로하기도 하였다.[64] 이러한 상황에서 당시 朝廷 會議가 원활하게 이루어질 수 없었음은 물론이고, 경사 강론을 통한 政事 협의는 더더욱 어려웠다. 이는 천순 5년(1461) 5월 給事中 楊壁을 비롯한 90여 명의 관료들이 病을 빙자하여 朝參하지 않은 사건마저 발생할 정도로 조정의 기강이 해이해진 데에서 잘 엿볼 수 있다.[65] 뿐만 아니라, 같은 해 6월에는 早朝에서 安鄕伯 張寧이 都督僉事 趙輔와 정해진 자리를 벗어나는 일이 벌어져 十三道 御史에 의해 탄핵되는 일이 발생하기도 하였다.[66] 이렇듯 조정의 기강이 극도로 해이해진 상황에서 의례를 무시한 관원들에 대한 조치는 都察院에 이첩하여 杖刑으로 贖還하는 것에 불과했다. 이러한 贖還이라는 조치는 관료의 기강 해이는 말할 것도 없고, 황제의 통치력 이완이나 부재를 반영하는 현상으로서, 당시 황권의 실상을 잘 반영하고 있다고 하겠다.

이렇게 정국운영이 원활하지 못한 상황에서, 영종의 병세는 천순 6년 (1462) 이후 더욱 악화됨에 따라, 황제는 또 다시 황태자 見儒를 7묘와 태황태후, 황고 선덕황제묘에 보내,

근자에 와서 이번 달 11일 脚疾이 다시 도져 고통스럽기가 참기 어려울 정도이고, 엎드려 지낸 지 열흘이 지나도 일어서기가 어렵습니다. 단지

---

63) 『英宗實錄』卷317, 天順 4年 秋7月 乙未條, pp.6618~6619.

64) 당시 영종은 매일 새벽을 알리는 북소리에 맞추어 일찍 일어나 각종 奏牘을 처리하고 난 다음, 이어서 朝廟하고 早朝에 참석하는가 하면, 심지어는 식사시간 조차도 미처 처리하지 못한 政事를 챙기는 등 황제의 바쁜 일정과 이로 인한 어려움을 토로하였다. 『英宗實錄』卷327, 天順 5年 夏4月 乙未條, pp.6748~6749 참조.

65) 이 사건이 발생하자 영종은 錦衣衛 관원을 이들의 집에 보내 그 실상을 파악하였는 데, 실제로 병이 나지 않은 사람들도 있어서 이들에 대해서는 錦衣衛에 下獄하는 조치를 취했다. 『英宗實錄』卷328, 天順 5年 5月 丁卯條, p.6760.

66) 『英宗實錄』卷329, 天順 5年 6月 戊寅條, p.6966.

祖宗이 낱기신 덩부와 여러 神과 하늘에 대한 제사를 집전하는 것은 萬機와 관련되는 것이니, 책임이 결코 가볍지 않은 것입니다. 그런데 오랫동안 視朝를 하지 못하니 참으로 걱정이 됩니다. 엎드려 바라건대, 하늘에 계시는 列聖祖의 英靈은 이 자손을 굽어보시고 하루 속히 康寧하도록 도와주십시오.[67]

라고 기원하기도 하였지만, 병세는 전혀 호전되지 않았다. 마침내 천순 8년(1464) 춘정월 영종은 예고도 없이 조정 회의에 불참하는 한편, "짐이 몸이 편치 않아서 조리를 하고자 하니, 잠시 朝參을 면하고자 한다."는 칙서를 문무백관에게 발표하였다.[68] 그로부터 약 일주일이 지난 뒤 영종은 황태자에게 정사를 맡도록 하는 조치와 함께, 문무백관에게는 常禮대로 朝參하도록 명함으로써,[69] 실질적인 讓位를 준비하기에 이르렀다. 이 조치가 있은 지 10일 뒤에 영종은 동궁에게 황위를 물려준다는 유언을 남기고 붕어함으로써,[70] 마침내 천순 연간은 막을 내리게 되었다.

Ⅳ. 결론

영종 시기의 경연제도는 先代의 老臣 楊士奇의 건의에 따라, 정통 원년 2월 예부에서 「경연의주」를 마련함으로써 공식적으로 제도화되었다. 당시 영종은 9세의 어린 나이로 皇位에 등극함에 따라, 정사는 실제로 그의 조모인 태황태후 장씨와 先代의 老臣이자 閣臣인 '三楊'에 의해 이루어지고 있었다. 이러한 특수한 상황에서 정통 원년에 이루어진 經筵의 제도화는

---

67) 『英宗實錄』 卷337, 天順 6年 2月 乙酉條, pp.6882~6883.
68) 『英宗實錄』 卷361, 天順 8年 春正月 乙卯條, p.7167.
69) 『英宗實錄』 卷361, 天順 8年 春正月 己未條, p.7168.
70) 『英宗實錄』 卷361, 天順 8年 春正月 己巳條, p.7172 참조.

창업기와 父皇 선덕 연간 시기의 경사 강론을 기반으로 하면서도, 특히 어린 황제에 대한 聖學 敎育이라는 황실 교육에 그 초점이 맞추어져 있었다고 하겠다. 따라서 정통 연간 초기의 경연은 홍무·영락 연간의 경사 강론에서 보는 바와 같이, 황제가 경사 강론을 통해 주도적으로 정사를 이끌어가는 것을 기대하기는 어려웠고, 오히려 '三楊'이나 태황태후에 의해 좌우되었다. 따라서 부황 선덕 연간의 경사 강론에서처럼 황제와 閣臣들의 협의 체제로서 '輔政 體制'의 기능 또한 발휘될 수 없었다고 하겠다.

이러한 정통 연간 초기의 경연제도는 정통 5~7년 당시 정국을 주도하던 '三楊'과 태황태후의 서거 등 공백으로 인해, 그 이후부터 주요 정사는 대부분 황제의 측근세력인 태감 王振을 중심으로 하는 환관 세력에 의해 농단되었다. 따라서 정통 연간 중반 이후의 경연은 명분뿐인 제도로만 유지될 뿐이고, 경사 강론에서 이루어진 閣臣들의 '參預機務'를 통한 皇權 견제나 정사협의체의 기능은 제대로 발휘될 수 없었다. 이러한 사실은 전대와는 달리 경연 교재나 경연개최 시기 등 경연 개최와 관련된 구체적인 기록이 생략된 채, 경연의 侍班官이나 경연 담당관의 임명 등 단순히 제도적인 측면만을 언급하고 있는 것에서도 잘 알 수 있다. 더구나 이 시기는 북방에서 오이라트세력의 잦은 침입으로 인한 국방의 불안정과 더불어 각지에서 발생한 민란 등 사회·경제적으로도 극심하게 동요되고 있었다. 이렇듯 정국이 불안정한 상황에서 경연은 유교주의 이념을 표방하는 형식에 불과하였고, 설사 경연이 개최되더라도 매우 간헐적이고 형식적인 형태로 열렸던 것으로 보인다. 따라서 경연을 통한 군신 간의 협의나 황권을 견제하는 閣臣의 역할은 거의 실현되지 못한 채, 정사는 환관 세력에 의해 좌우되었고, 이러한 상황에서 당시 태감 王振의 전횡과 정치 농단이 극에 달했던 것이라 할 수 있다.

한편 '土木堡의 變'을 거쳐 皇位에 복귀한 영종은 천순 2년 춘정월에 동궁의 경사 강학에 대한 의례를 정비하여 「경연의주」를 제정하도록 하였다. 이로써 천순 연간의 경사 강론은 東宮을 대상으로 聖學 교육에 초점이 맞추어졌음을 알 수 있다. 더구나 천순 연간에는 황제를 대상으로 하는 경연에 대해서는, 정통 연간의 기록에서 보는 바와 같이 경연관 임명 등의 내용조차 언급되어 있지 않고 있다. 뿐만 아니라, 천순 4년 7월 이래 족질을 앓고 있었던 영종은 내각 수장이었던 李賢에게 政事를 일임하였다. 이러한 사실로 미루어 볼 때, 천순 연간의 經史 講論은 주로 동궁을 대상으로 하는 후계자 양성이 특별히 강조되었음을 알 수 있다. 이에 따라 동궁에 대한 經史 講讀은 기후가 불순한 날을 제외하고는 대부분 제도대로 시행되었던 것으로 보인다.

이상의 내용을 종합해 볼 때, 정통 연간 황제를 대상으로 하는 경연제도의 정비와 천순 연간 동궁을 대상으로 하는 경사 강독의 제도화는 어디까지나 유교주의 정치를 표방하는 이념적 형식에 불과하였다고 하겠다. 따라서 이 시기의 經史 講論은 황제를 대상으로 하는 경연이나 동궁을 대상으로 하는 황실 교육 기능에만 국한되었을 뿐이고, 閣臣의 '참예기무'에 의한 政事 협의 등 경사 강론의 실질적인 기능과 역할은 제대로 발휘되지 못했다고 하겠다. 그럼에도 불구하고 영종 시기에 이루어진 경사 강론의 제도화는 그 이후 황실 교육은 물론이고, 君臣의 政事 협의와 정국을 운영함에 있어서 중요한 모델로 정형화했다는 데 그 의미가 있다고 하겠다. 따라서 이후 황실의 經史 강론은 황실 교육과 君臣 간의 政事 협의 등 그 기능과 역할을 어디에다 초점을 두느냐에 따라, 각 시기 경사 강론의 특징과 이에 따른 정국운영도 달라질 수밖에 없었다고 하겠다.

成化 年間(1465~1487)의 經筵과 정국운영
─내각제의 쇠퇴와 科道官體系의 성립과 관련하여─

Ⅰ. 서론

황실의 聖學 교육과 政事 자문의 주요 장이었던 明代 經筵제도는 朱元璋이
유교주의 통치이념을 표방하면서 창업을 준비하는 과정에서 至正 18年
(1358) 12월 처음으로 經史 講論을 시작한[1] 이래, 마침내 正統 2年(1437)에
제도화되었다. 그러나 경연이 제도로 정착되기까지는 각 시대마다 황제의
정국운영과 중앙권력 조직의 변화에 따라 경연의 기능과 역할, 시행 빈도와
내용 등에 많은 차이를 보이고 있다. 즉 경연제도의 기틀이 마련되기
시작한 洪武(1368~1398)·永樂 年間(1403~1424)의 經史 강론은 황제가 주도
하였을[2] 뿐 아니라, 경연의 기능도 황실(황제를 비롯한 皇太子와 皇孫)의
성학 교육은 물론 황제의 政事 자문에 중점이 두어졌다. 이에 비해 洪熙
(1425)·宣德 年間(1426~1435)의 經筵은 내각제의 정립과 더불어 특히 '三孤
官'을 중심으로 하는 閣臣들이 주도하는 형태로 운영되었고, 이로써 이들을

---

1) 拙稿, 「明初 經筵제도의 배경과 그 특징─朱元璋의 經史 강론과 군주권 강화를
   중심으로─」, 『明淸史硏究』 25집, 2006.4, p.10.
2) 拙稿, 위의 논문, 2006.4, pp.1~27 ; 拙稿, 「永樂帝(1403~1424)의 經筵 운영과 그
   특징─북경 천도 추진과 관련하여─」, 『中國史硏究』 49집, 2007.8, pp.151~178
   참조.

중심으로 정립된 '輔政 體制'에 따라 君臣 간의 政事協議가 원활하게 이루어지고 있었다. 따라서 선덕 연간에는 閣臣들의 '參預機務'가 확대됨으로써, 皇權을 견제하는 경연 기능이 그 어느 때보다 두드러졌다는 점이 특징이라 하겠다.3) 그러나 이러한 경연제도의 제 기능은 정통(1436~1449)·천순(1457~1464) 연간에 이르러서는 나이 어린 황제의 즉위와 이로 인한 황제의 정국 주도권 상실, 환관 세력의 발호, 내각제의 쇠퇴와 내각수보에 의한 기형적 정국운영 등으로 인해, 경연 설치의 당초 목적은 제대로 발휘되지 못하게 되었다.4) 이러한 상황에서 명대 경연은 정통 2년(1437) 「경연의주」를 처음으로 제정함으로써 제도화되기 시작했음에도 불구하고, 이 시기 경연의 제도화는 어디까지나 유교정치를 표방하는 상징적 형식에 불과했을 뿐이었다. 따라서 경연의 기능 또한 황실의 성학 교육에만 한정되었을 뿐이고, 정사 협의와 황권 견제 기능은5) 제대로 발휘되지 못했다.

한편 성화 연간(1465~1487)의 경연제도는 先帝의 전례에 따라, 憲宗이 즉위한 해인 천순 8년(1464) 6월 「경연의주」를 반포함으로써 定制化되었다. 그러나 이처럼 「경연의주」를 반포했음에도 불구하고, 이미 先帝인 영종

---

3) 拙稿, 「宣德年間(1426~1435)의 經史 講論과 그 특징―宣德 初 현안문제와 宣德帝의 정국운영과 관련하여―」, 『中國史研究』 57집, 2008.12, pp.247~273 참조. 皇權을 견제하는 경연 기능은 특히 전제 군주 체제가 발달된 明淸시기의 중국과는 달리, 사림의 공론 정치를 반영하는 조선왕조의 경연제도에서 그 특징이 잘 반영되고 있다. 이에 대해서는 이태진, 「朝鮮王朝의 儒敎政治와 王權」, 『東亞史上의 王權』, 한울아카데미, 1993, pp.102~117. 이 밖에도 南智大, 「朝鮮初期의 經筵制度」, 『韓國史論』 6, 1980, pp.140~161 ; 權延雄, 「世宗代의 經筵과 儒學」, 『世宗朝文化研究』 1, 한국정신문화연구원, 1982 ; 權延雄, 「朝鮮 英祖代의 經筵」, 『東亞研究』 17, 1989, pp.367~389 등 참조.

4) 拙稿, 「正統·天順年間의 經史 講論과 정국운영―經筵의 제도화와 내각제 운영과 관련하여―」, 『中國史研究』 61집, 2009.8, pp.83~112 참조.

5) 위의 논문, 2009.9, p.112. 이 밖에도 경연을 제도화한 것은 그 목적이 명초 이래 皇權이 지나치게 팽창하는 추세에서 이를 견제하려는 중앙권력기구의 조정을 반영한 것이라는 견해도 있다. 楊業進, 「明代經筵制度與內閣」, 『故宮博物院院刊』, 1990.2, p.80.

시기부터 쇠퇴하기 시작한 경연 기능은 개선되기보다 오히려 그 시행조차
도 제대로 이루어지지 않은 채 유명무실화되기에 이르렀다. 이는 당시
동요되는 사회·정치적 제반 상황과 중앙정치 체제의 변화, 그리고 정국운
영 방식과도 밀접하게 관련되어 있었다. 더욱이 헌종은 등극 이래 조정에
참석하지 않는 등 시종 政事를 등한시함으로써 군신간의 面對가 이루어지지
않은 상황에서, 이 시기 경연제도의 중요성과 필요성은 그만큼 반감될
수밖에 없음은 물론이다.

그러나 이렇듯 성화 연간에는 경연제도의 중요성과 비중이 축소되고
있는 한계에도 불구하고, 경연 시행과 경연제도의 유지 여부는 당시 내각과
환관 등 皇權을 유지하는 중앙권력 조직, 科道官체계 성립 등 정치 체제의
변화와 더불어 유교적 통치이념의 成敗와도 밀접하게 연관되어 있었다.
따라서 이 시기 경연제도에 대한 고찰은 당시 정국운영과 통치 체제의
실상을 이해하는데 하나의 시금석이 될 것으로 생각된다. 더구나 지금까지
이루어진 명대 경연제도에 대한 연구는 대부분 황실 교육에 대한 제도사적
고찰에 그 초점을 맞추고 있을 뿐 아니라, 明代 경연제도 전체를 통괄하는
통시적 관점에서 명대 황실 교육 체계의 한계점을 분석하는데 중점을
두고 있다고 하겠다.6) 따라서 명대 각 朝代別 경연제도의 구체상과 이와
관련된 각 시대별 정국운영과 정치 체제의 특징 및 그 변화 추이를 구체적으
로 추적하는 데는 여전히 미진한 점이 많다고 하겠다. 따라서 본고에서는
필자가 지금까지 진행해 온 明代의 각 시대별 경연제도에 대한 규명 연구7)

---

6) 楊希哲,「論明代皇權與皇位繼承」,『吉林大學社會科學學報』1992-4, 1992, pp.83~90
   ; 趙玉田,「明代的國家建制與皇儲敎育」,『東北師範大學報(哲學社會科學版)』2001-4,
   2001, pp.36~42 ; 張俊普,「明初皇儲敎育的體系建構」,『華中師範大學 歷史文化學院』,
   pp.1~11 ; 張英聘,「略述明代的經筵日講官」,『邢台師專學報(綜合版)』1995-4, 1995,
   pp.14~16 ; 楊業進,「明代經筵制度與內閣」,『故宮博物院院刊』1990年 2期, 1990 등
   참조.
7) 필자는 명대 경연제도에 대한 규명을 위해, 지금까지 洪武 年間~天順·正統 年間의
   경연제도에 대해 拙稿를 발표한 바 있다. 이에 대해서는 앞의 주1)~주4) 참조.

의 후속 작업으로, 성화 연간의 경연제도와 정국운영의 특징에 대해 살펴보고자 한다. 이를 위해 명실록을 비롯한 관련 사료의 기록을 통해 그 구체상을 살펴보고, 이를 당시 정국운영과 중앙정치 조직의 변화 등과 관련하여 살펴보고자 한다.

II. 成化 年間의 經筵과 그 특징

先皇인 영종의 뒤를 이은 헌종은 皇位에 즉위한 지 얼마 지나지 않은 천순 8년(1464) 6월 禮部尙書 姚夔 등에게 「경연의주」를 마련하게 하였다. 이로써 成化 年間(1465~1487)의 經筵이[8] 처음으로 제도화되었다. 당시 「경연의주」의 제정은 헌종 즉위 이래 조정 대신들의 잇따른 奏請으로 이루어졌다. 이에 따라 천순 8년 2월에는 戶科給事中 董軒이 경연을 통해 翰林儒臣들과 祖宗의 정치와 先哲들의 修身을 논의하면서 聖德을 쌓는 것이 필요하다고 강조하였고,[9] 3월에는 13道監察御史 呂洪 등이 "황제께서는 退朝 후 여가 시간에 경연에 납시어 날마다 儒臣들과 至道를 강구할 것"[10]을 건의하였다. 연이어 4월에도 南京監察御史 鄭安使 등이 "經筵을 열어 聖學을 넓게 쌓고 조정 대신들의 간언을 널리 수용하여 下情을 널리 소통하게

---

8) 經筵은 일반적으로 봄과 가을 매달 시행되는 月講과 早朝 후에 시행되는 日講으로 나누어진다. 이때 月講은 [大]經筵, 일강은 小經筵으로 칭하기도 한다. 여기서는 양자를 구별해야 할 경우에는 월강과 일강으로 구별하는 것을 원칙으로 하고, 그 나머지는 경연으로 통칭하기로 한다. 경연의 개념과 그 의례에 대해서는 拙稿, 「正統·天順年間의 經史 講論과 정국운영-經筵의 제도화와 내각제 운영과 관련하여-」, 『中國史研究』 61집, 2009.8, 주1) 주8) 참조.
9) 『憲宗實錄』 卷2, 天順 8年 2月 丙申, p.42.
10) 『憲宗實錄』 卷3, 天順 8年 3月 戊午, p.73. 이러한 감찰어사 呂洪의 진언에 대해, 예부에서도 그의 말에 동조하여, "대신들과 접견하고 이들과 협의하여 萬機를 결정할 것"을 주청하였다. 『憲宗實錄』 卷3, 天順 8年 3月 辛未, pp.82~83 참조.

할 것"11)을 上言하기도 하였다. 이렇게 科道官을 중심으로 하는 조정 대신들은 헌종의 즉위를 계기로 유교 이념에 입각하여 新政의 틀을 마련하고자 하였고, 그 방안으로 경연의 시행을 제안하였던 것이다. 더구나 父皇이 겪었던 '土木堡의 변'을 통해 국가 기강은 물론이고, 사회 경제적 기반이 극심하게 동요되고 있던 당시의 상황에서, 새롭게 등극한 헌종으로서는 국가의 기틀을 정비하기 위해 무엇보다 통치이념을 마련하는 것이 필요한 시점이었다. 이는 당시 刑科給事中 金紳이 上言한 내용에서,

[大臣]과의 접견을 통해 治道를 논하며 忠言을 가납하여 이를 실천하고, 또한 賢才를 뽑아 일을 맡기며 重臣을 택하여 邊患에 대비하고 黜陟을 분명하게 함으로써 新政을 행하시기 바랍니다.12)

라 하여, 신정을 제안한 데에서 잘 알 수 있다. 이처럼 헌종의 등극을 계기로 과도관들은 先帝의 전례에 따라 경연을 개최하고 여기서 君臣 간의 정사 협의와 언로 개방을 실현함으로써, 동요하던 당시의 정국을 재정비하는 新政의 계기로 삼을 것을 강조하였던 것이다.

헌종 즉위년 6월에 마련된 「경연의주」에서는 주로 경연 개최 일자, 경연 담당관 및 배석자 명단, 日講 관련 규정 등을 골자로 하고 있다. 그 주요 내용은 ① 경연(月講)은 8月 初2일에 개최하기로 하되, 경연 개최일은 매월 초2일과 12일·22일 세 차례로 한다. ② 경연 담당관으로는 知經筵事에 太保 會昌侯 孫繼宗과 少保 吏部尙書 겸 華蓋殿大學士 李賢을, 그리고 同知經筵事에는 吏部左侍郎 겸 翰林院 學士 陳文과 吏部右侍郎 겸 翰林院 學士 彭時 등을 임명하고, 경연관으로는 太常寺少卿 겸 한림원 학사 劉定之, 詹事府少詹事 겸 國子監祭酒 司馬恂, 大理寺少卿 孔公恂, 한림원 학사 柯潛과

---

11) 『憲宗實錄』卷4, 天順 8年 夏4月 庚戌, p.113.

12) 『憲宗實錄』卷3, 天順8年 3月 丁巳, p.72.

萬安, 侍講學士 李泰, 大常寺少卿 겸 翰林院侍讀 孫賢·劉珝·牛綸, 左春坊左庶子 겸 翰林院侍講 王璵·徐溥를 임명한다.13) 이들 중에서 특히 李賢·陳文·彭時· 萬安·李泰·孫賢·劉珝·牛綸 등에게는 날마다 講讀을 담당하게 하고, 한림원 의 儒臣들에게는 侍講을 분담하게 한다. 한편 太子太保 吏部尙書 王翺·太子少 保 兵部尙書 馬昂·戶部尙書 張睿·禮部尙書 姚夔·刑部尙書 陸瑜·工部尙書 白圭· 都察院 右都御使 李賓·通政司通政使 張文質·大理寺卿 王槩 등에게는 경연에 侍班토록 한다. ③ 日講의 경우는 대학사 李賢과 학사 陳文·彭時 등 세 사람이 학사 萬安·李泰와 侍讀 孫賢·劉珝·牛綸 등을 거느리고 매일 進講에 배석하도록 한다는 것14) 등이다.

이렇게 경연 개최 일자와 경연 담당관 등「경연의주」가 상세하게 마련되 고 얼마 되지 않은 그해 7월에는 禮科都給事中 張寧 등이 경연의 교재로 眞德秀의『大學衍義』를 진강하도록 할 것을 건의하면서, 이 책의 장점을 다음과 같이 강조하였다.

先賢인 眞德秀의『大學衍義』는 경전과 史書에 근거하여 古今의 일에 널리 통달하고 있을 뿐 아니라, 또한 하늘의 뜻을 말할 때는 반드시 증거를 제시하고 사람의 일을 언급함에 있어서는 이치에 잘 맞습니다. 옛 군주들의 치세의 이치와 법도가 모두 이 책에 담겨져 있으니, 이 책을 열어보면 유익합니다. 바라옵건대 館閣 儒臣들에게 五經 史書 이외에도 날마다 이 책을 진강하게 하시고 편전에 이 책을 별도로 구비하여 열람하시며, 만약 의문이 있으면 자문하시고 [여기서] 취할 바가 있으면 반드시 실천하시기 바랍니다.15)

---

13) 이들은 모두 헌종의 동궁 시절 經史 강독과 侍班을 담당했던 사람들로서, 天順 8年 2月에 陞職된 바 있다. 이에 대해서는『憲宗實錄』卷2, 天順 8年 2月 庚子, pp.52~53 참조.

14) 이 밖에도 講書와 展書 관련 담당관에 대해서도 언급하고 있다.『憲宗實錄』卷6, 天順 8年 6月 丁酉, pp.154~157.

15)『憲宗實錄』卷8, 天順 8年 秋7月 庚辰, pp.173~174.

이와 같이 경연에서『대학연의』를 진강하자는 張寧의 건의에 대해 헌종은 매우 좋다고 언급하면서 수용하였다. 그런데 여기서 "날마다 진강하게 하시라"고 언급한 것으로 볼 때, 이때 경연은 월강이 아니라 일강을 의미함을 알 수 있다. 따라서 일강은 적어도 즉위년 7월부터 시행되었음은 물론이고, 이때부터 일강의 교재로『대학연의』가 첨가되기 시작했다고 하겠다.

한편 경연(특히 월강)은 「경연의주」가 마련된 지 약 두 달 뒤인 8월에야 비로소 文華殿에서 처음으로 열리게 되었다. 이 자리에서 지경연사 孫繼宗과 6부상서·通政使·大理寺卿·國子監祭酒 등이 참석한 가운데 吏部尙書 겸 華蓋殿大學士 李賢은『大學』의 한 章을 진강하였고, 吏部左侍郞 겸 한림원 학사 陳文은『尙書』「堯典」首章을 진강하였다. 경연이 끝나자 헌종은 경연을 담당한 경연관을 비롯하여 이 자리에 배석한 侍班 大臣들과 執事官들에게 賞賜와 함께 연회를 베풀고, 매월 2·12·22일에 경연을 개최하도록 명하였다.[16] 그리고 그 다음날에는 早朝가 파한 뒤에 文華後殿에서 日講을 개최하였는데, 여기서 대학사 李賢은 학사 萬安 등을 인솔하여 經書를 講讀하였다. 이때 萬安은 시강학사 李泰와 少卿 겸 侍讀 孫賢·劉珝·牛綸 등과 함께 날마다 교대로 進講을 담당하게 하고 李賢과 학사 陳文·彭時 등에게는 날마다 일강에 侍班하도록 하였다.[17] 그로부터 약 일주일 뒤에는 兵部尙書 王竑과 都察院 左都御使 李秉에게도 經筵에 侍班하도록[18] 하였다.

이상의 내용을 통해 볼 때, 헌종이 즉위한 천순 8년 6월에는 「경연의주」를 제정하였고, 이를 계기로 7월부터는 日講을 시행하였을 뿐 아니라 8월에는 월강을 시행하였다. 이는 새롭게 즉위한 헌종이 유교적 통치이념을 통해 자신의 정통성과 통치의 구심점을 확보하려는 의도로서, 경연은 이른바 '新政'의 표상이었다고 할 수 있다. 이처럼 헌종이 자신의 통치기반 확립과

---

16) 『憲宗實錄』卷8, 天順 8年 8月 癸未, p.177.

17) 『憲宗實錄』卷8, 天順 8年 8月 甲申, pp.178~179.

18) 『憲宗實錄』卷8, 天順 8年 8月 辛丑, p.186.

함께 앞으로 추진할 新政의 주요 방안으로 유교적 통치이념을 제시한 것은 그 이듬해에 국자감 「視學儀注」를 제정하는 한편 국자감에 친히 侍學한 사실에서도 엿볼 수 있다. 헌종은 성화 원년(1465) 춘정월에 太學에 친히 순행하여 釋奠에 참관하는 등 視學할 의사를 밝히면서 禮部에게 그 일자를 택하도록 명하였다.[19] 이에 따라 예부에서는 그해 2월 「시학의주」를 마련하여 진상하였고,[20] 3월에 헌종은 마침내 國子監에 친히 視學하였던 것이다.[21]

그러나 즉위년에 처음으로 시행한 성화 연간의 月講과 日講은 성화 5년(1469) 8월 경연이 다시 재개될 때까지 약 5년 동안 관련 기록이 전무한 사실로 미루어 볼 때, 거의 중단되었던 것으로 보인다. 여기에는 헌종이 政事에 무관심했다는 황제 개인적 성향은 말할 것도 없고, 당시 어지러운 정국과 자연재해도 한 원인으로 작용했을 것으로 추정된다. 즉 즉위년인 천순 8년 9월에 일어난 황태후 책봉을 둘러싼 논쟁,[22] 성화 2년(1466)에 전국적으로 일어난 水·旱災와 잦은 天變,[23] 그리고 성화 3년(1467) 4월 北虜의 변방 침탈[24]과 南京의 午門이 雷雨로 파괴된 사건 등으로 인해 조정과 사회가 안정되지 못한 상황이었다. 이렇듯 당시 경연을 개최하지

---

19) 『憲宗實錄』卷13, 成化 元年 春正月 乙丑, p.282.

20) 『憲宗實錄』卷14, 成化 元年 2月 丙戌, pp.313~316.

21) 『憲宗實錄』卷15, 成化 元年 3月 丁巳, pp.334~335.

22) 皇后 책봉과 관련해서는 先皇인 영종 시에 王氏를 황후로 미리 선정하였지만, 당시 태감 牛玉의 농간으로 吳氏로 잘못 선정한 사실이 발각된 사건이다. 이 사건은 즉위년 10월에 헌종이 왕씨를 황후로 책봉함으로써 일단락되었다. 이에 대해서는 『憲宗實錄』卷9, 天順 8年 9月 戊寅, pp.201~202 ;『憲宗實錄』卷10, 天順 8年 冬10月 乙未, pp.219~220 참조.

23) 給事中 丘弘이 建言한 11事 가운데, "최근에는 水·旱災가 잇따라 일어나고 天變이 누차 나타나니, 먼저 直言을 받아들여야 합니다."고 한 데에서 잘 알 수 있다. 『憲宗實錄』卷33, 成化 2年 8月 辛丑, pp.647~651.

24) 6科 給事中 毛弘이 상소한 내용 가운데, "近年에 北虜 추장이 변방을 침탈하여 군과 민을 살해함에 따라 인심이 분노하고 지방이 두려워하고 있습니다."고 한 데에서 잘 알 수 있다. 『憲宗實錄』卷41, 成化 3年 夏4月 己未, pp.845~847.

않았던 당시의 사정은, 당시 조정 대신들이 경연을 통해 황제가 聖德을 쌓을 것을 주청하는 상소가 이어진 사실에서도 잘 엿볼 수 있다. 즉 성화 3년(1467) 6월 병부좌시랑 겸 한림원 학사 商輅는 時事에 대해 언급하면서, 특히 聖政에 힘쓰고 諫諍을 수용할 것을 강조하였다.[25] 이에 대해 예부상서 姚夔도 "병부좌시랑 겸 한림원 학사 商輅가 말한 내용 가운데 聖政에 힘써야 한다는 이 말이 가장 절실하다."고[26] 적극 찬성하는 의견을 피력하였다. 이러한 조정 대신의 주청이 있자, 뒤이어 工科都給事中 黃甄 등 과도관도 남경의 午門이 雷雨로 파괴된 일을 계기로 황제와 문무대신이 修省할 것을 강조하면서,

　　원하옵건대 폐하께서는……서적과 史書를 가까이 하시고 날마다 편전에 납시어 萬機를 친히 살피시되, 軍國의 중요한 일과 인재의 進退 문제는 반드시 원로 대신들을 불러 함께 의논한 후에 결정하셔야 합니다. 그리고 3일에 한 번씩 경연에 나가 강학을 하시면 총명하심이 날로 넓어지고 군주의 덕이 날로 쌓이게 되니 聖治도 날로 융성하게 될 것입니다. 그러면 災異가 해결될 뿐 아니라 和氣가 되살아날 것입니다. 나라의 근본이 공고해지는 것은 바로 여기에 있습니다.[27]

라 하여 經筵에서 특히 聖學 교육과 정사 협의의 중요성을 간언하고 있음을 알 수 있다. 또한 그 이듬해인 성화 4년(1468) 4월에도 예부상서 姚夔는 宋儒 眞德秀의 말을 인용하여 "황제가 修德과 講學에 힘쓰면 천하가 평안해 진다."고 하면서, "매일 視朝 후에는 祖宗의 故事에 따라 문화전에 나가 講筵에 힘쓰고 政務를 처결할 것"을 주청하였다.[28] 뒤이어 成化 4年 5月에도

---

25) 『憲宗實錄』 卷43, 成化 3年 6月 戊申, pp.880~881.
26) 『憲宗實錄』 卷43, 成化 3年 6月 甲寅, p.889.
27) 『憲宗實錄』 卷44, 成化 3年 秋7月 己卯, pp.908~909.
28) 『憲宗實錄』 卷53, 成化 4年 夏4月 甲辰, pp.1073~1074.

工部 左侍郎 겸 한림원 학사 劉定之가 올린 상주문에서,

> 聖學은 법도에 따라 행해야 합니다.……臣이 원하옵건대 皇上께서는 여러 御製 서적과 史臣들이 찬술한 寶訓을『大學衍義』,『貞觀政要』와 함께 진강하게 하여야 합니다. 또한 古文을 열람하시고 또 이를 현재에 비추어야 합니다. 만약 [대학]연의와 [정관]정요의 마지막 편까지 마치는 것을 기다린 후에 이 책들[御製 諸書와 寶訓]을 어람하신다면 수년 후에야 비로소 가능하게 되니 너무 늦습니다.[29)]

라 하여, 경연을 법도에 따라 진행하고 여기서 御製 서적과 寶訓,『대학연의』, 『정관정요』등 여러 서적을 함께 진강할 것을 주청하였다. 이처럼 科道官을 비롯한 조정 대신들이 경연(월강)과 일강의 개최를 끊임없이 간청한 사실로 볼 때, 즉위년 8월 경연이 처음 개최된 이래 성화 5년(1469) 8월까지 월강은 말할 것도 없고 일강조차 제대로 열리지 않았음을 알 수 있다. 특히 이들의 주청 내용에서 주목되는 특징은 조정 대신들과의 면대를 통해 정사 협의와 언로 개방을 특별히 강조하고 있다는 사실이다. 이는 곧 즉위년 8월 이후로는 경연이 중단됨으로써 君臣 간의 언로가 壅蔽되는 등 황제가 政事에 소홀했던 당시의 사정을 지적하고 있는 것이라 하겠다. 더구나 당시에는 경연 의례조차 제대로 지키지 않았는데, 이는 성화 4년 (1468) 2월 한림원 儒士 출신이 아닌 掌太常寺事 禮部尚書 李希安을 경연에 배석하게 한 일에 대해 河南監察御使 艾福 등 과도관의 반발을 야기하자 이를 철회한 사실에서도[30)] 잘 알 수 있다. 이렇듯 반발에 직면한 헌종은

---

29) 『憲宗實錄』卷54, 成化 4年 5月 丁卯, p.1096.

30) 河南監察御使 艾福 등은 "臣들이 생각하옵건대, 君道는 聖學보다 우선되는 것이 없고, 聖學은 오직 經筵에 있다고 생각합니다. 經筵은 [강학하는] 사람을 올바로 얻으면 聖學을 올리게 되고 군주의 德도 이루어지게 됩니다. 따라서 侍從의 신하는 학문과 행실이 모두 빼어난 선비이어야 하니, 儒士 출신이 아닌 자에게는 주지 않습니다. [그런데] 李希安은 무인출신으로 太常寺의 반열에 들고 요행히

성화 5년(1469) 5월 마침내 吏部右侍郎 尹旵을 左侍郎으로 승격시키는 한편,
禮部右侍郎 葉盛을 吏部右侍郎에, 副都御史인 原傑와 陳宜을 각각 戶部左侍郎
과 兵部右侍郎으로, 그리고 한림원 학사 劉吉을 禮部右侍郎에 임명하는
동시에 이들에게 經筵에 배석케 하는 조치를 취함으로써[31] 사태를 마무리
하였다.

이처럼 즉위년 8월에 처음으로 시작한 경연은 그 이후로는 중단된
채 시행되지 않다가, 성화 5년 8월 헌종이 마침내 經筵에 다시 참석함으로써
5년 만에 재개되었다.[32] 그런데 당시 헌종이 참석한 경연은 "황제가 경연에
다시 참석하시고 午朝를 보았다."는 기록으로 미루어 볼 때, 일강이었던
것으로 추정된다. 그나마 당시 재개되기 시작한 일강 역시 여전히 의례적인
면에만 치중되어 경연의 중요한 기능인 군신간의 정사 협의는 제대로
이루어지지 않았던 것으로 보인다. 이에 대해 성화 6년 3월 한림원 編修
陳音은

養德의 핵심은 講學보다 우선하는 것이 없고, 講學의 효과는 好問하는
것보다 우선하는 것이 없습니다. 오늘날 폐하께서는 비록 날마다 經筵에
나가시지만, [군주의] 권세가 지엄한 것으로 구별되어 있어서 상하가 서로
단절되어 있습니다. [따라서] 황제가 비록 의문되는 바가 있어도 물어본
적이 없고, 아래 사람들도 진언하고 싶은 바가 있어도 이를 거의 들어주지
않았습니다. 폐하께서는 퇴조 후 틈을 내어 學行이 뛰어난 한 두 사람의
儒臣들을 택하여 편전에 들게 하여 앉히시고, 의문이 있으면 [이들에게]
하문하시어 聖心을 하늘과 같이 밝게 하는데 힘써야 합니다. 그리고 날마다

　皇上의 총애를 받아……경연에 배석하게 되었으니, 이는 심해 聖德을 숭상하고
　儒道를 중히 여기는 것이 결코 아닙니다."라고 반대하였다. 『憲宗實錄』 卷51,
　成化 4年 2月 辛亥, p.1043.
31) 『憲宗實錄』 卷67, 成化 5年 5月 辛卯, p.1342.
32) 『憲宗實錄』 卷70, 成化 5年 8月 癸酉, p.1382.

가르침을 통체 正心·正家·正百官·正萬民을 행하시면 억만년 태평한 성업이
바로 여기에서 비롯될 것입니다.[33]

라 하여, 당시 헌종이 일강에는 참석하지만 君臣 간에 政事를 허심탄회하게
논의하는 자리가 아니라 언로가 단절된 채 단지 형식적인 經史 강론만이
이루어지고 있음을 잘 보여주고 있다. 이렇듯 경연(월강)이나 일강에서
군신간의 정사 협의가 잘 이루어지지 않았던 당시의 상황에서 陳音은
군신간에 언로를 개방하고 소통할 것을 또 다시 진언하면서,

　　국가에서 養士는 오랫동안 강구해왔지만 쓸 만한 사람은 역시 많지 않습니
다. 혹시 한 두 사람 쓸 만하다고 해도 또한 등용한 적이 없습니다. 예컨대,
致仕 吏部尙書 李秉, 翰林院 修撰 羅倫, 編修 張元禎 등은 모두 經濟의 학문을
쌓았지만 어려움을 당하여 이를 펼칠 수 없었습니다. 때문에 병을 빙자하여
퇴직함으로써 관직도 없이 祿을 먹는 羞恥를 면하였습니다. 新會縣 擧人
陳獻章은 학문이 純正하고 올바르며 소양이 뛰어나고 큽니다. 臣이 원하옵건
대, 폐하께서는 [李]秉을 이부상서에 복직시키시고, 또한 [羅]倫·[張]元禎을
기용하여 侍從官으로 다시 두게 하시며, [陳]獻章을 불러 臺諫을 맡기시면
賢才를 쓸 수 있어서 통치의 효과가 날로 이루어질 것입니다. 또한 혹자는
말하기를, "조정에는 언관을 설치하였지만 많은 사람들이 함구하고 말하지
않음으로써 팽개쳐지는 치욕을 당할 뿐입니다."라고 하였습니다.[34]

라 하여, 당시 大儒인 陳獻章을 비롯한 여러 賢才를 臺諫으로 등용하여
諫言을 수용하는 등 언로를 개방할 것을 주청하였다. 그러나 당시 헌종은
陳音의 간언을 오히려 "편견된 망언"이라고 치부하면서 수용하지 않았다.
이처럼 경연에서 이루어지는 군신간의 면대와 상하 언로가 차단된 상황에

---

33) 『憲宗實錄』 卷77, 成化 6年 3月 辛巳, p.1482.
34) 『憲宗實錄』 卷77, 成化 6年 3月 庚寅, pp.1490~1491.

서 경연의 중요성을 강조하는 조정 대신들의 상소는 일강이 재개된 성화 5년 이후로도 지속적으로 이어졌다.[35]

이러한 상황에서 헌종은 성화 7년(1471) 3월 마침내 경연에 다시 참석하였지만,[36] 그 이후로는 경연(월강) 관련 기록이 더 이상 보이지 않고 있다. 이로써 미루어 볼 때, 성화 7년 3월 경연(월강)이 다시 열린 이후로는 경연은 대체로 중단되었던 것으로 판단된다. 이로써 경연이 열렸던 성화 7년 3월 이후부터 군신간의 정사 협의와 면대를 강조하는 주청이 여전히 지속되었다. 특히 성화 7년에는 星變이 일어난 것을 계기로, 그해 12월에는 太子少保 이부상서 겸 문연각대학사 彭時가 헌종에게 대신들과의 접견을 통해 政事를 논의할 것을 주청하는가 하면,[37] 이어서 左春坊 左諭德 王一夔도 時弊에 대해 진언하는 가운데,

두 번째는 대신들과 친히 하여 治道를 살피도록 하는 것입니다. 신이 살피건대 황상께서는 퇴조 후에 경연에 나가 진강하게 하는 것 외에도 대신들과 접견하고 계십니다. [그러나] 사방에서 올라온 章奏들은 내각 대신들을 불러 결정하시지 않고 오직 좌우에 있는 내신들에게 맡기고 계십니다. 무릇 좌우에 있는 내신들은 궁궐 내에만 깊숙이 거주하며 그들만이 모인 패거리를 만들고 있으니, 人才와 정사를 어찌 상세하게 알아서 합당하게 잘 처리할 수 있겠습니까? 엎드려 바라건대, 退朝하여 강론이 파한 뒤에는 편전에 납시어 내각과 문무 대신들을 불러 사방에서 올라온 章奏를 살피게 하고, 군주의 권위를 조금 낮추어 [이들과] 함께 상의하여 결정하시면 모든 정사를 처리함에 있어서 합당하지 않은 것이 없을 것입니다. 세 번째 일은 언로를 개방하여 막힌 것을 해소하는 일입니다. 신이 생각하기에, 신하들이

---

35) 成化 6年 8月 南京 監察御史 沈源이 上言한 10事 가운데 첫 번째 일로서, '勤聖學'을 들고 있다. 『憲宗實錄』卷82, 成化 6年 8月 壬子, p.1596.

36) 『憲宗實錄』卷89, 成化 7年 3月 乙酉, p.1727.

37) 『憲宗實錄』卷99, 成化 7年 12月 庚辰, pp.1892~1894 참조.

감히 말하고자 하는 내용 중에서 쓸 만한 것은 반드시 수용하시고, 설사 수용할 수 없는 내용이라 하더라도 벌하지 말아야 합니다. 산언으로 인해 降黜된 자는 모두 불러 임용하시면 사람들은 모두 직언하여 숨기는 것이 없게 되고, 이로써 상하의 정이 소통될 것입니다.[38]

라 하여, 경연에서 대신들과 함께 정사를 협의할 것을 특별히 강조하였다. 특히 王─夔는 당시 헌종이 대신들을 접견하면서도 각지에서 올라오는 章奏에 대해 閣臣들과 협의하지 않은 채 오직 환관들에게만 일임하고 있는 사실은 말할 것도 없고, 심지어는 언관들조차 처벌하고[39] 있는 당시의 폐단을 신랄하게 지적하였다. 이로써 미루어 볼 때, 성화 7년 12월에는 경연(월강)은 이미 중단된 상태에서 단지 일강만 명맥을 유지하고 있었고, 이 또한 매우 형식적으로 이루어지고 있었음을 알 수 있다. 더구나 헌종은 王─夔의 주청에 대해, "이는 모두 진부한 말로서 함부로 과장하고 있으니 마땅히 추궁하여 다스려야 하지만, 지금은 언로를 받아들이는 시기이기

---

38) 『憲宗實錄』 卷99, 成化 7年 12月 庚寅, pp.1914~1915.
39) 성화 연간에 과도관들을 벌한 대표적인 사례는, 成化 4년 3월 감찰어사 謝文祥 등이 南京 參贊軍務 兵部尙書 李賓을 탄핵한 것을 비롯하여, 그해 6월 감찰어사 謝文祥·鄭巳·張誥 등이 예부상서 姚夔를 탄핵한 일, 그리고 같은 해 9월에 御史 胡深·林誠 등이 예부상서 姚夔의 受賂 사건을 탄핵한 일로 처벌받은 데에서 잘 나타난다. 이에 대해서는 『憲宗實錄』 卷52, 成化 4年 3月 辛未, p.1054 ; 같은 책, 卷55, 成化 4年 6月 庚戌, pp.1119~1120 ; 『憲宗實錄』 卷56, 成化 4年 秋7月 庚辰, pp.1136~1137 등 참조. 이에 대해 당시 戶科給事中 李森 등은 이 처벌의 부당함을 호소하기도 하였다. 같은 책, 卷56, 成化 4年 秋7月 丙寅, pp.1141~1142 ; 『憲宗實錄』 卷56, 成化 4年 秋7月 戊寅, pp.1147~1149 참조. 결국 헌종은 언관들의 주청을 성화 4년 10월에 이들을 복직시켰다. 이에 대해서는 같은 책, 卷59, 成化 4年 冬10月 己丑, pp.1199~1200 참조. 또한 성화 5년에도 南京 吏部右侍郎 章綸의 부당한 考察權 행사와 더불어, 그 아들의 冒籍入試를 둘러싸고 언관들의 탄핵이 있었지만, 헌종은 여전히 언관들의 탄핵을 받아들이지 않았다. 이에 대해서는 『憲宗實錄』 卷62, 成化 5年 春正月 丁卯, pp.1261~1264 ; 『憲宗實錄』 卷62, 成化 5年 春正月 辛未, pp.1265~1266 ; 『憲宗實錄』 卷63, 成化 5年 2月 甲辰, pp.1288~1289 ; 『憲宗實錄』 卷64, 成化 5年 閏2月 己卯, p.1305 등 참조.

때문에 용서한다."고 하면서 여전히 수용하지 않은 태도로 일관하였다. 이렇듯 헌종이 고압적인 태도로 간언을 수용하지 않는 태도를 유지하는 가운데 성화 7년(1471) 12월 星變이 또 나타나고 남경 등 전국 각지에서 기근이 발생하자 조정 대신들과 과도관들은 다시 諫言을 수용하여 당시 혼란한 정국을 바로 잡을 것을 연이어 상소하였다.[40] 이러한 조정 대신들의 간언에 대해 헌종은 대체로 부정적인 태도를[41] 보이다가 수십 일이 지난 뒤인 성화 8년(1472) 정월에 이르러 혜성이 마침내 사라지자 축하연을 베풀어[42] 당시의 상황을 모면하는 태도를 보였다. 이처럼 당면 과제가 근본적으로 해결되지 않은 상황에서 성화 9년(1473) 8월에는 南京 給事中 汪直과 13道監察御史 吳禮 등이 이미 致仕한 侍郎 倪謙과 侍讀學士 錢溥를 南京의 관리로 변경 임명한 황제의 인사에 대해, "인심이 놀라고 크게 물의를 일으키고 있다."고 비판하자, 헌종이 부득이 인사를 철회한 사건까지 발생하였다.[43] 이처럼 군신간의 면대를 기피하면서 정사를 등한시하는

---

40) 혜성이 나타나는 천변을 당하자 헌종은 조정 대신들과 과도관들에게 時事에 대한 의견을 上言하도록 명하였다. 이에 따라 成化 7년 12월 문무 대신들과 6科 13道의 과도관, 英國公 張懋·太子少保 兼 吏部尙書 姚夔 등이 상언한 이래, 光祿寺少卿 陳鉞, 兵科給事中 郭鏜이 건언하였다. 이들은 주로 황제가 군자를 가까이하고 소인배를 멀리할 것, 상벌을 신중하게 할 것, 재정을 절약할 것. 사치풍조를 혁파할 것, 직언을 수용할 것 등을 간언하였다. 이에 대해서는『憲宗實錄』卷99, 成化 7年 12月, 辛巳 pp.1897~1903 ;『憲宗實錄』卷99, 成化 7年 12月 癸未, pp.1907~1908 참조. 또한 成化 8年 正月에도 13道 監察御史 張斅, 都給事中 白昂 등이 진언하는가 하면, 刑科給事中 趙良은 儒士들의 신망을 받고 있는 致仕 吏部尙書 李秉과 兵部尙書 王竑을 다시 등용할 것을 상언하기도 하였다. 이에 대해서는『憲宗實錄』卷100, 成化 8年 春正月 戊戌, pp.1929~1931 ;『憲宗實錄』卷100, 成化 8年 春正月 乙巳, pp.1936 ;『憲宗實錄』卷100, 成化 8年 春正月 乙巳, pp.1935~1936 참조.

41) 특히 兵科給事中 郭鏜이 당시에 직언하는 자가 처벌을 받는데 비해, 사당을 짓도록 현혹하는 사람과 총애 받는 내관 등이 발호하는 것에 대해서는 벌하지 않는 것을 비판하자, 헌종은 "망언을 번잡하게 늘어놓는다."고 비판하였다.『憲宗實錄』卷99, 成化 7年 12月 癸未, p.1908.

42)『憲宗實錄』卷100, 成化 8年 春正月 辛亥, p.1939.

43)『憲宗實錄』卷119, 成化 9年 8月, 庚申朔, pp.2283~2284.

헌종에 대해 인사문제까지 거론하는 등 과도관들의 비판은 종전의 예에서는 찾기 힘들 정도로 급증하였다.[44]

이러한 상황에서 한림원 編修 謝鐸은 황제의 명에 따라 성화 9년 8월 『資治通鑑綱目』에 대한 校勘 작업을 마치고 經筵에서 이 책을 날마다 講論할 것을 간청하면서,

신들은 諭旨에 따라 『資治通鑑綱目』의 校勘을 이미 마쳤습니다. 신이 가만히 생각해 보건대, 이 책은 『春秋』를 모범으로 삼았으니 실로 經世를 위한 大典입니다. 폐하께서 친히 [이 책을] 考正하고자 하셨으니, 반드시 날마다 경연에 납시어 유신들에게 이 책을 강론하여 설명하게 하고 이 가운데 선악과 흥망의 주요 핵심을 힘써 찾기를 바랍니다. 이로써 실제로 권선징악을 행하고 이를 실천하여 시행하시면 治道가 크게 일어나고 단순히 故事의 문장에 그치는 것이 아니라 태평세월의 美觀이 갖추어지게 될 것입니다. 무릇 宋 神宗은 이 책을 모으기는 했지만 강론하지 않았고, 理宗은 이 책을 강론하게는 했지만 이를 실제로 활용하지 않았습니다. 이에 따라 [나라가] 혼란해지고 약체로 되는 것을 면하지 못했으며 마침내 祖宗의 盛治를 회복하지 못함으로써 수백 년 동안 이 두 군주를 원망하지 않을 수 없게 만들었습니다.……신이 삼가 생각하건대, 오늘날 治道의 근본은 강학보다 우선되는 것은 없습니다. 학문의 道는 다른 것에 있는 것이 아니라 바로 孔子께서 말씀하신 知·仁·勇 세 가지입니다.[45]

라 하여 강학의 중요성을 강조하였다. 여기서 "날마다 경연에 납시어"라는

---

44) 성화 연간에는 특히 皇莊田 설치 등 황실의 私利추구 현상, 慈懿太后에 대한 英宗과의 祔葬 문제, 李孜省과 승려 繼曉 등 佞倖과 太監 汪直의 발호, 東·西廠의 특무정치 등 과도관들의 정치비판이 고조되기 시작하였다. 이에 대해서는 曺永祿, 「成化·弘治年間의 帝室의 '與民爭利'와 科道官의 정치비판」, 『明代 科道官体系의 형성과 政治的 機能에 관한 연구』, 서울대 박사학위논문, 1987, pp.101~107 참조.
45) 『憲宗實錄』 卷119, 成化 9年 8月 壬戌, p.2286.

표현으로 볼 때, 이때의 경연은 월강이 아니라 일강을 의미한다고 할 수 있겠다. 또한 당시 南京·山西 등지의 道監察御史 載佑 등도 남경과 蘇·松 등지의 수재와 滄州·嚴州의 蝗災 등 자연재해를 계기로 聖學을 융성하게 하고, 과거에 발생한 災變의 발생 이유와 현재의 재해를 해결하기 위해서는 어떻게 해야 하는지를 날마다 儒臣과 함께 강구할 것을[46] 간청하기도 하였다.

이상의 사실로 미루어 볼 때, 성화 7년 3월 헌종이 다시 경연(월강)에 참석한 이래 월강은 중단되고 단지 일강만 성화 7년 12월 직전까지 그 명맥을 유지하였으나 정사 협의의 기능은 발휘하지 못했던 것으로 보인다. 이런 상황에서 명실록에는 성화 10년(1474) 12월과 그 다음해인 11년(1475) 8월에 한림원 편수 程敏政·李東陽·謝鐸 등을 侍講으로 삼았다는 경연 담당관에 대한 임명 사실만[47] 기록되어 있을 뿐이다. 이렇듯 월강과 일강을 포함하는 경연의 시행은 물론이고 군신간의 정사 협의와 언로 소통이 단절된 상태에서 남경에 雷震이 일어난 것을 기화로 성화 12년(1476) 12월에 南京 6科給事中들은 일강에서 대신들과 정사를 논의할 것을 또 다시 간언하면서,

신들은 죄를 청하면서 언관으로서 감히 함구하고 있을 수 없기에 감히 소견을 열거하여 아룁니다. 그 첫째는 下情에 통달해야 합니다. 청하건대 퇴조 후 틈을 내어 편전에 납시어 [대신들과] 접견하는데 힘써야 합니다. 이로써 또한 내각 대신과 6部의 卿·시종하는 都御史·경연 시종관 등에게 나누어 更直하게 하면서 庶政의 득실에 대해 면전에서 진언하게 하여 그 가부를 결정하시면, 聖智가 날로 새롭게 되고 下情이 모두 드러나게 될 것입니다.[48]

---

46) 『憲宗實錄』 卷119, 成化 9年 8月 甲戌, pp.2297~2298.

47) 『憲宗實錄』 卷136, 成化10年 12月 乙酉, p.2544 ; 『憲宗實錄』 卷136, 成化 10年 12月 庚寅, p.2548 ; 『憲宗實錄』 卷144, 成化 11年 8月 癸卯, p.2662 등 참조.

라 하였다. 이로써 볼 때, 성화 12년 12월 당시에는 월강은커녕 일강조차 이미 원활하게 개최되지 않았음을 알 수 있다. 이러한 상황에서, 성화 13년(1477) 3월과 8월에는 국자감 좨주인 耿裕와 丘濬에게 經筵에 侍班하도록 명한 기록이[49] 남아 있을 뿐이다.

이상의 내용을 종합해 볼 때, 헌종이 성화 5년 8월 일강에, 그리고 7년 3월에 경연에 참석한 이후로는 황제가 경연(월강)이나 일강에 참석했다는 구체적인 기록은 더 이상 나타나지 않고 있다. 다만 경연에 배석하는 관리들을 임명한 사실만이 간헐적으로 기록되어 있을 뿐이다. 그 중에서 성화 17년(1481) 3월에는 戶部尙書 翁世資·禮部尙書 周洪謨를,[50] 같은 해 4월에는 都察院 右都御史 戴縉에게 경연에 侍班하도록 명하였다.[51] 또한 성화 22년(1486) 9월에는 이부상서 耿裕·공부상서 李裕에게 경연에 侍班하도록 명하였다.[52] 이처럼 經筵에 배석하도록 명한 것은 「경연의주」에 따라 경연에 반드시 배석하는 당상관에 대한 당연한 조치일 뿐이고, 이로써 이 시기에 경연(월강)이 반드시 시행되었다고 보기는 어려울 것으로 생각된다. 따라서 성화 연간의 경연(월강)은 성화 7년 3월 이후로는 중단되었던 것으로 보이고, 다만 日講만이 그 명맥을 유지하였지만 그것도 군신간의

---

48) 『憲宗實錄』 卷160, 成化 12年 12月 己丑, pp.2930~2931.
49) 『憲宗實錄』 卷164, 成化 13年 3月 己卯, p.2975 ;『憲宗實錄』 卷169, 成化 13年 8月 癸亥, p.3070.
50) 『憲宗實錄』 卷213, 成化 17年 3月 庚辰, p.3698.
51) 『憲宗實錄』 卷214, 成化 17年 夏4月, 丙午, p.3713.
52) 『憲宗實錄』 卷282, 成化 22年 9月 甲辰, p.4753. 이 밖에도 侍講, 侍講學士, 侍讀學士로 임명하거나 승진시킨 기록이 있다. 이에 대해서는 『憲宗實錄』 卷213, 成化 17年 3月 庚辰, p.3698 ;『憲宗實錄』 卷219, 成化 17年 9月 己卯, p.3787 ;『憲宗實錄』 卷234, 成化 18年 11月 庚申, p.3986 ;『憲宗實錄』 卷244, 成化 19年 9月 壬子, p.4141 ;『憲宗實錄』 卷246, 成化 19年 11月 戊戌, p.4164 ;『憲宗實錄』 卷262, 成化 21年 2月 戊辰, p.4440 ;『憲宗實錄』 卷286, 成化 23年 春正月 己巳, p.4841 ;『憲宗實錄』 卷286, 成化 23年 春正月 庚午, p.4842 ;『憲宗實錄』 卷287, 成化 23年 2月 戊子, p.4854 ;『憲宗實錄』 卷288, 成化 23年 3月 戊申, p.4866 등 참조.

정사 협의가 제대로 이루어지지 않은 상태로 지속되었던 것으로 생각된다. 특히 성화 13년 이후로는 경연 侍班官에 대한 기록만이 간헐적으로 나타나는데, 이는 경연(월강)이 아니라 일강이 간헐적으로 개최된 당시의 상황을 반영한 것이라 하겠다. 따라서 헌종 즉위년에 제정된 「경연의주」를 계기로 정립된 성화 연간의 경연제도는 엄밀하게 말하면 월강이 중단된 성화 7년 8월 이후부터 실제로는 유명무실화되었다고 하겠다.

한편 황실의 경사 강론과 관련하여 당시 특기할만한 사실은 동궁에 대한 경사 강독을 추진하였다는 점이다. 이에 따라 성화 12년(1476) 7월 南京 5府·6部 衙門과 成國公 朱儀 등이 황제의 명을 받들어 修省에 필요한 時事를 진언하는 가운데,

> 황태자가 이미 東宮의 자리에 정해졌으니, 마땅히 원로 儒臣들을 조속히 뽑아 入侍하게 하여 차차 배우게 하면 作聖의 효과를 이루게 될 것입니다.[53]

라 하여, 皇太子에 대한 경사 강독을 시행할 것을 처음으로 주청하였다. 이로부터 약 1년 5개월이 지난 성화 13년(1477) 12월에도 刑科給事中 趙昺이

> 엎드려 살피건대, 황태자가 동궁의 자리에 오른 지 오늘날 3년이 되었으니, 經書를 강독할 수 있는 바로 그 때입니다. [따라서] 명년 따뜻한 봄날을 기다려 흠천감에게 길일을 택일하도록 명하시고 冠禮를 거행하게 하시기 바랍니다. 그리고 단정한 正女들을 뽑아 날마다 좌우에서 入侍하게 하고 경서를 강독하게 하시면, 덕을 쌓는데 도움이 되며 이로써 大本이 융성하게 될 것입니다.[54]

---

53) 『憲宗實錄』卷155, 成化 12年 秋7月 戊申, p.2821.
54) 『憲宗實錄』卷173, 成化 13年 12月 己未, pp.3133~3134.

라고 주청하자, 헌종은 ⊐ 다음해에 이를 시행하기로 허락하였다. 이로써 성화 14년(1478) 2월 헌종은 마침내 황태자에게 出閣하여 강학하게 하는 동시에, 이에 필요한 강독관을 임명하였다. 즉 太子少保 호부상서 겸 문연각 대학사 萬安과 호부상서 겸 한림원 학사 劉珝, 그리고 예부상서 겸 한림원 학사 劉吉과 提調 各官들에게 강독을 담당하게 하였다. 또한 太常寺少卿 겸 한림원 학사 王獻·詹事府少詹 겸 한림원 侍讀 黎淳, 한림원 학사 謝一夔, 右春坊 右庶子 汪諧, 司經局洗馬 鄭環·羅璟 등에게는 서로 번갈아가면서 侍班하도록 하였다. 한편 學士 彭華와 侍讀學士 江朝宗, 左春坊左庶子 劉健과 左諭德 程敏程에게는 周經을 강독하게 하고, 修撰 陸鈇·張昇·張頤 등에게는 經書 강독을 담당하게 하였다. 이와 아울러, 左中允에서 左贊善으로 승직시킨 修撰 傅瀚에게는 校書를 겸하게 하고, 太常寺少卿 謝宇와 禮部 員外郎 凌暉에게는 正字를 겸하게 하였다. 또한 通事와 舍人 2명을 선발하기로 하고, 그 다음날에는 鴻臚寺 序班 耿寧와 紀本에게 이 직을 제수하였다.55) 특히 황태자에 대한 경사 강독과 관련하여, 그 내용을 유일하게 언급하고 있는 『春明夢餘錄』에는,

일찍이 舜임금은 無爲로 [천하를] 다스렸다고 칭송되었고, 또 『周書』에는 武王이 팔짱을 끼고 아무것도 하지 않으면서도 저절로 천하를 다스렸다고 칭송하였습니다. [그런데] 후세의 군주는 궁궐에 깊이 살면서 內侍에게 정치를 맡김으로써 마침내는 夷狄의 화를 불렀습니다.……무릇 순임금의 '無爲之治'는 산천과 토지를 봉하여 재상을 선발하였는데, [이로써 사전에] 불행할 일이 일어나는 것을 없앰으로써 [이들이] 조금이라도 그 도리를 다하지 않을 수 없게 하였습니다. 또한 武王의 '垂拱之治'란 여러 작위를 주어 토지를 분봉함으로써 그들이 덕을 숭상하고 공로를 통해 보답하게 만들었는데, 이로써 한 사람이라도 이러한 마음을 찾지 않음이 없도록

---

55) 『憲宗實錄』 卷175, 成化 14年 2月 戊申, pp.3157~3158.

한 것입니다. 이 모두는 일부러 애써서 무엇인가 하려는 것을 염려한 것인데, 이로써 마침내 편안하여 無爲하게 한 것입니다.[56]

라 하여 비교적 상세하게 기록하고 있다. 즉 이 자리에서 司經局 洗馬 楊守陳은 「武成篇」을 강독하면서 이를 통해 순 임금의 '無爲之治'와 武王의 '垂拱之治'의 미덕을 칭송하는 한편, 후세 황제들이 환관이나 寵臣들에게 정치를 함부로 위임하는 당시의 상황을 비판하였다. 그러나 동궁의 경사 강독 내용을 구체적으로 언급하고 있는 기록 역시 이를 제외하고는 더 이상 보이지 않고 있다. 따라서 동궁에 대한 경사 강독의 내용과 이의 지속 여부 등에 대해서도 단정적으로 평가하기는 어렵지만, 경사 강론이 황실 후계자 교육이라는 취지로 미루어 볼 때 황제의 경연보다는 좀 더 철저하게 시행되었을 것으로 추정된다.

이상의 고찰을 통해 성화 연간의 경연제도에서 나타나는 내용적 특징을 종합해 보면 다음 몇 가지로 정리할 수 있다.

첫째, 성화 연간의 경연제도는 새로운 황제인 헌종의 등극을 계기로 즉위년인 천순 8년 6월에 「경연의주」를 마련함으로써 定制化되었다. 그러나 이는 父皇인 영종의 先例를 답습하여 경연을 제도화한 것이기는 했지만, 실제로는 「경연의주」대로 시행되지 않은 채 매우 의례적이고도 간헐적으로 시행되었다고 하겠다. 이는 명실록에 언급된 성화 연간의 경연관련 기록이 단지 세 차례(즉위년 8월, 성화 5년 8월, 7년 3월)에 불과할 뿐만 아니라, 그 내용 또한 이전의 실록과는 비교할 수 없을 정도로 매우 소략하다는 점에서도 잘 알 수 있다. 더구나 성화 연간에 시행된 경연은 즉위년(천순 8년) 8월과 7년 3월 두 차례에 한정되어 있어서, 성화 7년 3월 이후로는 경연(월강)이 중단되었던 것으로 보인다. 더구나 이 이후로는 주로 경연

---

56) 孫承澤, 『春明夢餘錄』(影印本) 卷9, 臺北 : 大立出版社, 1980, pp.95上~下葉.

侍班官에 대한 기록만 나타나 있을 뿐이어서, 월강이 중단된 이후의 경연은 주로 일강을 중심으로 간헐적으로 시행된 것으로 판단된다. 따라서 즉위년 6월 「경연의주」의 제정은 어디까지나 체제가 동요되는 당시의 상황에서 유교적 통치이념을 대·내외에 과시하기 위한 하나의 의례에 불과했다고 하겠다. 그러므로 성화 연간의 경연제도는 내각제의 쇠퇴와 더불어 특히 홍무~선덕 연간의 경연제도와 같이 군신간의 정사 협의와 자문 등 정국운영을 위한 중요한 수단과 기능으로 자리매김하지 못한 채 유명무실화되었음을 알 수 있다.

둘째, 이 시기 경연에서 사용된 교재로는 월강에서는 전례에 따라 『大學』 등 四書와 『尙書』 등 五經이 주로 사용되었고, 日講에서는 四書五經 이외에도 『貞觀政要』, 『大學衍義』, 『資治通鑑綱目』과 先帝들이 편찬한 御製 서적과 寶訓 등이 講論되었다.

셋째, 황태자의 책봉을 계기로 성화 14년(1478) 2월에는 동궁의 경사 강론에 대한 제반 규정을 마련하고 이를 처음으로 시행하였다. 이후 동궁의 경사 강독에 대한 기록이 남아 있지 않아서 구체적인 내용을 알 길이 없지만, 그 취지가 동궁의 후계자 교육에 있다는 점으로 미루어 볼 때, 황제를 대상으로 하는 경연보다는 더 충실하게 시행되었을 것으로 추정된다.

이렇듯 성화 연간의 경연제도가 실질적 기능을 상실하게 된 데에는 헌종이 정사를 등한시하는 상황에서 내각제의 쇠퇴와 科道官 체제의 정립, 환관의 발호 등 당시 정치 체제의 변화와 무관하지 않다고 하겠다. 특히 성화 연간에는 내각을 중심으로 하는 군신간의 정사 협의가 쇠퇴하고 이를 대신하여 '9卿科道官會議'를 중심으로 하는 '廷議'가 실질적인 조정 역할을 담당함에 따라 경연제도의 기능과 역할 또한 배제될 수밖에 없었다. '參預機務'의 閣臣을 대신하여 科道官들이 정국운영의 주요 세력으로 등장하는 등 정치 체제가 변화된 상황에서 경연제도와 경연을 담당하는 내각의 중요성은 자연히 축소될 수밖에 없었고, 이에 따라 설사 경연이 시행되었다 하더라도 지극히 의례적인 형태로 진행되었다고 하겠다. 이러한 저간의 사정은 丙戌年(성화 2년, 1466) 劉主靜의 진언한 내용 가운데,

> 오늘날에는 술과 음식은 오직 常例에 따라 하면서 황제와 면대하는 기회를 주지는 않았습니다. 이때부터 [경연 시 대신들은] 엄숙하게 들어가고 조용히 물러나게 됨으로써, 君臣간에는 이[경연을 통한 대신들의 면대]를 폐지하고 한 마디도 하지 않은 채 접견하기만 하였습니다. 이로써 [경연하는 閣臣]을 [황제가] 선생이라고 칭하는 것도 다시는 들을 수가 없게 되었고, 강관이 매우 중요하다는 사실을 아는 사람도 더 이상 없게 되었으니, 이는 이때부터 시작되었던 것입니다.[57]

라 한 데에서 잘 알 수 있다. 이처럼 경연제도가 제대로 시행되지 않음으로 써 군신간의 政事협의가 중단됨에 따라, 성화 연간 조정 대신들과 과도관들 은 '面議'를 통해 정사를 협의하는 등의 언로 개방을 주청하는 상소를 그 어느 때보다 빈번하게 올렸던 것이다.

III. 科道官體系의 등장과 성화 연간의 정국운영

상술한 바와 같이, 성화 연간에 이르러 경연제도가 유명무실하게 된 것은 결과적으로 내각을 중심으로 하는 군신간의 정사 협의와 이에 의한 정국운 영이 원활하지 못했음을 의미하는 것이었다. 이는 곧 政事 처리와 정국을 운영함에 있어서 내각을 대신할 새로운 주도 세력의 등장과 함께 정치

---

57) 鄧球, 『皇明泳化類編』(影印本)1冊, 卷21, 「聖神絲綸經綸」, 臺北 : 國風出版社, 1965, p.605.

체제의 일대 변화를 예고하는 것이기도 했다. 성화 연간의 정치 체제와 정국운영에서 가장 주목되는 변화는 내각제의 쇠퇴와 함께 과도관이 정국 운영의 새로운 핵심 세력으로 등장하였다는 데 있다고 하겠다.

먼저 명대 내각제의 쇠퇴 과정에 대해 살펴보면 다음과 같다. 주지하는 바와 같이 명대의 중앙권력 구조는 洪武·永樂 年間의 승상제 폐지와 6部·三司의 분장 체제, 洪熙·宣德 年間의 司禮監·內閣 體制의 형성, 正統 年間 이후 司禮監과 內閣 권력의 쇠퇴 등으로 대별할 수 있고,[58] 이에 따라 정국운영 방식에서도 차이가 있었다. 즉 홍무 연간에는 승상제의 폐지 이후 6部를 비롯하여 三司(都察院·通政司·大理寺)를 설치하여 民政·財政·刑法·軍事를 분장하게[59] 하는 동시에, '삼사 회의'를 통해 天下의 庶務를 관장하게 함으로써 군주권의 극대화를 꾀하였다. 그러나 이러한 중앙권력 구조는 결국 황제 한 사람에게 업무가 과중되는 현상을[60] 초래하였다. 이에 홍무제가 殿閣大學士를 신설하여 '備顧問'하게 함으로써, 황권을 뒷받침하는 내각제도의 기틀이 마련되기 시작하였다. 내각제도는 특히 영락 연간에 이르러 특히 解縉·胡廣·楊榮 등 文淵閣대학사들이 '參預機務'함에 따라 본격적으로 제도화되기 시작하였다. 그러나 홍무·영락 연간에 정립되기 시작한 내각 제는 여전히 내각의 屬僚가 설치되지 않았을 뿐 아니라 그 지위 또한 6部에 미치지 못하였다.

이후 홍희·선덕 연간에 이르러 내각은 점차 屬僚를 설치하는 등 독립된 권력기구로 성립되었을 뿐 아니라, 태자의 스승인 閣臣에 대한 은전으로

---

58) 陳志剛, 「論明代中央政府權力結構的演變」, 『江海學刊』, 2006年 2期, 2006, pp.151~156 ; 程方·楊繼枝, 「明代皇權與中央雙軌輔政體制述評」, 『聊城大學學報(社會科學版)』, 2006年 3期, 2006, pp.213~215 참조.

59) 『太祖實錄』 卷239, 洪武 28年 6月 己丑, pp.3477~3479.

60) 특히 홍무제의 경우, 17년 9월 14일부터 21일까지 8일 동안 內外 諸司에서 올린 奏箚이 1,660건, 모두 3,391건의 일에 해당하는 것으로서, 이는 매일 평균 章奏 207.5건, 모두 423.8건의 일을 처리해야 할 정도로 많은 양이었다. 이에 대해서는 『太祖實錄』 卷165, 洪武 17年 9月 己未, p.2 ; 張治安, 앞의 책, p.228 참조.

'三孤官'에 봉작됨으로써 그 권한이 6부를 능가하기에 이르렀다. 특히 선덕 연간에는 票擬權이 내각에도 주어짐으로써 내각에 의한 '輔政 體制'가 성립되었고, 이로써 이들이 중심이 되는 경연에서는 군신간의 정사 협의는 물론 황권을 견제하는 기능까지 발휘하게 되었다. 이와 함께 선덕 연간에는 內書堂의 설립을 계기로 司禮監을 중심으로 하는 환관 세력의 정치 참여가 점차 두드러지게 됨으로 인해, 황권은 司禮監과 內閣의 쌍두 체제에 의해 뒷받침되기 시작하였다.

내각의 '參預機務' 기능은 정통 연간에도 그대로 유지되어 '三楊'에 의해 정사가 좌우되었고 여기에 太皇太后의 섭정이 더해져 王振을 중심으로 하는 사례감의 권한은 일정 정도 제한되었다. 더욱이 天順 年間에는 표의권이 내각에 專屬되었을 뿐 아니라 특히 李賢으로 대표되는 내각수보에 의해 좌우됨으로써, 전대에 이루어졌던 내각에 의한 輔政 體制가 首輔政治 시스템으로 전환되어 황권을 잠재적으로 위협하는 정도까지 이르렀다. 이러한 상황에서 景泰 年間에는 환관 세력을 중심으로 사례감이 내각을 견제하는 새로운 권력으로 대두하기 시작하였다. 환관 세력은 정통연간에 이르러 王振 등 사례감의 태감이 환관의 24衙門의 권력을 장악하여 '內相'으로 자리함에 따라 내각의 外相과 쌍벽을 이루었고 이로써 監閣의 쌍두 체제가 정립되었다. 더구나 이 시기에는 내각은 표의권을 행사하고 司禮監은 황제의 최종 결재인 批紅(朱批)의 권한을 가짐으로써 이후의 정국은 이들 양자 간의 상호 갈등과 견제, 또는 합작 여부에 의해 결정되었다.

한편 성화 연간에는 閣臣이 조정에서 소외된 것은 물론이고 정통 연간에 변화된 제도에 따라 황제가 '廷議'를 주관하는 '面議'가 사라지고 6部 尙書의 주관 아래 '9경과도관회의'에 의한 '정의'가 시행됨으로써 황제는 政事를 등한시하였다. 당시 헌종은 성화 7년 이래 대신을 면대한 사실이 없을 정도로 정사에 소홀하였고,[61] 이로써 政事는 대부분 황제의 최측근인 환관에 의해 좌우되었다. 이러한 저간의 상황은

退朝 후에 經筵에서 進講히는 경우를 제외하고는 대신들을 접견하는 것이 매우 드물었다. [이로써] 내각 대신들을 불러 政事를 처결하지 않고, 오직 좌우에 있는 내신들에게 의지할 뿐이었다.[62]

라고 한 데에서 잘 알 수 있다.

다음으로 명대 정국운영 방식의 변화 과정을 경연제도와 과도관 체계의 성립을 중심으로 살펴보기로 하겠다. 상술한 바와 같이 명 왕조 창업기와 수성기를 대변하는 홍무(1368~1398)·영락(1403~1424)·선덕(1426~1435) 연간에는 經史 강론의 자리에서 君臣 간의 '面議'를 통해 정사를 논의함으로써 정국을 운영하고 있었다. 특히 홍무·영락제의 경우는 經史 강론을 운영함에 있어서 황제가 그 주도권을 행사함으로써, 皇權을 강화하는 한 수단으로 활용하였다는 데 그 특징이 있다고 하겠다.[63] 이에 비해 宣德帝의 경우는 당시 내각제의 발달과 함께 '三楊'을 비롯한 '三孤官'을 중심으로 하는 閣臣들이 군주와 함께 주요 政事를 협의함으로써, 내각의

---

61) 명실록에 따르면, 헌종은 성화 7년 12월 太子少保 이부상서 겸 문연각대학사 彭時를 접견한 이후로 대신들과 면대한 기록이 남아 있지 않다. 『憲宗實錄』 卷99, 成化 7年 12月 癸未, p.1905 ; 張治安, 앞의 책, p.229.

62) 『憲宗實錄』 卷99, 成化 7年 12月 庚寅, pp.1914~1915.

63) 洪武帝의 경우는 經史 강론을 통해 大臣들과 政事를 함께 토론하면서도, 그 운영 방식에서는 황제 자신의 통치책과 이에 대한 구상을 일방적으로 설파함으로써 황제가 국정을 주도적으로 운영하였다. 따라서 홍무 연간의 경연은 군주권 강화의 수단으로 활용되고 있다는 점이 국정운영에서 나타나는 한 특징이라고 하겠다. 이에 비해, 永樂年間의 경연은 황제에 대한 經史 강론보다 북경 천도라는 최대 국정과제를 추진하는 과정에서 京師인 南京의 통치를 담당할 황태자와 황태손 등 皇儲 교육을 통해 후계자 양성에 중점을 두었다는 것이 특징이라 하겠다. 이처럼 경연 운영상의 차이에도 불구하고 홍무·영락 연간은 건국의 기틀을 다진 창업기로서, 양자 모두 강력한 군주권을 바탕으로 경연을 주도적으로 활용하고 있다는 점에서는 공통점을 지녔다고 할 수 있다. 拙稿, 「明初 經筵제도의 배경과 그 특징-朱元璋의 經史 강론과 군주권 강화를 중심으로-」, 『明淸史研究』 25집, 2006.4, pp.1~27 ; 「永樂帝(1403~1424)의 經筵 운영과 그 특징-北京 遷都 추진과 관련하여-」, 『中國史研究』 49집, 2007.8, pp.151~178 참조.

'輔政 體制'를 통해 정국을 운영하였다. 따라서 선덕 연간의 경연제도에서는 황제가 강론을 담당하는 閣臣들과 정사를 긴밀하게 협의함으로써, 군신간의 정사 협의와 더불어 내각의 황제 견제 기능이 그 어느 때보다 충실하게 이행되고 있었다.[64]

그러나 군신간의 정사 협의와 황제 견제라는 경연제도의 기능과 역할은 특히 영종 시기(정통(1436~1449)·천순(1457~1464))에 이르러 많은 변화를 겪게 되었다. 잘 알려진 바와 같이, 정통 2년(1437) 2월에는 「경연의주」를 제정함으로써 명대 경연제도가 처음으로 제도로 정착되었음에도 불구하고, 경연제도의 실질적인 기능과 운영 면에서는 전대에 비해 오히려 그 효능을 발휘하지 못하고 있었다. 특히 9세의 어린 나이로 즉위한 영종으로서는 즉위 초에는 先代의 閣臣인 '三楊'과 조모인 태황태후에게 정사를 일임하고 있었다. 따라서 영종 시기의 경연은 주로 황제에 대한 聖學 교육에만 초점을 두었을 뿐이었다. 이로써 이 시기 경연제도에서는 정사 협의와 내각의 황권 견제 기능이 제대로 달성되기 어려웠다. 더구나 영종 즉위 초 정사를 일임했던 '三楊'과 '태황태후'마저 모두 사망한 정통 7년(1442) 이후로는 태감 王振을 중심으로 하는 환관 세력이 政事를 농단함으로써 군신간의 정사 협의라는 경연 기능은 거의 마비되기에 이르렀다.[65] 더구나 당시에는 북방의 오이라트 세력의 빈번한 침입으로 국방이 불안정 하였고, 이와 더불어 각지에서 발생한 민란 등으로 인해 사회·경제적으로도 통치체제가 동요되는 등 정국이 극도로 불안정하였다.

이러한 상황에서 국가의 제반 문제에 대한 諫言과 民情 上達 등 언로의 수렴과 개방은 불가피한 일이었고, 이로써 언관의 역할이 자연히 강조될 수밖에 없었다. 이에 따라 중앙의 시종관으로서 정통 연간 이래 封駁權을 갖게 된 言官인 6科 給事中과 지방의 民情 上達과 糾劾을 담당하는 耳目官인

---

64) 拙稿, 2008.12, pp.248~273.
65) 拙稿, 2009.8, pp.83~112 참조.

13도감찰어사 등 과도관의 역할이 강화되기에 이르렀다. 특히 토목보의 변으로 영종이 포로가 된 사건을 계기로 영종의 아우인 景宗의 監國과 그의 황제 즉위, 황태자 沂王(이후 憲宗)에 대한 易儲와 復儲, 영종의 귀환과 그의 太上皇 처우, 영종의 復辟(1456) 등의 문제를 둘러싼 당시의 복잡한 정국과 조정 내부의 갈등은 자연히 과도관의 언관 역할을 더욱 강화하게 만듦으로써, 이들에 의한 공론 정치와 정국운영이 불가피하게 만들었다. 이렇듯 과도관의 발언권이 점차 강화되는 가운데 과도관들은 경태 6년 (1455)에는 심지어 조정회의인 '廷議'에 참여함으로써 朝廷 大臣을 능가하는 권력을 지니게 되었을 뿐 아니라, 공론을 주도함으로써 이른바 '과도관 체계'가 정립되기 시작하였다.[66]

이처럼 경태(1450~1456)·천순(1457~1464) 연간에 성립되기 시작한 과도관 체계는 성화 연간(1465~1487)에 이르러 과도관이 조정 회의에 참가하여 人事와 刑事에도 간여할 수 있게 됨으로써, 실질적인 조정 대신의 권한을 행사하는 데 이르렀다. 이에 따라 성화 연간에는 大臣에 대한 陞補 등 인사를 결정하는 '廷推(일명 '會推')'가 처음으로 시행됨으로 인해[67] 정사를 논의하는 '廷議'에서 인사권이 분리되기 시작하였을 뿐 아니라 일반 관료에 대한 陞遷도 '考滿法' 대신에 '考察法'으로 바뀌어 시행되기 시작하였다.[68]

---

66) 중앙 언관인 6科 給事中과 耳目官인 13도감찰어사가 언관으로서 발언권을 강화하기 시작한 것은 대체로 景泰·天順 年間부터라고 하겠다. 曹永祿, 앞의 논문, pp.71~91 참조.

67) 立君立儲·建都·郊祀宗廟·典禮·宗藩·民政·邊事 등 國政의 주요 사안을 논의했던 廷議는 점차 대신과 일반 관리의 인사문제를 처리하는 데까지 업무가 확장되었다. 특히 영종 이후로는 대신들이 황제와 面議할 수 없는 상황에서 인사문제는 내각수보 李賢 등 황제의 寵臣과 彭時·商輅 등 유능한 閣臣에 의존하고 있었다. 그러나 이들이 사망한 성화 중기 이후부터는 인사를 논의하는 '廷推'가 별도로 설치되기 시작하였고, 그 구성원은 廷議와 동일하였다. 이로써 성화연간에 성립된 '廷推'는 황제의 인사권을 일정 정도 견제하는 장치라고 할 수 있다. 張治安, 앞의 책, p.47 ; 張萱, 『西園見聞錄』 卷26, 「宰相上」, 6葉 참조.

68) 曹永祿, 위의 책, p.93. 이 밖에도 谷光隆, 「明代銓政史研究」, 『東洋史研究』 23-2, 1964 ; 張治安, 「明代廷推之研究」, 『臺灣國立政治大學學報』 29輯, 1974 참조.

이로써 황제가 내각 등 대신들과 面議를 통해 政事를 결정했던 종전의
방식에서 정통 10년에 시행되기 시작한 '9경과도관회의'[69]가 '廷推'에서도
그대로 적용되었다. 특히 중앙 언관인 6科給事中은 '정추'와 '廷鞫'에 참석하
여 당시의 현안문제는 물론이고 審刑 문제에 대해서도 봉박권을 통해
직언할 수 있었다. 이로써 '9경과도관회의'는 국사의 주요 사안을 논의하고
결정하는 실질적인 조정으로서, 당시 국정운영의 핵심기구가 되기에 이르
렀다. 더구나 당시 '9경과도관회의'는 종전의 面議와는 달리, 황제가 직접
회의에 참석하지 않았기 때문에 군주와 조정 대신은 자연히 소원해지게
마련이었다. 이에 대해『翰林記』에는

> 宣德 이전에는 모든 政事에 대해 군주와 신하가 面議하였다. [그런데]
> 正統 10年에는 內閣官과 6部·都察院·通政司·大理寺의 堂上官과 6科 掌印官이
> 會議한다.[70]

라 하여, 당시 변화된 '廷議' 운영 방식에 대해 잘 설명하고 있다. 당시
'廷議'에서는 내각 대신들을 배제하였기[71] 때문에 경연을 통해 내각 대신들
이 '參預機務'하는 역할도 자연히 쇠퇴할 수밖에 없었고, 이를 대신하여
공론을 주도하는 과도관들의 영향력은 더욱 증대되기에 이르렀다. 따라서
憲宗 즉위 초부터 科道官은 비록 正7品의 낮은 관직에도 불구하고 그 권한과
영향력이 막강하여 '品卑而權特重'[72]의 존재가 되었고, 이로 인해 이들은

---

69) '9卿科道官會議'는 正統 10년에 시행되기 시작하였는데, 여기에 참석하는 구성원은
    6部의 尙書, 都御使, 通政司와 大理寺의 堂上官 등 9卿과 과도관이었다.

70) 黃佐,『翰林記』卷2,「會議」, p.20. 이 밖에도 正統 10年 進士였던 葉盛,『水東日記』
    卷4, p.8에서도 9卿科道官의 廷議에 대한 구성원을 설명하고 있다. 張治安, 앞의
    책, p.10 재인용.

71) 成化 年間 이후 廷議에서는 통상적으로 閣臣을 배제했지만, 儀禮·典制와 관련된
    주제를 다룰 때에 한해서는 특별히 한림원 출신의 閣臣과 詹事府, 국자감 등의
    儒臣들이 참석하기도 하였다. 張治安, 앞의 책, p.15 참조.

낭시 정국운영에 막대한 영향력을 미치게 되었다.73) 이처럼 당시 廷議의
변화상은 헌종 즉위년 9월 少保 吏部尙書 겸 華蓋殿大學士 李賢이 上言한
내용에서도 잘 엿볼 수 있다.

근자에 과도관들이 말하기를, "擧官의 일은 반드시 내각과 만나 상의해야
합니다."고 하였습니다. [그러나] 이것이 비록 故例이긴 하지만, 先帝[英宗]께
서는 條旨를 통해 保官과 審囚는 한림원과 회동할 필요가 없다고 하셨고,
또한 이를 시행한 지가 이미 오래되었습니다. 그러므로 [儒臣이] 참여하는
것이 옳다고 할 수가 없습니다. [이에] 황제[憲宗]께서 이르기를 "내각 儒臣은
짐을 보좌하여 萬機를 처결하는 자들이다. [그런데] 保官과 論獄 문제조차도
이들에게 참여하게 한다면, 이 일의 可否를 누가 다시 상의하겠는가? [따라서]
경이 말한 것이 옳으니, 선제의 명을 영원히 따르는 것이 마땅할 것이다."라
하였습니다.74)

즉 保官 문제를 내각과 협의해야 한다는 과도관들의 주장에 대해, 헌종은
과도관이 廷推와 廷鞫에 참석하도록 한 父皇 영종의 조치를 그대로 준수할
것을 명하였던 것이다. 이로써 볼 때, 헌종은 즉위년 9월부터 영종 시기에
시행된 '9경과도관회의'를 그대로 유지하였을 뿐만 아니라, 실질적인 朝廷
의 역할도 담당하게 했음을 알 수 있다. 이로써 종전의 '參預機務'하는
내각 기능과 내각제도에 의한 정국운영 방식은 점차 사라지게 되었다.

---

72) 顧炎武, 『日知錄』卷9, 「封駁」.

73) 특히 헌종시기에는 '與民爭利'하는 황실에 대해 과도관들의 정치 비판이 현저하게
    일어났던 것이 특징이라고 할 수 있다. 이들의 정치적 비판은 주로 황실의
    皇莊田 설치 등 私利 추구, 慈懿太后의 영종과의 祔葬(成化 4年 6月) 문제, 宦官과
    佞倖(李孜省·僧侶 繼曉) 등에 집중되었다. 이처럼 이 시기에 이르러 황실의
    '與民爭利'에 대해 과도관의 정치적 비판이 현저해진 것은 명 중기 이후 대두된
    신사층의 계층의식과 팽배해진 정치 참여의식을 반영한 것이라 하겠다. 이에
    대해서는 曺永祿, 위의 책, pp.92~122 참조.

74) 『憲宗實錄』卷9, 天順 8年 9月 丁巳, p.194.

이는 곧 경연을 담당하는 閣臣들을 중심으로 君臣 간에 政事를 협의하던 종전의 정국운영 방식이 더 이상 유지되지 못했음을 의미한다고 하겠다. 이러한 상황에서 경연제도와 이를 담당하는 내각의 參預機務 기능은 자연히 쇠퇴할 수밖에 없었다.

이렇듯 중앙정치 체제와 정국운영의 방식이 변화된 상황에서 헌종 즉위 년(천순 8년) 6월에 제정된「經筵儀注」는 어디까지나 유교적 통치이념을 명문화함으로써 새로 즉위한 황제가 尊儒와 聖學敎育의 실천의지를 과시하는 형식에 불과하였다.[75) 따라서 성화 연간의 경연제도는 내각제의 쇠퇴와 함께 각신이 廷議에 참석하지 않음으로써 경연에서 이루어지는 군신간의 정사 협의는 이루어질 수 없었다. 이로써 설령 월강이나 일강이 시행된다 하더라도 경연의 실질적인 기능이 발휘되기 보다는 의례적인 형식에 치중될 수밖에 없었다. 이러한 당시의 상황은 王鏊가 언급한 내용을 인용하고 있는『西園見聞錄』에서,

국가에서 경연을 여는 것은 그 [의례의] 성대함에 있는 것입니다. 천자가 視朝를 마치고 文華殿에 나가면, 公侯九卿大臣들은 盛服하여 도열해 있고, 무신들도 또한 둘러서서 [진강하는 것을] 들으니, 경연이 한번 열리면 천하가 기뻐하며 좀처럼 보기 드문 전례를 전하게 됩니다. 따라서 이를 일러 성대하다고 하는 것입니다. 일 년 동안 춥거나 더울 때에는 [경연을] 모두 쉬고, 단지 봄과 가을에 달마다 나누어 시행하는데, 한 달에 세 번에 불과합니다. 그것도 風雨가 있게 되면 [경연을] 쉬고, 政事에 무슨 일이 있어도 역시 [경연을] 면하게 합니다. 또한 아침 일찍 講章을 강론하여 시간에 맞추어 끝내 버리고, 황제가 연회를 베푼다고 명하면 엄숙하게 물러납니다. 따라서 상하의 정이 친하게 되고 또 밀접한 것을 볼 수가 없습니다. 강론하는 날에는 [상하의 정이] 친밀해 질 수 있지만 체면과 신분의 격차가 지나치게

---

75) 楊業進, 앞의 논문, p.81.

엄격하기 때문에 황제가 의문이 있어도 묻지 않고, 아랫사람도 [황제를] 뵙기는 해도 말씀을 드릴 수가 없었습니다.[76)]

라고 한 데에서도 잘 엿볼 수 있다.

IV. 결론

명실록에 보이는 성화 연간의 경연 관련 기록은 그 시행 빈도는 말할 것도 없고, 그 내용 면에서도 전대에 비해 매우 소략한 것이 특징이라 하겠다. 이에 따라 헌종 즉위년 6월에 『경연의주』가 제정된 이래, 경연은 단지 세 차례(즉위년 8월·성화 5년 8월, 7년 3월) 시행되었을 뿐이었다. 또한 시행된 경연이라 할지라도 이에 대한 기록이 매우 소략하여, "황제가 경연에 참석하였다."거나, "朝會를 마치고 경연에 다시 참석하였다."고만 언급하고 있을 뿐이다. 그러므로 경연의 강론 내용이나 이 자리에서 이루어진 군신간의 정사 협의 내용에 대해서는 구체적으로 고찰할 내용이 없다. 이처럼 헌종은 즉위하자마자 父皇 영종시대와 마찬가지로 『경연의주』를 제정함으로써 경연을 제도화했음에도 불구하고, 실제로는 경연이 '儀注'의 규정대로 시행되지 않았을 뿐 아니라, 그 형식에서도 월강보다는 일강을 중심으로 매우 형식적으로 시행되었던 것으로 보인다. 이로써 볼 때, 성화 연간의 경연제도는 즉위년 『경연의주』의 반포를 통해 유교적 통치이념을 대내외에 과시하는 하나의 상징에 불과했고, 실제로는 유명무실화되었다고 하겠다.

---

76) 張萱, 『西園見聞錄』(影印本) 卷29, 哈佛燕京學社, 1930, 7葉. 이 밖에도 『皇明經世文編』 卷155, 「陳愚見以神聖學事疏」; 같은 책, 卷32, 「請開經筵疏」; 같은 책, 卷208, 「重經筵以養聖德疏」; 같은 책, 卷302, 「論經筵要務」; 같은 책, 卷120, 「講學篇」 참조.

여기에는 특히 先皇인 영종 이래 변화된 중앙권력 구조와 정국운영 방식과 밀접하게 연관되어 있다고 하겠다. 즉 정통 연간 이후 내각제도가 쇠퇴하고, 그 대신에 과도관이 참석하는 '9경과도관회의'를 중심으로 하는 '정의'제도가 확립됨에 따라 특히 경연을 통해 君臣이 政事를 함께 협의하는 '면의'도 사라지게 되었다. 이로써 閣臣이 담당했던 경연제도는 자연히 등한시되었을 뿐 아니라, 경연제도의 주요 기능인 君臣 간의 정사 협의도 더 이상 원활하게 이루어질 수 없게 되었다. 더욱이 헌종이 재위 기간 동안 政事를 등한시하는 가운데, 주요 國事는 대부분 황제 측근인 태감을 비롯한 환관 세력에 의해 농단되는 등 정국은 파행적으로 운영되었다. 이처럼 군신간의 언로가 壅蔽된 상황에서 언로의 개방과 民情의 상달, 경연 개최와 성학 교육의 필요성을 강조하는 조정 대신 및 과도관들의 상소가 그 어느 때보다 활발했던 것은 이러한 당시의 사정을 잘 반영하고 있다고 하겠다. 결국 성화 연간에 이르러 성학 교육과 군신간의 정사 협의, 皇權 견제 등 종전의 경연제도 기능은 쇠퇴할 수밖에 없었다. 이는 곧 유교적 통치이념에 입각한 이상 정치의 상실을 의미하는 동시에, 내각을 대신하여 언관인 과도관들에 의한 공론 정치가 확대되었음을 의미하는 것이라 하겠다. 뿐만 아니라, 이는 명 왕조 건국 이래 채택한 유교주의적 절대 군주 체제가 실제로는 동요되는 가운데, 환관 세력에 의해 정치가 농단되는 상황에서 언관을 중심으로 하는 공론 정치가 황권을 견제하는 새로운 정국운영의 양상이 등장했음을 뜻하는 것이라고도 할 수 있다. 이렇듯 유교적 통치이념에 의한 절대 군주 체제의 동요는 이후 유교적 통치이념의 재확립과 더불어, 이에 필요한 봉건정치 체제의 중흥을 예고하는 것이기도 했다. 이에 대해서는 다음 시기인 弘治 年間(1488~1505)의 경연제도에 대한 고찰을 통해 추후에 후술하기로 한다.

弘治 年間(1488~1505)의 經筵과 政局運營
―내각제 복원과 공론 정치와 관련하여―

Ⅰ. 서론

주지하는 바와 같이, 弘治 年間(1488~1505)의 경연제도는 홍치 원년 2월 「經筵儀注」[1]의 제정으로 공식화되었다. 이 시기 「경연의주」의 제정은 先帝인 成化 年間(1465~1487)에 이르러 내각제가 쇠퇴하고 科道官 體制가 등장하는 등 변화된 중앙정치 구조와 정국운영 방식에 따라 경연제도 또한 유명무실화되었던 상황에서[2] 이루어졌다. 더구나 명 왕조가 개창된 지 이미 백여 년이 지난 홍치 연간은 '祖宗之制'는 말할 것도 없고, 봉건 사회 체제가 극심하게 동요되고 있었기 때문에 체제 재정비가 그 어느 때보다 필요한 시기였다. 따라서 홍치제는 皇位에 등극한 직후인 홍치 원년(1488) 윤정월에 「경연의주」, '藉田儀注'[3]를 제정하였다. 또한 같은 해 2월에는 국자감에

---

1) 이 시기 경연제도의 규정은 대부분 先代의 전례를 그대로 답습하였다. 그 주요 내용은, ① 경연의 개최일(매월 2·12·22일)과 경연 개시일(3월 12일), ② 일강의 개최, ③ 경연 및 일강의 의례 등이다. 『孝宗實錄』 卷11, 弘治 元年 2月 辛酉, pp.262~264 참조. 이 밖에도 홍치제는 그해 3월에 경연을 처음으로 개시할 것을 밝히고, 그 일자를 택해서 보고할 것을 예부에 명하였다. 『孝宗實錄』 卷10, 弘治 元年 閏正月 辛未, p.214.

2) 拙稿, 「成化年間(1465~1487)의 經筵과 정국운영―내각제의 쇠퇴와 科道官體系의 성립과 관련하여―」, 『明清史研究』 34집, 2010.10, pp.1~30 참조.

대한 '視學儀注'[4]를 마련하여 先農神 제사와 藉田에 대한 親耕 의례를 시행하는[5] 등 유교적 통치이념에 따른 각종 국가의례를 제정하였다.

그러나 이렇듯 홍치 연간의 제반 국가 의례 재정비가 과연 기존 史書의 평가처럼 이른바 '弘治中興' 또는 '弘治新政'[6]을 실제로 달성하였는지는 회의적이라고 하겠다. 왜냐하면, 유교적 통치이념과 관련된 제반 국가의례의 제정만을 가지고 곧바로 그 실질적인 성과를 단정할 수는 없기 때문이다. 따라서 '홍치중흥'의 달성 여부는 홍치 즉위를 계기로 마련된 제반 제도와 그 시행 실상과 내용에 대한 구체적인 규명을 거친 후에야 비로소 객관적인 평가가 가능할 것이다.

이에 본고에서는 명 왕조 개창 이래 유교적 통치이념 구현의 상징이자 정국운영에서 중요한 위치를 점하고 있었던 경연제도에 대해 구체적으로 살펴보고자 한다. 이를 위해 선행 연구와[7] 필자가 지금까지 진행한 논고를[8] 토대로 그 후속 작업으로서 홍치 연간(1488~1505)의 경연과 정국운영

---

3) 『孝宗實錄』卷10, 弘治 元年 閏正月 甲申, pp.227~228.

4) 『孝宗實錄』卷11, 弘治 元年 2月 壬寅, pp.242~245. 황제의 국자감 侍學은 당초 3월 초3일로 예정되어 있었지만, 당일 비가 그치지 않은 상황에서 초9일로 연기되었다. 『孝宗實錄』卷12, 弘治 元年 3月 丙寅, p.269.

5) 『孝宗實錄』卷11, 弘治 元年 2月 丁未, p.249.

6) 홍치 연간에 대해 "庶政을 更新함으로써, 言路가 크게 열렸다."고 평가하였다. 『明史』(新校本) 卷180, 「列傳」68, 「湯鼐傳」, 臺北 : 鼎文書局, 1975, p.4785.

7) 명대 경연 관련 선행 연구는, ① 경연의 교육 기능에 초점을 두고, 皇儲 교육 체계와 적장자 계승 원칙에서 기인되는 비경쟁성, 황권 강화와 황위 계승의 안정성만을 추구함으로 인해 초래되는 황실 교육의 전문성 부족과 정치적 실무 능력의 결핍, 황제의 자의성에 의해 좌우되는 皇儲 교육 체계의 비 독립성 등 황실 교육 체계와 교육 내용의 문제점을 규명하는 연구, ② 경연을 담당하는 내각과 한림원과 관련한 제도사적 연구, ③ 명대 정치가 점차 부패하고 쇠퇴하게 된 근본 원인을 경연제도와 관련지어 분석한 정치사적 연구 등으로 대별할 수 있다. 이에 대해서는 拙稿, 「正統·天順 年間의 經史 講論과 정국운영-經筵의 제도화와 내각제 운영과 관련하여」, 『中國史研究』61집, 2009.8, p.85, 주5) 참조.

8) 拙稿, 「明初 經筵제도의 배경과 그 특징-朱元璋의 經史 강론과 군주권 강화를 중심으로-」, 『明淸史硏究』25집, 2006 ; 拙稿, 「永樂帝(1403~1422)의 經筵 운영과 그 특징-북경 천도 추진과 관련하여-」, 『중국사연구』45, 2007 ; 拙稿, 「宣德

에 대해 검토하기로 하겠다. 따라서 본고에서는 홍치 연간의 경연제도에 대해, 당시 정국운영 방식과 관련하여 시기별로 나누어 그 특징을 규명해 보고자 한다. 먼저 홍치제 즉위 초(즉위년~홍치 2년)에 이루어진 「경연의주」 제정 배경과 함께, 특히 경연 시행을 둘러싸고 일어난 정치 세력 간의 논쟁과 그 의미를 규명하기로 하겠다. 이와 더불어 경연이 시행되었던 홍치 3~7년(1490~1494) 시기의 경연 실상에 대해 내각제 복원과 공론 정치 등 당시 정국운영과 관련지어 검토하는 한편, 홍치 8년(1495) 이후 경연이 유명무실화되는 상황에 대해서도 평가해 보고자 한다. 이로써 홍치 연간에 시행된 경연제도의 구체상과 특징을 당시 정치 세력 간의 대립 양상과 정국운영의 추이를 통해 규명함으로써, '홍치중흥'에 대해서도 재평가하기로 하겠다.

II. 弘治初(즉위년~2년)「經筵儀注」의 제정 배경과 경연 시행을 둘러싼 논쟁

1. 「경연의주」의 제정 배경과 내각제의 복원

홍치 연간(1488~1505)의 경연에 대해서는, 홍치 원년(1488) 윤정월 吏部右侍郎 楊守陳의 상소에서 처음으로 언급되고 있다.

> 오늘날 폐하께서 視朝 시에 접견하는 사람들은 오직 대신의 풍모를 한

年間(1426~1435)의 經史 講論과 그 특징—宣德 初 현안문제와 宣德帝의 정국운영과 관련하여—」,『中國史研究』57집, 2008, pp.247~273 ; 拙稿, 「正統·天順年間의 經史 講論과 정국운영—經筵의 제도화와 내각제 운영과 관련하여—」,『中國史研究』61집, 2009.8, pp.83~112 ; 拙稿, 「成化年間(1465~1487)의 經筵과 정국운영—내각제의 쇠퇴와 科道官體系의 성립과 관련하여—」,『明清史研究』34, 2010 등 참조.

사람들 뿐이니, 군자와 소인의 [구체적] 정황이나 小官들이나 遠臣들의 모습을 어떻게 알아 볼 수 있겠습니까?……[더욱이] 궁궐에서 믿는 사람은 오직 내관들의 말뿐입니다.……엎드려 바라옵건대, 폐하께서는 祖宗의 舊制를 준수하여 大·小 경연을 열어 강학하게 하시고, 早朝와 午朝에 늘 참석하여 政事를 살피시기 바랍니다. 대경연과 早朝는 舊例대로 하시고, 小講의 경우는 반드시 품행이 올바르고 학식이 풍부한 儒臣을 택하여 進講하게 하시고, 내용이 분명하지 않은 것에 대해서는 그 뜻을 해석하도록 하되, 義理와 政事, 흥망성쇠에 대해 상세하게 진강하도록 하여 의문이 없으면 이를 즉시 시행하기를 게으르지 않게 하시옵소서. 그리고 經史와 祖宗의 典訓, 百官의 題奏는 모두 文華殿의 後殿에 구비해 두고 내각 대신 1명과 講官 2명에게 날마다 교대로 前殿의 右廂에 기거하게 하시고, 혹시 의문이 나는 점이 있으면 즉시 이들에게 하문하시어 폐하께 회답하도록 하십시오,……또 한 午朝 시에는 폐하께서 文華門에 납시어 각 아문의 堂上官과 6科과도관를 모두 入侍하게 하시고……[그 중에서] 만약 중요한 政事와 관련된 것이 있다면 이는 내각과 府·部의 大臣들을 文華殿에 불러 논의하시되, 그들이 이에 대한 의견과 대책을 모두 다 피력하도록 하시어 타당한 결론을 구하도록 하시기 바랍니다. 그 나머지 사소한 章疏에 대해서는 내각의 閣臣만을 소집하여 面議를 통해 이에 대한 可否를 결정하시면 됩니다.……[그런데] 근자에는 講說과 視朝가 그저 실속이 없이 옛 故事에 따를 뿐입니다. 따라서 여러 章奏는 모두 내관들의 條旨와 批答에만 의존하고 있을 뿐이어서, 本이 서지 않은 채 末이 무성해지고 綱이 서지 않은 채 目만이 펴진 형상입니다.[9]

여기서 양수진은 條旨와 批答이 환관에 의해 좌우되는 등 정국운영이 기형적으로 이루어지고 있는 당시 상황을 비판하는 동시에, 그 해결 방안으로 경연(월강)과 소경연(일강)을 통해 조정 대신들과의 정사 협의를 재개할

---

9) 『孝宗實錄』卷10, 弘治 元年 閏正月 庚午, pp.211~214 ; 孫承澤, 『春明夢餘錄』(影印本) 卷9, 臺北 : 大立出版社, 1980, p.95下葉.

것을 강조하였다. 이로써 홍치제는 즉시 예부에 칙명을 내려 3월부터 경연을 개최할 것을 밝히는 동시에, 이에 필요한 「경연의주」를 마련하고 경연 개시 일자를 택일하도록 하였다.[10]

이렇듯 홍치제가 「경연의주」 제정을 즉각적으로 추진할 수 있었던 데에는, 특히 성화 연간(1465~1487)에 쇠퇴했던 내각 기능을 복원함으로써 황제가 정국운영을 직접 주도하려는 의도가 작용했던 것으로 보인다. 이는 성화 23년(1487) 9월 황제에 즉위한 홍치제가 제일 먼저 착수한 작업이 내각과 廷議에 대한 인사 단행이었다는 점에서 잘 엿볼 수 있다. 즉 즉위년 10월 홍치제는 先帝 때의 내각대학사인 萬安·劉吉과 學士 尹直 등이 致仕를 청하자,[11] 이를 계기로 11월에는 吏部左侍郎 겸 翰林院 學士 徐溥와 詹事府 少詹事 劉健 등을 入閣시킴으로써[12] 내각의 인적 구성을 새롭게 보충하는 동시에, 또한 당상관에 대한 충원을[13] 통해 廷議에 대해서도 새롭게 진용을 갖추었다. 여기에는 당시 과도관들이 공론을 이유로 閣臣 尹直과 예부상서 周洪謨를 비롯한 舊大臣들을 탄핵한 것이[14] 발단이

---

10) 『孝宗實錄』 卷10, 弘治 元年 閏正月 辛未, p.214.

11) 『孝宗實錄』 卷3, 成化 23年 9月 戊午, p.48 ; 같은 책, 卷5, 成化 23年 9月 丁亥, pp.87~88 ;『孝宗實錄』 卷6, 成化 23年 11月 丙申朔, p.97 ;『孝宗實錄』 卷6, 成化 23年 11月 甲辰, p.104 등 참조. 당시 홍치제는 이들의 致仕 요청을 허락하지 않았다.

12) 成化 23年 10月에는 徐溥를, 11月에는 劉健을 발탁하여 入閣시켰다. 이에 대해서는 『孝宗實錄』 卷5, 成化 23年 10月 癸巳, p.94 ;『孝宗實錄』 卷7, 成化 23年 11月 乙卯, pp.120~121 참조. 특히 劉健을 入閣시킬 때는 그를 예부우시랑으로 승격시키는가 하면, 徐溥에 대해서도 유건의 입각 시기에 맞추어 이부좌시랑에서 예부상서 겸 문연각대학사로 승직시키는 등 파격적인 승진 인사를 단행하였다. 이 중에서 특히 徐溥는 대학사 劉吉이 파직된 후 홍치 5년부터 內閣首輔를 담당하였고, 劉健은 홍치 11년 이후부터 徐溥를 대신하여 內閣首輔가 되었다. 이에 대해서는 『明史』 卷181, 「列傳」 69, 「徐溥傳」, p.4805 ;『明史』 卷181, 「劉健傳」, p.4810 참조.

13) 대표적인 예로 致仕 王恕를 이부상서에, 馬文升을 都察院 左都御史에 새로 발탁하였는데, 이들은 이후 홍치 연간 廷議에서 중요한 역할을 담당하였다. 이 밖에도 國子監掌監事 예부우시랑 丘濬을 예부상서에 발탁하였다. 『孝宗實錄』 卷6, 成化 23年 11月 乙巳, p.104 ;『孝宗實錄』 卷7, 成化 23年 11月 丙辰, pp.134~135.

되었다. 특히 이들 과도관 세력을 중심으로 제기된 舊大臣들에 대한 탄핵은 감찰어사 繆橚 등의 상소에서 보는 바와 같이, 正學과 올바른 인재의 발탁을 특별히 강조하는 명분하에 이루어지고 있었다. 이는 새로운 황제의 즉위를 계기로 閣臣과 廷臣들에 대한 대대적인 물갈이를 의미하는 것인 동시에, 특히 내각제를 중심으로 한 정사 협의 체제의 복원을 예고하는 것이기도 했다.

이처럼 즉위 초 閣臣과 廷臣에 대한 인적 충원과 재편이 이루어진 가운데, 같은 해 11월에는 巡按直隸監察御史 湯鼐가 이부상서 李裕와 내각대학사 尹直, 예부시랑 黃景과 都御史 劉敷 등의 舊臣들이 "태감 尙銘, 소인배 李孜省 등과 내통하여 先帝를 기망한 무리"라고 재차 탄핵하는 동시에, 直諫할 수 있는 侍從官을 발탁하여 講論을 철저하게 시행할 것을 특별히 강조하였다.

폐하께서는 즉위 초부터 視朝 후 여가 시간에는 반드시 文華殿에 납시어 侍從職을 택하시되, [품행이] 端正重厚한 少詹事 劉健과 右諭德 謝遷, 通敏直諫하는 右諭德 程敏政과 吳寬 등과 같은 사람들을 좌우에 두시고……[이들에게] 皇明祖訓의 祖訓條章을 시작으로 이를 講解하여 상세하게 설명하게 하시고,

---

14) 홍치제 즉위년인 成化 23년 10월 6科13道의 과도관들은 내각대학사 尹直과 이부상서 李裕, 右都御史 劉敷와 左副都御史 丘鼐, 예부좌시랑 黃景 등이 先代의 奸臣 李孜省과 내통하여 貪黷을 일삼았고, 또한 예부우시랑 丘濬과 左通政 李溥, 右通政 陳琬, 그리고 太僕寺卿 李溫과 太僕寺少卿 林鳳 등이 無恥한 일을 저지른 것을 이유로 이들을 파직시킬 것을 건의하였다. 『孝宗實錄』 卷5, 成化 23年 10月 癸巳, pp.94~95 참조. 이들에 대한 탄핵은 그 해 11월에도 南京·陝西 等 도감찰어사 繆橚의 進言과 같은 시기 吏科給事中 宗琮의 탄핵 상소에서도 잘 알 수 있다. 『孝宗實錄』 卷6, 成化 23年 11月 己酉, pp.107~110 ; 『孝宗實錄』 卷6, 成化 23年 11月 癸丑, pp.115~116 ; 『孝宗實錄』 卷8, 成化 23年 12月 辛卯, pp.178~180 참조. 한편, 같은 해 11월에는 禮科給事中 韓重과 監察御史 劉寬 등이 당시 예부상서 周洪謨가 타고난 성품이 음흉할 뿐 아니라, 시의에 적절하지 않게 모든 업무를 자기 한 사람의 의견대로 함부로 결정하였다는 것을 이유로 그를 탄핵하였다. 『孝宗實錄』 卷6, 成化 23年 11月 庚戌, p.114 참조.

그 사이에 「典謨」, 「訓誥」와 『貞觀政要』, 『通鑑綱目』, 『大學衍義』 등의 책을
날마다 2~3편씩을 講說하게 함으로써, 역대 帝王들의 흥망성쇠와 존망의
원인을 체득하시고 이를 감계로 삼으시기 바랍니다.[15]

　이와 같이 홍치제의 즉위를 계기로, 당시 공론을 대변하는 과도관 세력들
은 閣臣을 비롯한 博學端正한 儒臣들을 시종직으로 발탁하여 황제에 대한
성학 교육은 말할 것도 없고, 경연에서의 언로개방과 정사 협의의 기능을
특별히 강조하고 있음을 알 수 있다.[16] 경연과 언로 개방의 중요성, 先代
舊臣들에 대한 교체를 주장하는 이들의 상소는 홍치 원년(1488)에도 여전히
지속되었다.[17] 이부우시랑 楊守陳의 경연 관련 상소는 바로 이러한 분위기
를 반영하는 것이라 하겠다. 결국 홍치제도 당시의 분위기를 수용하여
원년 윤정월 「經筵儀注」를 마련할 것을 예부에 명하고 2월에는 「경연의주」
를 제정함으로써, 경연제도가 마침내 공식화되기에 이르렀다. 이로써
'藉田儀注'와 '視學儀注'의 제정과 더불어 유교적 통치이념에 입각한 제반
국가의례를 제정함으로써, 새롭게 시작되는 홍치연간의 新政이 그 제도적
면모를 갖추게 되었다.
　이렇듯 홍치제 즉위초, 「경연의주」의 제정은 내각의 정사 협의 기능의

---

15) 『孝宗實錄』 卷7, 成化 23年 11月 丁巳, p.136. 특히 湯鼐는 홍치제의 庶政 更新을
　　계기로 언로가 크게 개방된 당시의 상황에서, 조정 대신들에 대한 비판과 공격을
　　가장 적극적으로 진언함으로써 신망이 두터웠기 때문에 많은 대신들은 그를
　　두려워했다고 한다. 『明史』 卷180, 「列傳」68, 「湯鼐傳」, p.4785.

16) 南京 工科給事中 童應玄과 감찰어사 陳孜도 講學의 중요성과 더불어 내각과의
　　정사 협의를 특별히 강조하였다. 『孝宗實錄』 卷7, 成化 23年 11月 丁巳, pp.137~138
　　; 『孝宗實錄』 卷7, 成化 23年 11月 己未, p.139 참조.

17) 예컨대, 弘治 元年 正月 南京太僕寺 寺丞 文林은 言路의 개방과 직언의 嘉納, 賢才의
　　발탁을 강조하였고, 감찰어사 湯鼐는 少傅 劉吉·萬安·尹直 등의 貪汚를 탄핵하는
　　상소를 올렸다. 또한 도찰원 좌도어사 邊鏞도 諫諍의 수용과 더불어, 일강을
　　통해 大臣들과 빈번하게 정사를 협의할 것을 강조하였다. 『孝宗實錄』 卷9, 弘治
　　元年 正月 庚子, pp.185~189 ; 『孝宗實錄』 卷9, 弘治 元年 正月 甲寅, pp.191~192 ; 『孝
　　宗實錄』 卷9, 弘治 元年 正月 丙辰, p.193 참조.

회복과 언로 개방에 그 목적과 초점이 있었고, 이는 곧 특히 홍무·영락 연간의 정치 체제와 정국운영의 회복, 즉 내각의 복원을 의미하는 것이기도 하였다. 이러한 사실은 홍치 원년 2월 南京戶部主事 盧錦이

太祖 高皇帝께서는 중요한 政事에 대해서는 매번 府·部의 대신들과 面議하면서 일일이 처리하시고, 또한 학사와 급사중 吳去疾 등을 불러 강론하도록 하셨습니다. 태종 황제도 이러한 [명 태조의] 뜻을 받들어 모든 政事는 晩朝 시에 자세한 사정을 살피시고, 또한 대학사 胡廣 등 7人을 내각에 입각시켜 이들과 정사를 협의하셨습니다. [그런데] 근래에 와서는 批答이 본래 내각의 학사들에게 맡겨졌음에도 불구하고 그 보고는 內臣의 傳言으로만 전달될 뿐이어서, 어전에서 소견을 직접 아뢸 수 없었고, 각 府·部의 대신들 또한 面奏하여 정사를 처리할 수 없었습니다.……바라옵건대, 이제부터는 내각에 납시어 批答과 모든 政事를 반드시 내각과 해당 科의 급사중, 그리고 해당 衙門의 대신들과 함께 어전에서 面議를 통해 可否를 결정하시기 바랍니다.……또한 才識이 뛰어나고 문학이 출중한 5~7인을 학사로 선발하여 날마다 내각에 나가 備顧問하게 하시옵소서.[18]

라고 진언한 내용에서 잘 엿볼 수 있다.[19]

---

18) 『孝宗實錄』卷11, 弘治 元年 2月 乙未朔, pp.237~239. 이 밖에도 그 해 4월 남경병부 주사 婁性도 명 태조와 태종의 예를 들어 당시에 유명한 儒士 謝遷·張元禎·陳憲章 등을 예우하여 閣臣으로 발탁할 것을 주청하였다. 孫承澤, 앞의 책, 卷9, p.96下葉. 또한 홍치 원년 4월 右春坊 右庶子 겸 한림원 시강 王臣도 제왕학의 중요성과 이를 위해 내각과의 빈번한 면대를 강조하였다. 『孝宗實錄』卷13, 弘治 元年 4月 壬戌, pp.321~323 참조.

19) 내각제를 중심으로 한 군신간의 정사 협의와 언로개방, '面議'에 의한 정국운영을 강조하는 내용은 홍치 원년 3월 壽州의 知州 劉聚와 같은 해 4월 南京兵部主事 婁情, 그리고 5월의 남경 형과급사중 周紘과 이과급사중 林廷玉 등의 상소에서도 잘 알 수 있다. 『孝宗實錄』卷13, 弘治 元年 4月 丁酉, pp.293~294 ; 『孝宗實錄』卷14, 弘治 元年 5月 丁卯, pp.329~331 ; 『孝宗實錄』卷14, 弘治 元年 5月 辛未, pp.332~334 등 참조.

이상에서 볼 때, 즉위 초 「경연의주」의 제정은 특히 父皇 성화 연간의 정국운영의 폐단을 극복하고 祖宗之制를 다시 복원하는 것에 그 목적이 있었다. 이는 곧 선대의 9경과도관회의를 중심으로 하는 정국운영 방식에서 내각제를 중심으로 황제가 주도하는 정국운영으로 복귀함을 의미하는 동시에, 그 방안으로서 경연제도를 통한 정사 협의와 언로 개방이 특별히 강조되었다고 하겠다.

2. 경연 시행을 둘러싼 논쟁과 그 의미

상술한 바와 같이, 홍치 원년 2월 「경연의주」가 제정되자 홍치제는 같은 날에 경연 담당관을 임명함으로써[20] 경연 개최 준비를 완료하였다. 이로써 홍치제는 홍치 원년 3월 마침내 早朝가 끝난 뒤 문화전에서 처음으로 경연을 개최하였다. 이 자리에서 홍치제는 少傅 太子太師 이부상서 謹身殿대학사 劉吉은 『大學』 첫 一節을, 그리고 예부우시랑 겸 한림원 학사 劉健은 『尙書』 「堯典」의 첫 一節을 진강하게 하였고, 이 자리에 참석한 경연관과 侍班官 및 執事官에게 연회를 베풀었다. 또한 앞으로 경연은 매월 세 차례 2자가 들어간 날(2일·12일·22일)에 정기적으로 개최하도록 명하는[21] 동시

---

20) 知經筵事에는 太傅 兼 太子太師英國公 張懋와 小傅 兼 太子太師吏部尙書 謹身殿大學士 劉吉, 同知經筵事에는 禮部尙書 兼 文淵閣大學士 徐溥와 禮部右侍郞 兼 翰林院 學士 劉健 등을 임명하였다. 또한 예부우시랑 倪岳, 詹事府少僉事 겸 한림원 시강학사 汪諧·程敏政, 太常寺少卿 겸 한림원 侍讀 傅瀚·陸釴·周經과 國子監祭酒 費誾, 左春坊左庶子 겸 한림원 시독학사 李傑, 左春坊左庶子 겸 한림원 시독 張昇·吳寬, 右春坊右庶子 겸 한림원 시독 董越·王臣 등에게 경연관을 겸하게 하였다. 이들 중에서 특히 劉吉·劉健·程敏政·陸釴·周經·謝遷에게는 날마다 강독을 담당하게 하는 한편, 한림원 등 각 아문의 유신들에게는 시강을 교대로 나누어 담당케 하였다. 이 밖에 경연의 배석자와 通書講章官에 대해서도 임명하였다. 『孝宗實錄』卷11, 弘治 元年 2月 辛酉, pp.264~266 참조.

21) 『孝宗實錄』卷12, 弘治 元年 3月 丙子, p.279. 이 밖에도 鄧球, 『皇明泳化類編』(影印本) 卷22, 臺北 : 國風出版社, 1965, p.613 참조.

에, 그 다음날 바로 早朝가 파한 뒤에 문화전에서 日講을 개최하였다.[22] 이로써 홍치 연간의 경연(월강)과 일강이 처음으로 시행되기에 이르렀다.

그런데 여기서 특히 주목되는 점은 경연이 시행된 지 불과 두 달이 지난 그해 5월에 이르러 조정 대신들 간에 경연을 둘러싸고 논쟁과 갈등이 일어났다는 사실이다. 논쟁은 당시 太子太保 이부상서 王恕가 경연과 관련하여 進言한 것이 발단이 되었다. 그의 진언 내용은 ① 황제의 건강을 고려하여 혹한이나 혹서에는 天順·成化 연간의 「경연의주」에 따라 경연을 잠시 중단해야 하며, ② 경연은 어디까지나 聖學 교육에 있기 때문에 굳이 儀衛와 연회 등 허례허식은 불필요하다는 것 등이었다.[23] 이러한 王恕의 진언에 대해 공과급사중 夏昂은 "經史에는 천하의 治道가 담겨져 있기 때문에 강관에게 이를 분명하게 설명하도록 하여, 혹시라도 이를 기피해서는 안 된다."[24]고 반박하면서 經史 강론의 필요성을 우회적으로 강조하였다. 또한 大理寺辦事 진사 董傑은

講學은 經筵보다 더 중요한 것이 없습니다. [그러기에] 自古 이래로 경연은 聖賢이 폐지하지 않고 매일 한 차례의 小講과 열흘에 한 차례의 大講을 열었는데, 이는 또한 우리 祖宗의 良法이자 아름다운 제도입니다.……臣이 생각하건대, 王恕가 추위와 더위 때에는 경연을 잠시 중단해야 한다고 요청한 것은 그를 위해서도 참으로 애석한 일입니다. 더구나 王恕는 폐하께

---

22) 당시 일강의 교재로는 『尙書』와 『孟子』가 사용되었고, 午早 후에는 『大學衍義』가 강론되었다. 『孝宗實錄』卷12, 弘治 元年 3月 丁丑, p.280 ; 鄧球, 앞의 책, 卷22, p.613. 이와 함께 당시 강관 張元禎이 키가 작았기 때문에 황제가 자세를 구부려서 경청하였을 뿐 아니라, 이들에 대해서는 이름을 부르지 않고 모두 '先生'이라고 호칭하는 등 경연에 임하는 홍치제의 성실한 태도를 극찬하였다. 이처럼 홍치 초에는 강관들에 대한 예우가 상당히 좋았던 것으로 보인다. 張英聘, 「略述明代的經筵日講官」, 『邢台師專學報(綜合版)』1995年 4期, 1995, p.16 ; 高陽, 『明朝的皇帝』上冊, 臺北 : 學生書局, 1997, pp.290~292 참조.

23) 『孝宗實錄』卷14, 弘治 元年 5月 丁亥, pp.350~351 참조.

24) 『孝宗實錄』卷14, 弘治 元年 5月 丁亥, p.352 참조.

서 재야에 있는 그를 특별히 기용하여 太子太保라는 재상의 직책을 주셨을 뿐만 아니라, 또한 경연에도 배석하게 한 사람입니다 [따라서] 마땅히 날마다 그 은혜에 보답하고자 애써서, 먼저 마음으로는 폐하의 덕을 계도하기 위해 노력하고 행동으로는 폐하의 治를 도와야 마땅할 것입니다. [그런데 그가 무거운 직책을 맡은 지] 반년이 지난 지금에 이르러서 계도는커녕 이처럼 [황제를] 기망하는 말씀을 올리고 있습니다. 무릇 경연은 단 하루라도 폐지하지 않아야 聖學과 聖德이 날로 더 발전할 것이니, [이를] 한 달 동안이나 폐지할 수는 없는 것입니다.……만약 그의 말을 들어주신다면, 천하 사대부들의 실망이 결코 작지 않을 것입니다.[25]

라 하여, 사대부들의 公論을 들어 반대 의견을 직설적으로 피력하였다. 같은 해 6월에는 감찰어사 湯鼐도 반대 의견을 개진하여,

경연은 강학의 첫 번째 일입니다. 오늘날 侍從之官은 이미 해당하는 秩祿을 받았고 경연관은 여기에 더하여 포상까지 받았을 뿐만 아니라, 또한 이들에게는 자신이 생각하는 바를 숨김없이 진언할 수 있게 하였습니다. [따라서] 매일 한 차례의 小講과 열흘에 한 차례의 大講을 시행한 이후부터는 士民들이 모두 樂道하여 聖明하는 것을 기뻐했습니다. 그런데도 王恕는 이를 따르지 않고 경연을 중단할 것을 청하니, 실로 中外의 기대를 저버린 것입니다. 바라옵건대, 6월 초하루부터는 옛날과 같이 경연에 참석하시고, 午朝에는 聖學을 받들어 政事를 돌보심으로써 祖宗을 안심시키고 자손에게 모범이 되시기 바랍니다.[26]

라고 하였다. 이처럼 반대론자들은 ① 경연의 성학 교육 기능은 '祖宗之美制' 라는 점에서 하루라도 중단할 수 없다는 것, ② 사대부들의 공론과 위배된다

---

25) 『孝宗實錄』 卷14, 弘治 元年 5月 壬辰, pp.355~358.
26) 『孝宗實錄』 卷15, 弘治 元年 6月 乙未, pp.360~361.

는 점 등을 들어 경연 중단에 반대하였음을 알 수 있다.

경연 시행을 둘러싼 당시의 논쟁에 대해, 홍치제는 "경연 강학은 고금의 美事이지만, 근자에 와서 찌는 더위를 만나 잠시 이를 중단했다. 禮科都給事中 韓重 또한 이와 같은 말을 했는데, 조금만 서늘해지면 즉시 시행할 것이다."27)라고 답하였다. 이처럼 홍치제가 경연을 곧 시작하겠다는 회답을 접한 王恕는 황제가 酷暑에 혹시라도 聖體를 상할 수 있다는 점을 들어 자신의 입장을 재차 변명하면서 귀향 처분해 줄 것을 자청하였다. 그러나 홍치제는 "小臣들의 말에 마음을 상하지 말라."고 당부하면서 그의 청을 허락하지 않았는데, 여기에서 당시 홍치제의 의중은 王恕의 진언 내용에 동조하고 있었음을 알 수 있다. 더구나 흥미로운 사실은 이러한 조정 대신들과 과도관들의 논쟁28)에 대해, 명실록에서는 "당시 王恕가 잠시 경연을 중단하자고 요청한 것은, 실제로 다른 의도가 없었다. 그러므로 [진사 董傑 등의 말에 약간은 지나침이 있다."29)고 평가함으로써, 왕서의 입장을 두둔하는 입장을 보이고 있다는 점이다. 이는 홍치제의 정국운영 의도를 반영하는 것으로, 그의 즉위 초 내각제 복원을 통해 황제가 주도하는 정국운영을 꾀하고 있었음을 보여주는 것이라 하겠다. 다시 말해서 사대부를 중심으로 공론 정치가30) 그 어느 때보다 활성화되는 가운데, 이를 대변하는 과도관과 재야 사대부들이 경연을 통해 군신간에 원활한 정사

---

27) 『孝宗實錄』 卷15, 弘治 元年 6月 乙未, pp.360~361.
28) 홍치 즉위 초 湯鼐와 董傑 등 과도관과 사대부들이 대학사 劉吉을 탄핵한 것을 계기로, 劉吉은 이에 맞서 일부 御史들을 자신을 옹호하는 세력으로 끌어들이고자 노력함으로써 양자 간의 대립은 점차 붕당화되는 양상으로 심화되었다. 이에 대해서는, 『明史』 卷180, 「列傳」68, 「湯鼐傳」, p.4786 참조.
29) 『孝宗實錄』 卷15, 弘治 元年 6月 乙未, p.361.
30) 조영록은 명대 과도관체계는 景泰·天順 年間에 확립되기 시작하여, 成化·弘治 年間에 이르러서는 이들의 정치비판이 활성화되는 등 공론 정치가 절정에 달한 시기라고 설명하였다. 曺永祿, 「成化·弘治年間 帝室의 '與民爭利'와 과도관의 정치비판」, 『明代 科道官體系의 형성과 政治的 機能에 관한 연구』, 서울대 박사학위논문, 1987, pp.92~123 참조.

협의가 달성되기를 특별히 강조하고 있음에도 불구하고, 홍치제는 오히려 내각제의 복원을 통해 정사 협의의 대상을 중앙 언로에 국한하는 경연을 주장함으로써 황제가 정국운영을 주도하고자 한 것이다. 결국 홍치초에 일어난 경연 관련 논쟁은 공론 정치의 반영을 강조하는 과도관 중심의 사대부 세력과 황권을 강조하는 조정 대신들 간의 길항 관계를 반영하는 동시에, 당시 정국운영을 둘러싼 각 정치 세력 간의 대립 양상과 실상을 반영한 것이라고 하겠다.

각 정치 세력 간의 갈등과 대립 양상은 경연 교재 채택과 관련해서도 지속되었던 것으로 보인다. 즉 경연이 처음 열린 지 불과 이틀 뒤에 壽州 知州 劉聚가 경연 교재로서 四書와 經書 이외에도 특히 宋儒 眞德秀의『大學衍 義』를 강독하여 修齊治平의 道를 함양할 것을 강조하고 있는 사실에서도 잘 엿볼 수 있다. 나아가 홍치제의 즉위 시 丘濬이『大學衍義補』를 저술하여 황제에게 進上함으로써 예부상서로 승직했음에도 불구하고, 그의『대학연 의보』가 경연 교재로 추천되지 못한 사실은, 이후 丘濬과 王恕 두 사람 간의 갈등뿐만[31] 아니라, 당시 제왕학의 구체상과 국정운영을 둘러싸고

---

31) 丘濬과 王恕 두 사람의 대립과 갈등은, 먼저 王恕의 考察 관련 상소에서 비롯되었다. 즉 홍치 6년 당시 이부상서인 王恕가 고찰을 실시하여 약 2천 명에 가까운 관리를 파직할 것을 상소하였다. 이에 대해 구준은 재임기간이 3년이 되지 않은 사람들에 대해서는 復任하고, 또한 탐욕과 횡포가 현저한 자를 제외하고는 파직하지 말아야 한다고 간청함으로써, 마침내 90명이 유임되기에 이르렀다. 두 번째로는 太醫院判 劉文泰 사건이 원인이 되었다. 즉 劉文泰가 太醫院判에서 파직되자, 그는 신원 상소를 올려 당시 이부상서인 王恕를 비판하였다. 이에 대해 왕서는 유문태의 신원 상소는 그가 긴밀하게 교류하고 있었던 구준이 뒤에서 꾸민 일이라고 지적함으로써, 조정 내의 의견이 분분했다.『明史』卷181, 「列傳」69, 「丘濬傳」, p.4809 ;『明史』卷70, 「列傳」70, 「王恕傳」, p.4836 참조. 또한 차혜원은 이들의 갈등을 당시 인사고과제도인 考滿法과 考察法을 둘러싼 논쟁으로 해석함으로써, 흥미로운 견해를 제시한 바 있다. 즉 당시 고찰법의 문제점을 지적하는 홍치제의 시정명령에 대해 이부상서인 王恕가 반기를 든 데 비해, 丘濬은 홍치제의 고만법 지지 입장에 상당한 영향을 미친 사실을 밝힘으로써, 인사제도를 둘러싼 정치세력 간의 대립에 대해 언급하였다. 차혜원,『저울 위의 목민관』, 서강대출판부, 2010, pp.64~67 참조.

일어난 홍치 초 조정 대신들 간의 길항관계와 각 정치세력과의 연계성을 추적하는데도 중요한 단서가 될 수 있다는 점에서 示唆하는 바가 크다고 하겠다.32) 이러한 저간의 사정은 경연 관련 논쟁이 일어난 이후에도 輔導之臣의 중요성과 언로의 개방을 강조하는 동시에, 이를 위해 특히 황제 輔導職의 교체를 주장하는 상소가 잇따른 것에서도 알 수 있다.33) 이에 따라 홍치 원년 6월 戶科給事中 賀欽은 경연의 개최와 더불어 이를 담당할 경연담당관으로서 陳獻章과 같은 眞儒를 京師에 많이 초빙하여, 이들에게 治道를 자문할 것을 강조하는 상소를 올리고 사직하기까지 하였다.34)

이렇듯 경연제도 시행과 이를 통한 언로 개방 문제는 공론으로 형성될 정도로 매우 중대한 당시의 현안이었다. 다만 정국운영 방식을 둘러싸고 과도관들은 언로 개방과 정사 협의의 실질적인 측면을 강조함으로써 경연에서 공론을 반영할 것을 강조한 데 비해, 대신들은 내각 등 중앙정치 조직을 중심으로 황제가 주도하는 정사 협의를 강조하는 입장이라고 할 수 있다. 이러한 양자의 입장 차이와 갈등은 당시 홍치제가 賀欽의 사직

---

32) 잘 알려져 있는 바와 같이, 진덕수의 『대학연의』는 대학의 8덕목 중에서 황제의 修齊를 중심으로 하는 국가운영론과 국가조직론을 설명하고 있다는 점에서 황제 의 '家天下' 의식을 반영하고 있다고 할 수 있다. 이에 비해, 구준의 『대학연의보』는 대학의 8덕목 중에서 治平를 강조함으로써, 황제의 '家天下' 관념에서 한 걸음 더 나아가 사대부들의 經世觀과 經世術을 설명하고 있다는 점에서 실용성을 강조했다고 할 수 있다. 따라서 경연 교재를 어떤 것으로 채택하느냐의 문제는 당시 황제를 비롯한 조정의 국가관은 말할 것도 없고, 당시 지배층의 국가관과 정치 세력 간의 길항 관계를 구체적으로 이해하는 데 중요한 기준이라고 할 수 있다. 이에 대해서는 추후의 기회로 미루기로 한다. 朱鴻, 「理論型的經世之學 - 眞德秀大學衍義補的用意及其著作」, 『食貨月刊』 1985年 5期, pp.108~119 ; 拙稿, 「15 세기 중국 經世思想의 한 분석－丘濬의 『大學衍義補』를 중심으로－」, 연세대 박사 학위논문, 1990.6, pp.28~39 ; 拙著, 『中國近世經世思想研究』, 혜안, 2002 등 참조.

33) 좌춘방좌서자 겸 한림원 시독 張昇과 南京戶科給事中 方向 등이 황제의 輔導之臣의 중요성을 강조하면서, 先代이래의 閣臣 萬安과 劉吉 등을 탄핵하고, 참신한 인재를 발탁할 것을 강조하였다. 『孝宗實錄』 卷15, 弘治 1年 6月 乙未, pp.362~363 ; 같은 책, 甲辰, pp.369~370 참조.

34) 『孝宗實錄』 卷15, 弘治 元年 6월 乙卯, pp.379~380.

요청을 윤허한 일과 선대의 閣臣 尹直을 탄해한 左春坊左庶子 張昇을 좌천시킨 일에 대해, 과도관들이 "언로개방을 위한 '求直言'의 방침에 위배된다."고 비판하는 상소를 지속적으로 올린 것에서도[35] 잘 알 수 있다. 이에 대해 홍치제는 張昇에 좌천 조치를 비판하는 남경감찰어사 陳高 등에 대해, "공론에 따라 처리했는데, 어째서 다시 상소를 올려 소란을 피우느냐?"[36]며 과도관들의 비판에 대해 신경질적인 반응을 보일 정도로 부정적인 태도를 보였다. 그러나 감찰어사 歐陽旦 등 과도관들은 같은 해 7월에 이르러 致仕한 少師 겸 太子太師 이부상서 華蓋殿大學士 萬安의 사망을[37] 계기로, 또 다시 대학사 劉吉에 대해 "厚祿을 누리면서도 정사를 바르게 하지 않는다."면서 탄핵하였다. 이에 대해 홍치제는 "劉吉이 조정 대신으로서 정성을 다해 輔政하고 있다."고 평가하면서, 이들의 탄핵 상소를 "망언으로 소란을 피운다."고 힐난하면서 수용하지 않았다.[38] 이렇게 과도관과 조정 대신 간의 대립과 갈등이 지속되고 있는 상황에서, 홍치제는 내각제를 중심으로 하는 황제 주도의 정국운영을 주장하는 대신들의 견해에 동조함으로써, 내각제의 복원을 '維新之政'[39]의 한 방안으로 삼았던 것이다.

---

35) 즉 弘治 1年 7月 감찰어사 曹璘은 '求直言'을 강조하면서, "근일에 언관이 경연에 다시 납시기를 청하였지만, 윤허를 얻지 못했습니다. 이로써 전 급사중 何欽은 勸學을 주장하고 사직하였는데……퇴직을 허락하셨습니다."라고 하였다. 같은 시기에 左春坊左贊善 張元禎도 "經筵을 열어 강학을 권할 뿐 아니라, 臺諫들의 盡言을 수용할 것"을 특별히 강조하였다. 『孝宗實錄』 卷16, 弘治 元年 7月 甲戌, pp.393~395 ; 『孝宗實錄』 卷16, 弘治 元年 7月 乙亥, pp.397~399. 또한 같은 해 8月 남경 감찰어사 陳高 등은 南京좌춘방좌서자 장승의 탄핵 상소가 과도관 韓童·魏璋 등과 사적으로 짜고 진언한 것이라고 降黜한 일은 "입과 혀를 막아 대신들의 허물에 대해 말하는 것을 기피한 것"이라고 비판하였다. 『孝宗實錄』 卷17, 弘治 元年 8月 丙午, pp.417~418 참조.

36) 『孝宗實錄』 卷17, 弘治 元年 8月 丙午, pp.417~418 참조.

37) 『孝宗實錄』 卷24, 弘治 2년 3月 己巳, pp.544~547 참조.

38) 『孝宗實錄』 卷28, 弘治 2年 7月 癸酉, p.618 참조.

39) 이는 홍치 2년(1489) 2월 내각대학사 劉吉 등이 올린 상소에서, "皇上께서는 즉위한 이래 '維新之政'을 차례로 시행하고 계십니다.……각 아문에서 政事의 미흡한 점에 대해 대신들이 직언을 상주하면, 황제께서는 이를 시행하도록 허락하

이상의 사실을 통해 볼 때, 이 시기 경연의 기능은 어디까지나 유교적 통치이념에 따른 성학 교육과 정사 협의의 형식 복원에 국한될 뿐이었고, 선덕 연간처럼 내각의 황권 견제 기능[40]의 회복이나 공론 정치를 반영하는 것은 아니었다. 바로 이런 점에서, 소위 '홍치중흥'은 어디까지나 황제 중심의 정국운영 체제, 즉 홍무·영락 연간의 중앙정치 체제와 정국운영 방식이라는 '祖宗之制'로의 복원을 의미하였다.

III. 홍치 3~8년(1490~1495) 경연 시행의 실상과 황제 중심의 정국 운영

상술한 바와 같이, 내각제를 중심으로 하는 황제 주도의 정국운영을 위해 시행되기 시작한 홍치 초기의 경연제도에서는 자연히 皇權의 견제 기능을 기대하기란 어려운 일이었다. 따라서 당시 과도관이나 재야 사대부가 주장한 바와 같이, 사대부들에게까지 언로를 개방함으로써 공론 정치를 달성한다는 것은 더더욱 기대할 수 없었다. 그러므로 이 시기 경연에서 정사 협의의 대상은 자연히 내각이나 조정 대신들을 중심으로 하는 중앙 언로에만 국한될 수밖에 없었다. 더구나 명대 내각제는 황제 개인의 사적 자문 기구로서, 환관과 더불어 황제 독재 체제를 지탱하는 두 축이라는 사실을 감안해 볼 때, 경연은 단지 유교적 통치이념을 달성하기 위한 명분이나 의례에 치우치는 경우가 많을 수밖에 없었다. 이는 홍치 원년

시고, 요행으로 들어온 자들에게 유혹되지 마시기 바랍니다."라고 한 데서 잘 엿볼 수 있다. 『明孝宗實錄』卷23, 弘治2年 2月 壬辰, pp.520~521. 특히 홍치제의 즉위를 계기로 과도관들은 성화 연간의 폐정을 비판하고 개혁을 주장함으로써, 이 시기 '新政'은 과도관의 제안과 관련이 있다고 할 수 있다. 이에 대해서는 조영록, 앞의 논문, p.108, 주)54 참조.

40) 拙稿, 「宣德年間(1426~1435)의 經史 講論과 그 특징-宣德 初 현안문제와 宣德帝의 정국운영과 관련하여-」, 『中國史研究』 57집, 2008. p.270 참조.

3월 경연이 처음으로 개최된 이래, 그 이후로는 경연이 제대로 시행되지 않았던 사실에서 잘 알 수 있다. 이에 대해 홍치 3년(1490) 3월 호과급사중 屈伸은

옛날의 제왕들은 날마다 강학하지 않은 때가 없었고, 강학이 없는 곳에는 가지도 않았습니다. 賈誼가 "황제는 五學에 입문해야 한다."는 것은 오늘날에 와서는 이미 그 제도가 없어졌습니다. [따라서] 聖學을 기르고 聖心을 함양하는 것은 오직 매월 [열리는] 경연과 날마다 [열리는] 直講에 의존할 뿐입니다. [그러한데] 어찌하여 일 년 가운데 큰 추위와 더위에는 강론을 중단하고, 또한 4~5월의 한 달 중에도 그 [강학]의 儀禮를 거행한 것이 겨우 10분의 2~3에 불과합니까? [이로써] 儒臣들이 [황제를] 친견하는 시간이 적고 관리들이 그저 보고만 하고 물러나는 때가 더 많으며, 또한 儒臣들이 開導하는 말이 적고 좌우에서 유혹하는 말만이 많습니다.……엎드려 바라옵건대, 皇上께서는 때마다 경연에 납시고 날마다 직강에 임하시어, 귀로 듣고 가슴으로 생각하시고 이를 마음으로 깊이 체득하신 것을 행동으로 보여주시기 바랍니다.41)

라고 하여, 경연이 제대로 열리지 않았던 당시의 사정을 잘 설명하고 있다. 이러한 지적에 대해, 홍치제는 "경연과 일강은 마음을 함양하는 것이니, 추위와 더위라도 이를 중단할 수 없다."42)고 수용하면서, "일강은 근자에 와서 이미 정기적으로 열기로 그 일자를 정했다."고 답하였다. 이러한 홍치제의 답변은 실제로는 변명에 불과한 것으로서, 이는 이틀 뒤 내각대학사 劉吉이 都給事中 劉聰 등의 상소 내용을 인용하여 강학에 힘쓸 것과 아침 일찍 視朝에 힘쓸 것을 주청한 사실에서도43) 잘 알 수

---

41) 『孝宗實錄』 卷36, 弘治 3年 3月 丁巳, pp.773~774.
42) 『孝宗實錄』 卷36, 弘治 3年 3月 丁巳, p.774.
43) 『孝宗實錄』 卷36, 弘治 3年 3月 己未, pp.779~781 참조.

있다. 이렇듯 강학에 힘쓸 것을 요청하는 상주문은 그 이후에도 지속되었을[44) 뿐만 아니라, 홍치 3년 12월에도 대학사 劉吉을 비롯하여 6部의 대신들(이부상서 王恕, 병부상서 馬文升, 형부상서 何喬新, 공부상서 賈俊, 都察院도어사 屠滽 등)이 星變을 계기로 致仕를 자청하는 가운데, 감찰어사 徐昇이 황제에게 경연에 힘쓸 것을 강조하는 상소를 올렸다.

이제부터는 날짜에 얽매이지 말고 경연에 나가는데 힘쓰십시오. 혹시라도 큰 추위와 더위가 있을 시에는 이를 잠시 중단하더라도 매달 원래 정한 일자에 따라 경연에 나가 예를 따르고, 유신들과 성현의 도를 강구하여, 전대의 선한 일을 법으로 삼고 악한 일을 감계로 삼아 이를 실행하시기를 바랍니다.……또한 강론에 접하여서는 신하들이 마음껏 정사를 논하도록 하시되, 만약 마음에 걸리는 의문이 있으시면 이들과 함께 간곡하게 講求하시어 매사의 근본을 찾으시기 바랍니다.[45)

감찰어사 서승의 상소가 있자, 이틀 뒤에는 추위와 더위에는 경연을 잠시 중단할 것을 요청했던 이부상서 王恕조차도 각 아문과 더불어 추위와 더위를 불문하고 경연 강학을 개최할 것을 주청함으로써,[46) 경연 시행이 그 어느 때보다 강조되고 있었다.

이러한 상황에서, 홍치 4년(1491) 이후에는 특히 언로 개방과 '廷議'인 9경과도관회의에 황제가 직접 참여하는 '面議'를 강조하는 상소가 쇄도하였다.[47) 심지어는 같은 해 4월에는 이부 聽選 監生 丁獻이 言路를 확대 개방할

---

44) 형과급사중 胡舍의 상소가 그 대표적인 예라 할 수 있다. 『孝宗實錄』卷38, 弘治 3年 5月 丙子, pp.812~813 참조.
45) 『孝宗實錄』卷46, 弘治 3年 12月 庚申, pp.925~927.
46) 『孝宗實錄』卷46, 弘治 3年 12月 壬戌, pp.927~929 참조.
47) 弘治 4年 正月 남경 이과급사중 邵誠 등과 남경 감찰어사 金章의 상소와, 같은 해 2月 형과급사중 韓祐의 상소에서, 황제가 9경과도관 회의, 즉 廷議뿐만 아니라 내각대학사를 불러 이들과 정사를 논의하고 결정할 것을 강조하였다. 이들의

것을 주장하면서,

> 근자에는 비록 조서가 내려도 단지 당상관과 과도관의 말을 들을 뿐이어서, 순임금이 비천한 일반 사람들의 말을 살피고 우임금이 바른 말을 존중했던 취지와 같지 않습니다.……원하옵건대, 관직의 고하를 제한하지 마시고 이들에게 모두 말할 수 있게 한다면, 보는 것이 밝아지고 총명해져서 嘉言이 감춰지지 않게 될 것입니다.[48]

라고 하여 언로를 말단 관리들이나 재야 사대부들에게까지 개방할 것을 강조하였다. 이는 곧 명 중기 이래 과도관 체계의 성립과 더불어 당시 고조된 공론 정치의 중요성을 강조하고 있다는 점에서 특별히 주목할 만한 사실이라 하겠다. 다시 말해서, 감생 정헌은 홍치제 즉위 이후 내각제 복원과 경연을 통해 언로 개방의 대상이 중앙 언로에 국한된 당시의 정국운영 방식에서 한 걸음 더 나아가, 이미 광범위하게 형성된 재야 사대부들의 공론을 반영함으로써 새로운 정국운영을 강조하고 있다는 점에서 상술한 논쟁에서 사대부들의 입장을 대변하고 있다고 하겠다. 이는 곧 경연의 정사 협의 대상을 중앙 언로에만 국한하는 것이 아니라, 재야 사대부를 중심으로 하는 지방의 공론 정치를 중시하고 있다는 점에서, 황제 중심의 제왕학으로서 경연을 중시하는 이제까지의 정국운영 방식과는 궤를 달리하는 주장이라 하겠다.

이렇듯 공론 정치에 의한 정국운영을 강조하는 재야 사대부들의 견해까지 등장하는 상황에서, 홍치제와 조정 대신들은 경연제도를 유교적 통치이

주장에서 특히 주목되는 것은 기존의 정의 구성원인 9경과도관 이외에도 특별히 내각의 각신을 포함시키고 있다는 점이다. 『孝宗實錄』 卷47, 弘治 4年 正月 丁酉, pp.950~951 ; 『孝宗實錄』 卷47, 弘治 4年 正月 壬寅, pp.955~965 ; 『孝宗實錄』 卷48, 己巳, pp.970~971 참조.

48) 『孝宗實錄』 卷50, 弘治 4年 4月 戊辰, pp.1005~1006.

념의 의례적 형식으로만 시행함으로써 자신들의 정치적 주도권을 견지하려는 입장을 취하였다. 이에 따라 공론 정치를 강조하는 과도관들은 당시 경연조차 잘 시행되지 않는 상황에 대해 비판을 가하는 한편, 경연을 통해 언로를 확대하여 공론을 적극적으로 반영할 것을 강조하였다. 이에 따라 홍치 4년(1491) 9월 남경 工科給事中 毛理를 비롯한 과도관들은 상소에서,

　원하옵건대, 폐하께서는 매번 경연에 납시어 하문하시고 때마다 大臣들을 불러 돌아가는 사정을 알아봄으로써 언로를 넓히셔야 합니다.……폐하께서 즉위하신 초기에는 이부시랑 楊守陳이 祖宗의 舊制를 준수하실 것을 요청한 내용대로 대경연과 소경연을 열어 강학하게 하셨을 뿐만 아니라, 또한 매일 早朝와 午朝 등 두 차례에 걸쳐 조정에 납시어 정사를 돌보시는 것을 허락하시고, 4년이 지난 오늘날까지 이를 중단 없이 시행하시니, 진실로 훌륭한 일입니다. 신들이 생각하건대, 양수진의 뜻은 대경연에서는 의례가 엄격하였기 때문에 이로써 早朝 시에는 侍衛가 삼엄하여 군신간의 정과 바라는 바를 다 말할 수 없었지만, 소경연에서는 강관에게 진언을 자유롭게 하도록 종용함으로써, 午朝 시에는 대신들과 더불어 의문나는 것과 잘못된 것에 대해 논의하도록 하는 데에 있습니다. [그런데] 오늘날의 소경연은 대경연과 별로 차이가 없습니다. 이로써 午朝와 早朝가 다르지 않아서 군신간의 구별은 옛날처럼 너무나 크니, 진언하는 사람이 어떻게 처음의 뜻을 다 말할 수 있겠습니까? 엎드려 바라건대, 폐하께서는 지금부터 소경연에서는 강관으로 하여금 經史의 내용 중에서 정치에 관련된 핵심적인 내용을 분명하게 直解하도록 허락하시고, 또한 긴급한 사안에 대해서도 말로 직접 아뢸 수 있도록 하되, [혹시라도] 황제께서 의문이 있으시면 상세하게 하문하시기를 바랍니다. 또한 午루 시에는 天顔을 뵙는 것을 지나치게 긴장하지 않도록 하시어 [사안의] 可否를 논의하시기 바랍니다. [또한] 退朝 후에도 늘 편전에 납시어 때마다 강관과 대신들을 불러 의리학를 講求하시고 政事를

자문하시면, [楊]守陳의 말처럼 경연과 午부가 虛文이 되는 일이 없고 도움이 되는 것이 많을 것입니다.[49]

라고 하여 당시 경연이 의례적으로만 시행되고 있던 상황을 비판하는[50] 동시에, 특히 午朝 시의 소경연(일강)을 통해 언로를 개방하고 정사 협의를 원활하게 할 것을 강조하였다. 이렇듯 경연제도가 실질적 기능과 역할이 잘 발휘되지 못하는 상황에서, 홍치 6년(1494)에 이르러서는 경연 이외에도 대신들과의 '面議'와 강관들의 직언을 통해 정사를 협의하고 처결할 것을 강조하는 상소가 이어졌고,[51] 홍치 7년(1494)까지도 이러한 상황은 개선되지 않은 채 지속되었다.

---

49) 『孝宗實錄』 卷55, 弘治 4年 9月 甲午, pp.1074~1076.

50) 예컨대, 弘治 5년 7월 남경 호과급사중 楊廉 등은 경연과 직언의 중요성을 강조하면서, "추위와 더위에는 강론하는 날을 중단하여 강론의 중단을 면하기 어렵지만, 이를 예방하는 것으로 옛날에는 夜對가 있었고, 또한 염복더위에도 講經은 중단하지 않았습니다. [그런데] 오늘날에는 夜對와 염복더위 시의 講經이 이미 복원할 수 없게 되었습니다. [그러므로] 강론을 중단해야 할 때에라도 講官들에게 매일 교대로 숙직하도록 명하여. 폐하께서 궁중에서 책을 읽으시거나 혹시 성학에 대한 의문이 있을 시에는 문화전에 나가 이를 하문하게 할 수 있도록 하여 날마다 강학하도록 하게 해야 합니다."라고 진언하였다. 『孝宗實錄』 卷65, 弘治 5年 9月 甲午, pp.1249~1251 참조. 또한 弘治 6年 5月 공과급사중 紫昇의 진언 내용에서도 "아무런 이유 없이 경연을 중단하거나 면하고, 西苑에서 유흥을 즐긴다."고 한 것이나, 같은 시기 호과급사중 寗舉의 진언 내용에서도 "경연은 風雨와 寒暑가 아니면 결코 가벼이 면제할 수 없다."고 한 데에서 잘 알 수 있다. 『孝宗實錄』 卷75, 弘治 6年 5月 壬申, pp.1408~1409 ; 『孝宗實錄』 卷75, 弘治 6年 5月 丙戌, p.1436 참조.

51) 弘治 6年 5月 좌춘방 좌유덕 曾彦은 편전에 나가 내각과 府·部의 대신들과 함께 [정사를 參決할 것을 강조하였고, 같은 해 윤5월 太常寺少卿 겸 한림원 시강학사 李東陽도 視朝 후 여가 시에 강관들의 직해 내용을 늘 비치하여 읽고 이를 참조할 것을 강조하였다. 『明孝宗實錄』 卷75, 弘治 6年 5月 壬辰, pp.1440~1441 ; 『孝宗實錄』 卷76, 弘治 6年 閏5月 甲辰, pp.1451~1463 참조. 이와 유사한 내용의 상소는 이 이후에도 이어졌다. 예컨대 弘治 6年 6月 병과급사중 盧亨과 같은 해 8월 예부상서 倪岳의 상소가 그 대표적 예라고 할 수 있다. 『孝宗實錄』 卷77, 弘治 6年 6月 乙丑, pp.1481~1482 ; 『孝宗實錄』 卷79, 弘治 6年 8月 乙亥, pp.1513~1516 참조.

이상의 사실을 통해 볼 때, 「경연의주」가 제정된 이래 시행된 홍치 초반(홍치3~7년)의 경연(월강)과 일강은 어디까지나 의례적인 면에 치우쳐 있었을 뿐만 아니라, 그 시행 역시 지극히 간헐적이었다고 하겠다. 따라서 홍치 2년 경연 시행을 둘러싼 논쟁에서 이미 노정되었던 조정 대신들과 과도관을 비롯한 사대부들 간의 정국운영의 방식의 의견 차이는 경연 시행의 목적과 취지에도 그대로 반영되었다. 즉 조정 대신들은 경연을 통해 정사 협의의 대상을 내각을 비롯한 조정 대신에 국한하는 동시에 황제 주도의 정국운영을 강조함으로써 경연제도가 의례적인 면에 치중되는 경향이 많았던 데 비해, 과도관을 비롯한 사대부들은 경연의 실질적인 취지와 기능 면을 강조하여 언로 개방의 확대와 정사 협의 기능을 강조함으로써 공론 정치가 반영되기를 기대하였다. 따라서 과도관들과 사대부들은 당시 시행되고 있는 경연에 대해 비판하는 한편, 엄격한 의례로 거행되는 월강보다는 비교적 자유로운 의례에 따라 정사를 협의할 수 있는 일강을 비교적 선호하는 입장을 보였다고 하겠다.

IV. 弘治 8년(1495) 이후 경연제도의 유명무실화와 내각수보 중심의 정국운영

홍치 원년 3월 처음으로 개최된 이래 홍치 3~7년에는 그나마도 의례적인 형태로 간헐적으로 열렸던 경연이 홍치 8년(1495) 이후부터는 황제가 視朝 시간조차 준수하지 않은 등 정사를 소홀히 함으로써 유명무실화되기에 이르렀다. 이는 홍치 8년 정월 兵科급사중 周序가 올린 아래 상소 내용에서 잘 알 수 있다.

먼저 政事에 부지런하셔야 합니다. 皇上의 視朝는 반드시 여명의 시간에 이루어져야 힘에도, 근자에 와서는 大禮를 행한다 하더라도 반드시 해가 뜰 때를 기다려 시행하고 있습니다.……바라옵건대, 지금부터는 常朝는 반드시 여명 시에 하시고, 大禮는 이보다 좀 더 일찍 하셔야 합니다. 또한 학문에 힘써야 합니다. 황상께서는 근래 여러 차례 경연에 참석하시고 계시지만, 그 날짜를 조금씩 변경함으로써 초심이 점차 태만해지고, 강론에 참석하는 것도 여러 차례 중단하도록 하셨으니, 이는 성학을 크게 하는 일이 아닙니다. 바라옵건대, 지금부터는 初政 때처럼 경연과 일강을 마친 후 날짜를 하루씩 번갈아가면서 政務에 대해 하문하시고 논의하시어 지당한 것을 강구하시기 바랍니다. 또한 [經史] 서적을 고찰하시고 이를 바탕으로 治世의 법도를 따르시는 것이야말로 [성학]의 큰 도리입니다.[52]

이러한 상황에서 같은 해 2월 홍치제는 예부좌시랑 겸 한림원시강학사 李東陽과 첨사부소첨사 겸 한림원시강학사 謝遷을 入閣시켜 '參預機務'케 함으로써,[53] 내각제에 의한 정국운영 방식을 강화하였다. 그러면서도 황제 자신은 여전히 視朝를 소홀히 하는 태도를 개선하지 않고 있었다. 이에 따라 같은 해 6월에도 홍치 초기의 핵심적인 閣臣이었던 대학사 徐溥가 황제의 視朝 시간이 점차 늦어지는 것을 비판하는 상소를[54] 올리는가 하면, 심지어 적지 않은 관리들이 조정에 불참하는 사건까지[55] 발생할 정도로 조정의 기강은 해이해져 있었다. 황제가 視朝를 게을리한 것은

---

52) 『孝宗實錄』 卷96, 弘治 8年 正月 丁未, pp.1767~1768.

53) 『孝宗實錄』 卷97, 弘治 8年 2月 乙丑, pp.1779~1780. 당시 李東陽과 謝遷의 두 사람의 入閣은 당시 결원을 보충하는 과정에서, 이부가 9경과도관회의의 '廷推'를 통해 추천한 6명 가운데 임명되었다. 이로써 두 사람은 기존의 閣臣 劉健과 더불어 특히 홍치 연간 중반이후 황제가 정사를 자문한 핵심 인물이 되었다.

54) 『孝宗實錄』 卷101, 弘治 8年 6月 丁丑, pp.1857~1858 참조.

55) 朝廷회의에 불참한 관원에 대한 탄핵은 弘治8年 2月의 606명과 6월의 808명에 달했지만, 홍치제는 이들에 대해 錦衣衛에 하옥하지 않고 벽돌을 나르는 벌칙을 가하거나 죄를 사면하였다. 『孝宗實錄』 卷97, 弘治 8年 2月 丙子, pp.1785~1786 ; 『孝宗實錄』 卷101, p.1851 참조.

홍치 10년(1497) 2월까지도 그대로 지속되었고,[56] 이에 따라 각지에서 올라온 上奏의 처리까지 적체되는 등 政事가 제대로 운영되지 못하고 있었다. 이러한 상황에서 경연을 통해 정사협의를 원활하게 한다는 것은 더더욱 기대하기 어려운 일이었다.[57]

이러한 가운데 홍치 10년(1497) 3월 황제는 내각대학사 徐溥·劉健·李東陽·謝遷 등을 文華殿에 불러 각 아문에서 올라온 奏本들을 함께 상의하고 批答함으로써, 召對를 통한 輔政 體制를 시행하기 시작하였다.[58] 이는 곧 홍치제 등극 직후 복원한 내각제의 '備顧問' 기능을 강화함으로써, 내각수보를 중심으로 한 정국운영으로 전환되는 것을 의미하는 것이었다.[59] 이러한

---

56) 황제의 視朝가 점점 늦어지는 현상은 弘治 9년 6월과 10년 2월 대학사 徐溥의 진언 내용에서 잘 나타나 있다. 특히 10년 2월 그가 올린 진언에서는 "근래 視朝가 점차 늦어져서, 때로는 해가 중천에 뜨는 경우도 몇 차례 있었는데, 이는 결코 美事가 아닙니다.……舊制에서는 內殿의 奏事가 매일 두 차례에 걸쳐 있었고, 시급한 사안에 대해서는 때를 가리지 않고 上奏하였습니다. [그런데] 오늘날에는 단지 한 차례에 불과하던 것이 상례가 됨으로써, 批答이 내려지는데 며칠이 소요되게 되었습니다. 그리하여 각 아문의 題奏는 때로는 몇 달이 걸리거나, 심지어는 [비답이] 내려지지 않기도 하여 政事의 처결이 壅滯되어 이를 즉시 시행할 수 없습니다."라 하여, 당시의 실상을 잘 보여주고 있다. 『孝宗實錄』 卷114, 弘治 9年 6月 甲辰, pp.2075~2076 ; 『孝宗實錄』 卷122, 弘治 10年 2月 甲戌, pp.2178~2181 참조.

57) 이는 홍치 10년 2월 대학사 徐溥의 상소에서, "오늘날에는 매년 進講이 단지 며칠에 불과합니다. 작년 봄과 여름의 일강은 오직 세 차례에 지나지 않았고 가을과 겨울의 경연도 단지 한 차례에 불과하니, 初政과 비교해 보아도 같지 않습니다."라고 한 것이나, 또한 같은 해 3월 刑科給事中 楊應의 상소에서, "오늘날에는 [경연이] 月末에 시작하여 월초에 끝나니, 몇 차례 시행하게 될 뿐입니다.…… [그나마도] 오늘날에는 하루의 경연을 늦추면 열흘간의 일강도 자연히 중단하게 되니, 성학의 밝음이 이와 같이 소원해서는 안 될 것입니다."라고 지적한 데에서도 잘 알 수 있다. 『孝宗實錄』 卷122, 弘治 10年 2月 甲戌, p.2179 ; 『孝宗實錄』 卷123, 弘治 10年 3月 己巳, pp.2193~2194 참조.

58) 『孝宗實錄』 卷123, 弘治 10年 3月 甲子, pp.2206~2207. 『明史』에 따르면, "성화 연간 彭時와 商輅을 召對한 이래 처음으로 이를 다시 시작하였다."고 하였다. 『明史』 卷181, 「列傳」69, 「徐溥傳」, p.4807.

59) 이에 대해, 楊業進은 홍치 연간에는 내각의 輔臣들이 경연과 일강 시에 황제와 정무를 논의하고 처리한 사실을 지적하고 있다. 楊業進, 「明代經筵制度與內閣」,

정국운영 방식의 변화는 성술한 바와 같이, 정사 협의의 대상을 사대부의 공론까지 확대할 것을 주장하는 과도관과 재야 사대부들의 주장을 수용하지 않는 입장을[60] 그대로 견지하는 것일 뿐만 아니라, 批答權까지 각신에게 이양함으로써 내각수보 중심의 정국운영 방식으로[61] 전환하고 있음을 뜻한다고 하겠다. 이렇듯 홍치 초 황제 주도의 정국운영 방식에서부터 내각수보 주도의 정국운영 방식으로 전환되는 상황에서, 경연에서 언로 개방의 확대를 통해 공론 정치를 반영한다는 것은 더욱 기대하기 어려웠다. 따라서 이 시기 경연제도는 홍치 초기보다 특히 형식적으로 흐를 수밖에 없었고, 그 시행과 내용 또한 자연히 유명무실하기 마련이었다. 당시 경연과 언로의 개방을 강조하는 과도관과 대신들의 상소가 끊임없이 이어 졌던 것은[62] 이러한 저간의 상황을 반영한다고 하겠다.

더구나 홍치 11년(1498) 10월에는 홍치제를 양육한 태황태후가 거처하는 淸寧宮에 화재가 발생하여[63] 황실과 조정이 큰 충격에 빠지게 되었다. 이를 계기로 閣臣을 비롯한 과도관들은 황제에게 직언을 구하는 조서를 내릴 것을 요청하는 상소를 올렸고,[64] 마침내 홍치제는 勅諭를 내리게

『故宮博物院院刊』 1990年 2期, 1990, p.86.

60) 岷王이 武岡州知州 劉遜의 不法을 상주함에 따라 그를 체포한 일을 둘러싸고, 6과급사중 龐泮 등 42명과 13도 감찰어사 劉紳 등 20명을 錦衣衛에 하옥함으로써, 언관들에 대한 미증유의 강압책을 단행한 사건에서 잘 엿볼 수 있다. 『孝宗實錄』 卷112, 弘治 9年 4月 戊子, pp.2037~2038 참조.

61) 특히 홍치 13년 이후에는 내각수보 劉健을 召對한 이후로는 閣臣들조차 황제를 친견하는 일이 드물었다. 『明史』 卷181, 「列傳」69, 「劉健傳」, p.4812.

62) 홍치 10년(1497) 4월 예과급사중 葉紳 등과 남경 이부상서 倪岳은 그의 상소에서 경연과 일강이 제대로 열리지 않는 문제점을 지적하는 동시에, 경연과 언로 개방의 필요성에 대해 진언하였다. 『孝宗實錄』 卷124, 弘治 10年 4月 丁亥, pp.2218~ 2221 ; 『孝宗實錄』 卷126, 弘治 10年 6月 辛未, pp.2237~2240 참조.

63) 『孝宗實錄』 卷142, 弘治 11년 10월 甲戌, p.2449.

64) 이에 대해서는 내각대학사 劉健 등과 예과급사중 徐旦, 예부상서 徐瓊 등의 상소문에서 잘 알 수 있다. 『孝宗實錄』 卷142, 弘治 11年 10月 丙子, pp.2450~2452 ; 『孝宗實錄』 卷142, 弘治 11年 10月 庚辰, pp.2453~2454 ; 『孝宗實錄』 卷142, 弘治

되었다.[65] 이때 조정 대신들이 올린 직언의 핵심 내용은 경연과 일강 시에 대학사나 講官을 불러 治道를 논의하는 등 경연(특히 일강)을 통해 정사를 협의할 것을 강조하는 것이었다.[66] 여기서 특히 주목되는 것은 淸寧宮 화재 사건을 계기로 당시 輔政 體制의 핵심 인물인 내각대학사 劉健·李東陽·謝遷 등 세 사람이 모두 致仕를 자청하였음은[67] 물론이고, 당시 太監 李廣과 연루된 조정 大臣들에 대한 탄핵과 더불어 유명무실화된 일강을 다시 개최하여 정사를 협의할 것을 강조하고 있다는 점이다. 이에 대해 홍치 11년(1498) 11월 감찰어사 胡獻은

諸司의 관리들 중에는 태감 李廣과 내통하여 승직된 자들이 있었습니다. 李廣은 비록 죽었지만, [이와 관련된] 관청 문서는 남아있습니다. 예컨대, 左都御使 屠滽은 이부상서에 승직되었고, 閒住되었던 도어사 王鉞은 좌도어 사에 다시 복직되었으며, 좌부도어사 李蓮은 우도어사에 승직되었습니다. 대신은 73명인데, [이들은] 솔선하여 간사한 일을 저질렀으니, 먼저 죄를 다스려야 합니다.……신이 듣건대, 祖宗시에는 오직 내각에 나가 章奏에 대해 논의하거나, 또는 部院의 대신들을 불러 그 가부를 상의하셨는데, 成化 초년부터 이러한 의례가 폐지되기 시작하였습니다. 엎드려 바라옵건 대, 舊制를 살피시고 이를 시행하시기 바랍니다. 또한 祖宗의 경연과 일강은 모두 時政의 득실을 강론함으로써, [황제의] 心術을 開明하게 하였습니다. 또한 儒臣들을 늘 접견하여 덕성을 함양하셨습니다. [그런데] 오늘날 日講은 이미 거의 폐지되었고, 경연은 비록 시행하여도 단지 故事를 따르는데

　　11年 10月 壬午, pp.2454~2456 참조.

65) 『孝宗實錄』 卷142, 弘治 11年 10月 丁亥, p.2459.

66) 대표적인 예로는 翰林院檢討 劉瑞와 吏部主事의 馮蘭의 상소가 있다. 『孝宗實錄』 卷143, 弘治 11年 11月 乙未, pp.2473~2474 ; 『孝宗實錄』 卷143, 弘治 11年 11月 丙申, p.2476 참조.

67) 물론, 이들의 致仕 요청에 대해 홍치제는 허락하지 않았다. 『孝宗實錄』 卷143, 弘治 11年 11月 癸卯, pp.2484~2485 참조.

불과합니다. 신이 원하옵건대, 폐하께서는 日講을 다시 개최하여 講官을 선발하고 모든 時政의 득실을 강론하게 하시면, 진실로 유익할 것입니다.[68]

라고 하여, 당시의 상황을 잘 대변하였다. 이로써 볼 때, 홍치 8년 이후에는 일상적인 정사 협의의 장인 일강은 이미 유명무실화 되었을 뿐만 아니라, 경연(월강) 또한 단지 형식적으로만 열리고 있었음을 알 수 있다.[69] 이러한 상황은 조금도 개선되지 않은 채, 월강이나 일강을 통해 언로를 개방하고 정사를 협의할 것을 강조하는 조정 대신들의 상소는 그 이후로도 지속되었다.[70] 특히 홍치 12년(1499) 8월 이후로는 내각 대신들과 강관의 '備顧問' 기능을 강조하는 상소가 비등하였고,[71] 홍치 13년(1500)에는 午朝가 열리지 않은 상태에서[72] 황제가 早朝의 視朝조차 소홀히 함에 따라[73] 廷議와

---

68) 『孝宗實錄』卷143, 弘治 11年 11月 癸卯, pp.2488~2490.

69) 이러한 상황은 弘治 11年 11月 刑部主事 陳鳳吾가 근자에 와서 "視朝는 불과 몇 십분 만에 끝나버리고 퇴조하며, 경연도 강론만 하면 끝나고 만다."고 지적한 데에서 잘 알 수 있다. 『孝宗實錄』卷143, 弘治 11年 11月 癸卯, p.2491.

70) 『孝宗實錄』卷145, 弘治 12年 正月 壬戌, pp.2557~2558 ; 『孝宗實錄』卷147, 弘治 12年 2月 辛卯朔, p.2575 ; 『孝宗實錄』卷147, 弘治 12年 2月 癸卯, pp.2584~2585 ; 『孝宗實錄』卷153, 弘治 12年 8月 庚寅, pp.2703~2704 ; 『孝宗實錄』卷153, 弘治 12年 8月 己酉, pp.2720~2721 ; 『孝宗實錄』卷153, 弘治 12年 8月 丙辰, pp.2728~2729 등 참조.

71) 『孝宗實錄』卷153, 弘治 12年 8月 己酉, pp.2720~2721 ; 같은 책, 卷153, 弘治 12年 8月 丙辰, pp.2728~2729 참조.

72) 남경 이과급사중 郎滋 등의 상소에서 "근래에는 午朝는 열리지 않고, 早朝의 경우는 혹시 열리더라도 너무 늦어서……群臣들이 아문에 돌아올 때는 이미 아침식사 때였다. 따라서 여러 정사 처리가 적체를 면하지 못하였는데, 初政과 비교해 보면 점점 달라졌음을 알 수 있다."라고 하였다. 『孝宗實錄』卷163, 弘治 13年 6月 戊申, pp.2963~2965.

73) 홍치제가 視朝를 등한시 한 것은 병과급사중 屈伸은 "폐하께서는 근자 이후에는 遊宴을 자주 열면서도 視朝하는 일은 적습니다."라고 상소하고, 또한 내각대학사 劉健도 "近日 이래 視朝가 너무 늦어져서 때로는 해가 중천에 떴을 때 이루어지기도 하는가 하면, 奏事도 시간이 정해져 있지 않아서 때로는 날이 어두워진 뒤에야 끝났습니다."라고 거듭 주청한 사실이나, 5府와 6部의 衙門에서 視朝를 일찍 열 것을 주청한 사실에서 잘 알 수 있다. 『孝宗實錄』卷161, 弘治 13年 4月 壬寅,

내각 대신들과의 정사 협의를 강조하는 상소가 이어졌다.[74] 이처럼 경연은 말할 것도 없고 정사의 처리조차 적체되는 상황이 지속되는 가운데, 홍치 14년(1501) 10월에는 대학사 劉健이 日講의 교재로『周易』을 첨가할 것을 주청하고,[75] 홍치 15년(1502) 11월에는 공과급사중 陶諧가 경연에서『大學衍義』를 진강할 것을 건의하자 홍치제는 이를 일단 수용하였다.[76] 그러나 황제의 정사 소홀과 경연의 유명무실화는 여전히 개선되지 않았다. 이에 따라 홍치 15년 5월 대학사 劉健은,

바라옵건대 황상께서는 정무에 더욱 힘써서, 매일 여명 시에 視朝하시고, 未時(오후 1~3시)와 辰時(오전 7~9시) 등 두 차례 奏事를 처리하시면, 조정이 肅淸되고 政事도 적체되지 않을 것입니다. 또한 경연과 일강은 聖學을 여는 것이니, 강학은 반드시 오랫동안 지속한 이후에야 비로소 이치에 대한 견해가 바로 서게 됩니다.……[그런데] 근년에 이르러서는 매번 개최하는 강론은 불과 3~4일에 그치니, 비록 형식을 갖춘다 하더라도 어찌 유익함이 있겠습니까?……엎드려 바라옵건대, 황상께서는 강학에 더욱더 힘쓰셔서 명절이나 큰 추위와 더위를 제외하고는 매일 退朝 후 잠시 몸을 낮추어 進講을 들으시면, 모든 義理에 밝아지고 至治에 도달하실 것입니다.[77]

라고 하여 당시 강론과 정사 처리의 부실함을 지적하였다. 이러한 상황에서

---

p.2888 ; 같은 책, 卷161, 弘治 13年 4月 癸丑, pp.2909~2910 ;『孝宗實錄』卷162, 弘治 13年 5月 丁卯, pp.2917~2925 ;『孝宗實錄』卷169, 弘治 13年 12月 己酉, p.3075 참조.

74) 예과급사중 竇瓚 등의 상소에서, "퇴조 후에는 편전에 나가 천하에서 올린 章奏를 살피고, 이 중에서 사안이 중요한 것에 대해서는 내각과 여러 대신들을 불러 자문하고, 또한 과도관에 대해서는 급사중과 어사 1~2명을 교대로 입시하게 할 것"을 제안하였다.『孝宗實錄』卷161, 弘治 13年 4月 癸丑, pp.2901~2905.

75)『孝宗實錄』卷180, 弘治 14年 10月 甲戌, pp.3329~3330.

76)『孝宗實錄』卷193, 弘治 15年 11月 癸酉, p.3559.

77)『孝宗實錄』卷187, 弘治 15年 5月 辛卯, pp.3450~3451.

내일 열리는 早朝조차 불과 수십 분 만에 끝남으로써, 각지에서 올라온 문서와 政事 처리는 더욱더 적체될 수밖에 없었다.[78]

이렇듯 당시 조정 회의는 형식에 그치고 있었다. 이러한 상황에서, 홍치 15년 12월 홍치제는 감기로 인해 視朝를 잠시 중단하는 교지를 문무백관에게 내리는[79] 한편, 홍치 16년(1503) 2월 황제가 다시 視朝할 때까지[80] 약 한 달여 동안 視朝하지 않음으로써 조정의 공백이 더욱 초래되었다.[81] 이로써 각지에서 올라오는 奏事 등 각종 정사 처리의 지연은 자연히 더 심화될 수밖에 없었다.[82] 이처럼 조정이 원활하게 운영되지 않은 상황에서 홍치 17년(1504) 3월 홍치제를 양육한 聖慈仁壽 태황태후가 사망하자,[83] 이를 계기로 황제는 또다시 視朝하지 않았다.[84] 게다가 그해 5월에는 전국에서 발생한 災異를 계기로 당시 황제의 자문역을 담당했던 보정 체제의 대표 인물이었던 내각대학사 劉健·謝遷·李東陽 등 세 사람이 수차례

---

78) 대학사 劉健이 "근래 힘쓰려는 뜻은 점차 이전과 달라서, 매일 여는 早朝는 [참석하신지] 불과 수 십 분 만에 일어나시고, 해가 중천에 떴을 때야 비로소 궁중에 올라온 奏事 처리를 한 차례 하는 것에 불과하니……여러 관아의 일과 문서가 옹체됨으로써 이를 시행할 수 없습니다."라고 한 데에서 잘 알 수 있다. 『孝宗實錄』卷190, 弘治 15年 8月 己巳, pp.3523~3524. 이러한 사정은 홍치 15년 11월 劉健을 비롯한 내각대학사들의 주청에서도 언급되고 있다. 『孝宗實錄』卷193, 弘治 15年 11月 丁酉, p.3567 참조.

79) 『孝宗實錄』卷194, 弘治 15年 12月 辛亥, p.3574.

80) 『孝宗實錄』卷196, 弘治 16年 2月 辛丑, p.3613.

81) 이에 대해, 내각대학사 劉健은 "황제의 옥체가 편찮으신 뒤로 한 달여 동안 황제의 天顔을 뵐 수가 없었다."라고 하였다. 『孝宗實錄』卷195, 弘治 16年 正月 乙未, p.3605.

82) 이에 대해 대학사 劉健은 "최근 이래로 奏事의 처리 기한이 날마다 지연됨에 따라 근본이 흩어져 미치지 않게 되고 조정은 이미 폐쇄되었습니다. [이로써] 내외에서 올라오는 章疏가 며칠 동안 지연되는데, 심지어는 반년이나 지연되기도 하고, 마침내는 보류되어 [그 처리 결과개 나오지 않는 경우도 적지 않게 되었습니다."라고 지적하였다. 『孝宗實錄』卷203, 弘治 16年 10月 乙卯, p.3800.

83) 『孝宗實錄』卷209, 弘治 17年 3月 壬戌朔, pp.3877~3878.

84) 『孝宗實錄』卷209, 弘治 17年 3月 丙寅, p.3881 ; 같은 책, 卷209, 弘治 17年 3月 丁卯, p.3882.

걸쳐 사직을 자청하는가 하면,[85] 이부상서 馬文升을 필두로 6부상서와 도찰원 등 조정 대신들도 致仕를 요청하는 등[86] 조정과 정국은 큰 혼란에 빠지고 있었다. 이에 대해 홍치제는 이들의 사직 요청을 허락하지 않은 채, 정국운영을 이들에게 의존하였다. 이로써 홍치 17년(1504) 6월 발병으로[87] 인해 마침내 승하한 홍치 18년(1505) 5월까지, 홍치제는 이들 3인의 내각대학사와 함께 주요 정사를 협의하거나 일임함으로써 조정의 명맥을 이어가는 데 그쳤다.[88]

이렇듯 홍치 16년 이래 조정의 기능이 거의 마비된 가운데, 홍치 17년 (1504) 8월 예부에서 태황태후의 상을 계기로 그동안 중단했던 경연을 다시 시작할 것을 진언한 감찰어사 藍章의 상소 내용을 覆奏하자,[89] 홍치제는 그로부터 약 6개월이 지난 홍치 18년(1505) 2월에야 비로소 경연을

---

85) 『孝宗實錄』 卷212, 弘治 17年 5月 甲午, p.3963 ; 『孝宗實錄』 卷212, 弘治 17年 5月 戊戌, p.3967. 李東陽의 사직 상소는 『孝宗實錄』 卷212, 弘治 17年 5月 甲寅, pp.3979~3985 ; 『孝宗實錄』 卷212, 弘治 17年 5月 己未, pp.3989~3991 참조.

86) 『孝宗實錄』 卷212, 弘治 17年 5月 丙申, p.3965 ; 『孝宗實錄』 卷212, 弘治 17年 5月 己亥, p.3968 ; 『孝宗實錄』 卷213, 弘治 17年 6月 壬戌, pp.3994~3996 ; 『孝宗實錄』 卷213, 弘治 17年 6月 丙子, pp.4003~4004 등 참조.

87) 홍치제가 발병한 것은 弘治 18年 5月이었고, 그 이후에도 병세가 회복되지 않은 채 황제는 視朝하지 못하고 얼마 지나지 않아 사망하였다. 『孝宗實錄』 卷224, 弘治 18年 5月 己酉朔, p.4237 ; 『孝宗實錄』 卷224, 弘治 18年 5月 丙戌, p.4237 ; 『孝宗實錄』 卷224, 弘治 18年 5月 丁亥, p.4239 ; 『孝宗實錄』 卷224, 弘治 18年 5月 戊子, p.4240 ; 『孝宗實錄』 卷224, 弘治 18年 5月 己丑, p.4240 참조. 또한 홍치제의 사망 관련 기사에 대해서는, 『孝宗實錄』 卷224, 弘治18年 5月 庚寅, pp.4242~4244 ; 『孝宗實錄』 卷224, 弘治 18年 5月 辛卯, pp.4244~4245 참조.

88) 홍치제가 내각에 의존하여 정사를 처리한 것은 弘治 17年 6月 대학사 劉健과 李東陽을 불러 大同 등지의 北虜 침략에 대한 邊鎮防備 문제를 비롯하여, 관원들에 대한 考察, 流民 처리 문제 등을 논의하였다. 『孝宗實錄』 卷213, 弘治 17年 6月 辛巳, pp.4006~4008 ; 『孝宗實錄』 卷214, 弘治 7年 7月 壬辰, pp.4021~4023 ; 『孝宗實錄』 卷214, 弘治 7年 7月 甲午, pp.4024~4025 ; 같은 책, 癸卯, pp.4031~4033 ; 『孝宗實錄』 卷215, 弘治 17年 8月 丁亥, p.4060 ; 『孝宗實錄』 卷216, 弘治 17年 9月 丁巳, pp.4077~4078 ; 『孝宗實錄』 卷223, 弘治 18年 4月 辛未, p.4223 등 참조.

89) 『孝宗實錄』 卷215, 弘治 17年 8月 戊辰, p.4050.

다시 시작한다는 유지를 내렸다.90) 그러나 이러한 황제의 약속은 그해 4월 刑科給事中 湯敬이 "경연은 지독한 추위나 더위, 그리고 폭우와 폭설이 내리는 날이 아니면 이를 면하지 말아야 하며, 일강의 경우도 비록 추위와 더위라 하더라도 잠시라도 중단해서는 안 됩니다."91)라고 진언한 내용으로 볼 때, 지켜지지 않았던 것으로 보인다. 따라서 홍치 말년에는 홍치 8년 이래 이미 중단되었던 일강은 말할 것도 없고, 경연(월강)조차도 태황태후의 喪과 기후 등을 핑계로 「경연의주」의 의례대로 지켜지지 않았다고 볼 수 있다. 이로써 미루어 볼 때, 홍치 8년 이후로는 경연제도의 취지와 실질적 기능이 유명무실화되었을 뿐만 아니라, 홍치 13년 이후로는 그나마도 명맥을 유지하고 있었던 경연(월강)의 의례조차도 제대로 지켜지지 않았다고 하겠다.

V. 결론

홍치 연간의 경연제도는 홍치 원년(1488) 2월 「경연의주」가 제정됨으로써 마침내 공식화되었다. 이로써 그해(1489) 3월 황제는 무조가 끝난 뒤 문화전에서 경연(월강)을 처음으로 열고, 그 다음날에는 일강을 개최함으로써 이 시기 경연이 정제화되기 시작하였다. 그러나 경연이 시작된 지 불과 2개월이 지난 5월에는 경연 시행을 둘러싸고 조정 대신들과 과도관을 비롯한 사대부 사이에 논쟁이 가열되기에 이르렀다. 이들 정치 세력간에 전개된 의견 대립 양상은 이후 경연 시행의 목적과 취지뿐만 아니라 정국운영 방식과도 직결되었다. 즉 과도관을 비롯한 사대부 세력들은 명 중기 이래 등장하기 시작한 공론 정치의 연장선상에서 경연의 실질적 기능을

---

90) 『孝宗實錄』 卷221, 弘治 18年 2月 戊辰, p.4167.

91) 『孝宗實錄』 卷223, 弘治 18年 4月 癸酉, p.4225.

특히 강조함으로써, 경연을 통해 언로를 확대 개방하여 공론을 반영할 것을 주장하였다. 이에 비해, 조정 대신들은 제도와 의례적인 면을 강조함으로써 내각제를 복원하고 경연을 시행케 하는 한편, 여기서 閣臣과 廷議의 대신들을 중심으로 정사 협의를 진행할 것을 주장하였다. 이 과정에서 홍치제는 조정 대신들의 주장을 수용하여 내각의 인적 구성을 재편하는 동시에, 내각제를 복원하고 경연을 시행하였다. 이는 특히 홍무·영락 연간의 중앙정치 조직과 정국운영 체제, 즉 '祖宗之制'로의 복원을 의미하는 것일 뿐만 아니라 황제 개인의 '備顧問'기구에 불과한 내각제의 기능을 강화함으로써 황제가 주도하는 정국운영을 꾀한 것이라고 하겠다. 이러한 정국운영 방침에서 시행된 홍치 연간의 경연에서 정사 협의 대상은 자연히 각신을 비롯한 중앙 언로에만 제한될 수밖에 없었다. 따라서 당시 고조되고 있는 과도관을 비롯한 사대부들의 공론이 반영되는 정치적 공론장으로서 경연을 기대하기란 어려운 일이었다. 이런 상황에서 당시의 경연은 공론 정치의 이상인 君臣共治를 반영하는 공론장으로서 발전되기는커녕, 공론의 비판을 완화하고 유교적 통치이념의 실현을 위한 하나의 상징이자 수단으로서 단지 의례적인 형식으로만 시행될 뿐이었다. 그나마도 홍치 8년(1495) 이후로는 황제가 視朝를 지각하는 등 政事를 등한시하는 가운데, 극소수 각신들을 중심으로 하는 보정 체제에 의해 정국운영이 좌우되기에 이르렀고 정사 협의의 장인 일강이 마침내 중단되기에 이르렀다. 이로써 그 이후로는 단지 월강만이 의례적인 형식으로 간헐적으로 지속되다가 그나마도 중단됨으로써 경연제도는 마침내 유명무실하게 되었다.

결론적으로, 홍치 연간은 봉건 사회가 동요되는 가운데 제반 사회의 변화상을 대변하는 사대부들의 공론이 그 어느 때보다 다양한 형태로 등장하고 있었던 시대였다. 그럼에도 불구하고 君臣 간의 정치적 공론장인 경연에서는 이러한 당시의 공론 정치를 반영하지 못하고, 오히려 '祖宗之制'의 황제 독재 체제로 복귀함으로써 언로의 장을 제약하였다. 이에 따라 홍치 연산의 경연에서는 君臣共治의 '公天下'의 실현이라는 시대적 요구를 반영하지 못한 채, 황제의 私的 권력인 '家天下'로 회귀함으로써 시대의 변화상을 수용하거나 발전적으로 반영하지 못하고 오히려 후퇴하였다. 이러한 홍치 연간의 경연제도를 통해 볼 때, 이른바 '홍치중흥'이란 평가는 그 타당성에 있어서 재고의 여지가 있다고 하겠다.

3부

체제 위기와 '군신공치'의 쇠퇴

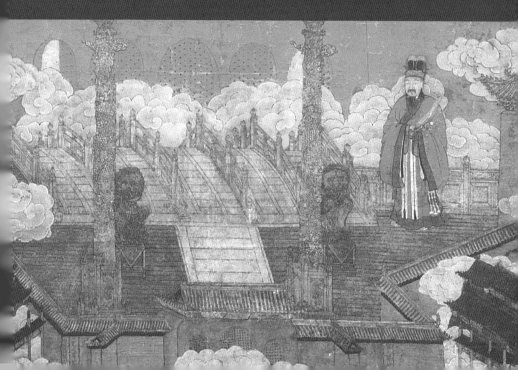

正德 年間(1506~1521)의 정국운영과 經筵

Ⅰ. 서론

명 건국 후 약 150년이 지난 正德 연간(1506~1521)은 명대 역사에서 정치·사회·경제적으로 제반 모순이 첨예하게 표출되던 시대였다. 정치적으로는 영락제(1403~1424)의 '靖難'을 계기로 등장하기 시작한 환관 세력의 전횡은, 정덕 연간에 이르러 劉瑾을 비롯한 '8虎'와 '豹房' 정치에서 극에 달했다. 사회·경제적으로도 '土木之變' 이래 몽고 세력의 지속된 북변 침략, 기상이변으로 인한 북방의 극심한 가뭄, 그리고 남방 지역의 홍수 등은 농업생산력의 급격한 감소를 초래하였다. 이로써 농민의 유민화와 도시화 등 농촌 분해 현상이 심화되었다.[1] 이처럼 정치·사회·경제적 제반 모순이 그 어느 때보다 심화된 상황에서 명 왕조 초기의 '祖宗之制'는 해체되기에 이르렀고, 명초의 경연제도[2] 또한 예외는 아니었다.

본고에서는 명실록을 중심으로 관련 문헌 사료를 근거로 정덕 연간의

---

1) 李洵, 『正德皇帝大傳』, 中國社會科學出版社, 2008, pp.5~9 참조.
2) 명대 경연제도에 대한 기존의 연구 성과에 대해서는 拙稿, 「永樂帝(1403~1424)의 經筵 운영과 그 특징－북경 천도 추진과 관련하여－」, 『中國史硏究』49, 2007.8, pp.152~153 주2), 주3) 참조.

경연 운영과 그 실상에 대해 당시 정국운영과 연관하여 살펴봄으로써, 이 시기 경연의 특징을 고찰하고자 한다. 이를 위해 먼저 정덕 연간 초의 정국 상황과 특히 顧命大臣의 권유로 시행되기 시작한 경연 운영의 실상 및 환관 세력과 내각을 중심으로 하는 朝臣들의 대립과 갈등이 표출되는 상황에서, 경연이 반복적으로 중단되는 당시의 상황에 대해 구체적으로 살펴보고자 한다. 이와 더불어 유근과 그 세력이 거세된 정덕 5년(1510) 후반 이후 내각과 科道官의 반발과 비판이 고조되는 가운데, 경연이 간헐적이나마 재개되는 상황을 고찰하고자 한다. 마지막으로 정덕 7년(1512) 이후 正德帝가 표방에 상주하면서 巡幸을 추진함으로 인해 경연이 중단된 상황에 대해 서술하고자 한다. 이로써 정덕 연간의 경연제도의 특징과 의미, 경연의 운영 실상과 시행 추이 등에 대해 당시 정국운영과 관련하여 종합 평가해보고자 한다.

II. 正德 初의 政局과 經筵

1. 顧命大臣과 經筵 권유

14세의 어린 나이로 황제에 등극한 정덕제는 父皇인 弘治帝(1488~1505)의 부탁에 따라 태자 시절부터 輔導官에게 철저히 교육받았다. 특히 홍치제는 홍치 18년(1505) 5월 임종하기 직전에 태자의 보도관이었던 閣臣 劉健·李東陽·謝遷 등 3인을 불러놓은 자리에서, 유건의 손을 잡고, "선생들은 태자를 가르치느라 정말 고생이 많았다. 태자는 출생한 이래 총명하지만, 아직은 나이가 너무 어리니 선생들은 늘 그를 불러 공부하게 하고 개도함으로써 좋은 사람으로 만들어 달라."[3]며 특별히 당부하였다. 홍치제의 당부를 받은 이들 고명대신들은 그의 유훈에 따라 '祖宗之制'에 입각한 유교적 제왕학을 더욱 강조하였다.

더구나 홍치제는 태자에 대한 교육을 강조하여, 정덕제가 5세가 되던 홍치 9년(1496) 태자의 出閣 독서를 위해 보도관을 임명하는[4] 한편, 7세가 되던 홍치 11년(1498)에는 태자에 대한 강학을 시작하였다.[5] 이렇게 시작된 태자 시절의 경사 강독은 그가 황제에 즉위하기까지 약 7년 동안 계속되었는데, 결코 짧지 않은 기간이었다. 그럼에도 불구하고, 『論語』조차도 완독하지 못한 것으로 볼 때, 정덕제 朱厚照는 태자 시절에도 공부에는 관심이 없고 놀기를 좋아했던 것으로 보인다. 이처럼 놀기를 좋아하고 각종 잡기와 방탕한 생활을 즐기는 그의 무절제한 생활 태도는 황제에 즉위한 후에도 전혀 바뀌지 않았다. 이에 따라 정덕 원년(1506) 6월 고명대신인 유건조차 祖訓을 위반한 사실을 비판하기도 하였다.[6]

이처럼 새로운 황제인 정덕제가 逸樂에 빠져 정사를 등한시하는 상황에서, 정덕제 즉위년인 홍치 18년(1505) 10월 고명대신들은 강학을 강조하는 동시에, 『日講儀注』를 제정하여 태자 시절 완독하지 못한 『尙書』와 『논어』를 완독하게 하는 한편, 『大學衍義』와 『歷代通鑑纂要』를 교재에 첨가하여 그해 11월 3일부터 日講을 시작할 것을 건의하였다.[7] 이로써 정덕 원년

---

3) 『孝宗實錄』 卷224, 弘治 18年 5月 庚寅·辛卯, pp.4243~4244.

4) 당시 추천된 보도관은 張升·王鏊·楊廷和·費宏·楊時暢·吳儼·鄞貴 등이다. 『孝宗實錄』 卷112, 弘治 9年 4月 甲午, p.2041.

5) 大學士 徐溥·劉健·李東陽·謝遷 등이 강독을 담당하였다. 이때 강학 교재는 주로 識字를 중심으로 하는 小學, 역사 지식과 史論을 내용으로 하는 史斷, 그리고 四書를 중심으로 하는 經書 등이었다. 심지어는 『通鑑綱目』과 역대 황제의 諭訓이나 箴言, 『天下地理圖』 등을 벽에 붙이고 태자가 이를 숙지하도록 하기도 하였다. 『孝宗實錄』 卷134, 弘治 11年 2月 甲午, p.2363.

6) 즉 ① 單騎로 출궁한 일, ② 內府의 각 監局에 빈번하게 순행하여 각종 作坊의 작업을 참관한 일, ③ 안위를 고려하지도 않은 채, 南海子에 나가 배를 타고 유람한 일, ④ 자주 외출하여 수렵을 즐기는 일, ⑤ 내시가 올리는 음식을 기미조차 하지 않은 채 직접 맛보는 일 등 다섯 가지 위반 사실을 제시하였다. 『武宗實錄』 卷14, 正德 元年 6月 癸酉, pp.439~440.

7) 『武宗實錄』 卷6, 弘治 18年 冬10月 己卯, pp.203~205.

(1506) 춘정월에는 마침내 경연관을 임명하는 한편, 그해 2월 2일부터 경연(月講)을 개최하기로 하였다.[8] 그런데 일강은 즉위년 11월 3일 시삭한 이래 약 1개월이 지난 12월 14일에 추위를 구실로 잠시 중단되었다.[9] 한편, 경연(월강)은 예정대로 정덕 원년 2월 2일에 早朝가 끝난 뒤 文華殿에 서 처음으로 열리게 되었다. 이 자리에서 대학사 이동양은『대학』의 首章, 사천은『尙書』『堯典』의 首章을 강론하였다.[10]

이렇게 시작한 일강과 월강은 정덕 원년 3월에 이르러서는 한 달에 겨우 9일밖에 열리지 않을 정도로 매우 형식적이었다. 이에 대해 대학사 유건은 그의 상소에서,

금년 2월 2일 경연을 처음 개최하기로 하여, 그 다음날에 신들에게 일강을 통해 進講하도록 윤허하셨습니다. 이로써 중외 臣民들은 매우 기뻐하며 축하하였습니다.……그러나 강독을 시작한 이래 수시로 이를 중단한다는 傳旨를 내리심으로써, 한 달여를 계산해 볼 때 진강한 것은 단지 9일에 불과합니다.……오늘은 추위 때문이라고 하더라도, [그 나머지 일강을 중단 한] 이유는 무엇인지도 알지 못합니다. 또한 그 사이에도 중단하는 경우가 많으니, 兩宮을 배알한다는 것을 구실로 하기도 하고, 또 최근에는 승마를 하기로 한 날이라고 합니다.[11]

라고 지적하였다.

---

8) 知經筵事에는 太師 겸 太子太師 英國公 張懋와 少師 겸 太子太師 이부상서 華蓋殿大學 士 劉健을, 同知經筵事에는 少傅 겸 太子太傅 호부상서 謹身殿大學士 李東陽과 少傅 겸 太子太傅 예부상서 武英殿大學士 謝遷 등을 임명하였다.『武宗實錄』卷9, 正德 元年 春正月 戊戌, pp.277~279.

9)『武宗實錄』卷10, 正德 元年 2月 辛亥, p.301.

10) 경연을 필하자, 정덕제는 左順門에서 지경연사와 동지경연사를 비롯한 進講官과 여기에 배석한 대신들과 展書, 집사관들에게 연회를 베풀고 선물을 하사하였다. 『武宗實錄』卷10, 正德 元年 2月 壬子, pp.301~302.

11)『武宗實錄』卷11, 正德 元年 3月 丁亥, pp.347~349.

이로써 정덕 원년 4월에도 황제의 방탕한 생활을 비판하는 조정 대신들과 과도관들의 상소가 이어졌다.[12] 특히 刑科給事中 湯禮敬은 정덕제에게 강학과 경연에 힘쓸 것과 하늘의 警戒를 살피고 백성의 어려움을 돌볼 것을 권하였다.

　　폐하께서 즉위하신 초에는 위로는 하늘이 災異를 보였는데, 가뭄과 장마, 그리고 蝗螟과 星變 등입니다.……先帝들이 (천하를) 맡기신 일이 무거워서, 정사를 부지런히 돌보시되, 즐기거나 노는 것에 빠질 수 없습니다. (따라서) 정무를 돌보면서도 짬이 나면 강학과 경연에 힘쓰는 것 이외에도, 자문을 성실하게 하여 위로는 하늘의 경계를 살피고 아래로는 백성의 어려움을 보살펴야 합니다.[13]

이처럼 대신들과 과도관들의 끊임없는 충고에도 불구하고, 정덕제의 무절제한 생활은 여전히 개선되지 않았다. 마침내 고명대신들을 비롯한 6부의 상서들은 정덕제가 즉위한 지 8개월여가 지난 정덕 원년 2월부터 수차례에 걸쳐 사직을 청원하기에 이르렀다.[14]

---

12) 예컨대, 5府 6部 아문과 英國公 張懋 등은 "최근 갑자기 듣자 하니, 한가한 시간에는 오직 騎射에만 마음을 두어 여러 가지 잡스러운 놀이를 즐기시고 몰래 궁궐을 빠져나가 정원을 유람하시고 각종 逸樂에만 탐닉하여 즐기신다고 합니다. 신들은 이러한 사실을 듣게 되니 심히 놀라움과 두려움을 금치 못합니다."라고 하였다. 『武宗實錄』卷12, 正德 元年 夏4月 癸丑, pp.365~367. 또한 吏科給事中 丘俊과 胡煌, 그리고 兵科給事中 楊一清과 都察院左都御史 張敷 등도 이와 유사한 지적을 하였다. 이에 대해서는 『武宗實錄』卷12, 正德 元年 夏4月 癸酉, p.367 ; 같은 책, 卷12, 正德 元年 夏4月 丁巳, pp.371~372 ; 같은 책, 卷12, 正德 元年 夏4月 癸亥, pp.375~376 ; 같은 책, 卷12, 正德 元年 夏4月 乙丑, pp.378~379 등 참조.

13) 『武宗實錄』卷12, 正德 元年 夏4月 壬申, pp.382~383.

14) 고명대신인 閣臣들의 사직 요청은 대학사 유건이 정덕 원년 2월에 사직을 처음으로 요청한 이래, 같은 해 4월에도 致仕를 요청하였다. 이에 대해서는 『武宗實錄』卷10, 正德 元年 2月 己卯, pp.334~338 ; 같은 책, 卷12, 正德 元年 夏4月 癸亥, p.376 참조. 이 밖에도 정덕 원년 4월에는 남경국자감 祭酒 章懋, 5월에는 형부상서 閔珪, 병부상서 劉大夏, 남경국자감 祭酒 章懋 등 조정 대신들도 사직을 청하였다.

이렇듯 각신을 비롯한 조정 대신들의 사직 요청은 황제와 환관의 전횡에 대한 반발의 표현이었다. 더구나 당시 각종 政事와 詔旨는 내각의 '條擬'를 거치지 않은 채 '批紅權'을 행사하는 태감에 의해 반포되거나 시행되었다. 심지어는 내각의 條擬를 거친 내용조차 환관에 의해 수정 변경되는 경우도 있었다.15)따라서 남경 6科給事中 牧相과 13道監察御使 陸崑 등이 지적한 바와 같이, 당시 내각의 고명대신조차 한낱 들러리에 불과하였다.

『禮經』에 이르기를, "[황제가] 대신과 가까이하지 않으면 백성이 편안해지지 않는다."고 했습니다.……근자에 선제의 상을 당한 때로서, 내각대신 유건 등은 [先帝의] 고명을 받은 지 일 년도 되질 않아 상소를 통해 물러날 것을 요청한 것이 두세 차례에 이르니, 어찌 [이들이] 격분하지 않고서 이렇게 할 수 있겠습니까? 제가 듣자하니, 근자에 와서 조정의 근본이 어지럽고 뒤바뀌고 정사 처리 또한 多岐하고 산만하여 기강이 없어서, 詔旨의 반포조차 내각을 거치지 않고 있습니다. 이 과정에서 더러는 중단되는 경우도 있습니다. 또한 설령 [내각의] 사전 검토를 거쳤다고 하더라도, 돌아가면 다시 고쳐지는 경우도 있습니다. 이 때문에 일을 분명하게 하고자 하더라도 [황제의] 윤허를 받을 수 없고, 그저 보류되어 결제가 나오지 않습니다. 이로써 대신들은 단지 인원수를 채우는 자리에 불과하니, 어찌 퇴직을 구하지 않겠습니까?16)

이처럼 과도관을 중심으로 抗疏가 이어지는 가운데, 정덕제는 오히려 "毋得挾私擧劾"17)하라며 강경한 태도로 경고하였다.18)

이에 대해서는 『武宗實錄』 卷12, 正德 元年 夏4月 甲子, p.377 ; 같은 책, 卷13, 正德 元年 5月 丙戌, p.393 ; 같은 책, 正德 元年 5月 辛卯, pp.396~397 참조.

15) 내각대학사 劉健·李東陽·謝遷은 정덕 원년 2월 내각이 條擬를 거친 詔書가 환관에 의해 뒤바뀌는 것을 지적하였다. 『武宗實錄』 卷10, 正德 元年 2月 丁丑, pp.328~332.

16) 『武宗實錄』 卷12, 正德 元年 夏4月 壬申, p.383.

17) 『武宗實錄』 卷13, 正德 元年 5月 戊戌, pp.405~407.

고명대신들의 사직 요청을 계기로 조신들의 반발이 격화되고 있는 상황에서, 황제는 정덕 원년 5월 일강을 종전처럼 진행하도록 명하였다.[19] 그러나 이때 재개된 일강도 지극히 형식적으로 시행되었다. 이는 정덕 원년 5월 남경 이부상서인 林瀚이 올린 상소에서 잘 엿볼 수 있다.

폐하께서 황통을 계승하신 이래 수개월 동안 하늘이 울리며 星變이 일어나고, 지진으로 인해 산이 움직이는 변란이 발생하였습니다.……오늘날 마땅히 興革에 힘써야 할 것은 12가지 일입니다. [이에 대해] 여러 의견을 모으기 위해서는 마땅히 대신들과 접견하여 庶政을 강구하는 한편,……또한 내각을 불러 상의하여 祖宗의 舊制를 회복함으로써, 환관이 교지를 내리는 일은 마땅히 시행되지 않도록 해야 합니다.[20]

이렇듯 대신과의 접견조차 잘 이루어지지 않는 등 정국이 기형적으로 운영되고 있는 가운데, 정덕 원년(1506) 6월에도 황제는 여전히 방탕한 생활에 탐닉함으로써, 정덕 원년 6월 이후로는 그나마 명맥을 유지하던 일강마저도 거의 중단되기에 이르렀다.[21] 이에 따라 고명대신인 유건·이동양·사천 등은 황제가 視朝조차 게을리 하면서 사치와 방탕한 생활을 일삼고, 경연(월강)과 일강을 자주 중단하는 것에 대해 비판하였다.

근자에 災變이 여러 차례 나타났기 때문에, 폐하께서는 天戒를 각별히

---

18) 정덕 원년 7월에는 호과급사중 張文, 右給事中 倪讜, 급사중 劉莊·薛金 등이 災異를 계기로 황제에게 5가지 방안을 제시한 것에 대해, 敬謹하지 않았다는 것을 구실로 3개월의 감봉 처분하기도 하였다. 『武宗實錄』 卷15, 正德 元年 7月 癸未, pp.450~451.

19) 이때 禮部右侍郎 王華를 左侍郎으로, 그리고 詹事府少詹事 겸 한림원 학사 劉機를 예부우시랑으로 승직시키는 조치도 병행되었다. 『武宗實錄』 卷13, 正德 元年 5月 辛巳, p.389.

20) 『武宗實錄』 卷13, 正德 元年 5月 癸卯, pp.409~412.

21) 李洵, 앞의 책, p.38.

살피시어 신들에게 한 마음으로 修省하도록 명하셨습니다.……[그러나] 살 피건대, 근래 이래로 [황제가] 시조하는 것이 너무 늦어지거나 시조조치 면하는 일도 너무나 빈번하여, 上奏하는 일도 점점 늦어지고 유희하시는 일이 점차 많아졌습니다. 이에 긴 여름과 한 더위가 있을 때에는 경연과 일강은 모두 중단됩니다.……[그런데] 사치스럽게 유희를 즐기며 감상하는 것으로 함부로 낭비하는 것은 崇儉하는 바가 결코 아닙니다.[22]

뿐만 아니라 과도관들도 정덕제의 무절제한 생활을 비판하는 상소를[23] 연이어 올리는 가운데, 정덕제의 방탕한 생활은 같은 해 8월에도 그대로 지속되었다. 이 때문에 예부상서 張昇은 황제가 騎射를 위해 微行함으로 인해, 경연과 일강이 중단되는 일이 비일비재하였고, 심지어 시조 또한 당일에 면하는 일이 많았다고 지적하였다.[24] 이러한 상황에서, 대학사 유건 등은 9월 초3일부터 일강을 시행하도록 윤허해 줄 것을 또 다시 상주하였다.

5월 사례감에서 교지를 전하기를, "너무 무더운 날씨 때문에 독서를 잠시 면하며, 8월에 다시 논하자."고 하였습니다. [그러나] 8월 초순 이후로는 폐하의 혼례가 있었기 때문에 감히 이를 주청하지 못했습니다. 이제 大禮도 끝마쳤고 날씨도 점차 서늘해지니 때마침 강학하기에 좋은 날씨입니다. 엎드려 바라옵건대, 황제께서는 시조하시고 난 뒤 여가 시간에는 문화전에 납시어 종전의 규율대로 신들에게 강독을 담당하게 하심으로써, 성심을 기르시고 聖德을 융성하게 하십시오. 신들은 걱정을 이기지 못하고 진심으로 원하오니, 부디 9월 초3일의 일강을 윤허하시길 바랍니다.[25]

---

22) 『武宗實錄』卷14, 正德 元年 6月 庚午, pp.429~431.
23) 정덕 원년 7월에는 감찰어사 趙佑, 남경 13道御史 貢安甫 등이 당시의 폐정을 비판하는 상소를 올렸다. 『武宗實錄』卷15, 正德 元年 7月 戊子, pp.468~469 ; 같은 책, 正德 元年 7月 己亥, pp.475~476 참조.
24) 『武宗實錄』卷16, 正德 元年 8月 甲寅, p.485.

이 上奏가 있은 뒤에도 정덕제는 시조조차 늦게 시작하거나 면하는 경우가 많았지만,[26] 9월 초3일에 황제는 예정대로 경연에 참석하였다. 그런데 이 날의 경연 참석도 사례감에서 午講을 면한다는 황제의 諭旨를 전했음에도 불구하고, 대학사 유건 등의 요청에 못이겨 이루어졌다.

금일 아침에 사례감에서 황제의 뜻을 전하기를 "午講을 면하고자 한다."고 하였습니다. 신 등이 경연을 개설하는 것은 聖心에 유익하기 때문이며, 특히 일강은 더욱 그렇습니다. 삼가 듣자오니, 英宗 황제께서는 초년에는 날마다 문화전에 나가 서적을 외우고 강학을 하시고, 오후에서야 回宮하였습니다. 또한 孝宗 황제도 초년에는 일강을 매일 두 차례 하셨고, 또한 신들이 친히 배석하였습니다.……이제 山陵의 일도 끝나고 혼례도 마쳤기 때문에 국사를 처리한 후에는 별 다른 일이 없습니다. [따라서] 마땅히 經史를 읽고 외워서 義理를 점차 밝히고 총명함을 더욱 넓혀야 합니다.……또한 四書와 『尚書』는 聖賢에 이르는 大道이니, 마땅히 우선 이것에 힘써야 합니다. 또한 『대학연의』는 통치의 법도이고, 통감은 옛 사람들의 事迹이니, 이들 역시 강독하지 않을 수 없습니다. 엎드려 바라옵건대, 황제께서는 [비록] 수십 분 정도로 짧게 머무신다 하더라도 신들에게 옛날처럼 매일 두 차례 진강하게 하여 保傅의 직책을 다할 수 있게 하시어, 부디 직분을 다하지 않는다는 허물을 면하게 하시옵소서.[27]

또한 남경 6科給事中 任惠와 13道御史 姚學禮 등도 황제가 여전히 逸樂과 騎射 등에 빠져 있는 것을 비판하면서, 퇴조 후에 經史 학습에 힘쓸 것을[28] 주청하였다.

---

25) 『武宗實錄』 卷16, 正德 元年 8월 癸亥, p.489.
26) 대학사 유건과 남경 급사중 徐暹의 상소 참조. 『武宗實錄』 卷16, 正德 元年 8月 丙寅, p.491 ; 같은 책, 正德 元年 8月 丙子, pp.501~503.
27) 『武宗實錄』 卷17, 正德 元年 9月 戊寅, p.505.
28) 『武宗實錄』 卷17, 正德 元年 9月 辛巳, pp.507~508.

이렇듯 징덕 원년 9월 고명대신의 강권과 과도관들의 압력에 따라 매우 형식적이나마 재개된 일강은 태감 崔杲의 鹽引 발행 요청을 계기로 각신과의 갈등이 첨예화됨에 따라 10월부터는 또다시 중단되기에 이르렀고, 이듬해 2월에 다시 논하기로 하였다. 이에 대해 대학사 이동양은

　　근일에 황제의 명을 받들어 일강을 면하고 내년 2월에 다시 논하자고 하였습니다. 신들이 생각하기로는 오직 明理를 강학하는 것이 군주가 천하를 다스리는 근본이자 가장 중요한 일입니다.……황상께서는 작년 12월 14일에 이르러 이를 중단시키시고, 금년에도 秋講[을 연 것]은 단지 열흘에 하루 이틀에 불과합니다. 뿐만 아니라, 겨울이 아직 멀고 날씨도 아직 심하게 춥지 않은데도 강독을 중지하는 것은 너무 빠른 것이 아니겠습니까?……엎드려 바라옵건대, 부디 이 명을 거두시고 종전처럼 일강을 지속하시어, 聖學을 이루시고 臣民이 의지할 수 있기를 바랍니다.[29]

라 하여, 당시 경연(월강)은 즉위년 12월 14일에 중단되고, 원년에도 秋講(일강)은 단지 열흘에 하루 이틀 정도 시행될 뿐이라고 지적하면서, 종전과 같이 일강과 경연을 지속할 것을 간청하였다. 그러나 그의 요구에 대해 정덕제는 "알았다."고만 답할 뿐 이를 수용하지 않았다.

2. 宦官·朝臣의 갈등과 顧命大臣의 사직

　　상술한 바와 같이, 정덕제는 등극한 이래 줄곧 騎射와 주색을 일삼는 등 방탕한 생활에 탐닉함으로써 정사를 등한시하였다. 이로써 내각의 기능이 거의 마비된 채, 정사는 대부분 태감에 의해 專決되는 등 매우 기형적으로 운영되고 있었다. 이처럼 환관 집단의 전횡이 극에 달한 상황에

---

29) 『武宗實錄』 卷18, 正德 元年 10月 戊辰, pp.549~550.

서, 태감 劉瑾·馬永成·高鳳·羅祥·魏彬·丘聚·谷大用·張永 등 이른바 8호는 황제에게 각종 가무와 주색을 종용함으로써, 이를 비판하는 내각과 과도관을 비롯한 조신 간의 대립과 갈등은[30] 점차 심화되기 시작하였다. 이들의 대립과 갈등은 특히 정덕 원년 9월 태감 최고가 龍衣 제작 경비를 마련한다는 명분으로 강남의 長蘆 鹽場에서 염인 12,000引을 발행하도록 요구한 일을[31] 계기로 더욱 첨예하게 되었다. 이에 대해 명실록에는

대학사 유건·이동양·사천은 태감 최고가 염인 시행을 상주하여 공부가 이를 칙명으로 하자고 함에 따라, 마침내 上言하기를 "祖宗의 舊制에 따르면 염법은 본래 변방을 대비하는 것인데, 근자에는 너무 많이 이를 [발행할 것을] 청하여 그 법제가 거의 무너졌습니다.……만약 염인을 주어 이를 되파는 것을 허락한다면, 이를 많이 가진 사람들이 사사롭게 작폐하게 됨으로써, 이에 더하게 되어 염법의 파괴는 지금보다 더욱 심해질 것입니다." 라고 하였다.……皇上이 정색을 하며 이르기를 "천하의 일이 어떻게 전적으로 내관의 잘못이라고 하겠는가? 예를 들어 열 사람 중에는 겨우 3~4명만이 좋은 사람이고, 나쁜 일을 하는 사람은 그 중에 6~7이라는 것을 선생님들도 역시 스스로 알 것이다. 설사 이것이 맞다고 하더라도, 여기에는 이미 선입견이 들어간 것이다."라고 하였다.……[유]건 등은 상주하여, "신들이 다시 논의하도록 하옵소서."라고 하고 머리를 숙이고 전각에서 나오자, 사례감의 관원이 곧바로 황제의 뜻이라고 전하였는데,……이로써 유건과 사천은 퇴직하여 고향으로 돌아가게 해달라고 청하였다.[32]

---

30) 당시 내각을 중심으로 하는 '外廷'과 '사례감'의 갈등에 대해, 阪倉篤秀는 그의 논문「武宗朝における八虎打倒計劃について」에서 호부가 그 주역을 담당하였던 사실에 주목하고 있다. 그런데 조영록은 과도관들의 집단적 대응을 강조하였다. 조영록,「明 正德朝의 亂政과 言官의 집단적 대응」,『東國史學』19·20집, 1986.12, pp.371~394 참조.

31) 李洵, 앞의 책, pp.45~46 참조.

32) 『武宗實錄』卷17, 正德 元年 9月 辛卯, pp.513~516.

라 하여 당시의 사정을 잘 보여주고 있다. 즉 당시 호부상서 韓文은 鹽課의 목적은 어디까지나 邊餉에 있다는 '祖制'의 원칙을 내세우면서, 龍衣 제작 경비는 황실이 부담해야 하기 때문에 염과 수입으로는 지불할 수 없다고 반대하였던 것이다.[33] 이에 대해 정덕제는 "천하의 일이 어찌 전적으로 내관의 잘못이라고만 하겠느냐"고 하면서, 한문을 두둔하는 각신들의 再議 요청을 수용하지 않았다. 이로부터 10일이 지난 뒤 조신들도 6科給事中과 13道御史 등을 중심으로 "태감 최고가 공적인 것을 빙자하여 사적인 것을 파니, 탐욕이 그치질 않는다. 이로써 이익은 자신에게 귀결되고, 원망은 황제에게로 돌아간다."며 최고의 염장 파견을 중단할 것을 요구하였다. 그러나 정덕제는 이들의 의견을 거부하는 동시에, 심지어는 이를 다시 간언하여 시끄럽게 할 경우는 징벌하겠다고 강경한 입장을 취하였다.[34] 결국 그로부터 3일 뒤에는 고명대신인 유건·이동양·사천 등도 상소를 통해 반대 의견을 피력하는가 하면, 특히 강경한 입장을 보인 유건과 사천이 사직을 요청하자 정덕제는 며칠 뒤에 마침내 이들의 사직을 허락하였다.[35]

　　少師 겸 太子太師 이부상서 華蓋殿大學士 유건·少傅 겸 太子太傅 예부상서 武英殿大學士 사천이 퇴직을 구하자 이를 허락하였다. 얼마 전 [유]건·[사]천과 少傅 이동양이 내시인 유근·마영성·고봉·나상·위빈·구취·곡대용·장영 등이 황상의 마음을 미혹하였다고, 이들을 주살할 것을 연이어 상주하였으나, 모두 보류되어 재가를 얻지 못했다. 사례감태감 陳寬·李榮·王岳 등이 함께 내각에 와서 의논하면서 [유]근 등을 남경 新房에 보내 閒住하도록

33) 『武宗實錄』 卷17, 正德 元年 9月 戊寅, p.506.
34) 李洵, 앞의 책, p.45 참조.
35) 『武宗實錄』 卷18, 正德 元年 10月 戊午, pp.543~544. 특히 고명대신 3인이 사직을 요청했음에도 불구하고, 정덕제가 유독 이동양에 대해서만 사직을 허락하지 않은 이유에 대해서는, 李洵, 앞의 책, pp.54~55 참조.

할 의사를 피력하였다. [유]건 등은 이 조치가 미흡하다고 생각하여 모두 성난 목소리로 말하기를 "선제가 붕어하시기 전에 우리들의 손을 잡고 大事를 부탁하였는데, 황릉의 공사가 미처 다마르기도 전에 아첨하게 만드니, 이와 같으면 후일 무슨 면목으로 지하에서 선제를 뵐 수 있겠는가?"라 하였다. [이에] 陳寬 등이 물러가니 이들의 뜻은 이루어지지 못했다. [그런데] 태감 [왕]악은 본디 충직하고 東廠提督으로서, 태감 范亨·徐智 등과 더불어 모두 잘 어울리며 꾀를 내어 위의 8인을 조치할 것을 황상에게 청하기로 하였다.……때마침 [유]건 등은 호부상서 한문이 본래 剛正하여 9卿들과 함께 빠르게 伏闕하여 간언하자 [왕]악도 衆智를 따라 이들에 호응하고자 하였다. [그런데] 이부상서 焦芳은 이들이 모의한 정보를 빼내어 8인['8호']에게 알렸다. 그 다음날 아침 [유]건과 [한]문 등이 9경 과도관을 이끌고 복궐하였지만, 얼마 뒤에 [유]근 등을 사면한다는 [황제의] 교지가 있자 모두 흩어졌다. [유]건 등은 이 일을 알고 있을 수 없는 일이라고 생각하여 당일 정사를 내려놓겠다고 상소하자, 輔臣들도 휴직을 청하였다.……이에 8인은 오직 [유]건 등이 자리에서 빨리 물러나지 않을까 두려워하였고, 황제 역시 [유]건 등이 여러 차례 귀에 거슬리는 직언을 하였기 때문에 마침내 [사직을] 허락하였다.[36]

이로써 두 정치 세력간의 갈등과 대립은 환관의 승리로 일단락됨에 따라, 각신을 비롯한 조신들의 입지는 날이 갈수록 좁아질 수밖에 없었다.

어쨌든 정덕 원년 10월 정덕제가 유건과 사천 등 고명대신에 대해 사직을 윤허한 일은 조정에 커다란 파장을 일으켰다. 이는 "朝野에서는 선제의 고명을 추념하여 탄식하고 눈물을 흘리지 않는 사람이 없었다."[37]고 한 사실이나, 같은 해 12월 감찰어사이자 남직예 제학인 陳琳이 이들의 사직 요청을 허락한 것에 대해 비판함으로써 廣東 揭陽縣 縣丞으로 강등된

---

36) 『武宗實錄』卷18, 正德 元年 10月 戊午, pp.543~544.
37) 『武宗實錄』卷18, 正德 元年 10月 戊午, p.544.

일에서도 잘 알 수 있다.[38) 고명대신에 대한 사지 조치를 둘러싸고, 환관 집단과 정덕제에 대한 조신들의 불만과 비판은 정덕 2년에도 과도관들의 집단적인 항소로 이어졌다. 이에 정덕제는 대노하여 이들을 하옥하여 문초하거나 杖刑으로 다스리는 한편, 이들을 民으로 강등시키기도 하였다.[39)

이렇듯 고명대신들의 사직 처리를 둘러싸고 이를 애석해 하는 과도관들을 비롯한 조신들의 집단적인 항소가 빗발치는 가운데, 정덕 2년 춘정월 정덕제는 예고도 없이 시조조차 잠시 중단하겠다는 전교를 내렸다.[40) 그런데 이로부터 한 달여가 지난 뒤인 정덕 2년 윤정월에는 '병이 나았다'는 것을 명분으로 정덕제는 시조를 재개하였다.[41) 그러나 시조시의 일강은 환관과 조신들이 첨예하게 대립되고 있던 상황과 황제의 무절제한 생활이 조금도 개선되지 않았던 당시의 정황으로 미루어 볼 때, 시행되지 않았던 것으로 판단된다. 이는 고명대신으로 유일하게 재임하고 있었던 이동양이 정덕 2년 2월 "早朝는 謹政을 위한 가장 첫 번째의 [중요한] 일이다.……[그런데] 근자에는 視朝가 巳時(9~11시)에 시작된다."[42)라고 지적한 사실이나, 또한 같은 해 3월에도

근자에 일강을 파한다는 교지를 받았습니다. 신들이 생각하기에 경연과 일강은 모두 祖宗의 좋은 법제이자 좋은 뜻입니다. 특히 일강은 더욱 절실한 것입니다. '일강'이라고 일컫는 것은 날마다 한다는 의미로서, 짬이 나면 늘 義理에 관통하고자함으로써 이를 政令의 기준과 治化의 근본으로 삼고자

---

38) 『武宗實錄』 卷20, 正德 元年 12月 癸酉, pp.587~588.
39) 이에 대해서는 『武宗實錄』 卷22, 正德 2年 閏正月 庚戌, pp.610~611. 정덕 연간 亂政에 대해 과도관들의 대응에 대해서는 조영록, 앞의 논문, 참조.
40) 『武宗實錄』 卷21, 正德 2年 春正月 辛卯, p.598.
41) 『武宗實錄』 卷22, 正德 2年 閏正月 丙午, p.607.
42) 『武宗實錄』 卷23, 正德 2年 2月 己卯, pp.633~634.

하였던 것입니다. 이제 날씨도 따뜻해져서 때마침 강학을 할 수 있는 좋은 때이니, 신 [이]동양은 명색이 선제의 고명을 받은 사람으로서, 삼가 독서하시고 [焦]芳과 [王]鰲에게 강독하게 하시면 老臣들은 강관의 직분을 무겁게 감당하여 모두들 작으나마 노고를 다할 것입니다. 엎드려 바라옵건대, 특별히 綸音을 내려 종전처럼 일강을 하시면 聖學이 빛나고 生民이 의지하게 될 것이니, 이는 진실로 宗社가 대대로 근심이 없고 경축할 일이 될 것입니다.[43]

라고 상소한 사실에서도 잘 알 수 있다.

그런데 이동양의 상소가 있은 지 며칠 뒤인 정덕 2년 3월 28일 유근이 정덕제의 허락을 얻어 鴻臚寺가 선독한 聖旨를 통해 소위 '黨比' 56명의 명단을 공개하자, 罷朝 후 문무 대신들이 金水橋의 남단에 꿇어앉아 비는 사건이 발생하였다.[44] 그리고 같은 해 7월에는 또 다시 황제에게 進呈된 『通鑑纂要』의 장정이 잘못된 사건이[45] 발생함에 따라, 이 책의 편찬을 담당한 예부좌시랑 겸 한림원 학사 劉機 등과 謄寫를 전담한 光祿寺卿 周文通 등 관련자를 감봉 처분하는 동시에, 기타 관련자 20명을 黜陟하였다.[46] 이처럼 유근을 비롯한 환관 집단의 전횡이 날로 고조되는 가운데,

---

43) 『武宗實錄』 卷24, 正德 2年 3月 丙寅, pp.660~661.

44) 이날 반포한 聖旨는 태감 유근이 사적으로 썼거나, 또는 焦芳이 윤색한 것이라고 기록하고 있다. 『武宗實錄』 卷24, 正德 2年 3月 辛未, pp.661~663 ; 『明史』(影印本) 卷304, 劉瑾傳, 臺北 : 鼎文書局, p.7788. 이때 공개된 '黨比'의 구성 분포를 대별해 보면, 환관, 대학사, 상서, 主事, 檢討, 給事中, 御史 등으로서, 이 중에서 과도관이 모두 41명으로 가장 많은 비중(약73%)을 차지하고 있다. 이로써 당시 '8호' 등 환관집단을 비판한 세력에는 과도관이 그 중심에 서있음을 알 수 있다. 이에 대해서는 李洵, 앞의 책, pp.55~56 ; 조영록, 앞의 논문, p.17 참조.

45) 『武宗實錄』 卷28, 正德 2年 秋7月 癸卯, pp.713~715.

46) 당시 감봉 2개월에 처한 사람은 太常寺少卿 겸 한림원 侍讀 費宏, 侍讀 徐穆, 編修 王瓚 등이었다. 또한 출척되어 民으로 강등된 사람은 대학사 謝遷의 아들 한림원편수 謝丕가 대표적이다. 『武宗實錄』 卷28, 正德 2年 7月 乙丑, p.729. 그리고 中書舍人 劉訊도 이 책의 謄寫에 참여했다가 파직되었지만, 예부의 청원으로

이 사건을 계기로 유일하게 남아있던 고명대신 이동양도 정덕 2년 8월 신병을 이유로 재차 사직을 요청하기에 이르렀다.[47]

정덕 3년(1508) 6월에는 또 다시 익명의 문서 1권이 罷朝 후 御道에 떨어진 것을 侍班어사가 발견하여 상주한 사건이[48] 발생하였다. 이에 대해 사례감에서는 곧바로 교지를 전해 힐문하자, 조정 대신들은 모두 궁궐 뜰에 꿇어앉았고, 오후에는 관련자 300여 명을 鎭撫司에 송치하여 문초하였다. 다음날 대학사 이동양 등은 익명 문서는 해당자가 여러 사람에게 덮어씌워 자신의 행적을 감추려고 하는 교활한 詐術이라고 지적하면서, 먼저 구금한 사람들을 석방하여 조사 결과에 따라 신중하게 처벌해야 한다고 상소하였다. 이에 따라 황제는 그의 말을 수용하여 이들을 석방하였지만, 이 과정에서 때마침 폭염으로 인해 刑部主事 周欽順·順天府 推官 周臣·禮部進士 陸伸蝎 등이 사망하는가 하면, 병이 난 사람도 헤아릴 수 없이 많았다. 이렇듯 환관 세력과 조신과의 갈등이 완전히 가라앉은 채, 정덕 4년 2월 태감 유근에 아부하던 이부상서 劉宇의 모함으로 이미 사직 처리된 대학사 유건과 사천이 民으로 강등 처분되었다.[49] 이로써 대학사 王鏊·李東陽·楊廷和·焦芳과 이부상서 劉宇·좌시랑 張綵·우시랑 柴昇, 太子太傅 이부상서 겸 左都御史 屠滽와 국자감 祭酒 周玉 등 각신을 비롯한 주요 조신들의 사직이 그해 5월까지 이어졌다.[50]

이처럼 조신들의 사직이 이어짐으로써 조정이 공백 상태에 이른 상황에

이후에 복직되었다. 『武宗實錄』 卷28, 正德 2年 7月 庚午, p.732.

47) 『武宗實錄』 卷29, 正德 2年 8月 壬午, pp.740~741.

48) 『武宗實錄』 卷39, 正德 3年 6月 壬辰, p.930.

49) 『武宗實錄』 卷47, 正德 4年 2月 丙戌, pp.1073~1074.

50) 『武宗實錄』 卷48, 正德 4年 3月 壬子, p.1094 ; 같은 책, 癸丑, pp.1094~1096 ; 같은 책, 丁巳, p.1098 ; 같은 책, 戊午, p.1099 ; 같은 책, 己未, pp.1100~1101 ; 같은 책, 庚申, pp.1101~1102 ; 같은 책, 卷49, 正德 4年 夏4月 壬戌朔, p.1107 ; 같은 책, 丙寅, p.1109 ; 같은 책, 乙亥, pp.1112~1114 ; 같은 책, 丁亥, pp.1118~1120 ; 같은 책, 卷50, 正德 4年 5月 庚子, p.1144 등 참조.

서, 정덕 4년(1509) 2월 鴻臚寺는 황제에게 경연에 참석하기를 요청하였다. 정덕제는 "짐이 감기로 기침이 좀 있으니 3월에 가서 다시 보고하라."며 미루었다가,51) 약 한 달 뒤인 그해 3월에 경연에 참석하였다.52) 더구나 당시 주요 조신들의 사직 요청으로 조정이 거의 마비된 가운데, 같은 해 5월에는 편수관 한림원 시독 毛紀를 시강학사로, 시강 豊熙를 右春坊 右諭德, 修撰 傅珪를 좌춘방 左中允, 同官 朱希周를 侍讀으로 승진할 것을 청하는 이부의 요청을 모두 승낙하였다.53) 또한 9월에는 또 다시 시강학사 모기를 學士로, 좌춘방 좌유덕 傅珪를 시강학사로 승진시키는 등 경연관에 대한 보완조치를 취하였다. 더구나 승진 조치를 통해 종전에는 한림원관의 결원을 九卿科道官('廷議')에서 논의하도록 한 것을 개정하여 내각회의에서 이를 정하도록 하였다.54) 이는 사직 요청으로 실제로 그 기능이 거의 마비된 내각의 각신과 조정 대신들의 반발을 무마하려는 조치의 일환이라고 하겠다. 이로부터 약 5개월이 지난 정덕 5년(1510) 2월에 이르러 鴻臚寺에서는 경연 개최를 또다시 요청하였다. 그러나 정덕제는 여전히 같은 해 3월에 다시 보고하도록 명하는55) 등 경연 개최를 차일피일 미루면서 逸樂에만 빠져있었다.56) 이러한 가운데 정덕 5년 5월에는 경연과 일강을 담당하는 관련 관원을 임명하였지만,57) 이는 어디까지나 실제로 경연을

---

51) 『武宗實錄』 卷47, 正德 4年 2月 丙子, p.1067.
52) 『武宗實錄』 卷48, 正德 4年 3月 甲辰, p.1087.
53) 『武宗實錄』 卷50, 正德 4年 5月 壬子, pp.1152~1154.
54) 『武宗實錄』 卷54, 正德 4年 9月 己酉, p.1223.
55) 『武宗實錄』 卷60, 正德 5年 2月 癸卯, p.1327.
56) 정덕 5년 4월 大理寺右評事 羅倫은 당시 정덕제의 방탕한 생활이 극에 달하고 있을 뿐 아니라, 각신이나 과도관조차 이에 대해 직언조차 하지 못한 채 서로 미루는 상황을 잘 묘사하고 있다. 『武宗實錄』 卷62, 正德 5年 4月 辛丑, pp.1360~ 1363.
57) 예컨대, 한림원 학사 毛紀를 호부우시랑으로 승진시키고 일강을 겸하게 하였다. 또한 우춘방 우유덕 겸 한림원 시강 蔣冕을 한림원 시강학사로, 그리고 시독 毛澄을 시강학사로 승진시켰다. 이에 대해서는, 『武宗實錄』 卷63, 正德 5年 5月

시행하는 것과는 관련이 없는 형식적인 일에 불과하였다.

III. 劉瑾 세력의 거세와 경연의 형식적 재개

주지하는 바와 같이, '8호' 중 특히 태감 유근의 전횡은 정덕 2년 호부가 주도한 '8호' 타도 계획이 실패로 끝난 직후부터 시작되었다. 유근은 사례감을 장악한 뒤에 이부상서 초방을 문연각대학사에 겸직하게 함으로써 내각의 표의권과 인사권을 장악하였다. 또한 과도관을 견제하기 위해서는 초방과 인연이 있는 劉宇를 都御史에 임명하여 과도관의 직언을 봉쇄하는가 하면, 병과급사중 屈銓을 자신의 충견으로 활용하여 유근이 정한 시행 사례를 간행하여 반포하는 등 무소불위의 권한을 휘둘렀다.[58] 이렇듯 유근의 전횡은 특히 정덕 4년 초반부터 그 절정에 달했고, 이는 과도관을 비롯한 조신들의 저항과 반발을 초래하였다.

그럼에도 불구하고 유근의 전횡은 더욱 심화되어 자신의 꼭두각시인 劉宇와 曹元 등을 이부상서 겸 문연관대학사로 임명하는가 하면, 張綵를 이부시랑으로 기용하여 인사권과 내각의 권한을 장악하는 한편, 과도관들의 비판을 무력화시켰다.[59] 이로써 이목관인 과도관조차 "寂然不言"[60]하게 된 지가 이미 오래될 정도였다. 이 때문에 정덕 5년 5월부터 6월까지 당시 각신이었던 이동양·양정화·초방·유우 등은 또 다시 사직을 청하였다.[61]

乙酉朔, p.1379 ; 같은 책, 辛酉, p.1382 참조.

58) 유근의 전횡에 대해서는 조영록, 앞의 논문, pp.15~16 참조.

59) 『武宗實錄』 卷51, 正德 4年 6月 戊子, pp.1179~1780 ; 같은 책, 卷60, 正德 5年 2月 癸巳, pp.1322~1323 참조.

60) 『武宗實錄』 卷55, 正德 4年 潤9月 丙子, p.1240.

61) 정덕 5년 5월에는 이동양·양정화·초방이 사직을 청하였다. 이에 대해서는 『武宗實

각신을 비롯한 조정 대신들과 과도관들의 누적된 불만이 고조되는 가운데, 때마침 정덕 5년 8월 태감 張永이 寧夏에서 돌아와 유근에 대한 17가지 불법한 죄상을 정덕제에게 고발하자, 황제는 그의 고발을 수용하여 유근을 체포하였다.[62] 더구나 유근의 親家에서 수많은 금은보화와 위조 옥새 등이 발견됨에 따라, 6科給事中 謝訥과 13道御史 賀泰 등도 유근의 죄상을 열거하고 그에 대한 처형을 촉구하는 상소를 하였다.[63] 이에 특히 대학사 이동양은 사직 낙향을 자청함으로써 정덕제를 압박하였다. 이에 정덕제는

> 선제의 고명으로 짐을 보좌한지 4~5년 동안 유근이 전횡하여 [짐을] 속이고 가려왔으나, 경은 이를 바로 잡아 짐을 보좌해 왔으니 안심하고 일하라.……[위]근이 亂政하고 사람들을 해친 사건은 즉시 각 아문에 명하여 조사케 하고 이를 모두 바로잡도록 하겠다.[64]

라며, 주저하고 있던 종전의 태도를 바꾸어 유근에 대한 처형을 약속하였다. 더구나 그 다음날 대학사 양정화도 낙향을 청함에 따라,[65] 유근의 친위 세력인 대학사 조원과 호부상서 劉璣·병부시랑 陳震 등을 전격적으로 파직시키는[66] 한편, 유근과 연루된 관원을 '奸黨' 26인으로 지목하여 파직시

錄』卷63, 正德 5年 5月 壬午, pp.1390~1391 ; 같은 책, 壬午, p.1391 ;『武宗實錄』卷63, 正德 5年 5月 壬午, pp.1390~1391 ; 같은 책, 壬午, p.1391 ; 같은 책, 癸丑, p.1392 참조. 또한 정덕 5년 6월에는 이동양이 재차 사직을 청하였고, 劉宇도 사직을 요청하였다. 이는『武宗實錄』卷64, 正德 5年 6月 乙酉, p.1395 ; 같은 책, 卷64, 正德 5年 6月 丙午, p.1411 참조.

62)『武宗實錄』卷66, 正德 5年 8月 甲午, pp.1438~1439.

63)『武宗實錄』卷66, 正德 5年 8月 丁酉, pp.1440~1444. 당시 정덕제는 유근에 대한 처결을 주저하고 있었기 때문에, 유근의 죄상을 처음으로 고발한 張永은 과도관들의 협조를 구하였다. 이에 대해서는 谷應泰,『明史紀事本末』(影印本) 卷43,「劉瑾用事」, 正德 5年 秋8月 기사, 臺北 : 華世出版社, 1976, p.454 참조.

64)『武宗實錄』卷66, 正德 5年 8月 戊戌, p.1444.

65)『武宗實錄』卷66, 正德 5年 8月 己亥, p.1446.

66)『武宗實錄』卷66, 正德 5年 8月 己亥, pp.1446~1447.

켰다.67) 이처럼 정덕제가 유근을 둘러싼 사건을 조속하게 처리한 것은 당시 조정 내외의 불만이 비등했던 것과 함께, 대학사들의 사직 청원이 결정적인 원인이 되었다. 어쨌든 유근 세력에 대한 거세 작업은 며칠 뒤 유근에 대한 처형,68) 內·外廠의 관원에 대한 推鞫과69) 더불어, 그해 9월과 10월에는 유근 잔당과 친속에 대한 색출 작업과 처형을 진행함으로써70) 일단락되었다.

유근 잔당에 대한 처리가 마무리되어 가는 가운데, 정덕 5년 9월 鴻臚寺에서는 秋講의 시기를 맞이하여 경연(월강) 개최 일을 정할 것을 요청하였다. 이에 정덕제는 여전히 9월에 가서 다시 보고하라고 하면서71) 미루는 가운데, 그해 11월에는 한림원 학사 傅珪를 이부우시랑으로 승진시키고 종전대로 일강관을 겸하게 하는 조치를 내렸다.72) 그런데 정덕 5년 11월에는 대학사 이동양이, 그리고 정덕 6년 정월과 2월에는 대학사 劉忠이 사직을 또 다시 요청하였다.73) 이렇듯 대학사들이 사직을 요청하는74)

---

67) 당시 유근과 연루되어 파직된 사람들은 대학사 曹元을 비롯하여 이부상서 張綵·호부상서 劉璣, 남경예부상서 朱恩, 병부우시랑 陳震, 道御史 魏訥·楊武·劉聰·徐以貞, 한림원 편찬 康海·시독 焦黃中·편수 劉仁, 大理寺少卿 劉介 등 이었다.『武宗實錄』卷66, 正德 5年 8月 辛丑, pp.1447~1449.

68) 『武宗實錄』卷66, 正德 5年 8月 戊申, pp.1456~1460 참조.

69) 당시 추국의 대상이 된 내·외창의 관원은 彭玉 등 57명이었다.『武宗實錄』卷66, 正德 5年 8月 壬寅, p.1452 참조.

70) 『武宗實錄』卷67, 正德 5年 9月 壬申, pp.1484~1485 ; 같은 책, 庚辰, pp.1492~1493 참조. 한편 친속에 대한 거세 작업에 대해서는, 같은 책, 卷68, 正德 5年 冬10月 己丑, pp.1501~1502 참조.

71) 『武宗實錄』卷66, 正德 5年 9月 丙午, p.1455.

72) 『武宗實錄』卷69, 正德 5年 11月 戊辰, p.1524.

73) 두 차례에 걸친 이동양의 사직 요청은 『武宗實錄』卷69, 正德 5年 11月 乙亥, pp.1537~1539 ; 같은 책, 己卯, pp.1541~1542 참조. 한편, 劉忠의 사직 요청은 『武宗實錄』卷71, 正德 6年 春正月 辛未, pp.1568~1569 ; 같은 책, 卷72, 正德 6年 2月 丙戌, p.1582 참조.

74) 특히 대학사 이동양이 사직을 요청한 것은 당시 가뭄이 든 상황에서 정덕 6년 2월 工部에서 京城 내외의 토목 工役을 추진하는 것에 대한 불만과 더불어,

가운데, 정덕 6년(1511) 2월 예부상서 費宏을 비롯하여 급사중 潘塤과 감찰어사 陳察 등이 경연과 일강의 중요성을 강조하는 상소를 올렸다.[75] 그러나 정덕제는 이에 대해 "짐이 이미 알고 있다."고만 답할 뿐이었다. 이처럼 경연(월강)의 개최일이 확정되지 않은 상태에서, 일강은 정덕 6년 4월 會試를 치른 다음날에 잠시 열렸던 것으로 보인다. 이는 무영전대학사 유충이 휴직을 요청하는 자리에서,

> [유]충이 회시를 채점한 후 그 다음날 皇上[정덕제]은 경연에 참석하고 회궁한 뒤 갑자기 대학사 이동양 등을 불러 시험지를 꺼내 보이면서 이르기를, "학사 유충이 채점한 시험답안과 많은 차이가 있는데, 어찌된 일인가?"라고 하였다. [이]동양 등은 머리를 오랫동안 숙이고 대답하지 못하고 나왔다. [유]충이 이 소식을 듣고 감히 휴직을 급하게 청하고 나갔다.[76]

고 한 것에서 잘 알 수 있다. 이런 가운데 정덕 6년 5월에는 내각에 한림원 춘방관에 결원이 많았기 때문에 경연관에 대한 승진 조치가 이루어졌다.[77] 또한 정덕 6년 12월에는 내각의 각신과 6부 상서 등 조정 대신을 새롭게 구성하는 조치를 단행하는[78] 등, 마비된 조정의 인적 보충이 이루어지는

정덕 5년 11월 남경 감찰어사 張芹이 "이동양이 고명대신으로서 유근의 전횡과 亂政을 미연에 방지하지 못했다."고 그 책임을 제기한 것과도 무관하지 않다. 이에 대해서는 『武宗實錄』 卷72, 正德 6年 2月 己亥, pp.1591~1593 ; 같은 책, 卷69, 正德 5年 11月 辛未, pp.1533~1534 참조.

75) 『武宗實錄』 卷72, 正德 6年 2月 辛丑, pp.1594~1595 참조.

76) 『武宗實錄』 卷74, 正德 6年 夏4月 癸未, pp.1629~1630.

77) 한림원 시독학사 蔣冕을 첨사부 소첨사로 승직시켜 시독학사를 겸하게 하였다. 또한 侍講 毛澄을 학사로, 侍讀 顧淸을 시강학사에, 그리고 侍講 吳一鵬을 侍講學士에, 修撰 文敍를 右春坊 右諭德 겸 시강 등으로 임명하였다. 『明 武宗實錄』 卷75, 正德 6年 5月 甲子, pp.1651~1652.

78) 費宏을 문연각대학사, 楊一淸은 첨사부 관장과 더불어 한림원 학사로, 靳貴를 예부상서로 삼고 내각의 誥勅을 관장하게 하는 한편, 傅珪를 예부상서에 임명하였다. 『武宗實錄』 卷82, 正德 6年 12月 癸巳, pp.1781~1782.

듯 보였다. 하지만 정덕제는 여전히 정사를 등한시하여 경연은 말할 것도 없고 일강조차 거의 개최되지 못했다. 이러한 상황에서 정덕 7년(1513) 2월 대학사 이동양은 신병을 이유로 사직을 청하고,[79] 이어서 3월에는 대학사 梁儲가 감찰어사 張璉의 탄핵을 받은 것을 계기로 사직을 요청하였다.[80]

IV. '豹房' 정치와 경연 중단

상술한 바와 같이, 정덕 5년 유근과 그 잔당을 거세한 이후 정덕 6년 11월에 내각의 각신과 6부의 상서 등 조정 대신들이 새롭게 임명되는 등 조정에 대한 인적 보충이 이루어졌다. 그러나 정덕제는 여전히 표방에 상주하면서 정사에는 관심을 두지 않았다. 그런데 정덕 7년(1513) 3월 사직을 요청하고 있던 이동양에게 느닷없이 경연과 일강을 준비하라는 황제의 교지가 내려졌다. 이에 이동양은 매우 기뻐하면서 즉시 강관에게 강독을 준비하도록 하였으나, 한 달이 지나도록 황제로부터 아무런 답신을 받지 못하였다.[81] 게다가 京師를 비롯한 山西·陝西·福建·雲南 등지에서 전년도 겨울부터 지진이 지속되는 등 자연재해가 일어남에 따라 정덕 7년 4월에도 대학사 이동양은 경연을 개최하여 聖學을 학습해야 한다고 주청하였지만, 이마저도 황제에게 보고되지 않았다.[82] 이렇듯 각신의

---

79) 『武宗實錄』卷84, 正德 7年 2月 甲申, p.1810.

80) 당시 梁儲에 대한 탄핵 사유는 그의 아들이 불법을 저질러 사람을 죽게 만들었기 때문이었다. 그러나 정덕제는 그의 사직 요청을 윤허하지 않았다. 『武宗實錄』卷 85, 正德 7年 3月 丁巳, pp.1831~1832 참조. 이처럼 정덕제가 梁儲의 사직 요청을 유보한 것에 대해, 6科給事中 李澤과 13道御史 許鳳 등 과도관들은 "어떻게 천하의 정치가 평안해지며, 천하의 인심을 설득할 수 있겠는가?"라고 비판하였다. 『武宗實錄』卷85, 正德 7年 3月 庚申, pp.1833~1834.

81) 『武宗實錄』卷85, 正德 7年 3月 丙午朔, pp.1820~1821.

상소조차 상달되지 않은 채, 태감 곡대용 등을 중심으로 하는 표방 정치로 인해 각신과의 정사 협의는 고사하고, 황제의 시조는 한 달에 겨우 한 두 차례에 불과할 정도였다. 조정은 이미 있으나마나 한 존재에 불과하였다. 이에 따라 정덕 7년 5월 이부상서 楊一淸은 상소에서,

매일 아침에 시조하여 정사를 돌보는 것은 제왕의 정해진 규칙입니다. [그런데] 폐하께서는 매달 시조하시는 것이 하루 이틀에 불과하니, 이는 오랑캐에게조차도 듣지 못한 일입니다.……설사 諸司에게 上奏하도록 명하더라도 [황제께서] 머무는 것이 겨우 수십 분에 불과하고, 綸音 또한 몇 마디를 넘지 못하니, 정치와 기강을 바로하고 옹체된 것을 해결하기에 부족합니다.……더구나 듣자하니 황상께서는 표방에 자주 행차하시고 그 곳에서 여러 날을 유숙하시고, 또한 후원에서는 훈련하는 병사들의 총과 대포소리가 城市를 뒤흔드니, 종묘사직을 책임지는 옥체를 스스로 신중하게 하시지 않고 계십니다. [이에] 신들은 밤낮으로 편안하지 못합니다.……[그런데] 근자에 와서는 강독을 하기로 한 날이 임박하면 갑자기 이를 취소하는가 하면, 강독의 관원 또한 虛設에 불과할 뿐이고, 또한……詩書와 義理에 몰두하시는 것이 아니라 향연과 일락에만 함부로 탐닉하고 계십니다. 바라옵건대, 이제부터는 종전의 규정에 따라 날마다 故事를 일강하시고 儒臣들과 가까이 하셔서서 經史를 강론하게 하시면, 총명함이 開發되시고 치도 또한 날로 맑아질 것입니다.[83]

라고 지적하였다. 양일청의 상소에 대해 정덕제는 단지 "알았다"는 말로 批答할 뿐이었다. 이와 같은 상황에서 대학사 이동양은 정덕 7년 윤5월부터 8월까지 여러 차례에 걸쳐 또 다시 사직을 요청하였다.[84] 뿐만 아니라,

82) 『武宗實錄』卷86, 正德 7年 夏4月 丁酉, pp.1852~1853 참조.

83) 『武宗實錄』卷87, 正德 7年 5月 辛酉, pp.1869~1870.

84) 『武宗實錄』卷88, 正德 7年 閏5月 庚辰, pp.1881~1882 ; 같은 책, 丙戌, p.1887 ; 같은 책, 卷89, 正德 7年 6月 庚申, p.1908 ; 같은 책, 卷90, 正德 7年 7月 庚辰, p.1923 ; 같은

그는 징덕 7년 10월 表방을 증축하는 것에 대해 신랄하게 비판하면서 항소하였다.

"공부에서 말하기를 '표방을 營造하는데 지금까지 5년간 지출한 비용이 은 24만 량에 달한다.'고 합니다. [그런데] 이제 또 다시 200여 칸의 방을 더 증축한다고 하니, 나라가 고갈되고 백성이 빈곤한데, 어떻게 [이 경비를] 마련할 수 있겠습니까? 바라옵건대, [이를] 중단하거나 경비를 절반으로 감축하소서." [정덕제는 이를] 듣지 않았다.[85]

그럼에도 불구하고 태감 곡대용·陸闇 등은 자신들의 조카를 승직시키고자 압력을 행사하는 등 전횡이 여전하여, 6科給事中 李陽春, 13道御史 汪賜 등이 지적한 바와 같이, "당시 유근은 비록 처형되었지만, 內臣들의 권한은 더욱 커져서, 群臣들이 화를 입을까 두려워하는"[86] 정도였다. 이로써 예부상서 겸 한림학사 靳貴와 대학사 梁儲가 사직을 요청하는 등,[87] 조정에는 또 다시 적지 않은 파란이 일어났다.

이처럼 조정이 동요되는 가운데 정덕 8년(1513) 4월 황제는 마침내 경연에 참석하였다.[88] 그런데 바로 다음날에는 일강에서 진강을 宣讀하던

책, 丙戌, pp.1925~1926 ; 같은 책, 卷91, 正德 7年 8月 辛亥, pp.1941~1942 참조. 이에 그해 9월 정덕제는 직예·산동·하남·강서 등지에서 일어난 민란을 평정하는 데서, 각신들이 官運이 성공할 수 있도록 논의 결정했다는 것을 명분으로 이동양·양정화·양저·비굉 등에게 은 50냥을 賞賜하여 이들의 사직 요청을 무마하고자 하였다. 『武宗實錄』卷92. 正德 7年 9月 丁酉, pp.1968~1969. 그러나 이들 각신들 중에서 특히 이동양은 賞賜와 恩蔭을 고사하였다. 이에 대해서는 같은 책, 庚子, pp.1969~1970 ; 같은 책, 卷93, 正德 7年4 冬10月 甲辰, pp.1973~1974 ; 같은 책, 丁未, pp.1975~1976 ; 같은 책, 甲寅, pp.1977~1978 참조.

85) 『武宗實錄』卷93, 正德 7年 冬10月 甲子, p.1981.
86) 『武宗實錄』卷97, 正德 8年 2月 丁未, pp.2038~2039.
87) 『武宗實錄』卷98, 正德 8年 3月 丙戌, p.2053 ; 같은 책, 卷99. 正德 8年 夏4月 壬寅, pp.2060~2061.
88) 『武宗實錄』卷99, 正德 8年 夏.4月 庚申, p.2067.

修撰 何瑭이 의복에 때가 묻은 상태로 쩔쩔매다가 진강을 마지막까지 마치지 못함에 따라, 강학을 중단하는 일이 벌어졌다.[89] 게다가 정덕 9년(1514) 정월에는 乾淸宮에 화재가 일어남에 따라, 대학사 양정화·양저·비굉 등은 自劾하는 상소를 통해 사직을 요청하였다. 이때 이들은 정덕제에게 경연과 일강에 성실하게 임할 것과 군신간의 面對하는 제도를 복원함으로써 언로를 개방할 것을 특별히 강조하였다.[90]

이렇듯 대학사를 비롯한 조정 대신들이 사직을 요청하면서까지 시조와 경연을 개최할 것을 요구하는 가운데, 이로부터 3일 뒤에는 13도감찰어사 羅緝 등도

폐하께서는 시조와 진강을 너무나 자주 오랫동안 폐지하고 계십니다. 마땅히 매일 아침에는 시조하여 庶務를 總攬하시고, 강론에도 親躬함으로써 舊制를 따라야 합니다.[91]

라며 시조와 진강에 힘써야 한다고 상소하였다. 그러나 정덕제는 "求言을 빙자할 뿐 아니라, 그 내용 또한 번잡하다."라며 강경한 태도로 거부하였다. 이처럼 황제의 태도에서 개선의 여지가 전혀 없는 상황에서, 정덕 9년(1514) 10월부터 조신들과 과도관들은 建儲 문제를 공식적으로 거론하기에 이르렀다.[92] 이는 정덕 10년(1515)~12년(1517)의 중요한 현안이자 과도관들의

---

89) 당시 정덕제는 대노하여 中官을 내각에 보내 그를 廷衛에서 杖刑을 하고자 하였지만, 대학사 楊廷和 등이 그를 구명하는 주소를 올림에 따라, 杖刑 몇 대로 그치고 直隷 開州同知로 좌천시켰다. 『武宗實錄』 卷108, 正德 8年 夏4月 辛酉, p.2067.

90) 『武宗實錄』 卷108, 正德 9年 春正月 癸未, pp.2206~2208 참조.

91) 『武宗實錄』 卷108, 正德 8年 春正月 丙戌, pp.2211~2212.

92) 建儲 문제에 대해서는 형부주사 李中이 정덕 9년 10월에 처음으로 상소한 이래 같은 해 12월에는 廣東 道御史 王光도 이를 거론하였다. 이로 인해 李中은 驛丞으로 강등되기도 하였다. 『武宗實錄』 卷117, 正德 9년 冬10月 甲午, pp.2363~2365 ; 같은 책, 卷119, 正德 9年 12月 丙午, pp.2404~2405 참조.

여론으로서,[93] 실제로는 정덕제에 대한 실망과 포기를 의미하는 것이기도 했다. 그럼에도 정덕제는 시조조차 한 날에 5·6일에 불과할 정도로 정사에는 무관심하였다. 이런 상황에서 일강과 경연 또한 성실하게 시행되지 않았음은 물론이다. 따라서 이를 비판하는 과도관의 상소가 정덕 9년 정월에도 이어지고 있는 상황에서,[94] 정덕제는 마침내 정덕 9년(1514) 2월 12일과 8월 22일, 그리고 정덕 10년(1515) 10월 22일에 경연(월강)을 개최할 것을 명하였다.[95] 그러나 이 이후로는 경연이나 일강 관련 기록이 보이질 않고, 그나마도 정덕 11년(1516) 춘정월 예부상서 모기의 상소 이후에는 이에 대한 批答조차 없었다. 경연과 早朝에 힘써야 한다는 조신들의 상소가 여전히 빗발치는[96] 가운데, 정덕 10년(1515) 6월 이후에는 황제가 수시로 출궁하고,[97] 심지어는 元旦 하례조차 시간을 지키지 않는

---

93) 정덕 10년 10월에는 남경감찰어사 范輅 등이, 정덕 11년 정월에는 공과급사중 潘塤과 남경 예과급사중 徐文溥 등이, 그리고 정덕 11년 3월에는 대학사 梁儲 등과 같은 해 4월에는 감찰어사 劉廷簒와 伍希儒, 정덕 12년 2월에는 蘇松 등지를 巡撫한 右副都御史 張津 등이 건저 문제를 거론하였다. 그러나 이들의 건저 요청은 수용되지 않았다. 『武宗實錄』卷130, 正德 10年 冬10月 丁巳, pp.2582~2583 ; 같은 책, 卷133, 正德 11年 春正月 丁酉, pp.2647~2648 ; 같은 책, 庚子, pp.2649~2650 ; 같은 책, 卷135, 正德 11年 3月 甲辰, pp.2682~2684 ; 같은 책, 卷136, 正德 11年 夏4月 甲子, p.2691 ; 같은 책, 卷146, 正德 12年 2月 辛未, pp.2859~2860 등 참조.
94) 예컨대, 호과급사중 石天柱와 雷雯, 감찰어사 施儒 등은 상소에서 早朝와 강연에 힘써야 함을 상소하였다. 『武宗實錄』卷108, 正德 9年 春正月 丙戌, pp.2212~2213 ; 같은 책, 丁亥, pp.2213~2215 참조.
95) 『武宗實錄』卷109, 正德 9年 2月 癸卯, p.2234 ; 『武宗實錄』卷115, 正德 9年 8月 戊戌, p.2328 ; 『武宗實錄』卷121, 正德 10年 2月 辛丑, p.2435.
96) 정덕 11년 춘정월에는 工科給事中 潘塤와 예부상서 모기, 같은 해 4월에는 남경 예과급사중 徐大溥, 그리고 정덕 12년 3월에는 남경 6科給事中 孫懋 등이 상소를 올려 경연과 시조를 충실하게 이행할 것을 주장하였다. 『武宗實錄』卷133, 正德 11年 春正月 丁酉, pp.2647~2648 ; 같은 책, 癸卯, pp.2651~2652 ; 『武宗實錄』卷136, 正德 11年 夏4月 癸酉, pp.2693~2694 ; 『武宗實錄』卷147, 正德 12年 3月 乙未, pp.2871~2873 참조.
97) 이에 대해서는 대학사 양저의 상소에서 잘 알 수 있다. 『武宗實錄』卷126, 正德 10年 6月 辛未, pp.2523~2525 참조.

지경에 이르렀다.98)

이에 더하여 정덕 12년(1517) 춘정월 정덕제는 조신들의 만류에도 불구하고 내각과 廷議의 대신들에게 수렵차 南海子로 순행할 뜻을 일방적으로 통보하였다.99) 이를 시작으로 같은 해 8월에는 서북 변방 순행,100) 그리고 정덕 14년(1519) 2월에는 남방 순행101) 등으로 황궁을 장기간 비워두는가 하면, 심지어는 자신을 '威武大將軍總兵官', '總督軍務威武大將軍太師鎭國'으로 칭하는 등 기상천외한 행동을 일삼았다. 이 때문에 내각을 비롯한 조신들은 左順門에 꿇어앉아 황제의 환궁을 엎드려 청하였다.102) 이와 같이 황제의 잦은 순행으로 인해 시조는 물론이고 절기에 이루어지는 각종 축하 의례나 종묘제례, 조공 사절의 알현 등이 모두 간략하게 시행되거나 취소되었다. 이는 대학사 양정화가 지적한 바와 같이 "祖宗 150년 이래 일찍이 보지 못했던 일"103)로서, 당시 조정은 이미 마비상태에 이르렀다. 이에 과도관 徐之鸞·楊秉忠 등은 항소하는 동시에, 이에 대한 비답을 재촉하기 위해 복궐하였지만 정덕제는 오히려 宣諭를 내려 이들을 해산 조치하였다.104) 이를 계기로 과도관을 중심으로 한 조신들의 집단적인 반발을 초래하여 修撰 舒芬, 郎中 黃鞏, 員外郎 陸震 등의 연명 상소와 더불어,

---

98) 절강도감찰어사 程啓充은 정덕제가 출궁하여 늦게 환궁함으로써, 원단 하례식을 위해 대기하고 있던 여러 조정 대신들과 집행관, 조공 사절단이 지친 것은 물론이고, 하례식이 밤늦게 끝남으로써 귀가를 위해 대기하던 시종과 자식들이 서로 주인을 찾느라고 궁궐이 소란스러운 광경을 생동감 있게 잘 묘사하고 있다. 『武宗實錄』 卷133, 正德 11年 春正月 戊子, pp.2640~2641 참조.

99) 『武宗實錄』 卷144, 正德 12年 春正月 戊寅, pp.2831~2834 참조. 특히 정덕제의 서북 변방 순행에 대해, 居庸關의 巡視御史인 張欽은 正統帝 시절 土木堡의 변란을 상기시키면서 이를 반대하였다. 같은 책, 卷151, 正德 12年 秋7月 癸巳, p.2933.

100) 『明史紀事本末』 卷49, 「江彬奸佞」, p.503 ; 『明史』 卷188, 「石天柱傳」, pp.5002~5004 ; 『武宗實錄』 卷164, 正德 13年 秋7月, pp.3166~3167 등 참조.

101) 『武宗實錄』 卷171, 正德 14年 2月 己丑, pp.3304~3308.

102) 『武宗實錄』 卷153, 正德 12年 9月 甲戌, p.2953 참조.

103) 『武宗實錄』 卷164, 正德 13年 秋7月 己亥, pp.3153~3154.

104) 『武宗實錄』 卷172, 正德 14年 3月 丙午, pp.3324~3326.

원외랑 夏良勝, 主事 萬潮, 박사 陳九川 등의 상소와 吏部 郎中 張衍瑞 등 11인과 형부 낭중 陸俸 등 53인, 그리고 예부 낭중 姜龍 등 16인과 병부 낭중 손봉을 비롯한 16인의 연명 상소가 이어졌다. 이에 정덕제는 이들 낭중들에 대해 黃鞏 등 6인을 금의위에 하옥하는 한편, 손봉 등 107인에 대해서는 午門 앞에 5일간 꿇어앉게 하는 벌을 내렸다.[105] 이러한 처벌에 대해 대학사 양정화는 바로 그 다음날 이들을 널리 사면해 줄 것을 요청하였 지만, 정덕제는 아무런 비답이 없었다.[106] 같은 날 代理寺寺正 周紋 등 10인과[107] 行人司 司副 徐廷贊 등 20인과 工部 主事 林大輅 등 3인[108] 등이 상소를 올리자, 정덕제는 이들을 모두 하옥시켰다. 이러한 상황에서 때마침 정덕 14년 7월 南昌에서 宸濠의 반란이 일어남에[109] 따라, 정덕제는 친정을 단행한다는 명분으로 그해 8월에 일시 중단했던 남순을 강행하였다. 이로 써 정덕 15년(1520) 정월 元旦 朝賀를 남경에서 거행하는 등 남방 순행을 지속하다가 그 다음해인 정덕 16년(1521) 정월 마침내 북경으로 돌아왔다. 그러나 환궁 이후에도 정덕제는 건강이 좋지 않다는 것을 이유로 수개월 동안 시조조차 하지 않다가,[110] 마침내 같은 해 3월 표방에서 생을 마감하였 다. 이로써 볼 때 정덕 7년 이후에는 특히 표방 정치로 인해 조정은 그 기능을 완전히 상실하였을 뿐 아니라, 황제의 순행으로 인해 정덕 9년의 두 차례와 정덕 10년의 한 차례를 제외하고 경연은 시행조차 되지 않은 채 중단되었다고 하겠다.

---

105) 『武宗實錄』 卷172, 正德 14年 3月 癸丑, pp.3332~3342 참조.
106) 『武宗實錄』 卷172, 正德 14年 3月 甲寅, p.3342.
107) 『武宗實錄』 卷172, 正德 14年 3月 甲寅, p.3343.
108) 『武宗實錄』 卷172, 正德 14年 3月 丙辰, pp.3343~3344.
109) 『武宗實錄』 卷176, 正德 14年 秋7月 壬辰, pp.3407~3408 참조.
110) 형부원외랑 周時望의 상소에서, "황제의 건강이 좋지 못하여 수개월동안 輟朝하였 다."고 한 것에서 잘 알 수 있다. 『武宗實錄』 卷196, 正德 16年 2月 乙巳, p.3671.

V. 결론

이상에서 살펴본 바와 같이, 정덕 연간의 경연은 고명대신의 강력한 요청에 의해 즉위년 10월 '日講儀注'가 제정된 것을 계기로, 즉위년 11월 3일에는 일강, 그리고 정덕 원년 2월 2일에는 월강이 처음으로 시행되기에 이르렀다. 그러나 정덕제는 황위에 즉위한 이후에도 놀기를 좋아하는 무절제한 생활을 지속함으로써, 일강과 월강은 제대로 시행되지 않았다. 이로써 일강과 월강이 시작된 지 불과 1개월 후에는 거의 열리지 못했다. 설령 경연이 열린다 하더라도 매우 형식적인 형태로 시행되고 있을 뿐이었다. 이에 따라 경연의 부실한 운영과 황제의 정사 소홀에 대해, 고명대신을 비롯한 조신들은 사직 청원으로 맞서면서 경연의 정상적인 시행을 끊임없이 촉구하였다. 더구나 8호를 중심으로 하는 환관 세력이 전횡하는 가운데, 경연을 둘러싼 환관·조신들의 갈등과 대립은 정덕 원년 10월 최고의 염인사건을 계기로 고명대신 유건과 사천의 사직원이 처리되자, 과도관을 중심으로 조신들의 비판이 더욱 고조되었다. 이러한 상황에서 정덕 2년에는 이들을 '黨比'로 지목하여 탄압하는가 하면, 연이어 발생한 『통감찬요』의 장정 오류 사건과 정덕 3년의 익명 문서 사건 등을 통해 조신들에 대한 탄압과 환관의 전횡은 극에 달했다. 이에 따라 고명대신들을 비롯한 조정 대신들의 사직 요청이 이어지는 등 조정은 공백 상태에 이르렀고, 경연 또한 열릴 수가 없었다. 이렇듯 정덕 연간 초(정덕 원년~4년)에는 '祖宗之制'의 준수를 강조하는 고명대신을 비롯한 조신들이 사직 요청을 통해 압박함으로써, 경연은 비록 간헐적이나마 시행될 수 있었다.

그러나 정덕 5년 劉瑾 세력이 마침내 거세된 일을 계기로, 유일하게 남아있던 고명대신 李東陽조차 사직을 요청하면서까지 경연을 개최할 것을 요청하였다. 이로써 이에 동조하는 과도관을 비롯한 조신들의 공론이 고조되기에 이르렀다. 따라서 정덕제는 사태의 악화를 무마하기 위해 경연 재개에 대한 의지를 표명히였다. 그러나 이 역시 차일피일 미뤄졌고, 아주 간헐적으로만 재개될 뿐이었다. 이로써 볼 때, 정덕 5년~7년 기간에는 황제가 방탕하게 생활하고 정사를 등한시하는 상황에서, 잠시 재개된 월강은 물론이고 일강마저도 오래 지속되지 못했다.

이렇듯 경연은 잠시 재개되다가 또 다시 중단되는 등 시행과 중단을 반복하였다. 정덕 8년 이후에는 황제가 표방에 유숙하면서 정사를 돌보지 않는 상태에서 황제는 정덕 8년 4월에 열린 경연에 잠시 참석하였다. 그러나 이마저도 강독 도중에 중단되고 말았다. 따라서 그 이후로는 정덕 9년에 두 차례, 그리고 정덕 10년에 한 차례에 걸쳐 경연 개최를 명하기도 했지만, 특히 정덕 12년 이후로는 황제가 북방과 남방 순행을 강행함으로써 시조조차 이루어지지 않았다. 이런 상황에서 월강과 일강은 당연히 중단될 수밖에 없었다.

이상에서 보는 바와 같이, 창업 후 150년이 지난 정덕 연간에 이르러서는 조정조차 마비된 상태에서 유교주의 통치 이념에 입각한 명초의 국가 시스템은 전면적으로 와해되어갔다.

嘉靖 前期(1522~1528) '大禮議' 政局과 經筵

Ⅰ. 서론

주지하는 바와 같이, 正德帝(1506~1521)가 後嗣도 없이 재위 16년여 만에 생을 마감함에 따라, 당시 내각수보인 楊廷和 등이 초안하고 그의 모친 慈壽皇太后가 반포한 懿旨에 의해 嘉靖帝는 마침내 정덕제의 뒤를 이어 제위에 올랐다. 가정제(1522~1566)는 황제에 즉위하자마자 79개 조에 달하는 개혁안을[1] 포함하는 즉위 조서를 반포함으로써, 先代 정덕 연간의 弊政을 일소하고 國政을 일신하리라는 朝野의 기대에 부응하는 것 같았다.

　그러나 이러한 기대와는 달리 가정제의 즉위식을 위한 입궐 절차를 시작으로, 大統 승계 문제와 친부모의 封號와 諡號, 廟號 등의 문제를 둘러싼 大禮 논쟁이 확산됨에 따라, 특히 가정 연간 전기는 가정제의 입장을 두둔하는 정치 세력과 이를 비판하는 내각수보 楊廷和를 비롯한 정덕 연간 이래의 勳貴세력 간의 갈등과 대립으로 점철되었다. 이렇듯 이 시기 '大禮議'는 단순히 대례 문제에만 국한되는 것이 아니라, 가정 연간 전기의

---

1) 가정제의 즉위조서에 포함되어 있는 新政의 개혁 내용은 주로 正德 年間의 弊政을 청산하고 개선하는 데 있었다. 이에 대해서는 胡凡, 「淸除武宗弊政」, 『嘉靖傳』, 北京 : 人民出版社, 2004, pp.38~44 참조.

정국을 이해하는 데 필요한 핵심 사안이라고 하겠다.

따라서 이 논문에서는 대례 문제가 처음으로 제기된 즉위년(1521) 4월부터, 이 논쟁이 『明倫大典』의 간행을 계기로 가정제를 비롯한 '議禮派'[2]의 승리로 마무리되어 가정 연간의 정치사에서 일대 전환점이 된 가정 7년(1528) 6월까지를[3] 대상으로, 가정 연간 전기(1522~1528)의 경연제도의 실상에 대해 구체적으로 살펴보고자 한다. 이를 위해 『세종실록』을 비롯한 관련 사료와 선행 연구 성과를 토대로 경연제도가 특별히 강조되던 1) 楊廷和 내각 시기, 2) 嘉靖帝의 親父 興獻王의 封號 追尊 등 대례 문제가 각 정치 세력간의 대립과 갈등으로 고조되는 가운데, 특히 가정 3년 7월 左順門伏哭 사건을 계기로 마침내 議禮派가 정국 주도권을 장악하게 된 嘉靖 3~4년(1524~25) 시기에 있어서 경연이 중단된 상황, 3) 마지막으로 흥헌왕의 入廟 문제를 기점으로 지금까지의 대례의가 일단락됨으로써, 기존 정치세력에 대한 대대적인 제거작업과 더불어 『明倫大典』이 편찬되는

---

2) 吳銳는 大禮에 대한 입장을 근거로 양정화를 비롯한 舊臣 세력을 대례를 옹호하는 '衛禮派'라고 하고, 가정제의 입장을 대변하는 장총 등의 신진 세력에 대해서는 대례를 새로운 입장에서 논의하고자 한다는 점에서 '議禮派'라고 규정하고 있다. 吳銳, 「論"大禮議"的核心問題及其影響」, 『明史硏究』 13輯, 1991, p.58. 그러나 이러한 개념은 '大禮議'가 가정제의 즉위를 계기로 신구 정치 세력간의 정치적 갈등, 양명학 등 학문·사상적 배경, 개혁을 둘러싼 중앙 정치 세력과 지방 세력 간의 갈등 등 다양한 문제와 연계되어 있다는 최근의 연구 동향을 종합하지 못하고 있다고 할 수 있다. 이 글에서는 대례 개정을 주장하는 대표적인 인물에 국한하여 '議禮派'라고 지칭하기로 한다. '大禮議'에 대한 최근 연구동향에 대해서는 霍愛玲, 「"大禮議"事件的政治意義與嘉靖前期的政治局勢」, 『史學集刊』 2013年 4期, 2013, pp.112~121 ; 田澍, 「張璁與大禮議－大禮議新解－」, 『社會科學戰線』 2012年 9期, 2012, pp.76~83 등 참조.

3) 가정 연간 大禮議를 중심으로 한 시기 구분은, ① 가정제의 生父 興獻王이 '皇考'로 추존하는 데 성공한 가정 3~4년, ② 『明倫大典』이 간행됨으로써 '大禮議'가 일단락된 가정 7~8년, ③ 흥헌왕과 흥헌왕비를 太廟에 入廟하는 작업이 완성된 가정 16~17년, ④ 大禮議 논쟁의 전 과정이 종결된 가정 24년 등으로 시기를 세분하거나, 또는 ① 『明倫大典』이 간행된 가정 7년까지의 시기와 ② 흥헌왕이 입묘되고 廟號가 睿宗으로 확정된 가정 17년 9월까지의 두 시기로 대별하는 경우 등 매우 다양하다. 霍愛玲, 앞의 논문, p.113 ; 吳銳, 앞의 글, p.56 등 참조.

가정 5~7년(1526~28) 6월까지의 경연 실태 등 세 시기로 나누어 대별하여 살펴볼 것이다.

II. 楊廷和 내각과 경연 개시

가정 연간(1522~1568)의 경연 관련 기록은 가정제가 즉위한 정덕 16년 (1521) 4월에 처음으로 등장한다. 명실록에 따르면, 이부상서 王瓊을 비롯한 九卿科道官들이 가정제에게 즉위 초의 政事에서 가장 핵심적인 것은 舊制에 입각하여, 특히 大臣들을 접견하여 政事를 협의하고 경연(월강)과 일강을 시행하여 聖學을 빛내는 것이라고 제안하였다. 이에 따라 가정제도 祖訓의 준수, 群臣들과의 접견, 경연과 일강을 개최하는 것 등이 즉위 초 新政에서 가장 중요한 일이라고 수용하면서 앞으로 이를 힘써 실행할 것이라고 약속하였다.[4] 이어서 같은 해 6월에는 내각수보 楊廷和 등이

> 人君의 마음은 오직 함양하는 데 있다고 합니다. 선을 함양하면 날마다 인격이 고명해지게 됩니다.……堯·舜·三代의 군주들은 마음을 수양함에 있어서 먼저 배움에 힘쓰고, 배움은 강론을 통해 분명하게 되었는데, 이는 반드시 인재에 의해 이루어졌습니다. 이 때문에 師傅·師保의 관직을 설립하여 전문적으로 [학문의] 도를 논하고 강학하는 직으로 삼았던 것입니다.…… 근래에는 여름철로 유독 낮이 길어서 章奏를 열람하고도 여가 시간이 많기 때문에, 날마다 祖訓 한두 조를 강론하기를 감히 청합니다. 臣들이 [祖訓의] 대의를 명확하게 직설하고 이를 모두 帖子에 기록하여 3일이나 또는 5일마다 편전에서 [폐하를] 알현하여 이를 進呈함으로써, 미력하나마 聖學에 도움이 되고자 합니다. [따라서] 武宗 황제의 葬事가 끝나면 즉시 경연을 개최하고,

4) 『世宗實錄』 卷1, 正德 16年 4月 丁未, p.44.

儒臣 중에서 學行이 純正한 사람을 신중하게 뽑아 經史 관련 여러 서적을
골라 [이를] 나누어 진강하게 하시옵소서.5)

라 하여, 정덕제의 葬事가 끝나면 즉시 경연을 개최하여 祖訓을 진강할
것을 요청하였다. 위와 같은 내각수보 楊廷和의 건의가 있은 후 7월, 가정제
는 마침내 8월 초2일에 경연에 참석할 것이라는 칙서를 내리고, 이에
필요한 儀禮를 상의하여 보고하도록 예부에 명했다.6) 이로부터 5일 후
예부에서는 경연 개최에 필요한 「經筵儀注」를 마련하여 황제에게 보고하였
다.7) 이로써 가정 연간의 경연은 황제의 약속대로 즉위년(1521) 8월 초2일
에 처음으로 열리게 되었다. 그러나 불과 2개월여가 지난 10월에는 가정제
가 경연과 일강을 면한다는 조서를 갑자기 내려 일시적으로 중단되기에
이르렀다. 이에 따라 내각수보 楊廷和 등은

　　自古로 제왕이 천하를 다스림에 있어서는 강학과 修德을 급선무로 삼지
　않은 적이 없었습니다. 皇上께서 황위에 오른 직후에는 날마다 경연[일강]에
　참석하심에 따라 조정의 신하들이 모두 기뻐하고 서로 축하하며 태평의
　기운이 다시 나타났다고 여겼습니다. [그런데] 이를 시행한 지 오래지 않아
　갑자기 면하겠다고 전달하시니, 게으름은 옛사람들이 경계하는 바입니다.
　先朝에서는 한겨울과 큰 추위가 있을 때에만 잠시 면한 적이 있지만, 최근에
　는 겨울 추위 또한 그리 심하지 않으니, 종전처럼 날마다 경연[일강]에
　참석하시어 聖學을 밝히시고 德政을 쌓으시옵소서.8)

---

5) 『世宗實錄』卷3, 正德 16年 6月 辛巳, pp.115~116.
6) 『世宗實錄』卷4, 正德 16年 7月 丁卯, p.186.
7) 嘉靖帝가 처음 시작하게 되는 「경연의주」에는 경연 書案의 배치, 황제가 경연에
　참석하는 절차와 의복, 배석하는 朝官과 侍衛官 및 강관들의 行禮와 좌석 배치,
　인원 등을 규정하는 동시에 侍講과 侍讀의 명단을 상세하게 서술하고 있다.
　『世宗實錄』卷4, 正德 16年 7月 壬申, pp.194~196 참조.
8) 『世宗實錄』卷7, 正德 16年 10月 癸卯, p.281.

라고 상소하였다. 이에 가정제는 다음해(1522) 2월부터 경연을 시행할 것이라는 敎旨를 내렸다. 따라서 즉위 직후 가정제가 스스로 밝힌 바와 같이 新政의 주요 국정 과제였던 경연은 즉위년 8월 초2일에 처음으로 열린 이후 약 2개월 동안만 개최되었을 뿐이고, 11월 이후 정국은 '大禮議'의 소용돌이에 휘말려 들어가게 되었다.

주지하는 바와 같이, 정덕 16년 3월 正德帝가 사망하자, 가정제는 대학사 양정화가 초안한 정덕제의 遺詔에서 내세운 '兄終弟及'이라는 祖訓 원칙에 따라 帝位에 등극할 수 있었다. 여기에는 물론 내각수보인 양정화를 비롯한 정덕 연간의 舊臣 세력들과 정덕제의 모친 慈壽皇太后의 정치적 연대가 있었기 때문이었다.[9] 더구나 15세라는 幼沖한 나이로 등극한 藩府 출신의 가정제로서는 중앙정치 무대에 자신의 지지 기반을 미처 마련할 수 없었던 상황이었다. 따라서 즉위 초의 정국운영에 내각수보 양정화의 영향이 적지 않았을 것이라는 것은 충분히 짐작할 수 있다. 이러한 상황에서 양정화를 비롯한 조정 대신들이 "가정제는 홍치제의 後嗣인 '爲人後'이기 때문에, 마땅히 효종을 '皇考', 자신의 生父인 흥헌왕을 '皇伯考'로 封稱해야 한다."고 주장하는 것은, 가정제에게는 자신의 정통성과 정치적 입지와 직결되는 중대한 사안일 뿐 아니라, 또한 개인적으로서도 자신의 친부모는

---

9) 정덕제의 遺詔에 대해, 대부분의 사료와 선행 연구에서는 당시 내각수보인 양정화가 이를 초안했다는 사실을 인정하고 있다. 다만 양정화 내각의 권한과 관련해서, 당시 정국을 전적으로 좌우할 정도로 막강했느냐에 대해서는 의견이 상이하다. 대부분의 선행 연구에서는 양정화 내각의 권한이 강화되는 추세에 있었고, 이러한 추세는 '의례파'가 내각을 장악하는 시기를 거쳐 만력 연간의 장거정 내각에까지 이어졌다고 이해하였다. 그러나 최근에는 가정제의 황위 계승 작업은 양정화 내각이 전적으로 주도한 것이 아니라, 황태후와 환관 세력과의 일시적인 연합에서 가능할 수 있었다고 보아, 황태후의 역할에 더 큰 비중을 두는 견해도 제시되고 있다. 霍愛玲, 앞의 논문, p.112 ; 田澍, 「大禮議與楊廷和閣權的畸變－明代閣權個案研究之一」, 『西北師大學報』(社會科學版) 37卷 1期, 2000, pp.88~94 ; 田澍, 「張璁與大禮議－大禮議新解－」, 『社會科學戰線』2012年 9期, 2012, pp.76~83 ; 林延清, 「蔣太后與大禮議」, 『史學集刊』2008年 5期, 2008, pp.28~33 등 참조.

물론이고 흥헌왕의 장자이자 유일한 後嗣임이 부정되는 윤리적 문제이기도 하였다. 따라서 정덕 16년 4월 초2일 湖廣 安陸의 興王府에서 황제 등극 사실을 알리는 조서를 받고, 마침내 4월 22일 북경에 당도한 가정제는 태자의 예에 준하는 즉위식 의례에 대해 불만을 표출함으로써,[10] 大禮議 정국을 예고하는 신호탄을 쏘아올렸다.

따라서 가정제는 정덕 16년 4월 즉위하자마자, 『孝經』과 『禮記』 등을 근거로 효도가 근본임을 강조하면서 흥헌왕 封號에 대한 大禮 문제를 제기하고, 이를 廷議에서 논의하여 보고하도록 예부에 명하였다. 정덕 16년 5월 예부상서 毛澄 등 文武 群臣 60여 명이 참석한 廷議에서 "마땅히 효종을 皇考, 흥헌왕을 '皇叔父 흥헌대왕'으로 개칭하며, 흥헌왕비는 皇叔母로 칭해야 한다."는 양정화의 제안을 통과시키고, 그 논의 결과를 황제에게 보고했다. 하지만 가정제는 "藩府의 主祀와 칭호는 그 사안이 매우 중대하다."는 것을 이유로 다시 논의하여 보고하라고 명하였다.[11] 그러나 수차례에 걸쳐 개최된 廷議에서는 여전히 종전 입장을 고수했고, 가정제는 이에 대한 논의를 거듭 촉구하여[12] 팽팽한 긴장이 지속되었다. 이와 같은 상황에서 양정화는 이에 대해 반대 의사를 밝히고 파직을 자청하는 한편, 가정제가 新政에 더욱 힘써 줄 것을 간청하였다.[13] 이어서 그해 7월에는 이부상서

---

10) 당시 가정제 朱厚熜은 예부원외랑 林應奎가 東安門을 통해 입궐하여 즉위의례를 행한다고 설명한 것을 듣고서, 東安門을 통해 입궐하는 것은 태자의 예에 해당하는 것이라며, "遺詔에는 나에게 황위를 계승하라는 것이지 황재를 계승하라는 것이 아니다."라고 불만을 표시하였다. 이로써 가정제의 입궐이 지연됨에 따라, 자수황태후는 "천자의 자리는 오래 비워둘 수 없다."는 것을 이유로 문무백관들에게 懿旨를 내려 황제의 입궐을 간청하는 表箋을 올리게 하였다. 이로써 가정제는 마침내 황제의 예에 따라 大明門으로 입궐하여 즉위식을 거행하였다. 『世宗實錄』 卷1, 正德 16年 4月 壬寅, pp.4~8 ; 谷應泰, 『明史紀事本末』 卷50, 「大禮議」, 臺北 : 華世出版社, 1976, pp.509~510 ; 中山八郎, 「明の嘉靖帝の大禮問題の發端」, 『明淸史論集叢』, 東京 : 汲古書院, 1995, pp.83~111 ; 中山八郎, 「再び嘉靖帝の大禮問題の發端に就いて」, 같은 책, pp.112~154 등 참조.

11) 『世宗實錄』 卷2, 正德 16年 5月 戊午, pp.80~81.

12) 『世宗實錄』 卷2, 正德 16年 5月 乙亥, p.105.

石瑤도 사직을 요청함으로써,[14) 홍헌왕의 封號를 둘러싸고 가정제와 내각을 비롯한 조정 대신들 간의 갈등이 점차 표면화되기 시작하였다.

이런 가운데 진사 張璁이 정덕 16년 7월 양정화를 중심으로 하는 조정 대신들의 논리를 정면으로 비판하는 상소를[15) 올리면서 마침내 '대례의'가 본격적으로 시작되었다. 대례 문제를 둘러싸고 장총을 중심으로 하는 의례파의 신진 세력과 양정화를 중심으로 하는 조정 대신간의 갈등이 증폭됨으로써, 조정은 소용돌이에 빠져들게 되었다. 더구나 같은 해 9~10월까지 수차례에 걸친 정의에서 기존의 입장을 고수하며 가정제의 대례 논의에 반발한 양정화를 비롯한 조정 대신들의 사직 요청이 이어졌다. 이런 가운데 11월에는 장총이 또다시 「大禮或問」을 황제에게 진상하고 홍헌왕을 皇考로 추존할 것을[16) 주청하였다. 이에 양정화는 條擬를 거부한 채, 대신들과 함께 일괄 사직을 요청함으로써[17) 대례 논쟁은 더욱 가열되었

---

13) 물론 가정제는 위로의 답지를 내려 그가 자청한 파직을 허락하지 않았다. 『世宗實錄』 卷2, 正德 16年 5月 己卯, p.111.

14) 『世宗實錄』 卷2, 正德 16年 7月 甲寅, p.167.

15) 장총이 주장하는 핵심 내용은 ① 가정제가 주장하는 尊親이야말로 大孝의 표현이며, ② 양정화 등이 근거로 삼고 있는 '爲人後者爲之子'의 사례인 漢 定陶王과 宋 濮王은 선왕이 생전에 이들을 미리 태자로 삼았기 때문에, 선왕 사후에 자연스럽게 황위를 계승한 경우로서, 이는 선왕의 사후에야 비로소 황위 계승자로 정해져 황제에 오른 가정제의 경우와는 다르고, ③ 만약 가정제의 親母를 '皇叔母'라고 한다면 가정제는 군신의 예에 따라 친모를 대해야하기 때문에, 이는 효도에도 어긋날 뿐 아니라, 遺詔에서 밝힌 "倫序當立"의 자격에도 문제가 생길 수 있으며, ④ 統과 嗣를 계승하는 것은 별개의 개념으로, 繼統은 반드시 부자계승관계가 되어야 할 필요가 없으며, ⑤ 따라서 가정제가 홍헌왕의 장자로서 정덕제를 이어 황위를 계승한 것은 어디까지나 統을 계승한 것이기 때문에 "爲人後"가 아니라는 것이다. 『世宗實錄』 卷4, 正德 16年 7月 壬子, pp.162~165 ; 胡凡, 앞의 책, p.61 참조.

16) 『世宗實錄』 卷8, 正德 16年 11月 辛未, pp.300~313.

17) 홍헌왕과 홍헌왕후의 봉호 문제는 각각 '興獻帝', '興獻帝后'로 합의함에 따라 일단락되는 듯하다가 가정제가 다시 '皇'자를 삽입하여 '興獻皇帝' '興獻皇后'로 칭한다는 황제의 朱批가 전해짐에 따라, 내각과 6부상서는 말할 것도 없고 각 부의 侍郞과 과도관까지 합세하여 연명으로 반대하는 상소를 올렸다. 『世宗實錄』

다. 이렇듯 대례 논쟁이 더욱 격화되는 가운데, 양정화 등은 그해 12월에도 재차 올린 상소에서

　엎드려 비옵건대, 退朝 후 여가시에는 法宮에 한가하게 거하면서 태조 高皇帝가 편찬한 祖訓과 宋儒 眞德秀의 『大學衍義』를 익혀 聖心을 함양하고 治體를 상세하게 살피소서. 모든 일을 행할 때는 반드시 요·순·우·탕·문·무 왕을 모델로 삼으소서. 群臣들의 章奏중에서 황제의 治道에 긴요한 것은 좌우에 비치하여 때때로 열람하시고 이를 좌우의 侍從에게 시행하도록 하십시오.……治道에서 가장 중요한 것은 民事에 힘쓰는 것과 학문에 힘쓰는 것입니다. [따라서] 매일 視朝하여 정사를 돌보고 난 후 여가 시간에는 마땅히 儒臣들과 가까이 하여 經書를 외우고 읽으며, 史冊을 열람하시고 (유신들이) 의리를 밝게 강론하게 함으로써, 전대의 어떤 군주를 본받아야 하는지와 어떤 군주에게서 경계를 삼아야 하는지를 살펴서 귀감으로 삼으소서. 예컨대 宋儒 진덕수의 『대학연의』라는 책이야말로 특별히 긴요하고 핵심적인 것이니, 더욱 신경을 써서 익히도록 하십시오.[18]

라 하여, 황제에게 三代의 정치를 본받을 것을 강조하는 동시에, 이를 실현하기 위해 무엇보다 경연을 통해 학문과 수양에 힘쓸 것을 주문하고 있는 것이다. 여기서 특히 주목되는 것은 經書와 史書 외에도 홍무제의 祖訓과 『대학연의』를 주요 교재로 강조하고 있다는 점이다. 이는 대례 논쟁에서 주요 쟁점이 되는 祖訓의 '兄終弟及' 원칙을 강조하고 유가적 정치 이념에서 理想인 '三代의 治'를 모델로 하는 『대학연의』를 제왕학의 교재로 추천함으로써, 大禮를 개정하고자 하는 가정제를 우회적으로 비판한 것이라고 할 수 있다. 이처럼 홍무제의 祖訓과 『大學』의 도를 중시하는

　卷9, 正德 16年 12月 己丑, pp.327~328 ; 『明 世宗實錄』 卷9, 正德16年 12月 戊戌, pp.345~347 ; 『世宗實錄』 卷9, 正德 16年 12月 乙巳, pp.352~354 등 참조.
　18) 『世宗實錄』 卷9, 正德 16年 12月 辛卯, pp.329~333.

조정 분위기는 정덕 16년 12월 호부상서 孫交가 올린 상소에서도 확인된다.[19] 결국 가정제는 양정화가 추천한 祖訓과 『대학연의』중에서 특히 조훈의 준수만을 강조하였다. 이는 이후 지속된 대례 논쟁에서 조정 대신들이 근거로 삼고 있는 祖訓을 자신도 이론적 근거로 삼으면서 특히 "兄終弟及"에 대한 해석상의 차이를 부각시키려는 의도가 다분하다[20]는 점에서 주목할 만하다고 하겠다.

양정화를 비롯한 구신들과 가정제의 입장을 두둔하는 장총을 중심으로 하는 의례파 간의 갈등이 점차 표면화되고 있는 가운데, 가정 원년(1522) 정월 양정화를 비롯한 조정 대신들은 황제에게 편전에 나가 강독을 진행할 것을 청하였지만, 가정제는 당일 이른 아침 일강을 끝마치고 경연에 대해서는 다음 달인 2월 초2일에 개최하겠다는 교지를 내렸다.[21] 그러나 2월에

---

19) 여기서 손교가 홍무제의 조훈에서 대학의 格物致知와 誠意正心의 항목을 강조한 것은 홍무제의 정신과 마음을 집약한 것이기 때문에, 이를 경연이나 일강에서 진강할 것을 간청하였다. 이에 대해 가정제는 "조훈은 우리 명 왕조의 家法이기 때문에 당연히 만세토록 준수해야 할 것"이라며, 내각에서 直解한 내용을 進呈하면 이를 열람하고, 또한 忠愛한 내용에 대해서는 일일이 강론하게 할 것이라고 답하였다. 『世宗實錄』 卷9, 正德 16年 12月 壬辰, pp.333~334.

20) 조정 대신들과 의례파 간에는 조훈을 정통론에 입각하여 명분론적으로 해석할 것인지, 아니면 현실적 입장에서 이해할 것인지에 따라 상이한 견해를 보이고 있다고 하겠다. 다시 말해서 정통론에 대한 근본 개념과 관련하여, 정통론을 우선시하여 부자관계인 嗣를 統의 종속적 개념으로 포함시킬 것인지, 아니면 統과 嗣를 별개의 독립적 개념으로 이해할 것인지를 규정짓는 중대한 문제라고도 할 수 있다. 여기에 더하여 특히 정덕 연간의 폐정을 경험한 舊臣들은 '弘治中興'에 자신들의 정치적 연원과 기대를 반영함으로써, 가정 연간의 정치적 목표와 이상으로 삼고자 했을 것으로 생각된다. 이런 점에서 대례의 논쟁을 둘러싼 양 진영의 갈등은 곧 구신들이 정덕 연간의 폐정을 시정하고 가정제를 통해 이른바 '홍치중흥'을 승계하고 재현하려는 입장이라고 한다면, 가정제를 비롯한 의례파의 경우는 가정제를 통해 새로운 대통을 확립하고 이를 미래에도 승계하려는 입장이라고 할 수 있겠다. 따라서 두 정치 세력간의 지향점과 이상, 그리고 정책 대안에 대한 구체적인 평가와 고찰이 선행되어야 대례의에 대한 평가도 좀더 객관화될 수 있을 것으로 생각된다. 이에 대해서는 다음 작업으로 미루기로 한다.

21) 『世宗實錄』 卷10, 嘉靖 元年 正月 癸酉, p.387.

시작하기로 약속한 경연은 가정제의 몸이 불편하다는 핑계로 또 다시 열리지 못한 채 중단되었다. 이 같은 사실은 같은 해 3월 御史 屠政이 상소에서,

금년 2월 경연을 개최한다는 교지를 받들었으나, 황제의 몸이 불편하시어 다시 파했습니다. 다행히 황제의 몸이 오랜만에 괜찮아지셨으니 마땅히 聖學을 밝히시고 일찍이 講筵에 납시어 사람들의 기대에 부응하시옵소서.[22]

라고 언급한 데에서 잘 알 수 있다. 결국 가정제는 그해 4월에 가서야 경연에 참석하였지만, 그나마도 한림원 修撰 呂柟이 『尙書』「夙夜惟寅」章을 강론하는 과정에서 무례를 범했다는 이유로 강관이 엎드려 사죄하는 불상사가 발생하였다.[23] 또한 같은 해 5월에도 경연을 개최하는 날이 때마침 仁宗 昭皇帝 기일과 겹침에 따라, 가정제가 '경연을 잠시 면한다'는 특별 교지를 내려 경연은 중단되고 말았다.[24] 이렇듯 가정 원년에는 2월에 개최하기로 한 경연이 5월까지 수시로 중단되었다. 그해 6월에는 대학사 양정화 등이

5월 22일 경연을 비로소 마치자 곧바로 일강을 잠시 면한다고 전갈하셨습니다. 또한 정오 上奏[朝]조차도 면한다고 하시는데, 신들은 외람되게도 輔導官을 맡고 있지만, [이에 대해] 들은 바가 없으니, 마음이 실로 편하지

---

22) 『世宗實錄』卷12, 嘉靖 元年 3月 戊午, p.427.
23) 왜냐하면 이 날은 때마침 仁祖 淳皇后의 기일이었음에도 呂柟이 이와 관련된 책의 내용을 아뢰는 것을 잊고, 기일을 지키고 효도해야 한다는 내용을 진강하면서 이를 황제가 수용해야 한다고 직언하는 무례를 범하였기 때문이다. 결국 呂柟이 상소를 통해 죄를 자청하자 황제는 이를 관용해 줌으로써, 이 일은 마무리 되었다. 『世宗實錄』卷13, 嘉靖 元年 4月 戊戌, p.465.
24) 이때 給事中 安磐 등은 경연 날짜를 미리 변경하자고 요청하였지만, 예부에서는 이를 논의한 끝에 경연의례를 근거로 그대로 시행해야 한다고 보고하였다. 『世宗實錄』卷14, 嘉靖 元年 5月 丁巳, pp.475~476.

못하고 의로움을 緘默하기 어렵습니다.……엎드려 바라옵건대, 황상께서는
궁궐에서 특별한 일이 없을 때에는 독서를 통해 마음을 함양하는 일을
그치지 마시옵소서.……또한 바라옵건대, 사례감 관원 1~2명을 선발하여
맡기되, 아침 視朝가 있을 경우는 政事가 끝난 후에 좌우에 배석하게 하시고
책마다 십여 차례 읽도록 함으로써, 그 뜻을 숙지하는 데 힘쓰도록 하옵소서.
만약 의문점이 있으면 특히 文華殿에 납시어 신들을 불러 직접 접견하도록
하십시오.25)

라 하여, 경연 시행을 요청하는 것이 아니라, 그 취지인 마음의 수양을
특별히 강조하였던 것이다. 이는 경연에서 군주의 자기 성찰과 수양은
물론이고 군신간의 정사 협의를 통해, 군주 권력의 사적 전횡을 통제하려는
군신공치의 유교적 정치 이상은 이미 한계에 이르렀음을 반영하고 있다고
하겠다. 더구나 흥헌왕의 封號 문제가 '흥헌제'로 확정되면서 일단락되는
가운데 정덕 16년 12월에는 가정제가 여기에 또 다시 '皇'字를 더하여
'흥헌황제'로 批答한 사실을 내각에 일방적으로 통보함에 따라, 양정화를
비롯한 조정 대신들은 물론이고 과도관들마저도 여기에 크게 반발하였
다.26) 그러나 또 한편에서는 巡檢 房濬과 예부 右給事中 熊浹 등이 孝는
人情의 당연한 도리이기 때문에 가정제가 타인의 후사가 될 수 없다면서
가정제를 두둔하는 상소를 올림으로써,27) 갈등은 더욱 증폭되었다. 더욱이

---

25) 『世宗實錄』卷15, 嘉靖 元年 6月 丁丑, pp.489~490.

26) 이러한 저간의 상황에 대해서는, 『世宗實錄』卷9, 正德 16年 12月 戊戌, pp.345~347
; 같은 책, 正德 16年 12月 乙巳, pp.352~354 ; 같은 책, 卷10, 嘉靖 元年 正月
壬戌, pp.371~372 등 참조.

27) 『世宗實錄』卷9, 正德 16年 12月 戊申, pp.357~359 ; 『世宗實錄』卷10, 嘉靖 元年
正月 己酉朔, pp.361~362 참조. 이 밖에도 병부 直方司主事 霍韜는 가정제의
비답을 거부한 閣臣들의 태도에 대해, "參贊의 직을 잊어버리고 근자에는 점차
干政의 습성이 생겨나니, 장래에는 聖聰을 가리게 될 것"이라며 구신들을 신랄하게
비판하는 내용의 箚子를 올리기도 하였다. 『世宗實錄』卷10, 嘉靖 元年 正月 乙巳.
pp.381~383 참조.

특히 가정제의 입장에서 볼 때, 황제를 두둔하는 상소를 熊浹 등이 올린 사실은 즉위 직후 정치적 지지기반이 미약한 때에 자신을 옹호하는 세력이 점차 형성되고 있는 것이기도 했다. 이에 따라 가정 원년 3월 흥헌왕의 봉호가 확정된 이후, 대례를 수정하자는 議禮派의 세력화를 기반으로 일정 정도 자신감을 갖게 된 가정제는 자신의 지지기반을 확대하고 정치적 입지를 견고하게 하기 위해서라도 대례의를 지속적으로 추진하는 데 더욱 관심을 기울였다. 따라서 내각을 비롯한 조정 대신들에 의해 특별히 강조되는 경연 시행은 당연히 순조로울 수 없었다.[28] 더구나 가정제는 경연을 중단해서는 안 된다고 간언한 언관들을 대례 문제와 연계하여 당파적 세력으로 해석함으로써 종전과는 달리 강경한 입장으로 대처하였다.[29]

이처럼 경연이 대례의 정국에 밀려나 제대로 시행되지 못한 상황에서 가정 원년 9월 남경 공부우시랑 吳廷擧는 때마침 남경에서 발생한 자연 災異를 계기로 황제가 학문과 政事에 힘쓰며 날마다『대학연의』를 열람하여 경계의 본보기로 삼을 것을 강조하였다.[30] 특히 致仕한 武英殿大學士 王鏊는 가정제의 안부 서신에 대한 답에서 최근 경연이 빈번하게 중단되거나

---

28) 이 같은 사정은 가정 원년(1522) 7월 어사 沈灼이 당시 핵심적인 폐단인 '四漸'에 대해, 경연 강론을 중단한 것과 언관을 힐책한 일, 여러 차례 관원을 체포한 것과 환관을 편중하여 신뢰하는 것 등 네 가지 사항을 지적한 데에서도 잘 알 수 있다. 이러한 비판에 대해, 가정제가 "자신의 무리를 옹호하는 것"이라고 한 것에서, 이들을 파당적 세력으로 간주하고 있음을 알 수 있다.『世宗實錄』 卷16, 嘉靖 元年 7月 癸丑, p.506.

29) 감찰어사 樊繼祖는 당시 가정제가 "황제의 腹心인 내각이나 曲肱인 상서들의 의견조차 수용하지 않을 뿐만 아니라, 황제의 耳目인 과도관의 말도 수용하지 않고 자신의 말만 옳다고 고집하고 있다."며 가정제의 독선적인 태도를 비판하였다.『世宗實錄』卷12, 嘉靖 元年 3月 壬申, p.448. 이 밖에 御史 汪珊도 가정 원년 7월에 '十漸'을 지적하는 가운데, "근자에는 점차 [즉위] 초년의 初事와 같지 못하고 매사에 독단을 부리고, 근래에는 측근을 좌우에 두어 때로는 은밀하게 하고 심지어는 음모를 꾀하는 것으로 발전되기도 한다."고 비판하였다.『世宗實錄』卷16, 嘉靖 元年 7月 戊申, pp.503~504.

30)『世宗實錄』卷18, 嘉靖 元年 9月 丙寅, p.553.

설사 경연이 열리는 경우라 하더라도 요식적인 형태로 유명무실하게 된 당시의 상황을 지적하는 한편, 특히 講學과 親政 등 두 편의 글을 통해 경연의 필요성과 이를 통한 군신간의 소통을 특별히 강조하였다.[31] 이로써 볼 때 가정 원년의 경연은 2월 초2일에 재개된 이래 가정제가 여러 가지 핑계를 단 탓에 11월까지 제대로 시행되지 않았던 것으로 보인다.

이러한 상황에서, 가정 원년 12월에는 慈安皇太后의 葬地 문제가 또 다시 불거지면서 흥헌왕의 장지인 橡子嶺에 합장하자는 조정 대신들과 생모의 장지를 京師 근처인 茂陵으로 하자는 가정제 사이에 갈등과 마찰이 일어나게 되었다. 이에 대해 예부상서 毛澄은 移葬 날짜를 논의하여 보고하라는 가정제의 명을 차일피일 미루면서 황제의 눈치를 보고 있는 가운데, 양정화는 "다시 토목공사를 일으킨다면 하늘에 있는 조상들의 靈인들 편안할 수 있겠습니까?"라며 강력하게 반대하였다.[32] 그러나 황제의 의도대로 장지를 이장하는 안이 관철되었고, 그 결과 양정화의 위상은 더욱 흔들리게 되었다. 더구나 이로부터 이틀 뒤에는 병과급사중 史道가 양정화는 "기강을 어지럽히는 惡草"라고 극언하면서 탄핵하는 일까지[33] 발생함에 따라, 양정화는 즉시 자신을 변명하는 상소와 함께 사직을 청함으로써,[34] 조심스럽고 위축된 행보를 지속할 수밖에 없었다.

마침내 이듬해인 가정 2년(1523) 정월에는 6科給事中 李學魯와 13道御史

---

31) 『世宗實錄』卷20, 嘉靖 元年 11月 庚申, pp.588~590 참조.
32) 『世宗實錄』卷21, 嘉靖 元年 12月 癸未, pp.606~607 참조.
33) 탄핵 사유는 宸濠와 내통하고 환관 錢寧·江彬에게 아첨하여 뇌물을 받는 등 전횡하는가 하면, 先帝[정덕제]가 자칭 威武大將軍이라고 할 때도 힘써 싸운 적이 없었을 뿐만 아니라, 흥헌왕의 봉호 추존 때도 황제를 기망했다는 것 등이었다. 결국 이 일로 인해 史道는 下獄되었지만, 양정화의 위상은 더욱 타격을 받았을 것이 분명하다고 하겠다. 『世宗實錄』卷21, 嘉靖 元年 12月 戊子, pp.614~616 참조. 이에 대해 양정화는 이듬해인 가정 2년 정월에도 상소를 통해 자신을 변명하였다. 『世宗實錄』卷22, 嘉靖 2年 正月 辛亥, p.635 참조.
34) 양정화는 신병을 이유로 사직을 요청하였다. 『世宗實錄』卷21, 嘉靖 元年 12月 庚子, p.622 참조.

汪珊을 비롯한 과도관들까지 가세하여 병부상서 彭澤이 양정화를 추종하는 세력이라며 탄핵하는 연명 상소를 올리는가 하면,[35] 어사 曹嘉 역시 양정화를 탄핵한 일로 인해 하옥된 史道에 대해 언급하면서, 자신을 변명하는 양정화의 상소와 이를 옹호하는 상서 彭澤의 上奏는 모두 "자신들의 권세를 함부로 휘두르며 파당을 조성하는 것"이라고[36] 비판하였다. 결국 양정화는 또 다시 사직을 요청하고, 이어서 내각대학사 蔣冕 역시 사직을 요청함에 따라 며칠 동안 내각을 비우는 사태로까지[37] 확산되었다. 이처럼 각신들의 연이은 사직 요청으로 인해 내각이 거의 마비된 상황에서 환관이 조정의 핵심 권력으로 등장하는 기현상조차 우려되고 있었다.[38] 이에 따라 당시에는 내각의 票擬마저 환관에 의해 임의로 수정되는 경우가 있을 정도로, 내각의 권한은 유명무실한 존재가 되기에 이르렀다. 이는 가정 2년 정월 호과급사중 鄭一鵬이

……근자에 어사 曹嘉가 대학사 양정화를 탄핵할 때 내각의 권한이 너무 크기 때문이라고 했는데, 이는 잘못된 것입니다. 우리 왕조 太宗께서 처음 내각을 설치하여 儒臣 解縉 등 7人을 선발하여 천자를 보좌하도록 하고, 그들과 면전에서 날마다 機密을 상의하고 [황제에게] 바친 글들을 자문하게 하는 등 아주 오랫동안 계시다가 퇴청하셨습니다. [황제께서] 즉위한 이래 대신들 중에 부름을 받은 자는 과연 몇 사람이며, 또한 충직한 말로 폐하의 면전에서 진언하는 것이 어찌 祖宗 때와 같다고 할 수 있겠습니까?……[심지

---

35) 이들의 탄핵 사유는 팽택이 언로를 차단했다는 것이다. 『世宗實錄』卷22, 嘉靖 2年 正月 壬子, p.637.

36) 『世宗實錄』卷22, 嘉靖 2年 正月 丙辰, pp.639~640.

37) 『世宗實錄』卷22, 嘉靖 2年 正月 丁巳, p.640.

38) 어사 張袞은 상소를 통해 史道·曹嘉 등이 양정화를 극력 비판하고 탄핵한 것은 자신의 잘못을 덮고 사람들을 자신의 편으로 끌어들이려는 간교한 속셈이라고 지적하면서, 이를 계기로 가정제가 오히려 대신들을 배척한 것을 정치적 술수로 이해하는 한편, 연이은 각신의 사직으로 인해 내각의 권력이 환관으로 이동되는 것을 경계하고 있다. 『世宗實錄』卷22, 嘉靖 2年 正月 乙丑, pp.644~645 참조.

어는] 제반 票擬조차 중도에 고쳐지는 경우가 많았으니, 이는 [내각의 권한이]
크다고 할 수 없습니다. 어사 陳講 또한 "내각의 자리는 하루라도 비워둘
수 없으며, 그 권한 또한 하루라도 없는 것으로 할 수 없다."고 하였습니다.
……바라옵건대, [양]정화 등에게 하루속히 나와 직무에 종사하여 태평의
성과를 다하도록 하십시오.[39]

라고 한 것에서 잘 알 수 있다.[40] 이처럼 내각이 제 기능을 발휘하지
못하고 있는 상황에서, 같은 해 3월에는 어사 朱寔昌을 비롯하여 吏科給事中
彭汝와 御史 周允中도 가정제에게 양정화가 史道 등에 의해 억울하게 탄핵된
일을 밝혀 그를 위로하는 동시에, 儒臣들과 가까이 하여 정사를 함께
논의해야 한다고 상소함으로써,[41] 양정화 내각을 옹호하는 입장을 표명하
였다.[42] 이처럼 양정화 내각과 내각권 유지를 옹호하는 상소가 이어지자,
가정제는 이들을 지방관으로 전출 조치하는 등 강경하게 대응하였다.[43]
이에 발맞추어 일각에서는 어사 許宗魯와 같이 양정화를 비롯한 조정
대신을 탄핵했던 曹嘉 등을 두둔하는 상소를 올림으로써[44] 양정화와 내각

---

39) 『世宗實錄』卷22, 嘉靖 2年 正月 戊辰, p.646.
40) 조영록은 양정화 내각을 두둔하는 鄭一鵬의 상소는 내각 표의의 건전한 운용을
   건의한 것이며, 이러한 다수 언관의 지지 하에 내각권 강화를 위한 楊 내각의
   노력이 계속된 것이라고 이해하고 있다. 曺永祿, 「嘉靖初 政治對立과 科道官」,
   『東洋史學研究』21집, 1985, pp.14~22 참조.
41) 『世宗實錄』卷24, 嘉靖 2年 3月 壬寅朔, p.679.
42) 13道御史 劉廷簋 등도 양정화와 이부상서 喬宇 등 大臣들의 연이은 사직 요청은
   災異와 도적이 만연하는 등 천하가 어지러운 상황에서, 자칫 조정이 위험에
   빠질 수 있을 뿐만 아니라 천하의 공론 또한 양 내각을 지지하기 때문에, 파당을
   짓는다는 것을 구실로 그들을 내치는 것은 타당하지 않다고 주장하였다. 『世宗實
   錄』卷22, 嘉靖 2年 正月 庚午, pp.647~648.
43) 이는 양정화를 탄핵한 어사 曹嘉에 대해, "윗사람을 함부로 모욕한 것"이라며
   비판한 급사중 安盤과 毛玉을 知縣으로 전출 조치한 것이나, 어사 向信과 劉廷簋에
   대해서도 같은 이유로 지방관으로 전출시킨 사실에서 잘 알 수 있다. 『世宗實錄』
   卷24, 嘉靖 2年 3月 壬寅朔, pp.679~680 ; 『世宗實錄』卷24, 嘉靖 2年 3月 丁未,
   pp.681~682 등 참조.

을 옹호하는 과도관들괴는 상반된 입장을 보였다. 이렇듯 표면적으로는 과도관의 여론이 양정화 내각을 지지하거나 대신들의 사직 요청에 동정하는 분위기였지만, 또 한편에서는 기존의 舊臣 세력에 대한 신진 세력들의 비판적 여론 또한 고조되고 있었다.[45]

이렇듯 대례의 논쟁 과정에서 가정제의 입장을 줄곧 반대한 기존 세력의 대표 양정화가 史道·曹嘉 등 일부 언관들의 탄핵으로 인해 큰 타격을 받게 된 가정 2년 3월, 가정제는 경연에 참석하고 그 다음날에는 일강을 개최하였다.[46] 그러나 이날 개최된 경연은 즉위 초 양정화의 건의로 시행되었던 것과 같은 모습은 아니었던 것으로 보인다. 이는 강론 교재나 경연관 등 구체적 언급이 없이 단지 "황제가 경연에 참석했다."고 아주 간략하게 언급하고 있는 명실록의 기사나, 그해 4월 급사중 張崇과 윤4월 도급사중 李學魯가 상소를 올려, 황제가 강독에 임하고 조정 대신들과 가까이 하여 정사를 협의해야 한다고 요청한 사실에서[47] 잘 알 수 있다. 더구나 가정제는 당시 태감 崔文 등에게 欽安殿에 齋醮를 설치하게 하고 직접 참석하여 靑詞를 올리는 등 道術에 빠져 있었기[48] 때문에, 경연을 제대로 시행한다는

---

44) 許宗魯는 曹嘉가 정덕제의 巡遊를 반대하는 간언을 올린 일로 인해 杖死할 지경에 이를 정도로 충직한 사람이라는 점을 강조하면서, 이러한 그의 됨됨이를 고려하여 중용해야 한다고까지 주장하였다. 『世宗實錄』 卷24, 嘉靖 2年 3月 壬戌, pp.692~693.

45) 양정화 내각에 대한 비판적 여론은 楊이 권력을 남용하는 등 방자한 행동을 일삼는다는 풍문도 한 원인으로 작용하였다. 실제로 양정화는 자신과 반대되는 사람들에 대해서는 지방 전출 등의 방법으로 탄압하기도 하였다. 『明通鑑』 卷50, 嘉靖 元年 12月 戊子 ; 田澍, 「大禮議與楊廷和閣權的畸變－明代閣權個案研究之一」, 『西北師大學報』(社會科學版) 37卷 1期, 2000, pp.90~92 ; 조영록, 앞의 논문, p.22 등 참조.

46) 『世宗實錄』 卷24, 嘉靖 2年 3月 癸亥, p.694.

47) 『世宗實錄』 卷25, 嘉靖 2年 4月 癸巳, pp.724~725 ; 『世宗實錄』 卷25, 嘉靖 2年 閏4月 丁酉, p.728 참조.

48) 가정제가 도술에 빠져 있었던 상황은 가정 2년 윤4월 대학사 양정화와 한림원 편수 張漸의 지적에서 잘 나타나 있다. 『世宗實錄』 卷26, 嘉靖 2年 閏4月 乙巳, pp.733~734 ; 『世宗實錄』 卷26, 嘉靖 2年 閏4月 辛亥, pp.739~740 참조.

것은 기대하기 어려웠다. 이러한 상황에서 가정 2년 윤4월부터 7월까지 戶部尙書 孫交를 비롯하여 刑部尙書 林俊, 兵部尙書 彭澤, 국자감 祭主 趙永 등 조정 대신들이 연이어 사직 상소를 거듭 올리고[49] 가정제가 마침내 형부상서 林俊의 사직을 허락하자,[50] 조정 대신을 중심으로 하는 기존 세력들은 크게 동요할 수밖에 없었다. 이렇듯 嘉靖 元年 가을 이래 황제가 경연을 외면한 채 道術에 탐닉하고 있는 상황에서, 국정 운영은 황제의 측근인 의례파 인물이나 환관들에 의해 운영되고 있었다.[51] 이처럼 즉위 초의 新政에 대한 기대가 사라지고, 가정제가 대례의를 독단적으로 추진한 것을 둘러싼 정치 세력간의 갈등과 대립이 고조됨에 따라, 양정화를 중심으로 하는 기존 세력은 그 설자리를 잃고 동요될 수밖에 없었다. 이런 상황에서 조정 대신들이 연이어 사직을 요청하자, 가정제는 이를 비판하고 탄핵하는 상소를[52] 빌미로 마침내 이들의 사직을 허락하였다.[53] 이로써 가정제는

---

49) 이들의 사직 상소는 호부상서 孫交가 가정 2년 윤4월 사직 상소를 두 차례 올린 이래, 형부상서 林俊은 같은 해 5월과 6월·7월의 세 차례, 병부상서 彭澤은 6월과 7월 두 차례, 그리고 국자감 좨주 趙永은 6월에 사직을 간청하였다. 『世宗實錄』卷26, 嘉靖 2年 閏4月 戊申, p.738 ; 『世宗實錄』卷26, 嘉靖 2年 閏4月 丙辰, p.742 ; 『世宗實錄』卷27, 嘉靖 2年 5月 丁酉, p.765 ; 『世宗實錄』卷28, 嘉靖 2년 6월 己酉, p.770 ; 『世宗實錄』卷28, 嘉靖 2년 6월 甲子 p.777 ; 『世宗實錄』卷28, 嘉靖 2년 6월 乙巳, p.768 ; 『世宗實錄』卷29, 嘉靖 2年 7월 辛未, p.781 ; 『世宗實錄』卷28, 嘉靖 2年 6月 丙寅, p.778 등 참조.

50) 『世宗實錄』卷29, 嘉靖 2年 7月 庚寅, p.789 참조. 가정제가 특히 林俊의 사직을 먼저 허락한 데에는, 가정제가 총애하는 太監 崔文의 家人 李陽鳳이 工部의 匠頭 宋鈺를 때리고 餓死케 한 사건과 무관하지 않은 것으로 보인다. 왜냐하면, 임준은 당시 이 사건의 심리를 관장하고 있던 鎭撫司에 반대하고, 이를 法司에서 심리해야 한다고 주장했기 때문이다. 이 사건에 대해서는 『世宗實錄』卷26, 嘉靖 2년 閏4月 己未, pp.743~744 참조.

51) 이 같은 사정은 가정 2년 8월 남경 예부상서 秦金의 상소에서, 가정제가 九卿을 비롯한 조정 대신들이나 언관들의 의견이나 章奏를 직접 열람하지 않고, 총애하는 소수의 관원(議禮派)이나 환관이 이를 대신하게 하고 있는 당시의 상황을 "황제가 말로는 '總攬'한다고 하지만, 실제로는 권력이 환관에게 이동하게 되었다."고 지적한 것에서 잘 알 수 있다. 『世宗實錄』卷30, 嘉靖 2年 8月 庚子, pp.797~799 참조.

양정화 내각을 지지하고 있던 기존 세력에 대한 물갈이를 단행하는 동시에, 자신의 지지기반을 확보하기 위해 신진 세력을 중용하는 인적 개편을 추진하기 시작하였다.54) 이에 따라 조정 대신들에 대한 언관들의 탄핵이 유행처럼 빈번하게 이루어지고55) 조정 대신들의 사직 요청이 이어지는 와중에 기존 세력에 대한 물갈이가 점차 확대되고 있었다. 더욱이 錦衣衛와 鎭撫司를 중심으로 환관이 法司를 좌지우지하는가 하면,56) 내각의 票擬는 물론이고 심지어는 황제의 朱批를 바꿔치는 일까지 서슴지 않는 등,57) 환관의 전횡으로 인해 내각의 기능은 더욱 무력화 될 수밖에 없었다.

이처럼 조정이 파행적으로 운영되고 있는 상황에서, 가정 3년 정월 남경 刑部主事 桂萼이「正大禮疏」를 올림에 따라 大禮 논쟁이 또 다시 가열되

---

52) 가정 2년 10월 특히 병과급사중 趙漢은 당시 자연재해가 끊이지 않는 상황에서 병부상서 彭澤·호부상서 孫交 등이 사직을 요청한 한 채, 국정을 돌보지 않고 편안하게 뒷짐을 지고 있는 것은 잘못된 것이라고 하며, 그들의 사직을 허락할 것을 간청하였다. 또한 이과급사중 曹俊도 병부상서 팽택이 시중의 잡배들과 어울리며, 집에는 많은 애첩을 거느리고 있다는 것 등을 이유를 들어 그를 탄핵하였다. 『世宗實錄』卷32, 嘉靖 2年 10月 甲辰, p.836 ;『世宗實錄』卷32, 嘉靖 2年 10月 戊申, p.838.

53) 『世宗實錄』卷32, 嘉靖 2年 10月 辛亥, p.840 ;『世宗實錄』卷32, 嘉靖 2年 10月 己未, p.842 참조.

54) 이에 따라 공백이 된 호부상서에는 남경의 병부상서인 秦金을, 그리고 병부상서에는 형부상서 金憲民을 임명하였다. 『世宗實錄』卷33, 嘉靖 2年 11月 丁卯朔, p.847 ;『世宗實錄』卷33, 嘉靖 2年 11月 壬申, p.848.

55) 이러한 현상은 이부의 상소에서, 시중의 소문에 따라 탄핵하는 현상과 아무런 증거도 없이 탄핵에 부화뇌동하는 일까지 일어나는 등 당시 士習이 올바르지 못하다고 지적되고 있는 사실에서 잘 알 수 있다. 『世宗實錄』卷33, 嘉靖 2年 11月 壬申, p.848 참조. 이 밖에도 남경 工部右侍郎 吳廷擧도 당상관에 대한 탄핵이 최근 3년간 6차례나 이를 정도로 남발되고 있음을 지적하였다. 『世宗實錄』卷33, 嘉靖 2年 11月 壬申, p.849.

56) 刑科都給事中 劉濟 등의 상소에서 잘 묘사되고 있다. 『世宗實錄』卷33, 嘉靖 2年 11月 辛卯, p.857.

57) 황제의 朱批權이 환관 등 황제 측근에 의해 좌우되고 있는 상황은 가정 3년 춘정월 給事中 鄧繼曾의 상소에도 잘 나타나 있다. 『世宗實錄』卷35, 嘉靖 3年 春正月 丁酉, p.895 참조.

기 시작하였다.58) 게다가 때마침 생모 홍헌황태후의 생일을 맞이하여, 가정제가 황실과 命婦의 朝賀를 면하도록 한 昭聖皇太后의 경우와는 대조적으로, 내외 命婦의 朝賀를 명하는 誥命을 내렸다. 이 일은 대례 논쟁과 맞물려 조정에 적지 않은 풍파를 불러왔다. 이에 대해 어사 朱淛·馬明衡이 체면을 잃게 하는 처사라고 비판하자59) 가정제는 크게 노하여 鎭撫司에게 이들을 체포하여 拷訊하도록 하는 한편 해당 상서인 蔣冕에게까지 그 책임을 물어 문책하였다.60) 더욱이 가정제가 사례감을 통해 대학사 蔣冕에게 직조 差官을 파견하는 칙서를 작성하라는 명을 내렸는데 "남직예의 재해가 너무 크기 때문에 이를 중단해야 한다."라며 칙서 편찬이 거부되는 일까지 발생할61) 정도로, 조정 대신들과 이를 지지하는 세력의 반발은 그 어느 때보다 격렬하게 전개되기 시작하였다. 이러한 상황에서 황제는 마침내 가정 3년(1524) 2월 기존세력을 대표하는 양정화의 사직 요청을62)

---

58) 桂萼이 주장하는 주요 내용은 첫째, 최근 禮官들은 '爲人後'라는 사례를 억지로 적용함으로 인해 무종의 大統을 없애는 동시에, 또한 興獻帝의 大宗을 빼앗는 결과를 초래했으며, 둘째, 張璁·霍蹈 등이 이미 大禮의 문제를 제기했음에도 불구하고, 가정제가 3년 동안 홍헌제를 主祀하지 못한 점을 개탄하고 하루 속히 효종을 '皇伯考', 무종을 '皇兄', 홍헌제를 '皇考'로 稱號하는 한편, 더 나아가 홍헌제의 廟를 궐내에 別立해야 하며, 셋째, 현재의 황제는 효종의 遺詔를 직접 받은 것이 아니라 祖訓을 받들어 대통을 계승한 것이기 때문에, 소위 '爲人後'가 결코 아니고 후사가 없는 무종의 대통을 이은 것이라는 것이다. 특히 계악은 자신의 견해에 동의하는 席書·方獻夫의 疏를 첨부하기도 하였다. 『世宗實錄』 卷35, 嘉靖 3年 春正月 丙戌, pp.884~886 ; 『明史』(影印本) 卷196, 臺北 : 新文豊出版社, 1975, pp.2105下~2106下葉 참조.

59) 『世宗實錄』 卷36, 嘉靖3年 2月 乙丑, pp.912~914 참조.

60) 가정제가 화를 내자, 당시 蔣冕은 무릎으로 기면서까지 황제에게 다가가 "폐하께서는 이제 堯·舜의 治를 일으키고 있는데, 어찌하여 간언하는 신하를 죽였다는 오명을 남기시려 합니까?"라면서 하옥된 어사들의 구명을 간청함으로써, 마침내 이들은 사형만은 면하고 민으로 강등되었다. 『明通鑑』, 北京 : 中華書局, 1959, p.1898.

61) 『世宗實錄』 卷35, 嘉靖 3年 春正月 甲午, p.891.

62) 양정화가 사직하게 된 이유는 첫째, 대례 논의에 동조하지 않았고, 둘째 직조 관리를 파견한다는 황제의 교지에 반대했다는 것이었다. 『世宗實錄』 卷36, 嘉靖

허락함으로써, 마침내 양정화 내각은 마감하게 되었다. 양정화의 사직은 그를 중심으로 결집된 기존 정치세력의 쇠퇴와 정국의 일대 변화를 의미하는 것으로, 이는 군신공치를 이상으로 하는 내각(儒臣) 중심의 경연제도에도 적지 않은 변화를 예고하는 것이라 하겠다.

III. '議禮派'의 정국 주도와 경연 중단

가정 3년(1524) 정월 桂萼이 올린 「正大禮疏」로 인해 그 이후의 대례 논쟁은 이론적인 측면에서 본격화 되었을 뿐만 아니라, 이를 계기로 신·구 정치세력 간에 갈등 또한 더욱 첨예하게 되었다. 신·구 양 진영은 서로 물러설수 없는 전면전을 예고하고 있었다. 桂萼의 상소가 있자 가정제는 예부에게 논의 결과를 보고하게 했고, 그 해 2월 예부상서 汪俊이 주관한 廷議에서 논의한 결과 桂萼 등이 제기한 大禮는 잘못된 것이라며 강력하게 반대하였다.[63] 이로써 흥헌제의 封號 문제와 더불어 가정 3년에 다시 제기된 入廟문제를 둘러싼 大禮 논쟁은 진사 張璁·主事 霍韜·給事中 熊浹 등 桂萼의의견에 찬성하는 '의례파'와 이에 반대하는 조정 대신 등의 기존 세력[64]

3年 2月 丙午, p.899 참조.

63) 이들이 강력하게 반대하는 이유는 첫째, 儀禮傳에 따르면 황위를 계승한 것과 '爲人後'는 동일하며, 둘째, 효종은 무종을 이미 아들로 두고 있기 때문에 무종을 '皇兄', 효종을 '皇伯'이라고 칭한다면, 가정제는 누구의 皇統을 계승한 것인지 애매하고, 셋째, 가정제의 皇統 계승은 어디까지나 大義를 따른 것으로서, 만약 그 封號를 구분하지 않는다면 大倫이 문란해지는데, 이는 正統을 중시하면서도 사적인 효도를 단절하려는 것이 결코 아니며, 넷째, 親生 부모를 太廟에 入廟한다는 것은 그 근거가 없다는 것 등이다. 『世宗實錄』卷36, 嘉靖 3年 2月 戊申, pp.900~902 참조.

64) 그 대표적인 인물은 兩京 尙書 喬宇·楊濂 등과 侍郞 何孟春, 급사중 朱鳴陽·陳江과 御史 周宣·方風, 郎中 余才·林達, 員外郞 夏良·勝郁浩, 主事 鄭佐·徐浩, 進士 侯廷訓 등인데, 중앙과 지방의 고위 관리로부터 언관, 심지어는 일부 지방관에 이르기까지 고루 분포되어 있었다.

간의 대립이 본격화됨으로써 더욱 가열되었다. 특히 조정 대신을 비롯한 기존 정치 세력들은 80여 차례에 걸쳐 연명 상소를 올렸고, 여기에 가담한 인원은 약 250명에 달하였다. 그들은 그 정도로 가정제와 '의례파'가 중심이 된 대례 개정에 대해 극력 반대하는 총공세를 펼쳤다. 이에 가정제는 남경에 있는 桂萼·席書·張璁·霍韜 등을 북경으로 불러들여 종묘와 정통의 大義를 섬기는 방안을 강구하여 보고하게 했다. 더구나 내각수보 양정화가 이미 사직한 마당에 잔류하고 있던 閣臣 蔣冕마저 사직을 청함에 따라 내각은 말할 것도 없고 언로조차 차단된[65] 당시로서는 기존 정치 세력의 반발과 저항은 사력을 다해 분출될 수밖에 없었다. 이에 따라 가정 3년 2월 예부상서 喬宇는 홍헌왕을 '皇考'로 칭하자는 桂萼 등의 주장은 사적인 부모를 우선시함으로써 國是를 안정치 못하게 하는 것이기 때문에 효종을 '皇考'로, 홍헌왕을 '本生考'로 칭하는 것이 天理와 人心을 안정하게 하는 방안이라는 논의 결과를 보고하였다.[66] 그러나 가정제는 수차례에 걸친 정의의 논의 결과를 무시한 채 大禮 논의를 통해 이미 '興獻帝', '興國太后'라 칭하기로 결정한 廟號를 또 다시 '本生皇考恭穆獻皇帝', '本生母章聖皇太后'로 極尊하는 동시에 宗廟에 入廟하는 것을 추진하였다. 이로 인해 홍헌왕의 종묘 입묘 추진을 둘러싸고 조정 대신들과[67] 가정제를 위시한 의례파 간의 대립이 또 다시 첨예하게 되었다. 이처럼 극심한 반발에 부딪친 가정제는 홍헌왕의 入廟를 奉先殿 옆 자리에 별도로 마련한다는 수정안을 제시함으로써 이를 강력하게 관철시키고자 하였다. 이로써 과도관들의 반대는[68] 물론이고, 심지어는 예부상서 汪俊이 홍헌왕을 궁궐에 立廟하겠

---

65) 이는 어사 蕭一中의 상소에서 잘 나타나고 있다. 『世宗實錄』卷36, 嘉靖 3年 2月 乙丑, pp.913~914 참조.

66) 『世宗實錄』卷36, 嘉靖 3年 2月 乙丑, pp.914~915 참조.

67) 예부상서 汪俊 등은 廷議에서 논의한 종전의 결과를 재차 확인하는 한편, 가정제가 제기한 홍헌왕의 入廟는 大禮를 위반하는 것이라며 반대하였다. 『世宗實錄』卷37, 嘉靖 3年 3月 丙寅朔, pp.917~919 참조.

다는 가정제의 詔書 편찬을 거부하는 일이 발생하는[69] 등 조정 대신들의
반발은 극에 달했다.[70]

이처럼 조정 대신들을 중심으로 하는 기존 정치 세력의 반발이 고조되자,
남경 형부주사 張璁·桂萼 등 의례파의 반격도 곧바로 이어졌다. 특히 桂萼은
가정 3년 3월에 올린 상소에서, 가정제는 祖訓에서 정한 '兄終弟及'에 따라
皇統을 계승한 것이기 때문에, 흥헌왕에 굳이 '本生'이라고 말을 첨가하는
것은 당시 예관들의 술수라며, 황제 중심의 "建中立極"할 것을 특별히
건의하였다.[71] 桂萼이 洪範의 '皇極', '建極'을 특별히 강조하고 있는 것과
가정 3년 2월 이후 양정화의 사직을 기점으로 황권 강화를 꾀하고 있었던
당시의 정국은 무관하지 않다는 점에서 주목할 만하다. 어쨌든 특히 가정
3년 이후 의례파를 중심으로 하는 신진 세력의 결집과 정치 세력화가
이루어지는 가운데, 계악이 '皇極之治'를 전격적으로 제안한 것은 가정제의
의중을 반영하는 것이라 하겠다. 결국 흥헌왕의 入廟 문제에 대해 황제와
의례파에게 강력하게 맞서왔던 예부상서 汪俊이 장총·계악의 상소가 있던
당일에 재차 사직을 요청하자 가정제는 이를 허락하는 동시에 의례파의
중심인물인 남경 병부우시랑 席書를 예부상서에 임명하였다.[72] 가정제는
대례의에 적극 찬성한 인물을 등용함으로써 마침내 중앙조직 개편을 단행
하였고, 곧 이어서 대례를 확정한다는 조서를 반포하였다.[73] 이로써 즉위

(68) 예컨대 修撰 唐皐·編修 鄒守益 등을 비롯하여 禮科都給事中 張翀·御史 鄭本公 등은
    즉각 반발하며 반대 상소를 올렸다. 이들은 가정제가 昭聖皇太后의 懿旨에 의해
    大統을 계승한 이상 효종의 아들이자 흥헌왕의 조카라는 사실은 재론의 여지가
    없기 때문에, 흥헌왕의 입묘는 不經한 일이라고 주장하였다. 『世宗實錄』卷37,
    嘉靖 3년 3월 己巳, pp.920~922 참조.
(69) 『世宗實錄』卷37, 嘉靖 3年 3月 庚午, p.922.
(70) 특히 무영전대학사 毛紀와 예부상서 汪俊은 흥헌왕의 입묘에 반대하며 가정
    3년 3월에 사직 상소를 올렸다. 『世宗實錄』卷37, 嘉靖 3年 3月 壬午, p.927 ; 『世宗實
    錄』卷37, 嘉靖 3年 3月 癸未, p.928 참조.
(71) 『世宗實錄』卷37, 嘉靖 3年 3月 丙戌, pp.928~933 참조.
(72) 『世宗實錄』卷37, 嘉靖 3年 3月 丙戌, p.933.

이래 3년여에 걸친 흥헌왕의 봉호 문제 등 대례 논쟁을 일단락 지음으로써, 가정제는 자신의 의도를 관철시켰다.

그러나 기존 정치 세력의 반발 또한 만만치 않았음은 물론이다.74) 같은 해 4월, 9卿과 이부상서 喬宇는 예부상서 汪俊을 파직하고 그 자리에 席書를 임명한 것과 桂萼·張璁·霍韜 등을 북경으로 불러 올려 등용하려 한 가정제의 인사 조치를 "비정상적인 조치"라고 규정하면서 이를 환원해 줄 것을 연명으로 요청하였다.75) 그러나 이 무렵 의례파를 중심으로 자신의 지원 세력을 일정 정도 구축한 가정제는 조정 대신들과 일부 과도관들의 반대와 비판을 크게 염두에 두지 않았다. 이런 가운데 吏部員外郞 方獻夫도 張璁·桂萼의 입장을 재차 옹호하고 나섬으로써76) 의례파의 결집과 세력화가 한층 강화되었다. 이때 이들의 배후에서 가정제가 절대적으로 후원하고 있었음은 물론이다. 이처럼 신·구 세력의 갈등이 점차 고조되는 상황에서 가정제는 그해 4월 경연과 일강을 면한다는 교지를 내렸다. 이에 어사 章袞은 이를 면한다는 전갈은 너무 서둘러 조치한 것이라며 경연을 그대로 시행할 것을 요청하였다.77) 그러나 대례 문제와 자신을 옹호하는 정치세력의

---

73) 『世宗實錄』卷37, 嘉靖 3年 3月 戊子, pp.934~937 참조.

74) 예컨대 가정 3년 3월에는 대학사 毛紀·費宏을 비롯하여 예부가 주관한 廷議와 9경 과도관들도 이에 대한 반대 의견을 올렸다. 그해 4월에는 급사중 張嵩·曹懷·張僑·安磐 등 과도관들이 각기 主事 張璁·霍韜를 비롯한 員外侍郞 方獻夫와 主事 桂萼 등 의례파를 탄핵하는 상소를 올리기도 하였다. 『世宗實錄』卷37, 嘉靖 3年 3月 癸巳, pp.945~946 ; 『世宗實錄』卷38, 嘉靖 3年 4月 乙未朔, p.949 참조.

75) 『世宗實錄』卷38, 嘉靖 3年 4月 戊戌, p.950. 이밖에도 都御史 李學魯와 어사 胡瓊 등도 각기 상소를 올려 席書를 예부상서에 임명한 것에 대해 반대하는 한편, 계악·장총·霍韜 등을 출척하고 方獻夫의 사직 요청을 허락할 것을 요청하였다. 『世宗實錄』卷38, 嘉靖 3年 4月 丙辰, pp.972~973 참조.

76) 방헌부의 大禮 논의의 핵심은 朝宗의 大統은 사적일 수 없고, 君臣의 의리는 없앨 수 없으며, 또한 父子의 천륜을 지울 수 없다는 것 등 세 가지를 거론하면서, 기존의 정치세력들의 주장은 이 세 가지 사항에 모두 위배된다고 주장하였다. 『世宗實錄』卷38, 嘉靖 3年 4月 庚申, pp.975~980.

77) 『世宗實錄』卷38, 嘉靖 3年 4月 癸丑, pp.970~971.

결집을 노모하고 있었던 가정제로서는 이를 수용할 리가 없었다.

가정 3년 5월에 접어들면서 대례 논쟁은 예부상서로 임명된 席書가 가정제에게 「大禮考議」를 진상함에 따라 더욱 가열되었다. 席書가 執政大臣들의 일관성 없는 태도를[78] 비판하고 나섰고, 남경에서 상경하고 있던 桂萼과 張璁이 마침내 入京하여 여기에 가세함으로써, 논쟁은 불이 붙었다.[79] 이로써 그해 6월 특히 예과급사중 張翀 등 30여 명은 연명으로 桂萼·張璁 등을 간사한 무리라며 이들의 퇴출을 요구하는가 하면, 御史 鄭本公 등 44명도 연명 상소함으로써,[80] 의례파에 대한 과도관들의 대대적인 공격이 이루어졌다. 이처럼 사태가 심각하게 돌아가자 桂萼과 張璁도 가정제에게 급히 재차 상소를 올려, 조정 대신들에 대해서는 "사람들을 끌어들여 감히 천자와 선왕의 禮를 위협하는 간신들"이라고 공격하는 동시에 언관들에 대해서도 "權臣의 하수인으로 기꺼이 전락한 것은 심히 수치스러운 일"이라며 비판하였다.[81] 이로써 대례를 둘러싼 의례파를

---

78) 그는 조정 대신들이 대례의가 시작된 당초에는 가정제가 마땅히 효종을 계승했다고 주장하다가, 다시 의견을 바꾸어 武宗을 이은 '爲人之後'라고 하는가 하면, 근자에 와서는 예관들이 무종이 후사를 세운 것이 아니라는 등 말을 바꾸고 있다고 지적하였다. 『世宗實錄』 卷39, 嘉靖 3年 5月 癸未, pp.996~998.

79) 이 두 사람은 당시 황제가 대례의에 대한 조서를 반포하였음에도 불구하고, 전례에 대한 의논이 더욱 분분해졌을 뿐만 아니라, 이에 대한 논의에도 편차가 더욱 심해졌다며 7가지 핵심 내용을 제시하였다. 『世宗實錄』 卷39, 嘉靖 3年 5月 戊子, pp.999~1001 참조.

80) 張翀 등은 桂萼과 張璁에 대해 入朝하지 않은 것 등을 이유로 방자하다고 평가하는가 하면, 구체적인 논리적 근거를 제시하지 않은 채 이들의 주장으로 인해 대례 논의가 더욱 분분해졌다고 지적하고 있다. 또한 어사 鄭本公 등은 桂萼이 대례 혼란의 수괴이며, 張璁은 방자하게 기망하는 사람으로, 그리고 方獻夫는 조정에서 이들에 호응하여 언관들을 축출하였다고 비난하였다. 이로써 볼 때, 의례파에 대한 이들의 비판은 논리에 입각한 것이라기보다는 다분히 감정이 앞서는 듯하다. 이는 특히 이 시기 대례 논쟁에서 기존 정치세력이 상당한 위기감을 느끼고 있었던 것이 드러나는 동시에, 이들 세력의 쇠퇴를 예고하는 것이라고도 볼 수 있겠다. 『世宗實錄』 卷40, 嘉靖 3年 6月 戊戌, pp.1006~1007 참조.

81) 『世宗實錄』 卷40, 嘉靖 3年 6月 壬寅, pp.1010~1011 참조.

비롯한 신진 세력과 기존 세력 간의 대립과 갈등은 정점에 이르게 되었다. 이를 계기로 가정제는 며칠 뒤에 한림원에 대한 인사 개편을 단행하여 桂萼과 張璁을 한림원 학사로, 方獻夫를 侍讀學士로 기용함으로써, 마침내 의례파의 대표적 인물들을 자신의 최측근에 배치하였다. 가정제의 한림원 등에 대한 전격적인 인사 개편은 당연히 당시 한림원 관원들은 말할 것도 없고, 언관들의 반발도 불러왔다.[82] 그러나 가정제는 이부상서 喬宇의 반대와 20차례에 걸친 언관들의 탄핵 상소에도 불구하고 "이들의 등용은 나의 마음에 달려있다."며 그들의 의견을 무시하였다.

이렇듯 내각을 비롯한 한림원에 자신의 최측근 인물을 대거 배치함으로 써 정국 주도권을 장악한 가정제는 같은 해 7月에는 '本生聖母章聖皇后'의 廟號에서 '本生'을 삭제하여 '聖母章聖皇后'로 칭하게 하는 동시에, 관리를 파견하여 이를 祭告하게 하였다.[83] 물론 예부우시랑 朱希周 등이 나서서 이에 반대했지만, 가정제는 이를 다시 논의할 필요도 없다며 강행함에 따라, 예부는 마침내 이에 대한 儀注를 마련하여 올리게 되었다.[84] 廟號와 한림원의 인사 개편 문제는 급기야 6부 상서 秦金을 비롯한 都御史 王時中, 侍郎 何孟春 등의 한림원 관원, 시랑 賈詠·학사 豊熙 등과 太常寺卿 汪擧, 6科給事中 張翀과 13道御史 余相 등의 과도관, 이부낭중 余寬 등에 이르기까 지 모든 아문에서 극력 반대하고, 여기에 내각대학사 毛紀·石瑤 등을 비롯하 여 이부상서와 한림원, 과도관들까지 가세함으로써, 반대하는 공론이 조야 에서 들끓게 되었고,[85] 그 다음날에는 左順門伏哭사건으로 비화되기에

---

82) 당시 한림원 학사 豊熙·수찬 楊惟聽·舒芳, 편수 王思 등은 계악 등과 함께 일할 수 없다고 각자 사직 귀향을 요청하였다. 또한 어사 劉謙亨도 "계악 등이 曲學偏見으 로 美官을 획득하게 되었는데, 이로부터 천하의 士는 이로써 해체 되었다."고 통탄하는 한편, 이들 奸黨을 퇴출시켜야 한다고 주장하였다. 『世宗實錄』卷40, 嘉靖 3年 6月 丙午, p.1012 참조.

83) 『世宗實錄』卷41, 嘉靖 3年 7月 乙亥, p.1041.

84) 『世宗實錄』卷41, 嘉靖 3年 7月 丁丑, pp.1042~1048 참조.

85) 『世宗實錄』卷41, 嘉靖 3年 7月 戊寅, pp.1048~1049 참조.

이르렀다.86) 이렇듯 전례가 없을 정도로 조정이 큰 소용돌이에 빠지게 만든 좌순문 '복곡사건'을87) 계기로 이부상서 謹身殿大學士 毛紀조차 사식을 청하는88) 가운데, 복곡사건에 연루되어 문초를 받고 있던 220여 명 가운데 주모자인 豊熙 등은 변방에 充戌하고 나머지 4품 이상의 관원에 대해서는 停俸 처분하는 한편, 5품 이하 관원에게는 모두 杖刑에 처함으로써 16명의 杖死者가 속출하는 등,89) 가정제의 분노와 탄압은 극에 달했다.90)

복곡사건을 계기로 기존 정치 세력이 강경한 탄압을 받고 쇠퇴하게 됐음에도 불구하고 그 여진이 가라앉지 않자, 가정 3년 8월에는 이 사건

---

86) 이 사건의 주모자에 해당하는 학사 豊熙·급사중 張翀·어사 余相·郞中 余寬·黃侍顯·陶滋·相世芳·寺正 毋德純 등 8인을 하옥하도록 하자, 이에 반발한 修撰 楊愼·檢討 王元正을 비롯한 群臣들이 또 다시 좌순문 앞에 모여 대성통곡하였다. 이에 가정제는 크게 노하여 員外郞 馬理 등 5품 이하 관원 134명을 모두 하옥 문초하고, 4품 이상의 관원들에게는 待罪하도록 조치하였다. 『世宗實錄』 卷41, 嘉靖 3年 7月 戊寅, pp.1049~1050 ; 『世宗實錄』 卷41, 嘉靖 3年 7月 癸未, p.1080 ; 조영록, 앞의 논문, pp.28~29 ; 李亮, 앞의 논문, pp.199~201 등 참조.

87) 좌순문 복곡사건과 관련하여, 조영록은 의례파를 중심으로 하는 신진 세력과 양정화를 중심으로 하는 기존 세력간의 정치적 대립의 본질을 '君主專權'과 '分權公政'의 차이에 있다고 파악하고 있다. 한편, 李亮은 이 사건을 계기로 군주권의 위엄이 다시 회복되었을 뿐만 아니라, 이를 통해 가정제가 결정적인 승리를 거둠으로써, 그 이후로는 대례 개정을 공개적으로 반대하는 관료가 없게 되었다고 평가하고 있다. 이들 견해는 모두 가정제가 대례 논쟁을 통해 군주권 강화에 성공한 것을 주목한다. 조영록, 앞의 논문, pp.29~36 ; 李亮, 앞의 논문, pp.200~201 참조. 그러나 필자는 대례 논쟁이 정치적으로는 가정제의 군주권 강화와 연결된다고 할 수 있다고 하더라도, 의례파가 주장하는 예론의 이론적 지향점과 본질이 곧바로 군주권 강화와 직결되는 것인지에 대해서는 구체적인 연구가 보완되어야 한다고 생각한다. 왜냐하면, '대례의'의 과정에 나타난 의례파와 이에 반대하는 위례파의 현실적 대립과 갈등은 가정제가 정치적으로 활용한 측면이 강하기 때문이다.

88) 『世宗實錄』 卷41, 嘉靖 3年 7月 庚辰, p.1073.

89) 『世宗實錄』 卷41, 嘉靖 3年 7月 癸未, p.1080.

90) 이에 대해 대학사 毛紀는 황제가 廷議를 거치지 않고 수백 명의 廷臣들에게 廷杖에서 笞刑을 가한 것은 "祖宗이래 없었던 일"이라며 결연한 태도로 가정제를 비판하자, 가정제는 마침내 그를 사직처리하였다. 이로써 내각이 空洞 상태에 이르게 되었다. 『世宗實錄』 卷41, 嘉靖 3年 7月 己丑, pp.1081~1082 참조.

관련자들을 양정화와 연루된 파당적 세력으로 몰아감으로써,[91] 기존 세력에 대한 제거 작업을 추진하기 시작하였다. 이로써 가정제는 공석이 된 예부상서 겸 문연각대학사에 한림원 학사 賈詠을, 남경국자감 좨주에는 한림원 시강 湛若水를 임명하는[92] 등 내각과 한림원 및 국자감에 대한 인적 개편작업을 가속화하였다. 이어서 9월에는 孝宗敬皇帝를 '皇伯考', 昭聖康惠慈聖皇太后를 '皇伯母', 恭穆獻皇帝를 '皇考', 章聖皇太后를 '聖母'로 칭하는 廟號와 諡號 등을 공식적으로 확정하고, 이를 천지와 종묘사직에 정식으로 고하게 하였다.[93] 이로써 조정 대신을 비롯한 기존 정치 세력들의 의견은 좌절되기에 이르렀고 가정제와 그 측근인 의례파들이 정국을 주도하기에 이르렀다. 이로써 가정 3년 12월에는 方獻夫가 "대례의 의례가 황제의 영명한 獨斷으로 大倫이 밝혀졌지만 禮의 의미와 國是가 아직은 안정되지 않았다."고 하면서 학사 장총 등 의례파의 대표적 인물 5명이 지금까지 진행된 大禮議를 정리하여 『大禮議始末』上·下 2권을 간행할 것을 제안하였고, 이에 따라 가정제는 이를 예부에서 간행하게 하였다.[94] 이렇듯 가정제가 대례를 반포하는 한편, 지금까지의 대례 논의에 대한 시말을 책으로 관찬하려는 의도는 의례파의 논리를 대례의 정통으로 확정하는 동시에 지금까지의 대례 논쟁에 종지부를 찍으려는 것이었다.

그러나 복곡사건의 여진이 완전히 가라앉지 않고 잠복하고 있던 상황에서 기존 정치 세력의 반발 또한 적지 않았다.[95] 때마침 가정 4년(1525)

---

91) 급사중 陳洸은 상소에서, 議禮를 반대한 사람들을 "國體를 해친 것"으로 비난했을 뿐만 아니라, 심지어는 대학사 費宏은 이를 주도하고 예부좌시랑 吳一鵬과 상서 汪俊 등은 廷論을 불붙게 한 자들인데, 이들은 모두 양정화의 심복인 병부상서 金獻民의 사주에 의해 이루어진 "奸朋", "邪黨"이라고 규정하고 있다. 이 밖에도 여기서 거론되는 인물로는 각신 毛紀, 상서 汪俊의 親弟 汪偉, 상서 趙鑑 등이다. 『世宗實錄』卷42, 嘉靖 3年 8月 甲寅, pp.1104~1105 참조.
92) 『世宗實錄』卷42, 嘉靖 3年 8月 乙卯, p.1106 ; 같은 책, 己未, p.1106.
93) 『世宗實錄』卷43, 嘉靖 3年 9月 丙寅, pp.1111~1113 참조.
94) 『世宗實錄』卷46, 嘉靖3年 12月 丁酉, p.1178.

3월 仁壽宮 화재가 발생하였다.[96] 그해 4월에 예과급사중 楊言은 화재의
원인이 가정제의 잘못된 인사와 금의위의 전횡과 이로 인한 불공성한
형벌 때문이라고 비판하였다.[97] 이에 따라 대례 논쟁이 또 다시 재연될
소지가 생겼다. 이런 상황에서 얼마 뒤에는 光祿寺署丞 河淵이 興獻帝에
대한 立廟와 主祀 문제가 아직도 합의되지 못했다며 재논의해야 한다고
문제를 제기함으로써[98] 이를 둘러싼 대례 논쟁이 다시 가열되었다. 이로써
獻皇帝의 廟室을 太廟에 入廟하는 것과 이에 대한 主祀 문제를 둘러싸고
조정의 의견이 분분하게 되었다. 가정제가 廷議에서 이를 논의토록 함에
따라 예부에서는 세 가지 방안을 정리하여 보고하였다.[99] 가정제는 이에
입각하여 奉先殿 옆에 별도로 立廟하여 자신이 조석으로 참배하겠다는
뜻을 밝혔다. 이로써 같은 해 5월에는 예부의 논의가 재차 진행되는 가운데
한림원 학사 계악과 장총은 '本生'이라는 두 글자를 삭제하고 興獻帝의
廟室을 京師에 別廟해야 한다는 종전의 주장을 펴면서[100] 가정제의 입장을
두둔하고 나섰다. 이렇듯 가정 4년 5월에는 獻皇帝의 廟室과 主祀 문제로

---

95) 예컨대 가정 4년 3월 대례파 중심인물인 한림원 학사 장총·계악을 비판하는
   河維熊의 상소로 인해, 이 두 사람은 사직을 요청하였다. 물론 가정제는 이들의
   사직을 만류하였다. 『世宗實錄』卷49, 嘉靖 4年 3月 戊寅, p.1241.

96) 『世宗實錄』卷49, 嘉靖 4年 3月 壬辰, p.1244.

97) 『世宗實錄』卷50, 嘉靖 4年 4月 壬寅, pp.1253~1254 참조.

98) 그는 특히 헌황제의 廟室도 太廟에 건립하여 祖宗과 동일하게 主祀해야 한다고
   주장하여 가정제의 의중을 그대로 반영하였다. 『世宗實錄』卷50, 嘉靖 4年 4月
   戊申, pp.1257~1261 참조.

99) 예부에서 보고한 세 가지 방안은, 헌황제를 별도로 立廟하여 後嗣를 정하여
   그로 하여금 主祀하게 하는 방안, 절기마다 관리를 별도로 파견하여 安陸에서
   致祭하게 하는 방안, 궁궐에 별도로 立廟하여 황제가 主祭하는 방안 등이었다.
   『世宗實錄』卷50, 嘉靖 4年 4月 戊午, pp.1265~1266 참조.

100) 『世宗實錄』卷51, 嘉靖 4年 5月 甲子, pp.1272~1273 참조. 이에 대해 楊言 등은
   獻皇帝가 본래 小宗으로 천자의 신하에 해당하는 藩臣이기 때문에, 그를 천자와
   함께 나란히 入廟한다는 것은 천하를 어지럽히는 것이며, 또한 이렇게 되면
   천하의 大宗인 正統이 하나만이 아닐 수 있다는 점을 들어 반대하였다. 『世宗實錄』
   卷51. 嘉靖 4年 5月 丙寅, p.1274.

인해 조정이 또 다시 소란해지자 예부상서 席書, 이부상서 廖紀 등과 勳臣 武定侯 郭勛, 6科給事中 楊言, 13道御史 葉忠 등을 비롯한 백 수십 명은 일제히 "대례는 이미 확정되었기 때문에 다시 고칠 수 없다고 보고하여 가정제의 뜻을 수용할 수 없다."고 밝혔다.101) 결국 이 논의는 얼마 뒤에 홍헌제의 世室을 별도로 건립하고 皇考로 奉祀하되 이를 '世廟'로 칭하기로 하자는 가정제의 제의에 따라 일단 마무리되었다.102) 그러나 그 이후로도 이 문제의 발단이 된 河淵에 대한 탄핵과 홍헌제 世廟禮에 대한 비판이103) 이어짐으로써 갈등은 가라앉지 않고 더욱 복잡한 양상으로 전개되었다.104) 이러한 상황에서 가정 4년(1525) 11월 의례파의 중심 인물인 한림원 학사 장총은 홍헌제의 世廟禮를 반대한 대학사 石珤를 비판하면서 내각의 인적 충원을 제안하였다.105) 결국 대학사 石珤가 사직하였고 그의 후임으로

---

101) 가정제는 의례파이자 예부상서인 席書조차 헌황제의 태묘 入室이 불가함을 밝히자 내관을 그에게 보내 설득하였지만, 그는 다시 密奏를 올려 불가하다고 하였다. 『世宗實錄』 卷51, 嘉靖 4年 5月 己巳, pp.1277~1278 참조.

102) 『世宗實錄』 卷51, 嘉靖 4年 5月 庚辰, p.1289 참조.

103) 하연을 처벌해야 한다는 청원은 刑部郎中 黃宗明과 都察院 經歷 黃縮의 상소에 잘 나타나 있다. 『世宗實錄』 卷52, 嘉靖 4年 6月 癸卯, p.1304. 특히 대학사 石珤는 지금까지의 大禮議는 홍헌왕에 대한 封號와 諡號 문제로, 또한 그의 立廟문제에서 出入路에 대한 논쟁으로 진행되었음을 지적하면서, 의례파의 견해를 비판하였다. 『世宗實錄』 卷56, 嘉靖 4年 10月 癸丑, pp.1367~1372 참조.

104) 즉 가정 3년 2월 양정화의 사직을 전후한 대례 논쟁은 주로 홍헌왕의 봉호와 가정제의 繼統 문제를 둘러싸고, 가정제를 중심으로 한 의례파와 양정화 내각을 중심으로 하는 조정 대신간의 대립과 갈등으로 전개되었다고 할 수 있다. 그런데 가정 3년 3월~가정 4년 중반까지는 의례파의 논리적 저항과 신진 세력의 결집을 통해 가정제가 정국을 주도하면서 한림원과 내각의 인사개편을 연이어 단행하는 가운데, 지금까지 전개된 대례의가 가정제의 의도에 따라 공식 선포되는 동시에, 대례 논쟁 시말에 대한 관찬 작업을 추진함으로써 가정제의 승리로 일단락되고 있었다. 그러나 가정 4년 4월 이후부터는 헌황제의 世廟 문제가 또 다시 제기됨으로써, 종전처럼 의례파와 이에 반대하는 정치세력 간의 갈등은 물론이고, 지금까지 결집력이 강했던 의례파 내에서도 예부상서 석서의 경우와 같이 가정제의 입장을 비판함에 따라 미묘한 차이와 분열을 보임으로써, 대례의 논쟁은 또 다른 양상으로 전개되고 있었다.

105) 『世宗實錄』 卷57, 嘉靖 4年 11月 戊辰, pp.1379~1381 참조. 결국 12월에는 양일청이

楊一淸이 입사하였디. 공석이 된 提督三邊軍務職을 두고서 인사 주무 부서인 이부의 상서 廖紀와 의례파의 대표적 인물인 예부상서 席書의 갈등으로 확대되고 말았다. 이렇듯 기존 정치 세력과 신진 세력 간의 갈등이 복잡 미묘하게 얽히면서 인사 문제로까지 확대되는 가운데 가정 4년 12월에는 『大禮纂要』(후일『明倫大典』으로 개칭) 편찬을[106] 추진하였다. 이는 곧 가정제 즉위 이래 진행된 대례 논쟁 과정에서 가정제가 최종적으로 승리한 것을 의미하는 동시에 황제를 중심으로 하는 세력이 정국 주도권을 확실하게 장악했음을 반영한다고 하겠다.

이렇듯 양정화의 사직 이후 가정제의 繼統 문제와 이와 연계된 흥헌왕의 봉호와 諡號를 둘러싼 대례 문제가 본격화되던 가정 3년 2월 이후~가정 4년 말에는 특히 의례파의 결집과 세력화가 이루어졌다. 이때 내각과 한림원 등의 인사 개편을 통해 의례파가 정국을 주도하고 있는 상황에서, 가정제는 대례 문제에 온 힘을 쏟고 있었다. 특히 가정 3년 7월에 발생한 좌순문 복곡사건을 계기로 반대파에 대해 강경하게 탄압함으로써 지금까지의 대례 논의를 자신의 생각대로 일단락 지었다. 이처럼 가정제가 대례 문제를 최우선 국정 과제로 설정하고 이를 관철하기 위해 집착에 가까울 정도로 총력을 기울이고 있던 상황에서, 황제가 내각을 비롯한 유신들이 이상으로 삼는 군신공치와 이를 실현하는 場인 경연을 그대로 수용할 것을 기대하는 것은 무리였다. 따라서 이 시기의 경연(월강)은 거의 열리지

入閣함에 따라, 공석이 된 陝西三邊軍務職을 둘러싸고 廷推와 과도관들이 추천한 인물(彭澤·王守仁·鄧璋)에 대해, 가정제와 席書가 반대함으로써 인사 문제에 대한 갈등이 노정되었다. 『世宗實錄』卷58, 嘉靖 4年 12月 丁酉, p.1388 ;『世宗實錄』卷58, 嘉靖 4年 12月 丁酉, pp.1385~1389 참조.

106) 이 책은 方獻夫가 대례 관련 奏議 등을 편집한 2권을 이후에 시랑 胡世寧 등이 이전 사람들의 典禮 관련 논의를 첨가하여 3권으로 增編하였다. 여기에 張璁은 世廟 建立 관련 논의를 4권으로 첨가하여『春秋』의 편년체에 따라 정덕 즉위년 (1521)에서부터 가정 4년(1525)까지의 大綱을 大書하고 이의 구체적 사항에 대해서는 자신의 의견을 상·하 2권으로 덧붙이고, 부록 등을 첨가하여 총 6권으로 편찬하여 가정제에게 진상하였다.

않았고 설사 개최된다고 하더라도 가정 3년 4월의 경우처럼 개최 당일에 중단되기 일쑤였다. 이에 비해 일강의 경우는 형식적이나마 간헐적으로 시행되었던 것으로 보인다. 이는 특히 가정 3년 7월의 복곡사건을 계기로 가정제가 조정의 논의조차 무시한 채 정국을 독단적으로 운영하고 있던 상황에서107) 가정 3년 9월 예부우시랑 朱希周와 한림원 시강학사 李時를 각기 좌시랑과 우시랑으로 승직시키고, 이들에게 일강을 종전처럼 담당하게 한 사실이나,108) 같은 해 10월에도 남경 병부상서 廖紀를 이부상서로, 이부좌시랑 何孟春을 시독학사로, 溫仁和를 우시랑으로 임명하여 종전처럼 일강관으로 충원한 데에서도109) 잘 알 수 있다. 한편 가정 4년은 경연 관련 기록이 전무한 사실과 가정제가 흥헌제의 世廟와 이에 대한 主祀 문제를 廷議를 무시한 채 강행하는 등 가정제의 독선적인 국정 운영이 더욱 심각했던 시기임을 감안해 볼 때, 경연은 말할 것도 없고 일강조차 거의 시행되지 않았던 것으로 보인다.

IV. 『明倫大典』의 편찬과 경연 파행

가정 4년 12월 方獻夫 등 대례파에 의해 편찬된 『大禮纂要』의 간행을 계기로 흥헌왕 봉호 문제에서 世廟 문제에 이르는 대례가 공식 선포됨에 따라 지금까지의 대례 논쟁은 가정제의 승리로 일단락되었다. 이로써 가정 5년(1526)에 접어들자, 대례의나 伏哭사건에 연루되어 처벌된 사람들의

---

107) 당시 대학사 石瑤가 "禮官들의 회의에서는 황제의 명을 받들 뿐 다른 말을 하는 사람이 없었고, 여러 차례 廷議를 소집하여 대례에 대해 논의를 거쳤지만, 이미 定論이 정해져 있었다."고 지적한 데에서 잘 알 수 있다. 『世宗實錄』卷43, 嘉靖 3年 9月 庚午, p.1116 참조.

108) 『世宗實錄』卷43, 嘉靖 3年 9月 庚午, p.1116.

109) 『世宗實錄』卷44, 嘉靖 3年 10月 甲寅, p.1149.

사면 복권을 주장하는 과도관들의 상소가 이어졌다.110) 이는 대례의가
종전처럼 정통론이나 명분을 둘러싼 정치적 논쟁으로 확대되기보다는
가정제의 강경한 입장을 용인할 수밖에 없는 상황에서 대례 논의 과정에서
발생한 처벌자 문제에 초점을 두었기 때문이다. 그만큼 대례 개정을 반대하
던 조정 대신을 비롯하여 이를 지지하던 기존 정치 세력의 저항이 소강
상태에 빠졌음을 의미하는 것이라 하겠다. 이런 가운데 남경어사 趙光은
석서·장총·계악·곽도·방헌부 등이 한림원 등 淸要職에 발탁된 지 일 년도
되지 않아 또 다시 승진 발탁된 사실을 거론하며 이들에 대한 파격적인
인사 조치를 비판하였다. 또한 남경 이과급사중 黃仁山을 비롯한 13道御史
史梧 등도 楊一淸이 席書의 추천으로 입각한 사실을 지적하면서 의례파에
의해 인사가 농단된다고 비판하였다.111) 이에 예부상서 석서와 詹事府詹事
계악·장총 등 의례파는 특히 대학사 費宏을 비롯하여 내각과 九卿을 비판하
고112) 나섬으로써 조정 대신들에게 공격의 화살을 돌리기 시작하였다.
이런 가운데 養病하고 있던 병부주사 霍韜도 少詹事 겸 侍讀에 제수된
것을 고사하면서까지 이부의 내·외관 전보에 대한 인사 방침을 비판하
고113) 나서면서 공격에 가세하였다. 또한 예부상서 석서 역시 이에 가세하

---

110) 예컨대 陝西都御史 張袞은 최근 대례가 확정되고 世廟 또한 완성된 마당에, 대례의
와 관련하여 처벌된 豊熙·수찬 呂柟과 편수 鄒守益 등에 대한 사면 복권을 요청하였
다. 『世宗實錄』 卷60, 嘉靖 5年 正月 戊申, pp.1417~1418.

111) 가정제는 이들에 대해 감봉 조치를 내렸다. 『世宗實錄』 卷61, 嘉靖 5年 2月 乙亥,
p.1436.

112) 석서는 당시 廷試의 답안지의 糊名이 잘 지켜지지 않은 상황에서 甲第者의 순서와
官爵이 내각과 九卿에 의해 사적으로 결정되고 있다고 비판하였다. 또한 첨사부첨
사 계악과 장총은 대학사 費宏이 陳九川이 도둑맞은 조공용 옥을 뇌물로 받은
사실과 鄧璋·彭蘷로부터도 뇌물을 수뢰한 사실 등을 들어 탄핵하였다. 『世宗實錄』
卷62, 嘉靖 5年 3月 乙未, pp.1441~1444 ; 『世宗實錄』 卷62, 嘉靖 5年 3月 壬戌,
pp.1458~1459 참조.

113) 곽도는 당시 이부에서는 한림원관을 외임으로 발령하지 않으며, 특히 이부의
관리는 타부서에 임명되지 않았을 뿐 아니라, 京堂官으로 승진된 자는 이부의
재가를 거치지 않는다는 인사원칙을 고수하고 있었기 때문에 한림원이나 내외의

면서 대학사 양일청이 전날의 公孤官으로서 이부상서 무영전대학사에 전보되는 것은 옳지 못하다고 지적하여114) 양일청과 費宏 등 당시 내각을 비판하였다.115) 이처럼 의례파가 당시 내각을 비롯한 이부에 대해 공격의 화살을 집중한 것은 형과급사중 沈漢이 비판한 바와 같이, 한림원관을 비롯한 각 부서(특히 이부)의 관원을 외임으로 전보할 수 있게 함으로써 지방의 監司·守令과 교관·貢擧 출신자를 京官으로 발탁하려는 의도와 함께 이부의 인사권을 박탈하려는 속셈이116) 있었기 때문이었다. 이로써 가정 6년(1527)에 이르러서는 내각과 이부상서를 비롯한 집정 대신들의 사직이 이어졌다. 가정제는 이 자리에 의례파와 이를 지지하는 인물을 기용하였고, 이에 따라 조정은 대폭적으로 물갈이가 되었다.

내각을 비롯한 조정의 대대적인 인적 개편이 추진되는 가운데 가정 5년(1526) 6월 가정제는 내각대학사 費宏·楊一淸·石瑤·賈詠 등 전원을 소집하고, 그들에게 자작시를 하사하였다. 이 시에서 가정제는 그들이 황제의 輔導職을 담당하면서 직무 수행에서 보인 각자의 특징과 개성에 대해 묘사하여 이들을 위로하고 칭찬하였는데,117) 자신이 암암리에 계획하고 있는 이들에 대한 제거작업을 숨기면서 겉으로는 이들을 다독이며 이탈하

신하들도 황제를 두려하지 않고 오직 吏部를 두려워할 뿐 아니라, 百官들은 이부의 뜻을 쫓으며 내각조차 이부의 복심으로 삼게 되었다고 비판하였다.『世宗實錄』卷64, 嘉靖 5年 5月 甲辰, p.1484 참조.

114) 가정제는 내각에 加官한 것은 모두 자신이 결재한 것이라고 해명하였다.『世宗實錄』卷64, 嘉靖 5年 5月 丁未, p.1485.

115) 이에 대해 양일청은 재상은 천자가 택하고 庶僚는 재상이 택하는 것이라며, 자신을 겸직하게 전보 임명한 것은 황제의 칙령에 따른 것으로서, 모두 그 근거가 있기 때문에 내각도 전적으로 할 수 없고 이부 또한 간여할 수 없다고 변명하였다. 따라서 예부상서 석서가 자신의 겸직을 경솔하게 논의하는 것은 이부를 탄핵하여 개정하려는 것이라고 반박하였다.『世宗實錄』卷65, 嘉靖 5年 6月 癸丑, pp.1487~1488.

116)『世宗實錄』卷65, 嘉靖 5年 6月 辛酉, p.1490.

117)『世宗實錄』卷65, 嘉靖 5年 6月 甲子, pp.1495~1496 참조.

지 않도록 묶어두려는 이중적 태도를 취했던 것이다.[118] 특히 가정 5년에는 흥헌제의 世廟 문제가 가정제의 의도대로 종결되고 대대적인 인사 개편이 이루어지는 등 황권이 더욱 강화되었다. 따라서 그때 지금까지 대례 개정을 강하게 비판하던 대신들을 비롯한 이들의 지지 세력은 중상과 모함을 받거나 황제의 분노를 살 것이 두려워 휴직하거나 稱病하며 물러나는 경우가 많았다.[119] 이로써 가정제의 독단 및 이를 옹호하는 의례파에 대한 집정 대신들의 저항과 결집력은 점차 약화되거나 수면 아래로 잠복할 수밖에 없었다. 이런 상황에서 가정제는 각종 奇行과 토목 사업을 일으킴으로써[120] 황제의 독선적인 국정운영은 그 도를 더해갔다. 특히 그해 9월에는 헌황제의 世廟에 太后를 봉헌하는 한편 가정제가 직접 이를 謁祭할 때 正門으로 출입해야 한다는 입장을 밝히자 잠시 침묵하고 있던 대학사 石瑤는 마침내 이를 비판하는 상소를 올렸다.[121] 그러나 가정제는 "대신으로서, 나라를 생각하고 또한 군주를 보필하며 사랑하는 마음이 결코 아니다."라며, 강경한 어조로 거부 의사를 밝혔다. 이에 따라 가정제와 내각을 비롯한 집정 대신들 간의 갈등이 또 다시 점화되었다. 때마침 이 무렵 奮武營의 座營官 인사문제를 놓고 대학사 費宏과 병부 간에 갈등이 일자, 병부우시랑 장총은 비굉이 部府를 억지로 통제하려고 한다며 또 다시

---

118) 이처럼 詩라는 사적 서한을 통해 대신들을 이탈하지 않도록 하려는 가정제의 정치적 술수는 이후 상서 趙鑑·席書에게도 그대로 지속되었다. 『世宗實錄』卷65, 嘉靖 5年 6月, p.1500 참조.

119) 이러한 사실은 형과급사중 管律의 상소에 잘 나타나 있다. 『世宗實錄』卷65, 嘉靖 5年 6月 丁丑, pp.1503~1504 참조.

120) 가정제는 이 무렵 世廟의 神位에 바치는 樂章인 '永和之曲' 등을 직접 만드는가 하면, 輔臣들에게 御書 12자(法祖宗安民, 奉天行道福善禍淫)를 반포하는 등 翰墨에 빠져 있었다. 또한 皇考 恭穆皇帝의 神位를 모실 觀德殿의 확장 공사와 세묘의 이전공사를 강행함으로써, 조야의 반발을 야기하였다. 『世宗實錄』卷66, 嘉靖 5年 7月 壬寅, pp.1526~1527 ; 『世宗實錄』卷67, 嘉靖 5年 8月 乙亥, p.1539 ; 『世宗實錄』卷66, 嘉靖 5年 7月 庚子, pp.1522~1525 등 참조.

121) 『世宗實錄』卷68, 嘉靖 5年 9月 丙戌, pp.1551~1554 참조.

비굉을 비판하였다.[122] 이어서 가정 5년 10월과 11월에도 병부우시랑 장총과 첨사부첨사 계악은 대학사 비굉에 대한 탄핵 상소를 올림으로써[123] 내각 공신에 대한 공격의 수위를 높였다. 특히 이 두 사람이 사직을 요청하면서까지 비굉을 강력하게 탄핵했음에도 불구하고, 가정제는 비굉이 내각의 원로라는 것을 이유로 이들의 탄핵 요청을 받아들이지 않은 채, 이들에게 자신의 至治에 힘쓰도록 당부하는 등 미묘한 태도를 보였다. 이러한 가정제의 태도는 표면적으로는 내각의 원로를 인정하는 것 같지만, 실제로는 내각 원로들의 자진 사직을 유도하려는 술책이라고 할 수 있겠다.[124] 결국 12월에 이르러서 병부좌시랑 장총은 대학사 비굉을 수차례 탄핵했음에도 불구하고 받아들여지지 않는 상황에서, 자신들은 權臣에 아부할 수 없을 뿐 아니라 관직에 머무를 수도 없다며[125] 가정제에게 사직 의사를 피력하였다.

이렇듯 가정제가 탄핵을 유보하면서 翰墨을 통해 원로대신들을 조정하고 있는 가운데, 가정 6년(1527) 정월에는 장총이 한림원 학사 방헌부가 편집한 諸臣들의 奏議와 함께 예부상서 석서가 편찬한 『大禮纂要』에 대한 보완과 개정 작업을 요청하였다.[126] 따라서 이를 위한 纂修館 개관과 함께 편찬관을 임명함으로써,[127] 『大禮全書』의 편찬 작업이 본격화되었다. 게다

---

122) 대학사 費宏은 新寧伯 譚綸을 기용하고자 했지만 병부에서는 鼓勇營 徐源을 보임하자, 비굉은 담륜을 徐源의 자리에 앉히고자 하였다. 『世宗實錄』 卷68, 嘉靖 5年 9月 丙午, p.1564.

123) 이들은 가정 5년 10월에는 대학사 비굉이 권력을 함부로 휘두르며 전횡하고 있다고 비판하는가 하면, 11월에도 대학사 비굉이 직무를 수행하지 않는다며 누차 탄핵하였다. 『世宗實錄』 卷69, 嘉靖 5年 10月 庚午, p.1578 ; 『世宗實錄』 卷70, 嘉靖 5年 11月 乙酉 p.1586.

124) 이는 이로부터 얼마 뒤에 대학사 양일청을 비롯하여 비굉이 병과 자연재해 등을 이유로 자진 사직을 요청한 사실에서도 잘 알 수 있다. 『世宗實錄』 卷70, 嘉靖 5年 11月 癸巳, p.1589 ; 같은 책, 壬寅, p.1591 참조.

125) 『世宗實錄』 卷71, 嘉靖 5年 12月 丁卯, p.1618.

126) 『世宗實錄』 卷72, 嘉靖 6年 正月 辛卯, pp.1630~1631.

가 가정 6년 2월에는 錦衣衛帶俸署百戶 王邦奇의 사건으로[128] 인해, 당시 내각의 원로인 대학사 비굉과 석요가 사직을 요청하자 가정제는 이들의 사직을 허락하는 것은 물론이고, 이를 계기로 가정제는 議禮에 반대하거나 자신에게 협조하지 않는 조정 대신들과 그 세력을 양정화의 奸黨으로 몰아 대대적으로 제거하기에 이르렀다. 결국 병부시랑 장총이 이부낭중 팽택이 考察法을 통해 신료들을 함부로 外任으로 인사 조치했다며 공격하자, 팽택은 마침내 사직을 요청하였다.[129] 이로써 가정 6년(1527) 4월 가정제는 마침내 예부우시랑 계악과 병부좌시랑 장총을 일강관으로 충원하는 동시에, 이들에게 종전처럼 경연도 담당하게 함으로써[130] 의례파

---

127) 華蓋殿대학사 비굉에게 내린 칙서에서, 가정제는 大禮가 확정됨으로써 尊親의 綱常이 바로 세워진 지금에 와서 후세에 전할 『大禮全書』의 편찬이 필요함을 역설하였다. 이와 더불어, 비굉과 근신전대학사 양일청, 예부상서 석서 등을 總裁官으로, 병부좌시랑 장총과 계악을 副總裁官, 첨사부첨사 겸 한림원 시강학사 방헌부와 곽도 등을 편수관으로 임명하였다. 『世宗實錄』 卷72, 嘉靖 6年 正月 庚子, pp.1636~1638.

128) 이 사건은 錦衣衛帶俸署署百戶 王邦奇가 千戶로 승진하게 되었음에도 불구하고 削給하는 조서에 의해 무산된 일에 대해, 당시 조서가 대학사 양정화에 의해 작성된 것이라고 생각할 뿐만 아니라, 자신의 복직 요청 또한 병부상서 彭澤에 의해 저지되었다고 생각하였다. 이로써 왕방기는 邊鎭 哈密을 잃고 蕃夷들이 내침하게 된 것은 당시 甘肅총독이었던 팽택이 이들로부터 뇌물을 받고 哈密에게 침입을 부추겼기 때문이라고 폭로하였다. 뿐만 아니라, 해당 부서인 병부에서 진상을 밝히는 등 논의가 아직 이루어지지 않고 있는 상태에서, 방헌기는 재차 상소를 통해, 대학사 費宏과 石瑤 등이 모두 양정화의 奸黨으로서 이 사태를 미봉하고자 밤중에 양일청을 찾아가 계략을 의논하였으나 합의를 도출하지 못하고, 확인조사 또한 양정화의 아들인 兵部主事 楊惇이 전후의 상소문을 숨김으로써 이루어질 수 없었다고 하였다. 이 일로 인해 朝野는 한 바탕 소란이 일어나게 되었고, 그 파장은 일파만파로 확대되었다. 『世宗實錄』 卷73, 嘉靖 6年 2月 己未, pp.1644~1646. 이 사건에 대해, 남경 급사중 彭汝寔 등은 왕방기가 언급한 哈密 문제는 사건의 흑백이 많이 전도되어 실상을 파악하기가 부족하다고 지적하면서 이 사건에 의문을 제기했지만, 가정제는 이를 받아들이지 않았다. 『世宗實錄』 卷74, 嘉靖 6年 3月 己亥, pp.1668~1669.

129) 『世宗實錄』 卷74, 嘉靖 6年 3月 辛丑, pp.1670~1671 참조.

130) 당시 대학사 양일청은 左春坊 左諭德 겸 한림원 시독 顧鼎臣이 신병을 치료하고 복직한 것을 계기로 경연일강관을 충원해야 한다고 주청하였다. 『世宗實錄』

인물을 경연일강관으로 대거 기용하였다. 더욱이 이 무렵 이부상서 廖紀를 비롯한 조정 대신들의 사직으로 인해, 공석이 된 자리에 대한 인사 충원이[131] 속속 이루어지는 가운데 병부좌시랑 장총은 과도관들이 廖紀의 사직으로 공석이 된 이부상서의 자리에 양정화의 무리인 喬宇와 楊旦을 천거한 것을 맹렬히 비난하고 나섰다. 여기서 특히 주목되는 것은 장총이 대신들에 대한 인사권이 조정에 있는 것이 아니라 신하에게 있다는 당시의 상황을 언급하면서 "이미 사직한 대신들에 대해서는 추천이 아니라 황제의 교지에 의해서만 가능하며, 다만 관리의 기용에 대해서만 이부에서 먼저 천거하고 이를 협의하되, 부당할 경우에만 과도관이 이를 바로 잡아야 한다."는 인사원칙을 제시함으로써[132] 대신들에 대한 황제의 인사권을 강조하고 있다는 점이다. 이는 앞으로 있을 대대적인 인적 개편을 염두에 둔 포석이라고 할 수 있다. 어쨌든 조정 대신들에 대한 전면적인 물갈이에 앞서, 인사 추천권을 둘러싸고 의례파 인물과 언관들 간에 적지 않은 갈등과 대립이 일어나고 있는 상황에서[133] 계악은 이에 더 나아가 고찰법과 관련하여 간교한 무리들이 과도관으로 잔류하면서 이를 이용하고 있다는 점을 구실로 들어, 과도관들도 상호 규찰하도록 해야 한다고 주장하였다.[134] 가정제는 계악의 의견을 수용하는 한편 吏部가 이를 반대하는

卷75, 嘉靖 6年 4月 甲寅, p.1677.

131) 가정제는 廖紀의 사직을 허락하였다. 『世宗實錄』卷75, 嘉靖 6年 3月 甲辰, p.1685. 이 자리에는 예부상서에 오른 지 얼마 되지 않은 羅欽順을 임명하였다. 같은 책, 卷76, 嘉靖 6年 5月, 甲申, p.1687.

132) 『世宗實錄』卷76, 嘉靖 6年 5月 癸巳, pp.1701~1702.

133) 예컨대 가정 6년 6월에 변방 총독관 임명을 둘러싸고, 예부시랑 계악은 王瓊과 王守仁을 추천한 것에 대하여, 급사중 鄭自壁과 어사 譚讚 등은 계악이 이들을 끌어들여 붕당을 조성하고 있다고 반대하였다. 『世宗實錄』卷77, 嘉靖 6年 6月 辛酉, p.1720.

134) 이부시랑 何盟春은 과도관의 상호규찰허용안에 대해 극력 반대하였다. 이로써 인사권 문제를 둘러싸고 계악 등 의례파 인물과 이부의 갈등이 심화되었다. 『世宗實錄』卷77, 嘉靖 6年 6月 己巳, pp.1723~1724 참조. 결국 이과급사중 王俊民

것은 사신들의 당파를 보호하려는 것이라며 힐책하였다. 이로써 볼 때 가정제를 비롯한 의례파들은 조정 대신에서부터 언관에 이르는 기존 성치 세력을 제거하는 동시에 특히 언관들에 대해서도 비판과 간언을 방지하려 는 계획을 치밀하게 추진하고 있었다. 이런 가운데 가정 6년 6월에는 가정제가 예부우시랑 계악과 병부좌시랑 장총에게 한림원 학사를 겸직하 게 하는 동시에, 7월에는 한림원 시강학사 방헌부와 곽도를 경연·일강관으로 충원함으로써[135] 예부와 병부 등 각 중요 부서의 인사권과 각종 주요 사안을 관장하게 하는 것은 말할 것도 없고 경연과 일강을 담당하는 황제의 최측근에 포진시켰다.

이런 가운데 그해 8월에는 장총과 계악 등이 마침내 『大禮全書』 초본 6책을 완성하여 진상하자 가정제는 지금의 대례를 "만세의 典範으로 삼아, 인륜을 밝히고 기강을 바로 잡고자 한다."며 편찬 취지를 밝히는 동시에, 『대례전서』라는 명칭으로는 뜻이 미진하다고 생각하여 『明倫大典』으로 개칭하도록 하였다.[136] 또한 가정제는 『明倫大典』의 편찬을 계기로 예부우 시랑 겸 한림원 학사 계악을 이부좌시랑으로 승진시키는 동시에, 종전의 署刑部事와 경연일강관, 編修 부총재의 관직을 그대로 수행하도록 함으로써,[137] 파격적으로 우대하였다. 이는 곧 관리의 인사권을 관장하는 이부가 가정제를 지지하는 의례파에게 장악된 것을 의미한다. 이처럼 가정제와

등이 지적한 바와 같이, 과도관에 대한 상호 규찰로 인해 당시 출척된 언관들이 많았던 사실로 미루어 볼 때, 가정제의 의도대로 비판적 과도관을 제거하는 데 상당한 효과를 거두었음을 알 수 있다. 『世宗實錄』 卷78, 嘉靖 6年 7月 丙子朔, pp.1729~1730 참조.

135) 『世宗實錄』 卷78, 嘉靖 6年 7月 己丑, pp.1738~1739.
136) 가정제는 이 책을 열람하고, 부자·군신의 大倫에 대한 구양수 등 古人들의 견해를 증보할 것을 명하는 동시에, 諸臣들이 올린 상소문과 연명 상소 등이나 황제의 교지를 받들어 논의한 것과 대례에 어긋나는 것 등에 대해서도 일일이 直書하게 함으로써, 시비를 분명하게 하고 邪와 正을 구별하려는 것이 『明倫大典』의 편찬 목적이라고 밝히고 있다. 『世宗實錄』 卷79, 嘉靖 6年 8月 庚申, p.1756.
137) 『世宗實錄』 卷80, 嘉靖 6年 9月 乙亥朔, p.1767.

그를 지원하는 의례파의 의도대로 기존 정치세력에 대한 물갈이가 수순대로 진행되고 있는 가운데, 조정의 주요 부서는 대례 논쟁 과정에서 공헌을 세운 의례파 인물과 이를 지지하는 신진 세력들로 채워졌다.[138] 뿐만 아니라 심지어는 이부좌시랑으로 승진된 지 며칠이 지나지 않은 계악을 예부상서로 발탁하고 한림원 학사를 겸하게 하는가 하면,[139] 예부우시랑 방헌부를 이부좌시랑으로 승진시키면서 종전처럼 한림원 학사를 겸하고 경연일강을 비롯하여 『대학연의』의 강론과 『명륜대전』의 찬수를 담당하게 함으로써,[140] 전례에서 크게 벗어난 파행적인 인사를 단행하였다. 이처럼 한림원과 과도관을 비롯하여 廷議에 참여할 수 있는 조정의 주요 부서의 시랑직에 대한 물갈이를 진행하는 가운데, 10월에는 병부좌시랑 겸 한림원 학사 장총을 또 다시 예부상서 문연각대학사로 임명하여 入閣케 하고, 『대학연의』의 진강과 『명륜대전』의 총재로 삼았다.

이렇듯 대례 논쟁이 世廟 문제를 기점으로 가정제의 승리로 일단락됨에 따라, 지금까지의 대례 논쟁을 정리한 『大禮纂要』가 편찬되고, 또한 황권이 강화되는 가운데, 의례파를 중심으로 내각을 비롯한 기존의 공신들에 대한 탄핵이 가속화되는 상황에서 가정 5년(1526)에는 10월에 가정제가 경연에 참석했다는 기록이[141] 단 한 차례 나타날 뿐이었다. 그나마 展書官인 편수 孫承恩이 병으로 불참함에 따라 1개월의 감봉 처분된 사실로 미루어

---

138) 예컨대, 그해 9월에는 少詹事 방헌부를 계악의 후임인 예부우시랑으로 발탁하는 한편, 종전대로 한림원 학사를 겸하게 하여 경연일강과 『明倫大典』의 편수를 담당하게 하였고, 光祿寺少卿 黃綰을 大理寺左少卿으로 임명하였다. 『世宗實錄』 卷80, 嘉靖 6年 9月 庚辰, p.1769. 또한 少僉事 겸 한림원시강학사 곽도를 첨사 겸 한림학사로 임명하여 경연과 찬수를 담당하게 하고, 議禮에 우호적인 도찰원 좌도어사 胡世寧도 형부상서에 기용되었다. 『世宗實錄』 卷80, 嘉靖 6年 9月 丁亥, pp.1780~1781 ; 『世宗實錄』 卷80, 嘉靖 6年 9月 己丑, p.1781 참조.

139) 계악처럼 6부의 상서와 학사를 겸하는 것은 처음 있는 경우이다. 『世宗實錄』 卷80, 嘉靖 6年 9月 丙申, p.1785.

140) 『世宗實錄』 卷80, 嘉靖 6年 9月 壬寅, pp.1788~1789.

141) 『世宗實錄』 卷69, 嘉靖 5年 10月 壬申, p.1579.

볼 때, 당시 경연 신상은 아무래도 형식적으로 진행되었거나 중도에 중단되었을 것으로 짐작된다. 이렇듯 가정 5년에 거의 중단되던 경연은 가정 6년(1527) 4월 대례의 논의 과정에서 주도적 역할을 담당했던 계악과 장총이 일강관으로 기용되면서부터[142] 다시 재개되기 시작하였다. 이는 며칠 뒤에 강관 顧鼎臣이 洪範을 진강하면서 卜兆에 대해 稽擬한 것이 蔡傳과 상당히 차이가 있자 가정제가 輔臣 양일청에게 이를 하문하였다는 실록의 기록에서[143] 잘 알 수 있다. 특히 주목되는 것은 가정 6년 5월에 이르러서는 일강의 운영 방식에 대해, 가정제와 대학사 양일청 간에 의견 차이가 나타난 사실이다. 명실록에 따르면,

가정제께서 내각에 諭旨를 내려, "經書와 通鑑 중에서 군주의 덕과 政事나 修省에 관련되는 핵심 내용을 발췌하고 그 뜻을 기록하여 분명하지 않은 내용을 논하게 한다면, 그 뜻을 마음으로 느껴서 이치가 저절로 통달하게 될 것이다."라고 하였다.……[이에] 대학사 楊一淸 등이 말하기를, "신들이 생각하기에 경서의 연원과 고증, 그리고 통감의 내용은 방대하기 때문에 일일이 연구하기가 어렵습니다. [그러므로] 先朝의 예에 따라 강관으로 하여금 경연 이외에도 날마다 『대학연의』를 진강하게 하면 매우 유익할 것으로 생각합니다. [따라서] 이 책을 일강관과 경연관에게 날마다 한 사람씩 교대로 강론하게 하고, 그 대의를 발췌하고 [이를] 時事에 참고로 삼아 상세하게 설명하게 하십시오. [그러면] 경서의 格言과 통감의 요지는 대부분 이 책에 있으니, 治國·平天下의 도리를 활용하여 시행하기가 어렵지 않을 것입니다."고 하였다. 이에 가정제는 "『대학연의』를 直解하여 時事에 참조하도록 함으로써 짐의 학문을 열 수 있게 할 수 있을 것이다. [그러나] 만일

---

142) 『世宗實錄』 卷75, 嘉靖 6年 4月 甲寅, p.1677.

143) 양일청은 稽擬[洪範]疇內에 따르면, 雨·霽·蒙·驛·克이라고도 한다. 그런데 蔡傳에는 卜兆를 비가 水로, 안개가 불로, 驛이 金으로, 克이 土로 되는 것이라고 해석하고 있다고 하면서, 고정신이 해석한 것은 틀린 것으로, 그는 驛을 土로, 克을 金으로 해석하고 있다고 답하였다. 『世宗實錄』 卷75, 嘉靖 6年 4月 戊辰, p.1682.

날마다 이를 進覽하게 한다면 아마도 [이를] 자세하고 올바르게 할 수 없을 것 같다. 따라서 5일에 한 번씩 진강하면 춥고 더운 계절이라 할지라도 이를 중단하지 않고 세밀하게 연마할 수 있을 것이니, 정신도 피곤하지 않고 시간도 쓸데없이 연장하지 않을 수 있을 것이다."고 하였다. [양]일청 등은 "경연관은 일강관을 포함하여,······매월 3자일과 8자일에 각기 한 사람씩 교대로 진강하도록 하십시오.······신들은 또한 종전대로 한 사람씩 배석하고, 또한 날씨가 따뜻하고 선선한 봄과 가을이 되면 경연과 일강을 舊規에 따라 시행하되, 3일과 8일에는 『대학연의』를 전적으로 진강하게 하십시오." 라고 하였다. [이에] 가정제는 "강학은 爲治를 으뜸으로 하고 君道를 마땅히 우선으로 삼아야 한다.······경[양일청]은 배석하는 것을 면하고, 賈詠 등이 날마다 한 사람씩 교대하여 배석하되, 召論이 있을 때에는 이 예에 따르지 않으며, 봄과 가을이 되면 반드시 3, 8자 일이 아니더라도 [경연을] 할 수 있다. 또한 [부모] 兩宮의 기일에는 [경연을] 이미 면하였으니, 일강만은 오후에 『[대학]연의』를 병행함으로써 [진강을] 폐하지 않는다."고 하였다. [이에] 일청 등이 다시 말하기를, "『대학연의』를 진강하는 것은 5월 13일을 시작으로 일강과 마찬가지로 하십시오.······"라고 하자, 황제는 이를 따르기로 하고, 시랑 溫仁和·桂萼·張璁, 첨사 董玘, 시독학사 徐縉, 祭酒 嚴嵩, 庶子 穆孔暉, 諭德 顧鼎臣·張璧, 許成名, 洗馬 張瀚, 贊善 謝丕 등에게 교대로 直講하게 하였다.[144]

라고 하였다. 이로써 볼 때, 양일청은 경연과 일강을 祖宗之制에 따라 종전의 규범을 준수할 것을 주장한 데 비해, 가정제는 경연의 의례보다는 그 취지에 중점을 둠으로써 "爲治"와 "君道", 즉 군주의 治道를 강조한 것을 알 수 있다. 따라서 가정제는 경연을 3, 8자 일에 시행하자는 양일청의 제안을 수용하지 않고, 일강은 매일 오후에 『대학연의』를 진강하는 것으로 하되, 경연의 경우는 지정된 일자와 상관없이 일강과 병행하여 개최할

---

144) 『世宗實錄』卷76, 嘉靖 6年 5月 乙酉, pp.1695~1697.

수 있다고 주장하였다. 이로써 내각을 비롯하여 모든 조정 대신들이 배석하는 경연(월강)을 일강에 포함시킴으로써, 결과적으로는 조정 대신들을 배제한 채 황제의 의사에 따라 경연의 개최 여부와 운영이 결정되는 결과를 초래하였다. 더구나 경연·일강관이 대부분 의례파 인물로 채워진 당시의 상황을 고려해 볼 때, 이 시기 경연과 일강은 가정제와 그의 소수 측근에 의해 자의적인 형태로 운영됨으로써, 祖宗之制의 취지와 목적을 벗어나 파격, 파행적으로 운영되었다고 할 수 있다. 이는 당시 '皇極'을 추진할 정도로 황권이 강화되는 추세에서 조정이 가정제에 의해 독단적으로 운영되고 있던 상황을 반영하는 것이라고 할 수 있다. 이처럼 황제가 경연을 자의적으로 운영한 사실은 가정 6년 6월 가정제가 『대학연의』의 寫刻이 분명하지 않다는 이유를 들어 經文과 題書를 大書로 하고 諸儒와 眞德秀의 註를 細書하여 이를 사례감에서 간행하도록 하고, 자신의 서문을 이 책의 서두에 첨부하여 重刊하는 취지로 삼았을 뿐만 아니라, 경연관이 『대학연의』를 진강한 내용에 대해 五言詩를 자작하여 양일청을 비롯한 내각 대신들에게 이에 대한 화답하는 시를 짓게 한 것에서도[145] 알 수 있다. 이는 종전의 경연 운영 방식에서는 전례가 없는 일로서, 翰墨에 탐닉한 가정제가 학문 연마와 정사 협의에 힘쓰기보다는 대신들의 화답시를 통해 그들의 충성을 평가하는 한편, 각신들이 협조하여 황제를 보좌할 것을 독려한 것이다. 이처럼 황제의 권위를 과시하려는 가정제의 파격에 가까운 비정상적인 태도는[146] 그해 10월에 시독 江佃이 洪範九疇를 진강하자 심지어 그 뜻에 대해 자신이 직접 강해하는 한편, 이런 상황에서 강독을 어눌하게 할

---

145) 이때 가정제는 自作詩와 대신들의 화답시를 集成하여 책으로 편찬하게 하고, 이를 『翼學詩』라 하였다. 『世宗實錄』卷77, 嘉靖 6年 6月 癸酉, p.1716.

146) 자신을 과시하려는 가정제의 태도는, 가정 6년 10월 이부우시랑 겸 학사 董玘가 강독을 하는 중에 進退하는 것이 의례대로 하지 않았다는 사소한 이유를 빌미로, 내각에 유지를 내려 질책한 사실에서도 잘 알 수 있다. 『世宗實錄』卷81, 嘉靖 6年 10月 乙丑, p.1811 참조.

수밖에 없었던 江佃을 外官으로 전보시킨 사실에서도 확인된다. 게다가 이를 계기로, 가정제는 내각수보 양일청에게 자발적으로 한림원을 비롯한 시강과 시독관, 편수관을 대대적으로 개편하도록 유도하고, 이를 달성함으로써 淸要職에 대한 내각의 인사권을 약화시키고 황제의 의도대로 이들에 대한 인사를 관철시켰다.147)

이렇듯 경연관에 대한 인사와 경연의 운영, 심지어는 교재와 강론까지도 황제가 자신의 뜻대로 주도하고 있는 상황에서 가정제는 군주의 도덕적 수양과 절제를 강조하는 유교 경전보다 도술과 심학에 더욱 심취하여 가정 6년 11월에 자신이 저술한 교훈서인『御製心箴註略』을 반포하였다. 이에 대해 내각대학사 양일청조차 비판하기는커녕 오히려 "군주로서 心學을 알 수 있었던 사람은 드물었다."고 극찬했을 지경이니,148) 閣臣조차 황제에 아부하는 태도를 보이며 제재할 엄두를 못내었고, 가정제는 그야말로 종교 교주가 연상될 정도로 무소불위의 군주였다. 이러한 가정제의 행태는 가정 6년 10월 대학사 장총에게 비밀리에 密旨를 내려 기밀이 누설되지 않도록 하라고 당부하는가 하면, 대학사 양일청·장총·霍韜과 예부상서 학사 계악 등에게 각기 은도서 2부를 하사하여 국정의 중대 사항을 각자 밀봉하여 보고하게 한 사실에서도149) 잘 알 수 있다. 이로써

---

147) 인사 개편작업은 기존에 있던 청요직의 인사를 파면하거나 좌천시키고, 黃綰·許誥· 盛端明·張邦奇·方鵬·韓邦奇·歐陽德 등 대례의에 찬성하거나 이에 호의적인 사람들을 경연관이나 편수관으로 기용하였다.『世宗實錄』卷81, 嘉靖 6年 10月 丙寅, pp.1813~1815 참조.

148) 가정제의『御製心箴註略』에 대해, 대학사 양일청은 "주석이 분명하고 의리가 상세하게 갖추었다."고 하는가 하면, "성학이 일취월장하여 학문을 환하게 밝혔다."라며 극찬하면서, 輔導職인 자신이 오히려 부끄럽다며 가정제에게 지나치게 아부하는 태도와 무능함을 드러냈다.『世宗實錄』卷82, 嘉靖 6年 11月 甲午, pp.1843~1844 참조.

149) 은으로 된 첩자는 仁宗 때대학사 楊士奇 등에게 각기 銀圖書를 하사하여 군사기밀 사항을 협의했던 전례에 따라, 군사 기밀이나 중요 정사에 대해 황제가 직접 써서 해당 대신들에게 하사하였고, 대신들이 이에 대한 답을 밀봉하여 보고하게 함으로써 황제와 해당 대신들은 공적인 관계가 아니라, 일대일의 사적인 관계를

내각은 말할 것도 없고 九卿科道官을 중심으로 하는 廷議조차 무력화 시키고 극소수의 대신들에게는 밀지를 통해 이들을 사적인 관계로 통제함으로써, 황제를 견제하려는 것이나 대신들과의 공개적인 정사 협의를 원천적으로 차단하였다. 이렇듯 조정회의나 경연을 통한 군신간의 정사협의는 원천적으로 불가능한 상태에서, 각신들은 주로 가정제의 翰墨 자문을 담당하는 것으로 전락하였다.150)

이처럼 경연과 일강이 전례대로 운영되지 않는 가운데, 가정 7년(1528) 2월에 경연이 열렸지만, 이 자리에 배석한 대학사 양일청에게 일강의 배석을 면하게 하는 동시에, 일강의 경우에도 조금이라도 아프면 역시 배석을 면하게 조치하였고,151) 또한 그해 4월에는 첨사 곽도가 古今治亂에 대한 저술을 이유로 일강관의 사직을 요청하자 이를 허락하였다.152) 여기서 특히 대례의 과정에서 가정제를 적극 지원했던 곽도의 일강관 사직을 가정제가 허락한 것은 일강 또한 그만큼 황제가 자의적으로 운영하고 있었던 것을 보여줄 뿐만 아니라, 심지어 일강관이 자신의 후임을 직접 천거한 것에서 종전과는 달리 매우 파행적으로 운영되고 있던 당시의 실상을 알 수 있다. 이런 상태에서 같은 해 5월에도 경연 겸 일강에서

은밀하게 형성하였다. 따라서 설사 정사를 협의한다고 하더라도, 이는 어디까지나 비공개를 원칙으로 하였기 때문에, 공식적인 廷議와는 거리가 있었다. 『世宗實錄』 卷81, 嘉靖 6年 10月 甲子, p.1809 참조.

150) 가정 6년 11월 가정제가 자신이 직접 쓴 顯陵碑文이 완성되자, 대학사 양일청·장총· 霍鏜 등을 문화전에 불러, 이들이 비문의 수정 보완에 공로가 있다고 의복을 하사하며 치하하였다. 이로써 볼 때, 이 시기 내각은 주로 가정제의 翰墨작업을 수정하는 등 주로 문학적 자문을 담당한 것으로 보인다. 『世宗實錄』 卷82, 嘉靖 6年 11月 丁丑, p.1831 참조. 이런 상황에서 급사중 陸粲은 상소를 통해, 視朝 후에 편전에서 群臣들과 정사를 숙의할 것을 요청하는 청원하기도 하였다. 『世宗實錄』 卷85, 嘉靖 7年 2月 甲辰, p.1915 참조.

151) 『世宗實錄』 卷85, 嘉靖 7年 2月 丁未, p.1919.

152) 곽도는 일강관을 사직하면서 자신의 후임으로 修撰 康海, 檢討 王九思, 副使 李夢陽 과 魏校, 知州 顔木, 侍郎 何瑭 등을 천거하였다. 『世宗實錄』 卷87, 嘉靖 7年 4月 甲寅, pp.1973~1974.

『대학연의』의 진강이 지속되지만,[153] 그해 10월에는 일강에서 『尙書』「洪範」이 진강되기 시작하였다. 여기서 특히 주목되는 것은 예부상서 方獻夫가 皇極을 매우 강조하고 있다는 점이다.

예부상서 方獻夫가 日講에서 『尙書』「洪範」을 강론함에 따라 상소하여 말하기를, "洪範9疇의 5位는 中數에 자리하는데, 그 형상은 천하에 자리합니다. 그런즉 군주는 사람들의 중앙에 자리하며 마음의 한 가운데 자리합니다. 그러므로 군주는 正心하는 일이며, 極은 中正의 중앙이라고 말하는 것입니다. 皇建이 극점에 있다는 것은 『書經』에서 말하는 소위 '建中于民'과 『역경』에서 말하는 '中正以觀天下禮', 또한 『예경』에서 말하는 '王中心無爲, 以守至正'이 바로 이것입니다."……또한 이르기를 "庶民이 뒤에서 일을 꾸미지 않고 붕당, 파당이 없게 되는 것은 오직 皇極뿐이라고 운운하는 것은 신하가 中正하게 되는 것을 바로 황제가 만들기 때문이라는 것을 의미하는 것입니다.……파당이 없다는 것은 즉 아래로는 크게 無偏無黨한다는 의미입니다. ……無偏無黨하면 王道가 蕩蕩하고, 또한 無黨無偏하면 왕도가 平平함으로써 無反無側하게 되어 왕도는 정직해지게 되니, 이것이 바로 皇極의 뜻이며 이 모두는 [황제의] 正心에 해당하는 일인 것입니다. 황상께서는 진실로 이를 깊이 깨달아 이 뜻을 힘써 행하고, 好惡을 바로 하고 어느 한 쪽으로도 기울어지지 않음으로써, 위에다 極[절대기준]을 세우시고 신하로 하여금 이를 달성하게 하면 이들 역시 好惡을 올바르게 하고 無黨無偏하게 됨으로써, 황극으로 귀속되어 조정이 올바르게 되고 천하가 다스려지게 될 것입니다.……그러므로 홍범구주는 모두 제왕이 천하를 다스리는 大經大法이며, 그 핵심은 이 一疇에 있으며, 이 一疇를 시행하면 나머지 8疇는 따르게 됩니다. 宋儒 胡宏이 말하기를, '明君은 학문에 힘쓰는 것을 급선무로 삼으며, 聖學은 正心을 핵심으로 삼는다.'고 한 것은 바로 이를 말하는 것입니다."라고

---

153) 이 같은 사실은 호부좌시랑 李時를 禮部左侍郞에 명하고 종전대로 경연일강을 담당하게 하는 한편, 『대학연의』를 강론하게 한 것에서 알 수 있다.

하였다.[154]

이에 대해 가정제는 "경의 상소는 皇極과 正心의 의미를 밝혀 주고 있는데, 짐이 이를 열람해보니 모두 충성과 지극한 뜻이 담겨져 있다."며 흔쾌히 수용할 의중을 보였다. 이처럼 당시에 특별히 군주 중심의 皇極을 강조한 것은, 가정 7년(1528) 6월 『明倫大典』의 간행과 무관하지 않다고 할 수 있다. 왜냐하면 『明倫大典』의 간행은[155] 단순히 가정 연간 전기 諸臣들이 제기한 大禮議 관련 각종 奏疏를 집대성하는 것에 그치는 것이 아니라, 특히 양정화를 비롯한 기존의 조정 대신들을 중심으로 하는 반대파를 定罪하고 이들을 대대적으로 숙청하는 典據로 삼고자 했기 때문이다.[156] 이로써 조정은 물론이고 지방 관료에 이르기까지 대례의에 적극 참여하거나 이를 옹호하는 신진 세력으로 대폭 교체함으로써, 이제 신진 세력의 대거 등장과 함께 가정제는 무소불위의 전권을 휘두르며 정국을 주도하는 국면을 마련하게 되었다.

V. 결론

앞에서 살펴본 바와 같이, 양정화내각 시기에서부터 『明倫大典』의 간행에

---

154) 『世宗實錄』卷94, 嘉靖 7年 閏10月 丙子, pp.2176~2178.

155) 『明倫大典』이 완성되어 進呈되자, 가정제는 어제서문을 하사하고 이 책을 감행하여 천하에 반포하게 하는 한편, 편찬에 공로가 큰 대학사 양일청과 장총 등에게 의복을 하사하고 이들을 승진 조치하였다. 『世宗實錄』卷89, 嘉靖 7年 6月 辛丑朔, pp.2005~2006.

156) 『世宗實錄』卷89, 嘉靖7年 6月 癸卯, pp.2008~2011 참조. 따라서 『明倫大典』의 편찬의 목적은 법전의 형식을 빌려 議禮에 반대했던 기존 정치세력을 論罪함으로써, 가정제에게 유리한 국면을 완결 지으려는데 있었다. 胡吉勛, 『"大禮議"與明廷人事變局』, 社會科學文獻出版社, 2007, p.92. 한편, 『明倫大典』에서 서술한 제신들의 罪目과 해당 인물에 대해서는 胡吉勛, 같은 책, pp.94~98의 표 참조.

이르는 가정 전기(즉위년~가정 7년)의 경연은, 가정제가 즉위한 정덕 16년(1521) 4월에 제기한 자신의 황통 계승문제와 이와 연관된 生父 홍헌왕의 封號를 비롯한 諡號와 廟號 문제, 그리고 홍헌왕의 墓室 문제 등 大禮議 정국의 전개과정과 궤를 같이하며 시행되었다고 할 수 있다.

이에 따라 양정화내각 시기인 가정 즉위년~가정 2년 시기에 양정화를 중심으로 하는 조정 대신들은 祖宗之制에 따라 내각을 비롯한 儒臣들이 주도하는 경연제도의 시행을 강력하게 제안함으로써, 경연을 통해 군신공치의 전통적 정치이념과 이상을 실현하고자 하였다. 그러나 가정제는 즉위하자마자 자신의 황위 계승과 生父인 홍헌왕에 대한 봉호 등에 대해 이의를 제기하였고 이어서 즉위년 7월에는 진사 장총이 조정 대신들의 주장을 비판하는 상소를 올림으로써, 양정화내각을 중심으로 하는 기존의 조정 대신들과 갈등과 마찰을 빚게 되었다. 이로써 이 시기에 경연의 개최시기 결정과 「經筵儀注」의 제정이 즉각적으로 추진되지 못하였고, 경연은 즉위년 8월부터 시작하기로 결정하기에 이르렀다. 그러나 이렇게 시작된 경연도 즉위년 11월부터는 중단되다가 가정 원년 2월부터 재개되었지만, 대례의 정국이 점화됨에 따라 가정 2년말까지 경연은 중단과 재개를 반복하면서 간헐적으로 시행되었다. 이처럼 '대례의' 정국이 시작된 상황에서, 즉위년 7월 「경연의주」를 제정하는 동시에, 간헐적이나마 경연을 시행할 수 있었던 것은 祖宗之制를 고수하려는 양정화내각을 비롯한 조정 대신들의 입김이 강하게 작용했기 때문이었다고 하겠다.

이렇게 시작된 경연은 가정 3년 정월 계악이 「正大禮疏」를 통해 조정 대신들이 주장하는 홍헌왕의 봉호에 대해 반박함에 따라 '대례의' 정국이 본격화되면서 표류하게 되었다. 이로써 가정제가 남경에 있던 장총을 비롯한 의례파의 중심인물들을 북경으로 불러들여 의례파의 세력화가 이루어지는 가운데, 이들은 친부모에 대한 효를 대례의 근본 원칙으로 강조하며 논리적으로 기존의 정치세력에 총공격을 가했다. 따라서 가정제는 대례 논쟁을 통해, 의례파를 중심으로 자신의 지지기반을 확보하는 한편, 기존 정치세력에 대한 인적 교체를 단계적으로 추진하는 등, 가정 3~4년에는 '대례의' 정국이 본격적으로 형성되었다. 따라서 대례 문제와 자신의 지지세력 확보, 특히 가정 3년 7월 좌순문 복곡사건을 계기로 반대파의 제거와 인사 개편에 집중하고 있었던 가정제는, 기존의 조정 대신들이 추진하고 강조한 군신공치 실현의 場인 경연을 부차적인 과제로 취급할 수밖에 없었다. 따라서 이 시기에 있어서 일강은 가정 3년 9~10월에는 지극히 제한적이나마 간헐적으로 시행되었다고 할 수 있지만, 경연은 중단된 채 열리지 않았다고 하겠다.

앞의 시기의 대례 논쟁을 통해 정국 주도권을 장악하게 된 가정제는 가정 4년 12월『대례찬요』의 간행을 계기로, 가정 5년 이후로는 자신을 지지하는 의례파의 인물들을 한림원과 내각 등 황제의 최측근에 기용하는 한편, 인사와 의례를 담당하는 이부와 예부의 시랑직 등 廷議의 핵심적인 자리에도 대례의에 찬성하는 신진 세력들로 채움으로써, 기존 정치 세력에 대한 대대적인 물갈이 작업을 단행하였다. 더욱이 가정 6년 8월『명륜대전』의 편찬이 추진되기 시작하여 가정 7년 6월에 간행됨에 따라, 의례파의 대례 관련 이론과 논리가 공식적인 법전으로 확정되었다. 또한 이를 통해 반대파의 죄상을 정리하여 定罪함으로써 이들을 대대적으로 제거하기 시작했다. 이로써 지금까지의 대례의는 가정제의 승리로 일단락되었고, 이로 인해 가정제의 독단적인 정국운영은 皇極을 운운할 정도로 무소불위의 군주로 자리하기에 이르렀다. 이와 같은 정국 상황에서, 경연은 일강에 병합되어 그 개최여부와 운영방식은 말할 것도 없고, 심지어는 강론과 교재선택조차도 황제와 일강관에 포진된 의례파에 의해 자의적이고도 파행적인 형태로 시행되고 있었다. 따라서 이 시기에 군신공치를 이상으로 하는 祖宗之制의 원형은 이미 와해됨으로써, 군신간의 정사 협의나 황제의 사적 권력에 대한 제약이라는 경연의 취지는 더 이상 발휘될 수 없었고,

경연은 단지 황제의 일방적 요구에 따라 이에 응하는 문학적 자문 기능으로 전락하고 말았다. 이것으로 볼 때 가정 연간 전기의 경연은 대례의 정국 속에서 유교적 정치 이념을 이상으로 삼는 조종지제의 경연이 붕괴되었음을 반영하는 동시에, 명 왕조 개창 이래 지속되었던 禮制的 국가질서 또한 근본적으로 동요하며, 새로운 국면으로 접어들고 있음을 예고하는 것이라 하겠다.

隆慶 年間(1567~1572)의 정국운영과 經筵

―'내각 파동(閣潮)'과 관련하여―

Ⅰ. 서론

嘉靖帝의 셋째 아들로서 우여곡절 속에 30세의 나이로 마침내 황제로 등극한 隆慶帝(1567~1572)는 재위 기간이 5년여에 불과했다. 이처럼 단명한 융경제의 재위 기간은 명 왕조에서 유난히 재위 기간이 길었던 선왕 嘉靖帝(1522~1566)의 45년과 그의 아들 萬曆帝(1573~1619)의 47년의 재위 기간과 비교해 볼 때도, 두드러지게 짧은 기간이었다. 따라서 지금까지 융경 연간은 학계에서 크게 주목을 받지 못한 채, 대부분 융경 시대를 嘉靖이나 萬曆 시대에 포함시켜 언급하는 것이 일반적이었다. 그러나 최근에는 이 시기의 독자성을 인정하면서, 이 시기의 정치·제도사를 구체적으로 고찰하는 연구가 등장한 것은 고무적이라 하겠다. 특히 최근 이 시기 정치·제도사에 대한 연구에서는 주로 융경 연간 후반 시기의 내각수보로 활약한 高拱과 그의 정치 개혁에 주목하는 한편, 만력 연간 張居正(1525~1582)이 추진한 개혁 정치와 내각 중심의 정국운영을 그 연장선상에서 이해함으로써 융경 시기의 정치가 만력 시기 개혁의 서막이라고 평가하고 있는 것이 특징이다.[1) 이 밖에도 이 시기에 빈번하게 발생하고 있는 내각의 內訌인 '내각 파동(閣潮)', 그리고 이와 관련된 내각의 변천과 그 역할에 대한 연구,[2] 융경 연간의 경연제도와 관련하여 閣臣 高拱의 역할과 그 정치 세력과의 연관성에 주목한 연구[3] 등 융경 연간 정치·제도사에 대한 연구가 비교적 활발하게 이루어지고 있다고 하겠다. 그럼에도 융경 시기의 정치·경제·국방 등 제반 상황을 종합적으로 조망하기에는 여전히 미흡한 실정이라 하겠다.

본고에서는 필자가 지금까지 발표한 명대 각 시기별 경연제도 연구[4]의 후속 작업의 하나로서, 특히 隆慶 年間의 경연을 통해 당시 정국운영의 구체 상을 살펴봄으로써, 융경 시기의 정치사를 보다 깊이 있게 이해하는 동시에 이 시기의 정치사적 특징을 규명해 보고자 한다. 이를 위해 먼저 당시의 구체적인 政局을 이해하는 배경으로서 경연 운영의 실질적 담당자 이자 당시 政局에서 핵심적인 역할을 담당했던 내각을 중심으로, '내각 파동'에서 나타나는 각 정치 세력의 갈등과 이를 통해 반영되고 있는 정치적 의미를 살펴보고자 한다. 이와 더불어 내각 파동 가운데 시행된 이 시기 경연의 운영 상황을 검토하는 한편, 이를 통해 유교적 정치 이념의 상징인 경연이 내각 파동을 거치면서 단지 유명무실한 儀禮에 불과했다는 사실을 규명해 보고자 한다. 이로써 황제를 정점으로 하는 전제 군주

---

1) 대표적인 연구로는 岳天雷,「由保守到改革-明代隆慶政局的走向」,『廣西社會科學』 2009年 6期, 2009.6, pp.73~78 ; 吳仁安,「張居正與明代中後期的隆慶內閣述論(上)」, 『江南大學學報』11卷 6期, 2012.11, pp.63~72 ; 吳仁安,「張居正與明代中後期的隆慶 內閣述論(下)」,『江南大學學報』12卷 1期, 2013.1, pp.57~64 ; 劉萍,「論隆慶帝及其時 代」, 山東大學 碩士學位論文, 2009.4 등이 있다. 중국 학계의 연구 성과는 대부분 이와 같은 논지에서 크게 벗어나지 않고 있다.

2) 櫻井俊郎,「隆慶後期に見る專制要求」,『人文學(大阪府立大學)』22, 2004.3, pp.27~ 42. 이 논문에서는 특히 만력 연간 내각수보인 장거정의 강력한 리더십이 융경 연간 후기에 시작되었음을 규명하고 있다.

3) 朱鴻林,「高拱與明穆宗的經筵講讀初探」,『中國史研究』2009年 1期, 2009, pp.131~ 147.

4) 지금까지 필자는 洪武 年間에서 嘉靖 年間에 이르는 각 朝代의 경연제도에 대해, 당시 정국과 정치 세력, 내각 문제 등과 연계하여 고찰한 논문을 발표한 바 있다.

체제의 국가 운영 시스템이 내각수보 중심으로 변화되고 있는 당시의 정국과 관련하여 이 시기의 경연의 실상을 분석함으로써, 융경 연간의 제반 정치 상황을 구체적으로 이해하는 데 일조하고자 한다.

II. 내각 파동(閣潮)과 융경 연간의 政局運營

경연제도에서 내각의 역할은 경연 운영과 강독의 책임자인 동시에, 황제의 정사 협의의 대상이자 정책 결정자였다. 따라서 내각의 기능과 역할이 원만하게 이루어지느냐의 여부는 황제권의 견제는 말할 것도 없고 원활한 국정 운영을 반영하는 시금석이기도 했다.

주지하는 바와 같이, 明代의 내각은 洪武 13년(1380) 중서성의 폐지를 계기로 三省제도가 완전히 없어지게 된 것으로 인해 황제의 업무량이 과도하게 증대된 것과 三省 기능의 공백을 메우기 위해 설치된 임시 기구에서 비롯되었다. 따라서 홍무제에 의해 처음으로 설치된 전각대학사는 황제의 문학적 자문 기능을 담당하는 데 국한되었기 때문에, 정무적 기구와는 달리 황제를 보필하는 보좌 기구로서 그 品階 또한 5품에 불과한 한직이었다. 이러한 전각대학사는 특히 영락 연간에 이르러 제도화되면서 '參預機務'할 수 있는 정무 담당의 상설 기구로 변하기에 이르렀고, 특히 洪熙(1426)·宣德 年間(1426~1435)에는 '三孤'관으로 加官되면서 황제와 정사 협의의 주요 대상이 되었다. 이후 弘治 年間(1488~1505)에는 인사권을 장악하면서부터 상대적으로 이부상서의 권한이 약화되고, 전각대학사의 정치적 권한은 제고되기 시작하였다.[5)]

---

5) 명대 내각제의 변천과정에 대해서는 吳仁安, 앞의 논문, 2012.11, pp.63~72 ; 楊業進, 「明代經筵制度與內閣」 『故宮博物院院刊』 1990-2, 1990. ; 山本隆義, 「明代の內閣」, 『中國政治制度の硏究』, 京都 : 同朋舍, 1985, pp.472~532 등 참조.

이렇듯 제고되기 시작한 내각의 지위는 정덕(1506~1521)·가정 연간 (1522~1566)에 이르러서는 그 품계 또한 정1품으로 크게 향상되는 동시에 6부의 尙書를 겸함에 따라 명실상부한 재상으로서 지위와 권한을 행사하기 에 이르렀다. 더구나 가정 중엽 이후에는 황제가 도교의 齋醮에 빠져 정사를 등한시함에 따라 내각수보 嚴嵩에 의한 정사 농단이 20여 년간 지속되는 등 당시의 政局은 내각수보를 비롯한 내각을 중심으로 운영되었 다.[6] 이런 상황에서 隆慶 年間에는 특히 막강한 권한을 지닌 내각수보에 대한 관리들의 기대와 욕망, 여기에 더하여 수보와 次輔 및 나머지 각신인 群輔 간의 권리와 지위에는 현격한 차이가 있었기 때문에, 마침내 閣臣들 간의 잦은 갈등과 內訌인 '내각 파동(混鬪)'으로 표출되기에 이르렀다.

5년여의 隆慶 시기에 각신을 지낸 인물은 徐階·李春芳·高拱·郭朴·陳以勤· 張居正·趙貞吉·殷士儋·高儀 등 '9相'이었다. 이들의 갈등과 내홍을 시기별로 대별해 보면,[7] 융경 원년(1567)에서 시작된 徐階와 高拱 간의 대립과 갈등으 로 나타난 융경 원년(1567)~3년(1569)의 전기, 융경 3년(1569) 12월 고공의 재 입각을 계기로 고공과 趙貞吉·殷士儋 등과의 갈등으로 나타난 융경 4년(1570) 이후인 후기의 두 시기로 나누어 볼 수 있다.

전기의 내각 파동은 융경 원년 각신 高拱과 徐階의 갈등으로 표출되었다. 高拱은 가정 45년(1566) 3월 서계의 추천으로 입각하게 되었지만, 융경제가

---

6) 내각 중심의 정국운영은 順治 年間의 李賢에 의해 원형적인 모델을 보여주고 있지만, 실제로는 홍치 8년(1495) 이후 경연제도가 유명무실화되면서 내각수보 중심의 정국운영이 본격화 되었다고 하겠다. 이에 대해서는 拙稿,「正統·天順年間 의 經史 講論과 정국운영-經筵의 제도화와 내각제 운영과 관련하여-」,『中國史研 究』61, 2009.8, pp.84~112 ; 拙稿,「弘治年間(1488~1505)의 經筵과 政局運營-내각 제 복원과 공론 정치와 관련하여-」,『中國史研究』73, 2011.8, pp.118~148 참조.

7) 吳仁安은 앞의 논문에서 그 시기를 융경 원년의 고공과 서계의 투쟁시기, 융경 4년(1570) 고공과 조정길의 투쟁 시기, 융경 5년(1571) 고공과 殷士儋의 투쟁 시기 등 세 단계로 구분하고 있다. 그러나 본고에서는 각신들의 내분 이유와 배경을 정국운영 방향과 각 정치 세력 간의 대립과 관련하여, 그 특징에 따라 전기와 후기로 나누어 서술하였다.

즉위한 시 일미 뒤인 그해 11월 南直隷 華亭(지금의 上海) 출신인 徐階와 同鄉人인 吏科給事中 胡應嘉가 高拱의 不忠함을 탄핵하자,[8] 高拱은 胡應嘉가 자신을 탄핵한 것은 徐階의 지시에 따른 것이라고[9] 생각하여 크게 분노하여 두 사람 사이에는 이미 감정이 쌓이고 있었다. 이러던 차에 융경 원년에 시행된 京察을[10] 두고, 胡應嘉는 당시 시행한 考察이 불공평하다며 또 다시 이부상서 楊博을 탄핵하자,[11] 내각과 이부에서는 그를 民으로 黜陟하였다. 이에 兵科給事中 歐陽一敬을 비롯한 언관들은 이 조치가 高拱의 의중에 따른 것일 뿐 아니라, "고공의 간악한 전횡이 마치 송나라의 蔡京과 견줄 수 있다."고 비판함에 따라, 고공은 이에 항변하면서 융경제에게 사직을 간청하였다.[12] 이어서 당시 이부상서 楊博 또한 구양일경의 탄핵 내용을

---

8) 탄핵 내용은 高拱이 황제로부터 入閣의 명을 받고도 가솔을 거느린 채 西安門 밖에 자신의 사무처를 마련하였는데, 이는 곧 군주의 명을 안중에도 두지 않은 不忠이라는 것이다. 이에 대해서는 談遷,『國榷』卷64, 嘉靖 45年 11月 乙亥 참조. 실제로 胡應嘉가 高拱을 탄핵한 것은 고공이 이해한 것처럼 서계의 지시가 아니었던 것으로 판명되었다.

9) 이에 대해 王世貞,「大學士高拱傳」,『嘉靖以來首輔傳』卷6에서는 "그 의도는 徐階가 꾸며서 胡應嘉에 일러 글로 나를 죽이려고 하였다. 이로써 두 사람은 서로 원수가 되었다."고 하였다.

10) '京察'은 京官에 대한 인사고과 제도로서, 成化 4년(1468)을 기점으로 종신제였던 것이 京官 5품 이상의 관리의 경우는, 이부와 도찰원, 堂上 掌印官이 6년마다 각 部·院·寺·監 등의 아문 소속 관원을 고찰하도록 하였다. 이때 언관인 6科 給事中과 都察院의 13道御史의 경우는 다른 관원에 대한 탄핵권이 주어지기 때문에, 이를 인사고과에 근거 자료로 사용함으로써 이들의 권한이 막강하였다.

11) 융경 원년 경찰이 실시될 때 책임자인 이부상서 楊博(1509~1574)은 자신의 동향 출신의 관원에 대해서는 강등이나 면직시킨 적이 없지만, 탄핵권을 가진 일부 언관을 면직함으로써, 당시 언관들의 집단적 반발을 초래하였다. 따라서 특히 당시 이과급사중인 胡應嘉는 양박을 탄핵하는 동시에 각신 고공을 탄핵하자, 고공 역시 그를 탄핵하였다. 이에 歐陽一敬·辛自修와 어사 陳聯芳 등 언관들이 가세하여 고공을 탄핵하였다. 이에 대해서는『明 穆宗實錄』(影印本) 卷3, 隆慶 元年 正月 辛巳條, 臺北 : 中央研究院歷史言研究所, 1976, pp.84~86 참조.

12) 실록에는 특히 고공이 歐陽一敬 등의 상소가 徐階에 의해 주도된 것이라고 생각하였기 때문에 이 두 사람의 간극이 더 깊어지게 되었다고 설명하고 있다. 또한 "호응가의 사람됨이 위험하고 남을 비방하기를 좋아할 뿐 아니라, 士論 역시

부정하면서 사직을 청함으로써13) 이 사태는 閣臣을 비롯한 廷臣과 언관들에 이르기까지 일파만파로 확대되고 있었다. 이처럼 내각수보 徐階를 중심으로 하는 가정제의 舊臣 세력과 高拱을 중심으로 하는 융경제의 家臣 세력 간의 갈등으로 확대되고 있는 상황에서, 元年 2월에는 융경제가 특히 자신의 藩邸시절의 講官출신인 高拱·陳以勤·張居正·殷士儋 등을 대학사나 예부 등에 등용함으로써14) 내각을 비롯한 조정에서 자신의 입지를 강화하였다.

이런 가운데 융경 2년(1568)에는 徐階가 초안한 가정제의 遺詔 초안문제로 인해, 徐階와 高拱 두 사람을 중심으로 두 정치 세력은 마침내 전면적으로 충돌하기에 이르렀다. 왜냐하면 가정제의 유조를 초안할 당시서계는 고공의 門生인 張居正과는 상의했으면서도 기타 각신인 李春芳·高拱·郭朴 등과는 상의조차 하지 않은 채 이들을 배제했기 때문이었다. 따라서 次輔였던 이춘방을 제외하고 高拱과 郭朴은 이에 크게 반발하였는데, 특히 郭朴은 서계에 대해 "선제[가정제]를 비방하였으니, 참하여 마땅하다."15)라고까지 극언하면서 정면으로 비난하였다. 그런데 당시 융경제의 즉위 조서에는 가정제의 遺詔에 입각하여 "大禮와 大獄과 관련된 간언으로 인해 처벌된 신하들을 모두 복권시킨다."고 밝힘으로써, "조야는 모두 소리 내어 통곡하며 감격했다."16)라고 할 정도로 이를 환영하는 분위기인데,

---

가볍다."고 평가하였다. 앞의 책, 卷3, 辛巳條, pp.84~86 참조. 한편, 高拱은 歐陽一敬이 자신을 탄핵한 것은 "胡應嘉의 가까운 친구이기 때문"이라며 항변하며 사직을 청하였다. 같은 책, 辛巳條, pp.86~87 ; 같은 책, 壬午條, p.88 참조.

13) 『穆宗實錄』 卷3, 隆慶 元年 正月 甲申條, p.91.

14) 이때 고공은 武英殿大學士에, 陳以勤은 예부상서 겸 文淵閣大學士에, 張居正은 東閣大學士에 기용하는 한편, 殷士儋은 예부우시랑 겸 한림원 학사로 등용하였다. 또한 이들을 제외한 각신인 徐階·李春芳·郭朴 세 사람에게는 은전을 베풀었다. 『穆宗實錄』 卷4, 隆慶 元年 2月 乙未條, p.109.

15) 『明史』(影印本) 卷213, 「徐階傳」, 臺北 : 鼎文書局, 1979, p.3537 ; 王世貞, 앞의 책, 卷6.

16) 王世貞, 위와 같음. 또한 실록에서도 가정제의 유조에 따라 "융경제의 조서를

유독 高拱과 郭朴은 오히려 徐階에 대해, 先帝인 가정제를 비난했다는 이유로 공격하여 양자의 대립은 더 이상 봉합될 수 없을 정도로 전면전의 양상을 띠었다. 이는 특히 선대 가정제의 '대례의'[17]에 대한 인식 차이와 隆慶 '新政'의 실행이라는 근본적인 정국운영 방향뿐만 아니라, 내면적으로는 京察을 둘러싸고 科道官들의 위상과 공론 정치의 수용 여부가 맞물리면서 각 정치 세력 간에 이해관계에 따라 주도권 다툼으로 표출된 것이라 할 수 있겠다. 결국 고공을 비롯한 융경제의 가신 그룹인 신진 세력들의 적극적 공세로 시작된 이 시기 각신 간의 내홍은, 특히 京察을 계기로 科道官 내에서도 歐陽一敬을 중심으로 인사 전횡을 비판하는 고공 반대파[18]와 이에 맞서 高拱을 지지하는 그의 門生인 어사 齊康 등으로 나누어져 양 진영은 혼전을 거듭하였다. 이 과정에서 결국 고공을 공격하는 언관들의 대공세가 지속됨으로써,[19] 마침내 고공은 융경제의 만류에도 불구하고 입각한 지 1년 2개월 만인 융경 원년(1567) 5월에 낙향하게 되었다. 뒤이어 그를 절대적으로 옹호하던 각신 郭朴 또한 수차례에 걸쳐 사직을 요청한

開讀하자 만민의 백성들이 감동하여 소리 내어 울면서 이를 칭송하였다."고 서술하고 있다. 『穆宗實錄』卷22, 隆慶 2年 7月 乙丑條, p.597.

17) 가정 연간의 大禮議와 관련한 정국 현황에 대해서는, 拙稿, 「嘉靖前期(1522~1528) '大禮議' 政局과 經筵」, 『中國史研究』92, 2014.10, pp.207~253 참조.

18) 여기에는 어사 陳聯芳·급사중 辛自修 외에도, 공과급사중 李貞元·남경 이과급사중 岑用賓·광동도어사 李復聘·湖廣 都御史 尹校 등이 있고, 이에 비해 서계를 비판하는 언관으로는 齊康 등이 대표적이다. 이렇듯 언관들 사이에서도 각기 상반되는 의견을 보인 것은 과도관의 정치 세력화가 정국운영 방향 등 이념적인 면에서 각 개인의 실질적인 정치적 입장과 이해관계에 따라 분화되었기 때문이라 하겠다. 이에 대해서는 『穆宗實錄』卷3, 隆慶 元年 正月 辛巳條, pp.84~86 ; 같은 책, 卷7, 隆慶 元年 4월, 庚寅條, p.196 등 참조.

19) 이들의 공세는 약 3개월 동안 10여 차례에 걸친 상소로 이어졌다. 예컨대, 융경 원년 4월의 廣東道御史 李復聘과 工科給事中 李貞元 등이 있다. 『穆宗實錄』卷7, 隆慶 元年 4月 癸巳條, p.200 ; 같은 책, 乙巳條, pp.204~205 참조. 이 밖에도 같은 해 5월에는 "九卿 大臣들과 남경과 북경의 과도관들이 빈번하게 상주하는 경우가 있었는데, 이는 적어도 수십 차례에 달한다."고 저간의 상황을 잘 서술하고 있다. 이에 대해서는 같은 책, 卷8, 隆慶 元年 5月 丁丑條, p.235.

끝에 같은 해 9월에 사임함으로써,[20] 사태는 일단락되었다.[21] 이 시기 각신들의 내홍에서 표면적으로는 일단 裕王府 출신인 신진 세력의 쇠퇴가 나타났다. 그렇지만 또 한편에서는 두 사람의 사직을 계기로, 가정 41년 (1462) 이래 약 6년이라는 오랜 기간 동안 徐階가 수보직을 유지하면서 닦아놓은 그의 세력이 조정에 다수를 점하고 있던 당시의 상황에 대해 불만을 품은[22] 신진 세력의 세력화가 융경제 즉위를 계기로 내면적으로 이루어지고 있었다. 따라서 내각의 갈등은 언제라도 재연될 수 있는 가능성 을 안고 있었다고 하겠다.

때마침 산서(山西)지방에 몽골 부족이 침입함에 따라, 그해 10월 급사중 王治·歐陽一敬 등이 당시 병부상서인 郭乾에 대해 그 책임을 물어 탄핵하였 다.[23] 이를 계기로 융경제는 변방 대비책에 대해 서계를 비롯한 각신들에게 그 방책을 마련하도록 지시함으로써, 변방 문제가 당시 조정의 초미의 관심사로 부각되고 있었다. 이런 상황에서 당시 융경제는 정사를 돌보지 않은 채 유흥만 일삼고 있었다.[24] 이에 따라 서계는 융경 2년(1568) 정월 太廟 제사에 황제가 親臨하지 않고 成國公 朱希忠이 대행하는 것에 반대하는 가 하면,[25] 그해 3월에는 황제가 京營 군관의 호위도 없이 南海子로 행차하는 것에 반대하는[26] 등 사사건건 황제의 심기를 건드리고 있었다. 결국 융경제

---

20) 『穆宗實錄』 卷12, 隆慶 元年 9月 甲戌條, p.340. 곽박이 致仕를 요청하게 된 것은 어사 龐尙鵬이 "그 재주와 기질에 있어서 재상감이 아니다."라며 탄핵한 일과, 고공의 사임이 결정적인 원인으로 작용하였던 것으로 보인다.

21) 『明史』 卷213, 「高拱傳」, p.5639 참조.

22) 徐階는 당시 언관들의 간언을 장악하여 궁궐(조정)의 일 가운데 10중 8~9를 관장하는 동시에, 대부분의 환관들을 그의 측근으로 삼았다. 위의 책, 「徐階傳」, p.5637 참조.

23) 『穆宗實錄』 卷13, 隆慶 元年 10月 乙酉條, p.349.

24) 이는 工部主事 楊時喬가 당시 재해를 계기로 정사의 문제점 세 가지를 간언한 가운데, 제일 먼저 특히 정사를 돌보지 않고 태만한 것을 지적하고 있는 것에서 잘 알 수 있다. 『穆宗實錄』 卷15, 隆慶 元年 12月 戊戌條, pp.413~414 참조.

25) 『穆宗實錄』 卷16, 隆慶 2年 正月 戊午條, p.430.

의 신임이 자신에게서 떠났음을 감지하고 있었던 서계는 융경 2년 2월 자신의 임기가 만료된 것을 계기로 수보직을 고사하였고,[27] 그 이후에도 두 차례에 걸쳐 사직을 요청하였다.[28] 그러나 융경제는 여전히 정사를 돌보지 않은 채 유흥에만 빠져 있었고,[29] 내각에서는 신·구 세력의 갈등이 더욱 심화되고 있었다. 이러한 갈등의 이면에는 경연 시행과 정사 협의, 언로의 개방과 황제의 修德 강조 등 유교적 통치이념을 典範으로 삼아, 융경제의 정사 소홀을 비판하는 舊臣들과 이를 지지하는 언관들의 간언이 끊임없이 비등하는 가운데, 융경제의 藩邸(裕王府) 출신 신진 세력에 의한 공세가 갈등과 대립을 더욱 첨예하게 만들 수밖에 없었다. 이러한 갈등 양상은 급기야는 내관들이 언관을 구타하는 사건이[30] 발생할 정도였다. 이처럼 조정의 기강이 문란하고 정국이 팽팽하게 긴장되는 가운데, 융경 2년 7월 戶科左給事中 張齊는 서계를 또 다시 탄핵하였다. 그 이유는 서계가 가정 연간의 내각수보였던 嚴嵩과 오랜 기간 동안 함께 교유하면서 가정제

---

26) 황제의 南海子 행차를 반대한 것은 서계뿐만 아니라, 이부상서 楊博, 6科都給事中 王治, 13道都御史 郝玭 등도 각기 이번 遊幸을 중단할 것을 상소하였다. 그러나 융경제는 여전히 이를 수용하지 않았다. 『穆宗實錄』 卷18, 隆慶 2年 3月 癸酉條, pp.517~518.

27) 『穆宗實錄』 卷17, 隆慶 2年 2月 丙戌條, pp.467~468. 이에 대해 황제는 비록 만류하면서 은전을 베풀었지만, 이 두 사람 간의 간격은 봉합되기 어려웠던 것으로 보인다.

28) 서계는 융경 2년 4월에도 두 차례에 걸쳐 사직을 요청하였다. 『穆宗實錄』 卷19, 隆慶 2年 4月 丙戌條, p.525 ; 같은 책, 丁酉條, p.532.

29) 이 같은 사실은 남경 호과급사중이 張應治가 융경 2년 7월 당시 자연재해를 방지할 방도 7가지를 상소한 내용 가운데, 첫 번째로 황제가 정사에 힘쓸 것 등을 직언함으로써, 융경제의 심기를 불편하게 한 것에서 잘 알 수 있다. 이에 대해서는 『穆宗實錄』 卷22, 隆慶 2年 7月 乙卯條, p.587.

30) 이는 내관 許義가 칼을 들고 사람들을 위협하여 재물을 빼앗은 일이 발단이 되어, 어사 李學道가 이 사실을 上題하기도 전에 허의를 笞杖으로 다스리자, 이에 불만을 품은 내관 100여 명이 궁궐의 左掖門으로 몰려가 이학도를 구타함으로써 발행한 사건이다. 이에 대해서는 『穆宗實錄』 卷22, 隆慶 2年 7月 丙寅條, p.588 참조.

의 齋醮와 각종 기행에 대해 적극 동조했으면서도 가정제가 사망하자 그의 遺詔를 초안할 때는 갑자기 태도를 바꿔 가정제의 잘못을 거론하는가 하면 엄숭에 대해서도 공격하는 등 신의를 저버리고 不忠하는 이중적 태도를 보였다는 것이다.[31] 이처럼 사태가 자신에게 불리하게 돌아가자 결국 서계는 융경 2년(1568) 7월에 사직함으로써[32] 舊臣 세력은 점차 쇠퇴의 길로 접어들게 되었다. 서계의 사직으로 융경 2년 7월 이후 내각에는 수보인 李春芳과 次輔 陳以勤, 그리고 張居正 등 3인만이 남게 되었다. 이들 가운데 특히 張居正은 그해 8월 時務에서 가장 시급하게 해결해야 할 여섯 가지 내용을 상소하는 동시에, 특히 재정과 변방 정비 등의 개혁을 강력하게 추진할 것을 제안함으로써[33] 가장 적극적인 활약상을 보이고 있었다.

한편 융경 3년(1569) 8월에는 융경제의 藩邸 시절 강관 출신으로서 당시 예부상서인 趙貞吉이 문연각대학사로 입각하게 되었다.[34] 새로 입각

---

31) 『穆宗實錄』卷22, 隆慶 2年 7月 甲子條, p.595. 이에 대해 서계는 탄핵 내용을 일일이 반박하는 長文의 상소를 올렸다. 이는 같은 책, 乙丑條, pp.586~598 참조.

32) 『穆宗實錄』卷22, 隆慶 2年 7月 丙寅條, p.600. 융경제가 서계의 사직 요청을 허락하자, 그 당일에 이부상서 楊博·병부상서 霍冀·형부상서 毛愷 등은 황제에게 이를 만류해야 한다고 상소하였으나, 황제는 묵묵부답으로 대응하였다. 이에 도찰원 左都御史 王廷은 張齊와 그의 부친이 鹽商과 결탁하여 비리를 저지른 사실을 지적하자, 융경제는 錦衣衛에게 이들 부자를 체포하여 심문하도록 하였다. 이 밖에도 6科給事中 鄭大經과 13道御史 郝杰 등이 徐階의 사직을 만류하도록 상소하였으나, 이에 대해 융경제는 여전히 묵살하였다. 『穆宗實錄』卷22, 隆慶 2年 7月 丙寅條, p.601 ; 같은 책, 乙巳條, p.603 참조.

33) 張居正이 상소한 여섯 가지 과제는 省議論, 動見讀, 覈名實, 重詔令, 固邦本, 飭武備 등으로, 이 중에서 특히 나라의 재정과 武備를 튼튼하게 마련하는 것에 중점을 두었다. 이에 대해 융경제 또한 이 상소의 내용이 "時務에 절실할 뿐 아니라, 나라를 도모함이 충성되고 간절하다."고 칭찬하면서, 각 부서에 회람하여 그 결과를 보고하도록 하였다. 『穆宗實錄』卷23, 隆慶 2年 8月 丙午條, pp.625~640.

34) 『穆宗實錄』卷36, 隆慶 3年 8月 壬戌條, p.923. 특히 융경제는 조정길을 문연각대학사로 등용하면서 그가 詹事府도 관장하게 하는 동시에, 당시 해이해진 조정의 기강과 변방 업무에도 힘쓸 것을 특별히 당부하였다.

한 조정길은 자신을 내세우기를 좋아하는 거만한 태도[35]로 인해, 다른 각신들의 반감을 초래하였다. 이들 가운데 특히 조정의 기강과 변방 문제, 재정 방면 등에서 개혁적인 정책을 건의하면서 두각을 나타내고 있던 장거정의 반감을 초래하는 등 내각은 또 다시 갈등과 내분에 쌓이게 되었다. 때마침 같은 해 12월에는 낙향하고 있던 고공이 武英殿大學士 겸 이부상서로 다시 입각하게 됨에[36] 따라, 또 다시 내각의 내분과 갈등을 예고하고 있었다. 더구나 閣臣은 6部의 일에 간여하지 못하도록 한 國初의 典範과는 달리, 고공은 이부상서직을 겸하여 인사권까지 관장함으로써, 당시 관리 인사와 考課는 대부분 그에 의해 좌우되기에 이르렀다. 이에 따라 고공은 고찰을 시행하여 재입각한 이후 수개월 동안 20여 명에 달하는 과도관을 파면 또는 강등 조치하는가 하면, 자신의 門人인 韓楫·程文·宋之韓 등을 기용하여 언로를 장악함으로써 朝野에서 자신의 세력을 확대하고자 하였다. 이에 따라 조정 일각에서는 그의 인사 전횡에 대한 불만이 표출되는 가운데, 융경 4년(1570) 2월에는 都察院 左都御史 王廷이 사직하자[37] 그 후임으로 대학사 조정길이 都察院事를 관장하게 되었다.[38] 이로써 고공과 조정길을 중심으로 두 세력 간에는 인사 고과에 대한 이부의 인사권과 도찰원의 감찰권을 둘러싸고 대립과 갈등이 첨예화될 수밖에 없었다.

---

35) 조정길의 거만한 태도는 입각 시 융경제가 당부한 일에 대해, 융경 3년 8월 23일 경연이 열리는 가운데 황제의 면전에서, "신이 몸을 다 바쳐 이 일에 임하고자 하면, 원한을 불러오는 것을 피하지 못할 것입니다. 엎드려 바라옵건대, 황상과 신이 주장하는 일에 신이 힘을 다할 수 있도록 해 주시옵소서. 그렇지 않으면 신은 이 일들을 감히 책임지고 할 수가 없습니다."라고 한 것에서 잘 엿볼 수 있다. 「乞解輔贊重任疏」, 『趙文肅公文集』(吳仁安, 앞의 논문, p.69 재인용).

36) 『穆宗實錄』 卷40, 隆慶 3年 12月 庚申條, p.994.

37) 왕정은 융경 4년 정월에 사직하였다. 이에 대해서는 『穆宗實錄』 卷41, 隆慶 4年 正月 丁酉條, p.1029.

38) 조정길이 도찰원사를 겸직하게 된 것은 당시 수보인 李春芳이 각 권한의 평형을 고려하여 추천함으로써 이루어졌다. 이에 대해서는 吳仁安, 앞의 논문(上), p.70 참조. 한편, 융경제가 그에게 도찰원사의 겸직을 제수한 것에 대해서는 『穆宗實錄』 卷42, 隆慶 4年 2月 己亥條, p.1033.

때마침 융경 4년 2월에는 5군도독부와는 별개로 團營을 각 변방에 설치하고 軍事에 밝은 인재를 따로 招致하여 이를 지휘하게 하는 한편, 황제가 이를 大閱해야 한다는 張居正의 제안을 둘러싸고, 각신들을 비롯한 조정 대신들 간에는 의견이 분분하였다.[39] 이에 대해 대부분의 각신들은 찬성한 데 비해, 병부상서 霍冀만은 이 방안이 '祖宗之制'에 위배될 뿐 아니라, 자칫하면 당나라 말기의 藩鎭처럼 지방 할거 세력을 초래할 수 있다는 점을 이유로 강력하게 반대하였다. 이에 대해 급사중 楊鎔이 병부상서 霍冀를 탄핵하자, 곽기는 楊鎔이 대학사 趙貞吉과 同鄕이라는 사실을 근거로 조정길의 사주에 따른 것으로 생각하고 신병을 이유로 사직을 요청하였다.[40] 이처럼 융경 3년 8월부터 융경 4년 5월까지 大同을 비롯한 北邊鎭 방어 체제가 현안으로 부각되어 조정이 시끄럽던 차에, 그해 8월 高拱은 종전의 考察 방법이 직무 수행 능력을 엄격하게 검증하지 못했음을 지적하면서, 엄격한 고찰을 실시해야 한다고 건의하였다.[41] 이를 계기로 융경제는 6科給事中과 13道 監察御史 등 언관에 대한 '京察'을 시행하라는 교지를 내렸다. 이에 대해 조정길은 간언 때문에 처벌된 鄭履淳·詹仰庇·李己·陳吾德 등을 예로[42] 들면서, 언관에 대한 京察은 오히려 자유로운 간언을 저해할

---

39) 조정길은 상소에서, "자신이 입각한 [융경 3년 8월]지 며칠 뒤에 大同 일에 대한 공로와 죄를 논하는 한편, 團營의 分合에 대한 논의가 수일 간 있었습니다. 이로써 서로의 잘못을 들춰내며 분란이 일게 되었습니다."라고 함으로써, 장거정이 제안한 단영 설치와 大閱 시행 문제가 융경 3년 8월부터 융경 4년 2월까지 현안이었음을 밝히고 있다. 『穆宗實錄』卷42, 隆慶 4年 2月 戊午條, p.1047.

40) 병부상서 곽기는 자신의 탄핵에 대해, ① 자신이 가정 40년에 호부 좌시랑으로서 薊鎭에 파견되어 군량 보급을 책임지고 있었을 때, 당시 호부 우시랑이었던 조정길은 이에 호응하지 않음으로써 탄핵당한 일이 자신의 소행이라고 의심하였고, ② 장거정이 大閱을 제안했을 때 조정길이 다른 각신들을 부추겨 이를 저지하려고 할 때, 자신은 반대했으며, ③ 조정길이 변방 관리 劉寶·田世威·趙奇 등을 잘못 천거함으로써 방비에 실패한 일을 자신이 질책한 일 등의 이유를 들어, 조정길이 자신에 대해 좋지 않은 감정을 가지고 있었기 때문에 탄핵을 사주했다고 주장하였다. 『穆宗實錄』卷42, 隆慶 4年 2月 辛亥條, pp.1044~1045 참조.

41) 『穆宗實錄』卷48, 隆慶 4年 8月 甲辰條, p.1199.

수 있다는 섬에서 반대하였다. 이로써 대학사 고공과 조정길 간에는 京察을 둘러싸고 또 다시 대립하게 되었다. 이에 대해 융경제는

　　즉위한 지 4년이 되었는데, 과도관은 지금까지 방자하고 조정의 기강을 속이고 어지럽히고 있다. 이들이 간사하여 그 직을 다하지 않으니, 엄격하게 이를 考察하여 그 실상을 자세하게 보고하도록 하라.[43]

고 명함으로써, 科道官의 직언에 대해 그동안 쌓인 자신의 불만을 노골적으로 드러내면서, 고찰의 집행을 명하였던 것이다.[44] 여기에는 융경 4년 9월에는 '大禮議'에 연루되어 처벌받은 刑部主事 唐樞, 이과급사중 王俊民 등을 등극 조서[45]에 따라 복직시키고 이들의 아들에게도 蔭敍의 특전을 베푸는 조치에 대해, 고공은 "君臣의 의리를 저버리는 것(悖君臣之義)", "부자의 은혜를 해치는 일(傷父子之恩)"이라며 반대했는데,[46] 이 역시 융경

---

42) 특히 戶科 都給事中 李己와 급사중 陳吾德 등은 태감 崔民이 年例金으로 백성들에게서 금은보화를 강제로 구매한 일이 융경제의 登極詔書와는 위배된다는 사실을 지적하면서, 이를 중단할 것을 간언한 일로 民으로 黜陟되었다. 이에 대해서는 『穆宗實錄』 卷45, 隆慶 4年 5月 癸酉條, p.1129.

43) 『穆宗實錄』 卷50, 隆慶 4年 10月 丁巳條, p.1261 ; 조정길, 『趙文肅公集』 卷8, 「乞止考察科道疏」.

44) 이처럼 융경제가 언관들의 간언에 분노한 것은 어사 葉夢熊의 변방 일에 대한 상소문이 허튼 소리를 담고 있었다는 이유 때문이었다. 이에 대해서는 조정길의 상소에서 볼 수 있다. 『穆宗實錄』 卷50, 隆慶 4年 10月 丁未條, p.1262.

45) 융경제의 등극 조서에서 대사면 관련 내용은 31개 조항으로 되어 있는데, 그 중에서 첫째 조항의 내용은 "正德 16년 4월부터 가정 45년 12월까지 간언으로 인해 벌을 받은 諸臣들에 대해서는 (가정제의) 遺詔를 받들어 생존자의 경우 이들을 불러 기용하는 한편, 사망자에 대해서는 그 기록을 구제한다."는 것이다. 『穆宗實錄』 卷1, 嘉靖 45年 12月 壬子條, p.11. 등극조서에 대한 내용 분석에 대해서는 趙鐵峰, 「明后期皇帝的卽位詔-從隆慶到崇禎-」, 『史學月刊』 2014年 4期, 2014.5, pp.52~56 참조.

46) 언관들의 복직과 은전 조치에 대한 高拱의 반박 상소는 『穆宗實錄』 卷49, 隆慶 4年 9月 辛未條, pp.1215~1217 참조.

제의 감정을 크게 자극했을 것으로 보인다. 결국 고공은 황제의 황명을 받들어 융경 4년 10월 京察을 시행하였다. 이에 대해 감찰권을 관장하고 있던 대학사 조정길은 당시 고찰의 문제점에 대해, 다음과 같이 지적하면서 반대하였다.

　황상께서 등극하신 이래 과도관의 여러 신하들은 거의 200명에 달합니다. 그 중에는 사심이 없이 맑은 마음으로 은혜에 보답하고 충직함으로 감히 직언하는 선비가 어떻게 없을 수 있겠습니까?……신이 생각하기에는 考察을 시행할 때에 해당 관청[吏部]에서는 황제의 뜻을 받들어 이를 지나치게 시행함으로 인해, 충성스러운 자와 간교한 자를 함께 내쫓을 뿐 아니라, 玉石을 구별하지 않고 모두 불살라 버리고 있습니다. 이로써 장차 언로가 막히게 되고 선비들의 기풍이 사라지고 차단됨으로써, 나라의 안정과 평화로운 복을 해칠까 두렵습니다.[47]

이에 대해 高拱 또한 조정길의 상소에 변명하면서,

　6년마다 행하는 경관에 대한 考察에서는 이부와 도찰원이 함께 하였습니다. 다만 丙辰年 봄에는 대학사 이춘방이 이부의 과도관 고찰을 관장하였는데, 황제의 뜻을 받들어 전담하여 도찰원은 참여하지 않았습니다. 어리석은 신이 생각하기에는, 이목관이 귀하고도 많으니, 마땅히 도찰원과 함께 이 일[고찰]을 하는 것이 좋겠습니다.[48]

라며 절충안을 제시하자 융경제도 이를 허락함으로써, 조정길의 반발을 무마하는 선에서 사태를 종결지으며 고찰이 진행되었다. 그 결과 조정길이 "一網打盡"이라고 극언으로 표현할 만큼, 고공은 약 27명에 달하는 政敵을

---

47) 『穆宗實錄』 卷50, 隆慶 4年 10月 己未條, p.1262.
48) 『穆宗實錄』 卷50, 隆慶 4年 10月 己未條, p.1263.

제거함으로써,[49] 신진 세력이 우위를 점하게 되었다. 여기에서 더 나아가 고공은 자신의 문하생인 吏科給事中 韓楫을 사주하여 조정길이 "京營을 변경하자고 함부로 의견을 제시하여 변란을 자초하였을" 뿐만 아니라, 과도관에 대한 고찰 시에도 "사사로운 분노를 핑계로 이에 참석하지 않고 뜬소문을 만들어 조정을 비난하였다."는 등의 이유로 탄핵하자 마침내 조정길은 사직을 요청하기에 이르렀다.[50] 이로써 고공과 조정길의 갈등은 더 이상 봉합될 수 없을 정도로 최고조에 달하게 되었다. 결국 융경제는 조정길이 격렬한 언사로 고공을 비난하며 자신의 입장을 항변하는 내용의 사직 요청을 허락하면서도, 뒤이어 파직을 요청하는 고공의 요청에 대해서는 "안심하고 업무를 행하라"며 고공의 손을 들어 줌으로써[51] 고공의 승리로 끝나게 되었다.

융경 4년 11월 조정길이 사임하자, 그 후임으로 殷士儋(1522~1582)이 대학사로 입각하였다. 이를 계기로 몽골 추장 알탄 칸(俺答, 1507~1582)에 대한 이른바 '奉貢開市' 문제를 둘러싸고, 융경 5년(1571) 3월부터 내각에서 는 대학사 고공과 은사담을 중심으로 또 한 차례 대립과 갈등을 빚게 되었다. 은사담은 융경제의 藩邸 시절에 高拱과 함께 講官을 담당한 동료였 지만, 오랫동안 승진하지 못하다가 융경 4년(1570) 11월 태감 陳洪의 도움으

---

49) 그 대표적인 인물로는 ① 都給事中(이후 太僕寺少卿으로 승격) 鄭大經·급사중(이후 大理寺少卿으로 遷職) 魏時亮 등 직무에 성실하지 못한 자 9명, ② 右給事中(이후 포정사 右參議로 천직) 王譓 등 행동이 경박한 자 8명, ③ 都給事中(이후 右參議로 천직) 顧弘路 등 재능이 모자란 자 10명 등 모두 27명의 과도관이 파면되거나 강등되었다. 『穆宗實錄』 卷50, 隆慶 4年 10月 壬戌條, p.1265.

50) 조정길에 대한 韓楫의 탄핵 사유와 조정길의 사직 배경에 대해서는, 『穆宗實錄』 卷51, 隆慶 4年 11月 乙酉條, pp.1279~1281 참조. 여기서 특히 조정길은 "고공이 황제의 諭旨를 핑계로 개인적 원한과 분노로 보복함으로써 자신의 위세와 권한을 확장하였다."고 지적하면서, 조정길 자신은 "죽음을 무릅쓰고 이를 陳情하여 그 계략을 저지하고자 하였다."고 항변하였다.

51) 고공의 해명 내용과 이에 대한 융경제의 대답은 『穆宗實錄』 卷51, 隆慶 4年 11月 丁亥條, pp.1283~1285 참조.

로 文淵閣大學士 겸 예부상서로 입각하게 되었다.52) 그가 입각한 지 얼마
지나지 않은 융경 5년(1571) 3월에는 때마침 都給事中 章甫·張國彦과 급사중
宋應昌·張思忠·紀大 등이 북방에 있는 몽골 추장 알탄 칸(俺答, 1507~1582)
에게 공물을 바치도록 하고 이들과 互市를 열자는 이른바 '奉貢開市'를
건의하였다. 이 내용은 당시 총독 王崇古가 올린 것과는 서로 상이하였기
때문에, 융경제는 이를 병부에 회부하여 廷議에서 논의하도록 하였다.
이 논의 과정에서 조정 대신들의 의견은 통합되지 못한 채 분분하였다.
특히 都察院 僉都御史 李棠은 이를 마땅히 허락해야 한다고 강력하게 주장함
에 따라 당시 병부상서 郭乾은 여러 의견을 종합하여 알탄 칸에게 2개월마다
조공하게 하고 互市를 열어줄 것을 황제에게 품의하였다.53) 이에 대해
工科 급사중 劉伯燮은 京營의 大將을 오랫동안 비워 둔 일과 알탄 칸의
조공과 호시 문제를 충분하게 검토하지 않은 채 성급하게 결정한 일을
이유로 삼아 병부상서 郭乾을 탄핵하였다. 이에 따라 郭乾은 사직하기에
이르렀다.54) 이로써 고공은 그 후임으로 楊博을 추천하여 병부 일을 관장하
게 하였다. 이 과정에서 고공과 장거정은 "封貢開市"를 적극 찬성하자
수보인 李春芳 역시 찬성에 소극적이나마 가담하지만, 대학사 은사담만은
반대 의견을 고집하였다. 이렇듯 이 문제에 대한 각신의 의견이 합치되지
않은 상황에서, 그해 4월에는 河東 巡鹽御史 郜永春이 總督 尙書 王崇古의
아우와 이부우시랑 張四維의 아버지가 권력을 이용하여 상인들과 내통함으
로써 이익을 독점했다고 상소하는55) 한편, 남경 6科給事中 王楨 등과 13道御

---

52) 『穆宗實錄』卷51, 隆慶 4年 11月 己丑條, p.1287.
53) 당시 조정의 의견은 대체로, ① 互市 개최와 奉貢에 찬성하는 입장(定國公 徐文璧과
    吏部左侍郎 張四維 등 22명), ② 奉貢과 互市 개최를 모두 다 반대하는 입장(英國公
    張溶과 호부상서 張守直 등 17명), ③ 奉貢은 찬성하지만 호시 개최에 대해서는
    반대하는 입장(공부상서 朱衡 등 5명) 등으로 갈라져 있었다. 『穆宗實錄』卷55,
    隆慶 5年 3月 甲子條, pp.1355~1356 참조.
54) 이에 대해서는, 『穆宗實錄』卷55, 隆慶 5年 3月 丁丑條, p.1368 참조.
55) 『穆宗實錄』卷56, 隆慶 5年 4月 乙未條, p.1380.

史 潘允哲 등이 이들과의 조공과 開市를 폐지할 것을 상소함으로써,[56] 찬성파를 공격하면서 반대 의견을 적극 개진하였다. 이렇듯 알탄 칸의 조공과 호시 허가를 둘러싼 문제는 고공과 장거정을 중심으로 하는 진영과 은사담을 중심으로 하는 진영의 대립으로 나타났는데, 이는 앞선 시기의 내각 파동에서처럼 정치이념과 정책 방향을 명분으로 한 것이라기보다는 주도권을 장악하기 위한 권력투쟁의 성격이 강하다고 하겠다. 결국 내각수보 이춘방이 그해 5月에 사임하자[57] 고공은 그의 뒤를 이어 首輔에 오르게 됨에 따라, 융경제가 사망할 때까지 융경 연간 후반기의 정국은 실제로 고공과 그와 협조하는 張居正에 의해 좌우되었다고 하겠다.

이상에서 살펴본 바와 같이, 융경 연간에 나타난 '내각 파동'은 융경제의 즉위를 계기로, 융경 연간 초기에는 徐階를 중심으로 하는 가정제 이래의 구신 세력과 융경제의 藩邸 시절 講官이었던 高拱을 중심으로 하는 신진 세력 간의 갈등으로 나타났다고 할 수 있다. 그 이면에는 '大禮議'와 가정제에 대한 평가를 둘러싸고 이로 인해 黜陟된 언관들과 諸臣들에 대한 등극조서의 내용과 연계되어 있었다. 이는 곧 새롭게 등극한 융경제를 계기로 신·구 세력의 교체는 물론이고, 그 정책 방향과 지향점에서도 신·구 정권의 계승과 단절 여부를 가늠하는 것이기도 했다. 따라서 徐階 등이 초안한 가정제의 遺詔와 이에 기초한 융경제의 등극조서는 가정 연간의 정치 폐단과 후유증을 청산하고 이를 극복하려는 隆慶 新政의 내용을 일정 부분 담고 있었지만, 이는 오히려 高拱을 중심으로 하는 신진 세력의 정치세력화와 권력 장악과정에서 逆攻의 구실로 이용되는 결과를 초래하였다.

따라서 이 시기 내각 파동은 초기에는 신·구 정치세력의 교체기라는 시대적 상황에서 각 세력이 정치적 명분을 구실로 삼아 전개되었다고

---

56) 『穆宗實錄』 卷56, 隆慶 5年 4月 癸卯條, p.1384.
57) 『穆宗實錄』 卷56, 隆慶 5年 5月 戊寅條, p.1404.

한다면, 이후에 전개된 내각 파동은 각신 개인의 정치적 야망과 세력화, 그리고 자신들의 합리화를 꾀하는 차원에서 이루어진 권력투쟁의 성격이 강하다고 할 수 있겠다. 이런 점에서 이 시기 내각 기능에서 정사 협의를 통한 皇權의 견제라는 전통적 유교주의 이념에 입각한 정치 원리가 작동되는 것을 기대하는 것은 사실상 어려운 일이었다. 이는 곧 명초 이래의 유교주의 이념에 입각한 정치 조직과 정국운영 원리의 붕괴를 의미하는 동시에, 황제 중심에서 내각수보 중심의 정국운영 시스템으로 전환한 것을 의미하는 것이라 하겠다. 이로써 국가 大事나 政事는 내각을 대표하는 수보의 강력한 리더십에 의해 결정되고 수행되었다. 이러한 전제적 권한을 지닌 내각수보의 정국운영 스타일이58) 융경 연간의 특징이라고 하겠다.

III. 經筵 운영과 그 실상

1. 隆慶 年間 前期(즉위년~3년)의 經筵

嘉靖帝가 신경과민일 정도로 裕王을 견제하는59) 가운데, 마침내 융경제가

---

58) 내각의 각신 가운데 특정 인물에 의해 國事가 결정되는 정국운영 형태는 이미 天順 年間 李賢의 경우에서 그 전례를 볼 수 있다. 그러나 당시에는 황제가 포로로 잡힌 '土木堡의 變'이라는 위급상황에서 이루어지고 있었다. 더구나 이 시기에는 내각수보라는 명칭 또한 사용하지 않았다. 따라서 내각수보 정치는 융경 연간에 시작되었다고 볼 수 있다. 이에 대해서는 拙稿, 앞의 논문,『中國史硏究』 61, 2009.8, pp.103~108 참조.

59) 가정제는 도교에 심취하여, "두 마리의 龍은 서로 만나서는 안 된다."는 陶仲文 등 方士들의 말에 현혹되어, 심지어는 후손들조차 자신의 불로장생에도 위협이 된다고 생각하여 황자들을 극도로 경계하였다. 따라서 海瑞를 비롯한 대신들이 요청하는 황태자 책봉을 미루고 있었고, 결국 융경제는 황태자로 책봉되지 못한 채, 황위에 오르게 되었다. 沈德符,『萬曆野獲編』卷2,「聖主命名」, 臺北 : 新興書局, 1983, p.62 ; 韋慶遠,「論隆慶」,『史學集刊』1993 : 2, 1993, pp.18~21 참조.

황제에 즉위하사, 朝野에서는 융경제의 등극 조서에서 밝힌 新政에 대한 기대가 적지 않았다. 왜냐하면 가정 연간에 일어난 '大禮議'는 이에 대한 역사적 평가는 차치하고라도, 당시 찬반을 둘러싼 정치 세력 간의 극심한 갈등과 이로 인한 희생을 수반하였기 때문이다. 이에 더하여 정사를 등한시한 채 道術에 탐닉한 가정제의 기행적 행위는 45년에 걸친 오랜 재위 기간에 더하여 朝野는 말할 것도 없고 백성들까지 廢政 종식을 기대하게 만들었다. 이러한 기대감 속에 등극한 융경제는 등극 조서에서 가정 연간의 폐정을 일소하는 제반 조치를[60] 밝힘으로써, 조야에서는 "통곡하며 기뻐할" 정도로 기대감을 표현하였다. 왜냐하면, 특히 즉위 조서의 제1~3조 내용에서는 가정 연간의 '대례의' 과정에서 간언으로 인해 처벌되거나 희생된 자들의 복직과 복권을 허용하는 것은 물론이고, 가정제의 齋醮 관련 모든 공사를 중단한다고 밝히고 있기 때문이었다. 이는 곧 '大禮議[61]를 통해 정립된 가정 연간의『明倫大典』체제와 이로 대변되는 廢政을 뒤엎는 것인[62] 동시에, 유교적 명분론에 입각한 '祖宗之制'로의 복원을 의미하는 것이었다. 이러한 분위기 속에 융경 원년(1567)에는 閣臣과의 정사 협의,[63] 처벌된 언관의 복직,[64] 大臣들과의 빈번한 面議와 治道 강론 시행과 간언

---

60) 31개 조항으로 이루어진 등극조서의 주요 내용은 ① 가정 연간의 政令을 변경하는 것, ② 새로운 황제 즉위 시에 이루어지는 推恩과 대사면, ③ 吏治의 정비 등이었다. 이 가운데 특히 가정 연간 '大禮議'와 관련하여 黜陟된 사람들에 대한 복직조치와 사면은 이로 인해 피해를 입거나 불만을 가졌던 조야의 관원 및 사대부들에게 큰 환영을 받았다고 하겠다. 이에 대해서는 趙軼峰, 앞의 논문, pp.52~61 참조.

61) 가정 연간 '大禮議'의 배경과 당시의 정국에 대해서는 拙稿,「嘉靖前期(1522~1528) '大禮議' 政局과 經筵」,『中國史硏究』92집, 2014.10, pp.207~253 참조.

62) 일부 연구에서는 "가정 정치에 대한 일정 정도의 반동"이라고 규정하였다. 趙克生,『明朝嘉靖時期國家祭禮改制硏究』, 北京：社會科學文獻出版社, 2006 ; 田澍,『嘉靖革新研究』, 北京：中國社會科學出版社, 2002 참조.

63) 대표적인 예로, 吏科都給事中 胡應嘉는 그의 상소에서, 朝會가 끝나면 반드시 3~4명의 輔臣들을 수시로 文華殿으로 불러 주요 정사를 협의하여 황제가 직접 裁可할 것과 이때 諫官도 참여하게 할 것을 건의하였다.『穆宗實錄』卷2, 隆慶 元年 春正月 辛酉條, pp.30~31 참조.

수용65) 등을 요청하는 상소가 이어졌다. 이들의 상소 내용은 주로 유교주의 이념에 따른 朝廷과 정국운영 방안을 제시한 것으로, 특히 閣臣과의 원활한 정사 협의와 황제의 親裁, 언로 개방과 공론 반영 등 閣臣을 비롯한 廷臣들의 적극적인 정사 협의와 황제 독주에 대한 견제를 통해 王道를 실현하려는 황제 중심의 국가 운영 시스템이었다. 이러한 유교적 정치 이상 실현의 연장선상에서, 특히 황제의 도덕 수양과 治道의 학습, 대신들과의 面議를 통한 정사 협의의 장으로서 경연의 중요성이 강조되는 것은 당연한 귀결이 라 하겠다.

이에 따라 융경 원년(1567) 3월 당시 내각수보였던 徐階는 '經筵儀禮'를 요청하면서, 가정제의 장례도 끝났기 때문에 이때야말로 경연을 시작하기 에 적기임을 강조하였다.

예부터 제왕들은 강학을 으뜸가는 일로 여기지 않은 적이 없습니다. 우리 列聖朝께서는 달마다 경연을 열고 날마다 강론에 임하시어, 국가의 大事를 학습하는 의식을 특별히 거창하게 거행하였습니다. 이로써 聖德을 이루고 治道를 밝게 강론하는 것은 대개 다 이것에서 비롯되었습니다.……이 제 [가정제의] 葬事도 마치고 [太廟에] 신주를 모시는 일도 완성되었으니, 바로 경연과 일강을 시작하기에 적합한 때입니다.66)

융경제는 이러한 徐階의 요청에 따라 경연과 일강 개최 날짜를 택일할

---

64) 당시 吏部에서는 등극조서에 따라 대례의 등과 연관되어 처벌된 사람들에 대한 조사를 마치고, 간언과 관련된 자 33명에 대한 복직을 요청하였다. 『穆宗實錄』 卷2, 隆慶 元年 春正月 壬戌條, pp.31~32 참조.

65) 治道의 講論과 간언 수용을 강조하는 상소는 이부좌시랑 陳以勤의 상소에서 보인다. 『穆宗實錄』 卷2, 隆慶 元年 春正月 壬戌條, pp.31~32 참조. 이 밖에도 융경 원년 4월에는 江南都御史 陳聯芳이 대신들과의 召對를 강조하는 상소를 올리기도 했다. 『穆宗實錄』 卷7, 隆慶 元年 4月 丙戌朔條, pp.189~190.

66) 『穆宗實錄』 卷6, 隆慶 元年 3月 庚辰條, p.179.

것을 예부에 명함으로써[67] 마침내 예부에서는 그해 4월 22일부터 경연을 개최한다는 사실과 경연과 일강의 절차와 의례 등을 담은 융경 연간의 「經筵儀注」를 올리게 되었다.[68] 이로부터 며칠 뒤에는 또한 경연관을 임명함으로써[69] 4월 22일에 개최될 경연에 대한 준비 작업이 이루어지게 되었다. 이로써 이 시기의 경연은 융경 원년 4월 22일에 처음으로 열리게 되었다. 그러나 실록의 관련 기사에는 경연이 파한 뒤에 會極門에서 연회를 베푸는 동시에, 여기에 배석한 執事官에게 白金寶鈔와 綵緞을 차등적으로 하사했다고만 기술하고 있을 뿐이다.[70] 따라서 경연 교재나 경연 운영 등에 대한 구체상에 대해서는 알 수 없을 뿐만 아니라, 또한 「경연의주」에서 밝힌 日講에 대해서는 언급이 없어서 그 개최 여부를 정확하게 판단할 수가 없다. 다만 경연이 개최되기 얼마 전에도 예부상서 高儀 등이 내각 輔臣을 비롯한 조정 대신과의 召對를 강조하는가 하면, 경연을 시작한 이후에도 일강을 개최하여 조정 대신들과 정사를 논의해야 한다는 상소의 내용으로[71]볼 때, 경연 개최 당시에는 일강이 곧바로 시행되지 않았던 것으로 판단된다. 어쨌든 4월 22일에 열리기 시작한 경연은 그나마도

---

67) 『穆宗實錄』卷6, 隆慶 元年 3月 乙酉條, p.186.

68) 이때의 「경연의주」의 내용은 명초 경연의주를 담은 『大明會典』과 동일하였다. 『穆宗實錄』卷7, 隆慶 元年 4月 丁亥條, pp.191~193.

69) 이때 知經筵事에는 成國公 朱希忠과 이부상서 겸 建極殿대학사 徐階를, 同知經筵事에는 吏部尙書 겸 武英殿大學士 李春芳·郭朴과 예부상서 겸 무영전대학사 高拱·예부상서 겸 문연각대학사 陳以勤·이부좌시랑 겸 東閣大學士 張居正을 임명하였다. 그리고 경연관으로는 이부좌시랑 겸 한림원 학사 趙貞吉·이부우시랑 겸 한림원 학사 林樹聲·예부좌시랑 겸 한림원 학사 潘晟·예부우시랑 겸 한림원 학사 殷士儋·국자감좨주 林燫·右春坊 右諭德 겸 한림원 侍讀 呂調陽·한림원 시독 呂旻·王希烈·修撰 諸大綬·丁士美·編修 孫鋌·張四維·林士章·陳棟充 등이었다. 이 중에서 서계·이춘방·곽박·고공·진이근·장거정·반성·은사담·제대수·장사유 등은 매일 배석하여 강독하도록 하였다. 『穆宗實錄』卷7, 隆慶 元年 4月 癸巳條, pp.98~100.

70) 『穆宗實錄』卷7, 隆慶 元年 4月 丁未條, p.212.

71) 高儀의 상소 내용은 『穆宗實錄』卷7, 隆慶 元年 4月 丙子條, pp.209~212 참조. 특히 이에 대해 융경제는 상소 내용에 대해서는 옳다고 했지만, 이미 잠자리에 드는 시간에 상소를 보고 받았기 때문에 시행하지 않는다고 하고 있다.

약 한 달 뒤인 5월 21일에 더위를 핑계로 경연과 일강 모두를 중단하였다.[72] 더구나 이때는 신·구 황제의 교체 시기와 맞물려 내각의 내홍이 점화되기 시작한 시기였다. 특히 가정제의 遺詔를 둘러싸고, 구신 세력을 대표하는 徐階와 신진 세력을 대변하는 대학사 高拱 간에 불거진 갈등이 考察을 계기로 신구 세력의 대립으로 첨예화되는 동시에, 융경제 또한 정사를 등한시하고 있던 상황에서,[73] 경연을 儀禮대로 엄격하게 시행한다는 것은 기대하기 어려웠다고 하겠다.

이를 반영하듯 그해 6월 禮科給事中 何起鳴과 戶科給事中 張鹵등은 상소를 통해 경연과 일강을 중단하는 것은 곧 閣臣과의 面議를 통해 정사를 협의하는 것을 중단하는 것으로, 이는 聖治를 융성하게 하고 '新政'을 밝히는 것이 아니라고 지적하면서,

> 비록 한여름에는 경연을 잠시 중단하는 것은 마땅히 先朝의 사례에 따른다고 하더라도, 여전히 일강에는 참석하여 軍國 대사를 輔臣들과 面議하여 처결하는 동시에, 또한 6卿 과도관을 召見하여 政務를 자문하여야 합니다.[74]

라 하였다. 이로써 이들 언관들은 先朝의 사례에 따라 설사 경연을 잠시 중단한다고 하더라도 일강은 충실하게 시행하여 廷臣이나 과도관을 불러 수시로 정사를 논의하는 것이 융경제의 新政을 펴는 방안임을 강조하였던 것이다. 다시 말해서 경연 시행은 유교주의 이념의 이상인 제왕학을 학습하는 동시에, 가정제와는 구별되는 융경 연간의 新政을 상징하는 것으로 이해하고 있음을 잘 반영하고 있다고 할 수 있다. 그러나 융경제는 이에

---

72) 『穆宗實錄』 卷8, 隆慶 元年 5月 乙亥條, p.235.
73) 융경제가 당시 후궁 비빈들과 어울려 유흥에 빠지는 등 好色에만 탐닉하고 있었던 사실에 대해서는 兵部侍郎 鄧洪震이 올린 상소에서 잘 볼 수 있다. 『穆宗實錄』 卷9, 隆慶 元年 6月 壬辰條, p.245.
74) 『穆宗實錄』 卷9, 隆慶 元年 6月 癸巳條, p.246.

대해 가부 간의 批答조차 하지 않은 채 묵묵부답으로 일관하였다.

　결국 더위를 핑계로 경연이 중단된 채, 그해 8월 11일에는 일강이 문화전에서 열림으로써, 「경연의주」에서 명시한 일강이 처음으로 개최되기 시작하였고,75) 그 다음날인 8월 12일에는 경연이 열렸다.76) 그런데 일강의 경우는 8월 이후에도 지속적으로 열렸는지는 확실하지 않지만, 그 해 10월 초4일에 일강을 마친 후에 융경제가 대학사 徐階에게 石州가 함락된 이유를 언급하면서 변방 일에 관심을 보였다는 실록의 기사를77) 통해 볼 때, 일강은 적어도 10월 초까지는 간헐적이나마 명맥은 유지되었던 것으로 보인다. 이처럼 경연과 일강이 지지부진하게 열리는 가운데, 다음날에는 날씨가 점차 추워진 것을 핑계로 융경제는 경연을 또 다시 중단하도록 명하였다. 이에 내각수보 徐階 등 각신들과 6科給事中 魏時亮을 비롯하여 13道御史 王好問 등은 경연을 중단하기에는 날씨가 그리 추운 것이 아니라며,

　　"先朝에서 경연과 일강을 잠시 중단하는 일은 각기 그 사례가 있습니다. 弘治 元年에는 12월 15일에 일강을 중단하였고, 嘉靖 원년에는 11월 25일 경연 강론을 중단하였습니다. 그런데 오늘날의 날씨를 보면 아직은 嚴寒이 아니기 때문에 이전의 날씨로 미루어 비교해 볼 때, 너무 이른 것 같습니다." 라고 하였다. 이에 6科給事中 魏時亮 등과 13道御史 王好問 등도 상소하여 각신들과 같은 말로 이를 요청하였다.78)

---

75) 『穆宗實錄』卷11, 隆慶 元年 8月 癸巳條, p.304에서, "황제가 처음으로 文華殿 나가 일강에 참석했다."고 한 것으로 보아, 일강은 이때 처음으로 열렸던 것이 확실하다고 하겠다.

76) 『穆宗實錄』卷11, 隆慶 元年 8月 甲午條, p.305.

77) 『穆宗實錄』卷13, 隆慶 元年 10月 乙酉條, p.348.

78) 『穆宗實錄』卷13, 隆慶 元年 10月 丁亥條, p.351.

라고 경연 중단의 이유가 적합하지 않음을 지적하였지만 융경제는 이들의 요청을 받아들이지 않았다. 이상의 내용으로 볼 때, 융경 원년의 春講은 4월 22일에 시작한 이래 불과 한 달 만에 마감하였고, 秋講의 경우도 8월 12일에 시작하여 10월 초5일에 이를 중단함으로써, 약 두 달 동안 시행되었다고 할 수 있겠다. 한편, 일강의 경우는 경연이 열린 4월 이후에도 시행되지 않다가 8월에서야 비로소 시작하였을 뿐 아니라, 그나마도 10월 4일의 기록을 제외하고는 그 이후로는 관련 기록이 없는 것으로 볼 때, 8월 초부터 10월 초까지 약 두 달 동안 있었던 것으로 보인다. 그런데 이 시기는 신·구 황제의 교체기인 동시에, 내각의 내분이 심각하게 전개되고 있었던 사실을 감안해 보면, 그나마도 이 기간 동안 경연과 일강이 지속적으로 열릴 수 있었는지는 의문시된다고 하겠다.

이러한 정황은 융경 2년(1568) 정월 吏科給事中 石星이 올린 아래의 상소 내용에서 잘 알 수 있다.

우리 명 왕조의 선조들은 경연과 일강을 매년 2월에 시작하였습니다. 이는 대체로 봄의 기운이 조화로울 때는 배움을 닦기에 쉽기 때문입니다. 그런데 오늘날 경연은 비록 여러 차례에 걸쳐 언관들이 경연을 시행할 것을 청하였지만, (황제가) 이를 흔쾌하게 허락하는 것을 보지 못했습니다.……엎드려 바라옵건대, 폐하께서는 학문에 힘쓰는 것을 시급한 일로 삼아 앞으로는 경연을 때에 맞게 거행함으로써, 聖學이 날마다 光明하도록 하십시오.……또한 先帝께서는 비록 視朝는 하지 않으셨지만, 나라의 기강을 엄격하게 진작하였고,……운명하시면서 남긴 조서에서 朝講의 전례를 오랫동안 폐하였으니 이 또한 후회된다고 하였습니다.……엎드려 바라옵건대, 폐하께서는 이후로는 날마다 視朝하시고 민정을 두루 살펴 萬機를 모두 관장하시면, 비단 깨끗하고 밝은 정기를 지닐 수 있을 뿐만 아니라, 자신의 사사로움도 곧바로 파악할 수 있을 것입니다.[79]

이와 같이 石星이 융경제가 視朝와 朝講을 오래 폐지한 것에 대해 직설적으로 비판하자, 융경제는 크게 노하며 "惡言으로 황세를 무례하게 비방했다."며 그를 廷杖 60대에 처하고 민으로 폐하였다.

이렇듯 조야의 불만이 들끓는 가운데, 융경 2년(1568) 정월 융경제는 吏部右侍郎 겸 한림원 학사 林燫을 일강관으로, 국자감 좨주 王希烈과 한림원 편수 王錫爵을 경연 강관으로 임명하였다.[80] 이어서 2월 12일에는 경연을 개최함으로써,[81] 융경 2년의 경연 춘강이 열리기 시작하였다. 그러나 이때의 춘강도 약 3개월 지난 그해 5월 22일에 마감하였다.[82] 그런데 이에 대한 관련 기록 또한 "경연이 열렸다."고만 짧게 언급하고 있기 때문에, 강론 교재나 강론 내용과 講官 등에 대한 구체적인 내용을 잘 알 수가 없다. 게다가 이 이후의 秋講에 대해서도 관련 기록이 없는 것으로 보아, 추강은 아예 열리지 않았던 것으로 판단된다. 이는 그해 7월 太僕寺少卿 夏栻이 6事를 진언한 가운데, 朝講의 학습을 충실하게 할 것을 건의하면서, "황제가 친히 결단하여 講筵을 하고 난 뒤에는 마땅히 대신들을 불러 治道을 자문하는 동시에, 또한 간관을 수시로 들게 하여 여러 가지 일을 규정대로 아뢰도록 해야 한다."[83]라고 한 데에서도 잘 알 수 있다.

한편, 융경 3년(1569) 시기의 경연 관련 기록은 다른 시기에 비해 조금 더 많지만, 그 내용이 매우 소략하면서도 그나마 散在해 있을 뿐이다. 이에 따르면, 융경 3년의 경연은 2월 12일에 열렸고[84] 그 다음날에는 일강이 열림으로써[85] 춘강이 시작되었고, 석 달 뒤인 5월 22일에 이를

---

79) 『穆宗實錄』 卷16, 隆慶 2年 正月 己卯條, pp.452~457 참조.

80) 『穆宗實錄』 卷16, 隆慶 2年 正月 己卯條, pp.452~455.

81) 『穆宗實錄』 卷17, 隆慶 2年 2月 壬辰條, p.480.

82) 『穆宗實錄』 卷20, 隆慶 2年 5月 辛未條, p.560.

83) 『穆宗實錄』 卷22, 隆慶 2年 7月 乙丑條, p.599.

84) 『穆宗實錄』 卷29, 隆慶 3年 2月 丙戌條, p.763.

85) 『穆宗實錄』 卷29, 隆慶 3年 2月 丁亥條, p.763.

마감하였다.[86] 더구나 당시에는 앞서 언급한 바와 같이 내각 파동으로 인해 각신들은 합심하여 정사를 돌보기보다는 자신의 안위에만 급급하여 줄지어 사직을 요청함으로써,[87] 내각의 공백을 초래하였다. 게다가 융경제 또한 여러 언관들의 지적에도 불구하고 여전히 정사를 등한시함으로써, 당시의 조정은 실제로 마비 상태에 이르렀다고 할 수 있다. 이런 상황에서 설사 경연이 열렸다고 하더라도 대신들과의 원만한 정사 협의를 기대하기란 어려웠다고 하겠다. 이는 융경 3년 윤6월 남경 이부상서 吳黴이 올린 상소에서 閣臣과의 召對, 조정 대신과의 輪對, 직언 수용 등을 통해 정사를 협의하도록 건의한 것에서도 잘 알 수 있다.[88] 이렇게 大臣과의 召對 요청이 비등하는 가운데, 추강은 8월 9일에 일강을 시작으로,[89] 며칠 뒤인 12일에는 경연이 열리게 되었다.[90] 그리고 8월 25일에는 이부우시랑 겸 한림원 학사 呂調陽을 일강관으로 충원한 사실로[91] 볼 때, 이때의 秋講은 단지 형식에 불과한 형태로나마 간헐적으로 시행되었던 것으로 추정된다.

---

86) 『穆宗實錄』 卷32, 隆慶 3年 5月 乙丑條, p.852.

87) 이에 대해 융경 2년 9월 吏科都給事中 鄭大經은 당시 융경제를 보필하는 輔臣과 6卿경들은 先帝이래의 사람들로서, 서로 합심하기는커녕 백성이 곤궁하고 재정이 고갈되는 등 어려운 상황에서도 다투어 사직을 청하여 자신의 편의만을 구하고 있다고 지적하였다. 『穆宗實錄』 卷24, 隆慶 2年 9月 甲子條, p.658 참조. 한편 그 예로는 융경 3년 정월에는 京官에 대한 고찰이 단행됨으로써, 이부상서 楊博과 좌시랑 王本固, 도찰원 左都御史 王廷이 사직을 요청하였고, 이어서 내각에서도 고공을 제외한 대학사 李春芳·陳以勤·張居正 등도 스스로 사직을 요청하였다. 이 밖에도 조정 대신들도 사직을 요청하였다. 『穆宗實錄』 卷28, 隆慶 3年 正月 戊寅條, p.752 ; 같은 책, 辛巳條, p.756 ; 같은 책, 乙酉條, pp.762~763 등 참조.

88) 『穆宗實錄』 卷34, 隆慶 3年 潤6月 乙巳條, pp.874~876.

89) 『穆宗實錄』 卷36, 隆慶 3年 8月 庚戌條.

90) 『穆宗實錄』 卷36, 隆慶 3年 8月 乙丑條, p.916.

91) 『穆宗實錄』 卷36, 隆慶 3年 8月 丙寅條.

2. 隆慶 年間 後期(융경 4년 이후)의 경연

융경 연간의 후기는 융경 3년 12월 낙향하고 있던 高拱의 재입각으로 내각과 정국이 새로운 국면을 맞이하게 되었다. 왜냐하면 재 입각한 고공은 특히 이부상서직을 겸직함으로써 인사권을 장악하는 한편, 科道官을 비롯한 관리에 대한 京察을 시행함으로써, 반대 세력을 제거하고 정국의 주도권을 장악하게 되었기 때문이다. 이로써 내각과 정국은 융경제를 비호하는 신진 세력에 의해 좌우되기에 이르렀다. 이에 더하여 융경제는 자신을 비판하는 언관들의 간언에 대해 강경한 입장을 보임으로써,[92] 등극조서에서 밝힌 유교주의 이념의 황제상과 新政의 지향성과 방향에서 크게 벗어나고 있었다. 이렇듯 융경제의 정사 소홀과 이탈 행위가 더 이상 견제될 수 없는 지경에 이르고, 여기에 더하여 그를 비호하는 高拱이 재입각하여 정국 주도권을 장악하고 있는 상황에서, 융경 4년(1570)부터 내각은 또 다시 내분을 예고하고 있었다. 즉 융경 4년 2월에는 대학사 조정길이 都察院을 관장하여 감찰권을 장악하게 됨에 따라, 인사권을 휘두르며 전횡하고 있는 高拱과 이를 견제하려는 조정길 간에는 개인이 사활이 걸린 권력 투쟁이 노정될 수밖에 없었다. 이처럼 내각이 어지러운 상황에서, 융경 4년 정월 24일에는 右春坊 右諭德 丁士美를 일강관으로,[93] 4일 뒤인 28일에는 司經局 洗馬 겸 國子監 司業 馬自强을 경연관으로 충원하는 한편, 2월 9일에는 일강을 개최하였지만,[94] 12일에 예정된 경연은 風雨로 말미암

---

92) 이는 尙寶司 司丞 鄭履淳은 융경제가 大臣들과 召對하여 정사를 논의하거나 간언을 수용하지 않고 오로지 미색과 진귀한 보석을 탐한다고 지적하면서, 이를 삼가하여 정사에 힘써야 한다고 상소하자, 융경제는 크게 노하여 그가 "陳言을 빌어 조정을 함부로 농락한 것"이라면서 廷杖 100대에 처하고 형부의 옥에 가두었다. 『穆宗實錄』 卷40, 隆慶 3年 12月, 乙丑條, pp.1001~1002 참조.

93) 『穆宗實錄』 卷41, 隆慶 4年 正月, 壬辰條, p.1027.

94) 『穆宗實錄』 卷42, 隆慶 4年 2月, 丁未條, p.1038.

아 중단되고 말았다. 이로써 융경 4년의 춘강은 5월 22일에 종결함으로써, 이때의 춘강 역시 아주 의례적인 형태로 시행되고 있었다. 이에 대해 융경 4년 3월 刑科給事中 查鐸이 상소에서,

　　근자에 2월 9일에 일강을 열고, 12일에 경연에 참석하신다는 황제의 諭旨를 받들었습니다. 그런데 그[경연] 날에 때마침 風雨로 인해 이를 중단하였습니다. 이어서 두 번째의 유지가 있었지만 다른 연유로 중단하였습니다.……오늘날에는 강관이 진강하는 것을 다 마칠 때까지 輔臣들은 숨을 죽이고 좌우에 배석하여 있고, 황제는 엄숙하게 임하고 근엄한 모습으로 물러납니다. 따라서 이는 마치 황제 자신이 이에 [경연 참석을] 애쓰는 것을 과시하는 것일 뿐이고, 여기서 깨달아서 얻을 수 있는 것이 없는 것 같으니, 이는 단지 옛날의 전례에 불과하다고 생각하여 종전의 방식에 따라 시행하는 것일 뿐이었습니다.95)

라며, 당시의 경연과 일강은 단지 황제가 典禮에 따라 이를 시행하고 있음을 보여주기 위한 의례적인 행위에 불과했다는 사실을 날카롭게 지적하였다. 특히 융경 4년 2월부터 4월까지는 고공과 장거정이 제안한 大同 등 변경 지역에 團營을 설치하는 문제가 조정의 현안으로 대두되어 각신 趙貞吉과 병부상서 霍冀를 비롯하여 廷臣들 간의 내분이 泥田鬪狗식으로 전개되고 있는 상황에서, 경연과 일강이 당초의 취지대로 시행된다는 것은 거의 불가능했다. 이러한 상황에서 융경 4년 8월 18일 일강이 열림으로써96) 秋講이 시작되었지만, 그 이후로는 이에 대한 기록이 전무한 것으로 미루어 볼 때 추강 역시 형식에 불과한 상태로 시행되었거나 거의 지속되지 않았던 것으로 판단된다.

---

95) 『穆宗實錄』 卷43, 隆慶 4年 3月, 辛未條, pp.1075~1076.
96) 『穆宗實錄』 卷48, 隆慶 4年 8月, 癸卯條,

대학사 소정길의 사직으로 융경 4년 11월에는 예부상서 겸 한림원 학사인 殷士儋이[97] 입각함에 따라, 내각은 또 다시 융경 5년(1571)부터 몽골 추장 알탄 칸의 '奉貢開市' 문제를 둘러싸고 고공과 은사담을 중심으로 찬반 양 진영으로 갈라져 대립하게 되었다. 또 다시 조정이 분쟁의 소용돌이에 휘말리는 가운데, 융경 5년(1571)의 춘강이 2월 7일 문화전에서 일강이 열렸고,[98] 또한 한 달 뒤인 3월 8일에도 같은 장소에서 일강이 열렸다.[99] 그런데 3월 8일의 일강이 끝나자, 융경제가 대학사 李春芳을 불러 알탄 칸이 요청한 '奉貢開市' 문제에 대한 廷議의 논의 결과를 묻는 등 廷臣과의 面對가 있었던 것이 주목된다. 왜냐하면 융경 연간에 이루어진 일강에서 대신과의 面議를 통한 정사 협의가 이루어진 사례가 처음으로 보이기 때문이다. 그만큼 이 문제는 당시 시급하게 해결해야 할 국가적 현안인 동시에, 내각 파동에서 나타나는 각 정치 세력 간의 이해관계가 걸린 문제이기도 했다. 어쨌든 이 이후로 융경제는 대신들과의 召對를 거의 하지 않았던 것으로 보이는데, 이는 같은 해 3월 예과급사중 張國彦이 올린 상소에서, "황상께서 등극하신 이래, 각종 전장과 정사가 빛났다고 할 수 있지만, 유독 召對 이 부분만은 여전히 시행하지 않고 있습니다."[100]라고 지적한 것에서도 잘 알 수 있다. 이와 같은 사실로 볼 때, 융경 5년의 춘강은 경연에 대한 기록이 없는 것으로 보아 사실상 경연은 열리지 않은 채, 일강만 이전과 마찬가지로 아주 형식적이고 간헐적으로 시행되었을 것으로 보인다. 그나마도 그해 5월 12일에 경연과 일강을 마감함에 따라, 刑科給事中 鄭懋儒가 "여름에는 궁중에서 경전과 史書를 취하여 일정을 정하여 성심껏 읽음으로써 聖學을 빛나게 하십시오."라고 요청하기도 하였

---

97) 『穆宗實錄』 卷51, 隆慶 4年 11月, 己丑條.
98) 『穆宗實錄』 卷54, 隆慶 5年 2月, 己亥條, p.1331.
99) 『穆宗實錄』 卷55, 隆慶 5年 3月 己巳條, p.1358.
100) 『穆宗實錄』 卷55, 隆慶 5年 3月 乙酉條, p.1370.

지만, 이에 대해 융경제는 아무런 批答없이 묵살하였다.101)

융경 5년 경연과 일강 개최와 관련하여 주목되는 것은 경연과 관련된 기록이 없이, 유독 춘강을 마감한 기록에서만 "경연과 일강을 마감하였다." 고 함으로써 경연과 일강을 함께 취급하고 있다는 점이다. 더구나 그해 7월 18일에는 "경연과 일강을 열었다."102)고 함으로써, 융경 5년의 경연은 주로 일강만을 중심으로 아주 간헐적으로 개최했다가 이를 경연 의례에 준하여 5월에 중단하는 동시에, 다시 춘강의 경연 의례와는 달리 다시 7월 18일에 개최했던 것으로 보아, 여기서 기록된 경연과 일강은 실제로 일강을 의미한다고 할 수 있겠다. 그럼에도 불구하고 춘강에서 일강이 종료되고 추강의 일강이 시작하는 부분에서만 경연이라는 명칭을 일강과 함께 기록한 것은 경연 의례를 준수하고 있음을 보여주기 위해 사용한 상투어인 동시에, 그 해 2월 2일에 거행된 동궁의 經史 講讀 의례와103) 다음해 3월부터 시행될 경사 강독을 다분히 의식한 것이라고 할 수 있겠 다.104) 그나마도 이 이후로는 융경 5년 10월 左春坊 左中允 겸 한림원 편수 申時行을 左諭德 겸 한림원 侍讀으로 승진시켜 日講官으로 충원했다는 것이 경연과 관련한 유일한 기록이고, 경연 또는 일강의 開閉 관련 기록은 보이지 않는다. 그러므로 이를 종합해 볼 때, 융경 5년의 경연은 주로 일강을 중심으로 매우 간헐적으로 열렸고, 그것도 추강의 경우는 7월 18일에 시작하여 늦어도 일강관이 충원된 10월까지만 시행된 것으로 추정 된다. 따라서 제왕학과 정사 협의라는 경연의 본래 취지를 준수하기 보다는

---

101) 『穆宗實錄』 卷57, 隆慶 5年 5月 壬申條, p.1402.
102) 『穆宗實錄』 卷59, 隆慶 5年 7月 丁丑條, p.1444.
103) 東宮의 경사강독은 융경 5년 정월 대학사 이춘방 등이 건의한 것을 계기로, 융경제는 2월 2일부터 시행하도록 하라고 명하였다. 『穆宗實錄』 卷53, 隆慶 5年 正月 庚寅條, pp.1324~1325 참조.
104) 朱鴻林은 이를 그 다음해(융경 6년) 3월 出閣하여 강독하기로 한 것과 관련이 있다."라고만 지적하고 있다. 朱鴻林, 앞의 논문, p.141.

祖宗의 典禮를 의례적인 형태로 따르는 정도에 그침으로써, 유교주의 이념에 입각한 경연의 기능은 실제가 없는 형식으로 전락하고, 황실의 경사 강론은 동궁에게만 적용되었다고 하겠다.

IV. 결론

이상에서 살펴본 바와 같이, 융경 연간의 경연은 각신들 간의 갈등과 대립이 각 정치 세력의 이해관계에 따라 권력 투쟁의 양상으로 전개된 '내각 파동(閣潮)'을 빈번하게 거치면서, 國初에 제정된 경연의 당초 취지와 목적을 실현할 수 없었다. 여기에는 융경제가 정사를 돌보지 않은 채 逸樂에만 탐닉하고 있었던 황제 개인의 문제점과 함께, 이로 인해 야기되는 내각 중심의 정국운영, 그리고 내각의 권한, 그 중에서 특히 내각수보의 권한이 지나치게 비대해진 조정 운영 시스템상의 문제가 그 원인으로 작용했기 때문이라 하겠다. 이렇듯 융경 연간에는 황제의 리더십이 발휘되지 못하는 공백 상태에서, 정국운영의 권한은 자연히 내각에 집중될 수밖에 없었다. 더구나 융경 연간에는 閣臣이 6부의 상서직을 겸직할 수 있었을 뿐만 아니라, 閣臣 사이에서도 首輔-次輔-群輔 등으로 엄격하게 서열화됨으로써, 각자의 권한과 이해 관계에 따라 권력 투쟁이 그 어느 때보다 빈번하게 일어났는데, 이것이 바로 융경 연간의 '내각 파동'으로 표출되었다고 하겠다. 따라서 이 시기 경연 또한 이러한 정국 및 그 조정 시스템과 밀접하게 연관되어 운영될 수밖에 없었다.

융경제가 새로운 황제로 등극하면서 밝힌 등극조서에는 가정 遺詔에 입각하여 가정 연간의 폐정을 일정 정도 극복하는 방안이 담겨져 있었다. 그 가운데 특히 '大禮議'에서 처벌되거나 희생된 사람들의 복직과 복권을 조치함으로써, '新政'에 대한 朝野의 기대에 부응하는 것으로, 이는 곧 유교주의 이념에 따른 '祖宗之制'의 정치 복원을 의미하는 것이기도 했다. 따라서 특히 구신들과 언관을 중심으로, 유교적 황제 체제의 통치이념에서 중요시되는 제왕학의 학습장인 경연을 강조하는 것은 당연한 일이라 하겠다. 이에 따라 등극조서 조치의 기반이 된 가정제의 遺詔를 초안한 내각수보 徐階의 요청으로 경연 의례가 제정됨에 따라, 융경 원년 4월 22일에 처음으로 경연이 열리게 되었다. 그러나 새로운 황제 융경제의 등극을 계기로 신·구 정치세력의 교체가 불가피한 상황과 맞물려 일어난 내각의 갈등과 내분은 내각수보 서계를 중심으로 하는 舊臣 세력과 융경제의 潛邸시절 강관 출신인 高拱을 비롯한 신진 세력의 양보할 수 없는 대립과 투쟁으로 나타나게 되었다. 이로써 서계를 중심으로 이를 지지하는 언관들로 대표되는 구신 세력을 중심으로 유교주의 이념에 따른 정치 체제의 복원과 가정제의 폐단 청산이라는 隆慶 '新政'의 정책방향과 이상은 등극조서를 통해 구체화될 수 있었지만, 이는 오히려 융경제를 옹호하는 고공 등의 친위 세력에게 공격 빌미가 되었다. 이에 따라 특히 가정 연간의 '大禮議'와 관련하여 처벌되거나 희생된 사람들의 복직과 복권을 밝힌 등극조서의 첫 부분의 내용에 대해, 父皇인 가정제를 부정하는 불효이자 반인륜적 행위라고 매도하면서, 신진 세력의 본격적인 공격과 정치 세력 교체가 지속되는 가운데, 내각의 내홍은 끊임없이 지속되었다. 융경 연간에 지속된 내각의 내홍은 전반기에는 주로 '대례의'의 연장선상에서 가정 연간 정치의 인정 여부를 둘러싼 명분과 인사를 둘러싸고 전개되었다고 한다면, 후반기의 내홍은 주로 각신 내의 권력 투쟁의 성격으로 전개되었다고 할 수 있겠다. 이 과정에서 융경제는 결국 자신을 옹호하는 신진 정치 세력의 손을 들어줌으로써, 등극조서에서 밝힌 '新政'의 이상과 정책 방향을 포기하기에 이르렀다.

따라서 유교적 이념에 입각한 제왕학으로서 경연 또한 그 기능을 발휘하지 못한 채, 내각의 극심한 내홍이 겹치면서, 비정상적이고도 의례에 불과한 형대로 시행되었다고 하겠다. 이는 경연의 시행 여부와 그 운영 실상조차 확인할 수 없을 정도로 실록에서 관련 기록이 소략한 것에서도 잘 알 수 있다. 이에 따라 융경 원년의 춘강에서는 4월 22일 경연을 시작하여 의례적인 형태로 지속되었지만, 일강의 경우는 춘강 시기에는 시행되지 않았다가 추강 시기 직전인 8월에 비로소 시행되기 시작하였다. 그나마도 융경 2년에는 2월 12일에 경연을 시작하다가 5월 22일에 마감하였고, 일강은 열리지 않았던 것으로 파악된다. 한편 융경 3년에는 다른 때보다 경연 관련 기사가 비교적 적지 않게 보이지만, 이 당시 경연의 춘강과 추강, 그리고 일강 역시 아주 의례에 불과한 형태로 간헐적으로 시행되었을 것으로 보인다. 이처럼 전반기인 융경제의 즉위 이후 융경 3년까지는 유교적 이념에 입각한 황제의 聖學 완성이라는 기본 원칙과 틀에서, 경연(월강)과 일강은 의례에 불과한 형태로 간헐적으로 시행되고 있었다고 하겠다.

그러나 융경 3년 12월 고공의 재입각을 계기로 정국운영의 주도권이 융경제의 친위 세력에 의해 장악되면서, 언관을 비롯한 비판 세력이 기대하는 유교적 이념에 따른 '祖宗之制'의 복원은 황제와 이를 옹호하는 신진 세력에 의해 좌절되었다고 할 수 있다. 게다가 융경 4년 이후 후반기 정국은 주로 高拱와 張居正을 중심으로 하는 융경제 친위 세력에 의해 주도되는 상황에서, 내각의 내분과 갈등 또한 정치적 이념이나 명분, 정책방향을 둘러싸고 전개되었다기보다는 다분히 권력 투쟁적 성격을 띠고 있었다. 이는 곧 황제를 중심으로 하는 정국운영 시스템의 붕괴인 동시에, 내각수보를 비롯한 내각 중심의 정국운영 시스템으로 변화하는 것을 의미하는 것이라 하겠다. 따라서 이 시기에 있어서 경연은 儀禮的 명분조차 그 의미를 상실할 수밖에 없었다고 하겠다. 이로써 융경 연간 후반기에는 경연과 일강조차 명확하게 구분되지 않은 채, 당시의 필요와 상황에 따라 황제가 이를 보여주기 위한 상징적 행위로서 시행되거나, 심지어는 실제가 아닌 기록으로만 존재했을 가능성 또한 배제하기 어렵다고 할 수 있다.

　이로써 볼 때, 명대의 경연제도는 天順 연간을 시작으로 成化·弘治·正德·嘉靖 연간을 거치면서 '祖宗之制'가 형해화 되기 시작한 명대 경연제도가 융경 연간, 특히 그 후반기에 이르러서는 유교적 이념에 입각한 제왕학의 학습과 정사 협의라는 기능과 그 의미조차 근본적으로 붕괴되었음을 의미한다고 하겠다.

참고문헌

| 사료 |

『明實錄』(影印本), 臺北：中央研究院歷史語言研究所, 1976.
『明史』(影印本), 臺北：鼎文書局, 1980.
『明通鑑』, 北京：中華書局, 1959.

高拱, 『高拱全集』, 北京：中州古籍出版社, 2006.
高陽, 『明朝的皇帝』 上冊, 臺北：學生書局, 1997.
顧炎武, 『日知錄』.
谷應泰, 『明史紀事本末』, 臺北：華世出版社, 1976.
谷應泰, 『明史紀事本末』, 北京：中華書局, 1977.
郭厚安, 『弘治皇帝大傳』, 北京：中國社會出版社, 2008.
鄧球, 『皇明泳化類編』(影印本), 臺北：國風出版社, 1965.
馬端臨, 『文獻通考』, 北京：中華書局.
傅維鱗, 『明書』(影印本) 3冊, 臺北：華正出版社, 1974.
孫承澤, 『春明夢餘錄』(影印本), 臺北：大立出版社, 1980.
沈德符, 『萬曆野獲編』, 臺北：新興書局, 1983.
余繼登, 『典故紀聞』(影印本), 北京：中華書局, 1997.
葉盛, 『水東日記』.
王世貞, 『嘉靖以來首輔傳』(四庫全書本).
王世貞, 『弇山堂別集』, 臺北：學生書局, 1965.
尹守衡, 『明史竊』(影印本) 1冊, 臺北：華世出版社, 1978.
尹守衡, 『明會要』(影印本) 上冊, 臺北：世界書局, 1972.
李東陽·申時行, 『大明會典』(影印本), 臺北：新文豊出版社, 1976.
張萱, 『西園見聞錄』(影印本), 哈佛燕京學社, 1930.
張萱, 『皇明經世文編』.

趙翼, 『二十二史箚記』(影印本) 下冊, 臺北 : 世界書局, 1974.

趙貞吉, 「乞止考察科道疏」, 『趙文肅公集』(四庫全書本) 卷8.

朱國禎, 『大政記』.

陳子龍·徐孚遠 等編, 『皇明經世文編』, 臺北 : 台聯國風出版社, 1968.

夏燮, 『明通鑑』(影印本), 北京 : 中華書局, 1980.

胡凡, 「淸除武宗弊政」, 『嘉靖傳』, 北京 : 人民出版社, 2004.

黃佐, 『翰林記』.

| 단행본 |

權重達, 『中國近世思想史硏究』, 서울 : 중앙대 출판부, 1998.

申採湜, 『宋代官僚制硏究』, 서울 : 三英社, 1982.

吳晗, 박원호 역, 『주원장전』, 서울 : 지식산업사, 2003.

왕징룬, 이영옥 역, 『중국의 황태자 교육』, 서울 : 김영사, 2007.

尹貞粉, 『中國近世經世思想硏究』, 서울 : 혜안, 2002.

全淳東, 『明王朝成立史硏究』, 개신사(충북대 출판사), 2000.

차혜원, 『저울 위의 목민관』, 서울 : 서강대출판부, 2010.

吳廷燮, 『明督撫年表』, 北京 : 中華書局, 1982.

吳緝華, 『明代政治制度』, 臺北 : 學生書局, 1971.

吳緝華, 『明代制度史論叢』, 臺北 : 學生書局, 1971.

王天有, 『明代國家機構硏究』, 北京 : 北京大學出版社, 1992.

韋慶遠, 『隆慶皇帝大傳』, 遼寧 : 敎育出版社, 1997.

李洵, 『正德皇帝大傳』, 北京 : 中國社會科學出版社, 2008.

張治安, 『明代政治制度硏究』, 臺北 : 聯經出版社, 1992.

張治安, 『明代政治制度』, 臺北 : 聯經出版社, 1993.

田澍, 『嘉靖革新硏究』, 北京 : 中國社會科學出版社, 2002.

趙克生, 『明朝嘉靖時期國家祭禮改制硏究』, 北京 : 社會科學文獻出版社, 2006.

晁中辰, 『明成祖傳』, 北京 : 人民出版社, 1993.

陳梧棟, 『朱元璋硏究』, 天津 : 人民出版社, 1993.

胡吉勛, 『"大禮議"與明廷人事變局』, 社會科學文獻出版社, 2007.

黃訓, 『皇明名臣經濟錄』, 臺北 : 學海出版社.

檀上寬, 『明朝專制支配の史的構造』, 東京 : 汲古書院, 1995.

檀上寬, 『明の太祖 朱元璋』, 東京 : 白帝社, 1994.

森正夫, 『明代江南土地制度の硏究』, 東京 : 同朋舍, 1988.

新宮學,『北京遷都の研究』, 東京：汲古書院, 2004.

曹永祿,『明代政治史研究－科道官の言官的機能』, 渡昌弘(日譯), 東京：汲古書院, 2003.

阪倉篤秀,『明王朝中央統治機構の研究』, 東京：汲古書院, 2000.

John W. Dardess, "*The Che-tong Confucian Elite and the Idea of World-Salvation*," Confucianism and Autocracy, Berkeley Los Angeles London, University of California Press, 1983.

Farmer, Edward L., "*Early Ming Government : The Evolution of Dual Capitals*," Harvard University Press, 1976.

| 논문 |

權延雄,「世宗代의 經筵과 儒學」,『世宗朝文化研究』1, 한국정신문화연구원, 1982.

權延雄,「朝鮮 英祖代의 經筵」,『東亞研究』17, 1989.

權延雄,「宋代의 經筵」,『東亞史의 比較研究』, 서울：一潮閣, 1987.

權延雄,「高麗時代의 經筵」,『慶北史學』6, 1983.

權延雄,「朝鮮 成宗朝의 經筵」,『韓國文化의 諸問題』, 國際文化財團, 1981.

權延雄,「燕山朝의 經筵과 士禍」,『黃鐘東教授停年紀念史學論叢』, 1994.

權延雄,「朝鮮 中宗代의 經筵」,『吉玄益教授停年紀念史學論叢』, 1996.

南智大,「朝鮮初期의 經筵制度」,『韓國史論』6, 1980.

尹貞粉,「大學衍義補研究－15世紀 中國經世思想의 한 分析－」, 연세대 박사학위논문, 1992.

尹貞粉,「明初 경연제도의 배경과 그 특징－朱元璋의 經史 강론과 군주권 강화를 중심으로－」,『明清史研究』25집, 2006.

尹貞粉,「永樂帝(1403~1424)의 經筵 운영과 그 특징－북경 천도 추진과 관련하여－」,『中國史研究』49집, 2007.

尹貞粉,「宣德年間(1426~1435)의 經史 강론과 그 특징－宣德 初 현안문제와 宣德帝의 정국운영과 관련하여－」,『中國史研究』57집, 2008.

尹貞粉,「正統·天順年間의 經史 講論과 정국운영－經筵의 제도화와 내각제 운영과 관련하여－」,『中國史研究』61집, 2009.

尹貞粉,「成化 年間(1465~1487)의 經筵과 정국운영－내각제의 쇠퇴와 科道官體系의 성립과 관련하여－」,『明清史研究』34집, 2010.

尹貞粉,「弘治 年間(1488~1505)의 경연제도와 정국운영－내각제의 복원과 공론 정치와 관련하여－」,『中國史研究』73집, 2011.

尹貞粉,「正德年間(1506~1521)의 정국운영과 경연」,『中國史研究』85집, 2013.

尹貞粉,「嘉靖前期(1522~1528) '大禮議' 政局과 經筵」,『中國史研究』92집, 2014.

尹貞粉, 「嘉靖年間 '大禮議'의 연구동향과 몇 가지 의문점 재검토−특히 국내 연구를 중심으로−」, 『中國史研究』 97집, 2015.

李慶龍, 「명초 金華학파의 華夷論 형성과 邊境 인식」, 『明淸史研究』 24집, 2005.

이원택, 「정치 포럼으로서의 經筵과 유교지식인의 정체성−효종대의 『心經』강의를 중심으로−」, 『동서양의 군주교육과 정치−동양의 經筵과 서양의 PAIDEIA』, 연세대 국학연구원·한국정치평론학회 2011 공동심포지움 발표집, 2011.4.22.

李泰鎭, 「朝鮮王朝의 儒敎政治와 王權」, 『東亞史上의 王權』, 서울 : 한울아카데미, 1993.

鄭在薰, 「明宗·宣祖年間의 經筵」, 『朝鮮時代史學報』 10, 1999.

曺永祿, 「明 正德朝의 亂政과 言官의 집단적 대응」, 『東國史學』 19·20집, 1986.

曺永祿, 「明代 科道官體系의 형성과 政治的 機能에 관한 연구」, 서울대 박사학위논문, 1987.

曺永祿, 「嘉靖初 政治對立과 科道官」, 『東洋史學研究』 21집, 1985.

郭麗淸, 「元順帝·明成祖身世之謎」, 『紫禁城』, 2006年 5期, 2006.

霍愛玲, 「"大禮議"事件的政治意義與嘉靖前期的政治局勢」, 『史學集刊』 2013年 4期, 2013.

萬明, 「明代兩京制度的形成及其確立」, 『中國史研究』 1993年 1期, 1993.

文亭, 「東控滄海興華夏北撫衆邦貫古今−記明王朝定都北京及前後」, 『建城檔案』 2001年 3期, 2001.

傅顯達, 「明代翰林院之研究」, 臺灣國立政治大學 公共行政研究所 碩士學位論文, 1978.

孫大江, 「明代的內閣」, 『玉溪師轉學報』(社科版), 1995.5.

岳天雷, 「由保守到改革−明代隆慶政局的走向」, 『廣西社會科學』, 2009年 6期, 2009.

吳仁安, 「張居正與明代中後期的隆慶內閣述論(上)」, 『江南大學學報』 11卷 6期, 2012.

吳仁安, 「張居正與明代中後期的隆慶內閣述論(下)」, 『江南大學學報』 12卷 1期, 2013.

吳銳, 「論"大禮議"的核心問題及其影響」, 『明史研究』 13輯, 1991.

吳晗, 「明成祖生母考」, 『淸華學報』, 1935.

楊業進, 「明代經筵制度與內閣」, 『故宮博物院院刊』, 1990.

楊杭軍, 「評永樂帝的五次北征」, 『河南師範大學學報』 22卷 2期, 哲學社會科學版, 1995.

楊希哲, 「論明代皇權與皇位繼承」, 『吉林大學社會科學學報』 1992年 4期, 1992.

吳琦·唐金英, 「明代翰林院的政治功能」, 『華中師範大學學報』 45卷 1期, 人文社會科學版, 2006.

虞萬里, 「有關『永樂大典』幾個問題的辨證」, 『史林』 2003年 6期, 2003.

韋慶遠, 「論隆慶」, 『史學集刊』 1993年 2期, 1993.

劉萍, 「論隆慶帝及其時代」, 山東大學 碩士學位論文, 2009.

李大鳴, 「萬曆皇帝的一張'課表'」, 『紫禁城』, 2005.

林延淸, 「仁宗張皇后與明初政治」, 『史學月刊』 2003年 8期, 2003.

林延清,「蔣太后與大禮議」,『史學集刊』2008年 5期, 2008.

張德信,「明成祖遷都述論」,『江海學刊』1991年 3期, 1991.

張英聘,「略述明代的經筵日講官」,『邢台師專學報』(綜合版) 1995年 4期, 1995.

張宏杰,「權力的奧秘：朱棣研究」,『社會科學論壇』2005年 1期, 2005.

張俊普,「明初皇儲教育的體系建構」,『華中師範大學歷史文化學院』2003年 5期, 2003.

蔣贊初·張彬,「明代"兩京"建城時的歷史地理背景與布局方面的比較研究」,『大同高專學報』
　　10卷 1期, 1996.

張治安,「明代廷推之研究」,『臺灣國立政治大學學報』29輯, 1974.

田澍,「八十年代以來明代政治中樞模式研究述評」,『政治學研究』2005年 1期, 2005.

田澍,「明代內閣的政治功能及其轉化」,『西北師大學報(社會科學版)』31卷 1期, 1994.

田澍,「張璁與大禮議－大禮議新解－」,『社會科學戰線』2012年 9期, 2012.

田澍,「大禮議與楊廷和閣權的畸變－明代閣權個案研究之一」,『西北師大學報(社會科學
　　版)』37卷 1期, 2000.

程方·楊繼枝,「明代皇權與中央雙軌輔政體制述評」,『聊城大學學報』(社會科學版), 2006年
　　3期, 2006.

趙玉田,「明代的國家建制與皇儲教育」,『東北師範大學報(哲學社會科學版)』2001-4.

趙全鵬,「明代宗藩對社會經濟的影響」,『河南師範大學學報(哲學社會科學版)』21卷5期,
　　1994.

趙中男,「論朱瞻基的歷史地位」,『求索』, 2004.11.

趙中男,「朱棣與朱高熾的關係及其社會政治影響」,『湖南科技學報』26卷 3期, 2005.3.

晁中辰,「建文帝"遜國"新證」,『安徽史學』1995卷 1期, 1995.

晁中辰,「"仁宣之治"還是"永宣之治"」,『山東大學學報』(哲學社會科學版), 2003.

趙鐵峰,「明后期皇帝的卽位詔－從隆慶到崇禎－」,『史學月刊』2014年 4期, 2014.

朱鴻,「理論型的經世之學－眞德秀大學衍義的用意及其著作背景」,『食貨月刊』1985年 3
　　期, 1985.

朱鴻林,「高拱與明穆宗的經筵講讀初探」,『中國史研究』2009年 1期, 2009.

陳志剛,「論明代中央政府權力結構的演變」,『江海學刊』2006年2期, 2006.

胡凡,「立儲之爭與明代政治」,『西南師範大學學報(哲學社會科學版)』1997年 4期, 1997.

谷光隆,「明代銓政史研究」,『東洋史研究』23-2, 1964.

檀上寬,「初期明帝國體制論」,『岩波講座 世界歷史』, 東京：岩波書店, 1997.

藤高裕久,「永樂朝の皇儲問題をめぐる一考察」,『史滴』, 1997.

山根幸夫,「元末の反亂と明朝支配の確立」,『岩波講座 世界歷史』12, 東京：岩波書店,
　　1971.

山根幸夫,「元明末の反亂と明朝支配の確立」,『岩波講座 世界歷史』13, 東京：岩波書店,

1969.

山根幸夫,「宦官と農民」,『中國史』, 東京：山川出版社, 1999.

山本隆義,「明代の內閣」,『明代政治制度の研究－內閣制度の起原と發展－』(再版本), 京都：同朋舍, 1985.

小林一美,「朱元璋の恐怖政治－中華帝國の政治構成に寄せて」,『山根幸夫敎授退休記念明代史論叢』上卷, 東京：汲古書院, 1990.

櫻井俊郎,「隆慶後期に見る專制要求」,『人文學』22집, 大阪府立大學, 2004.

野口哲郎,「初期朱元璋集團の性格」,『橫濱國立大學　人文紀要』.

王瑞來,「總說」,『宋代の皇帝權力と士大夫政治』, 東京：汲古書院, 2001.

中山八郎,「明の嘉靖帝の大禮問題の發端」,『明淸史論集叢』, 東京：汲古書院, 1995.

中山八郎,「再び嘉靖帝の大禮問題の發端に就いて」,『明淸史論集叢』, 東京：汲古書院, 1995.

출전

「明代 經筵制度와 政局運營의 추이－洪武(1368~1398)~弘治年間(1488~1505)를 중심으로」, 『中國史研究』 75집, 2011.12, pp.113~141.

「明初 經筵制度의 배경과 그 특징－朱元璋의 經史 강론과 군주권 강화를 중심으로」, 『明清史研究』 25집, 2006.4, pp.1~27.

「永樂帝(1403~1422)의 經筵 운영과 그 특징－북경 천도 추진과 관련하여－」, 『中國史研究』 49집, 2007.8.

「선덕 연간(1426~1435)의 경사강론과 그 특징－선덕 초 현안문제와 정국운영과 관련하여－」, 『中國史研究』 57집, 2008.12, pp.247~273.

「正統·天順 年間의 經史 講論과 정국운영－經筵의 제도화와 내각제 운영과 관련하여」, 『中國史研究』 61집, 2009.9, pp.83~112.

「成化 年間(1465~1487)의 經筵과 정국운영－내각제 쇠퇴와 科道官體系의 성립과 관련하여－」, 『明清史研究』 34집, 2010.10, pp.1~30.

「弘治 年間(1488~1505)의 경연제도와 정국운영－내각제의 복원과 공론 정치와 관련하여－」, 『中國史研究』 73집, 2011.8, pp.117~148.

「正德 年間(1506~1521)의 정국운영과 經筵」, 『中國史研究』 85집, 2013.8, pp.72~100.

「嘉靖 前期(1522~1528) '大禮議'政局과 經筵」, 『中國史研究』 92집, 2014.10, pp.207~255.

「융경 연간(隆慶年間)(1567~1572)의 정국운영과 경연(經筵)－'내각파동(각조(閣潮))'과 관련하여－」, 『中國史研究』 105집, 2016.12, pp.119~154.

고 윤정분(尹貞粉) 교수님 연보

1952.2.3.(음)   경북 예천 출생

1973.2.   숙명여고 졸업

1977.2.   연세대학교 사학과 졸업

1982.6.   國立臺灣大學校 歷史學硏究所 졸업

                                 석사학위논문 :「明代軍屯之硏究」(지도교수 : 徐泓)

1992.8.   연세대학교 대학원 사학과 졸업

                                 박사학위논문 :『大學衍義補 硏究』(지도교수 : 황원구)

2017.12.31.   영면

| 교학 |

1983.1.~1984.1.   한성대학교 시간강사

1983.12.~1984.12.   원광대학교 시간강사

1984.1.~1987.1.   덕성여자대학교 전임강사

1987.1.~1994.1.   덕성여자대학교 조교수

1994.1.~2002.2.   덕성여자대학교 부교수

2002.3.~2017.12.31. 덕성여자대학교 교수

1989.1.1.~1989.12.31. 사학과 학과장

1992.1.1.~1992.12.31. 사학과 학과장

1994.7.1.~1999.6.30. 사학과 학과장

2004.3.1.~2005.2.28. 사학전공 전공주임교수

2009.3.1.~2010.2.28.　사학과 학과장

1996.7.1.~1998.4.9.　인문과학대학 학장
1996.7.1.~1998.7.8.　인문과학연구소 연구소장
2000.7.1.~2001.3.12.　덕성여자대학교 종합개혁발전처 처장
2007.3.19.~2008.3.31.　덕성여자대학교 커리어개발센터 커리어개발센터장
2007.3.19.~2009.2.28.　덕성여자대학교 종합인력개발원 종합인력개발원장

| 학회활동 |
한국동양사학회·명청사학회·중국학회·중국사학회 회원
2006.11.~2008.11.　　명청사학회 회장
2016.12.~2017.12.　　중국사학회 부회장
2017.12.　　　　　　중국사학회 회장 선임

| 연구성과 |

1. 저서
(1) 『中國 近世 經世思想 硏究 : 丘濬의 經世書를 중심으로』, 혜안, 2002.8.
(2) 『한국 여성사 연구 70년』, 한국학중앙연구원, 2017.6(공저).

2. 역서
(1) 趙岡, 陳鐘毅(著), 『中國土地制度史』, 대광문화사, 1985.2.
(2) 李德彬(著), 『中華人民共和國經濟史, 1945~1989』1, 교보문고, 1989.11
(공역).
(3) 李德彬(著), 『中華人民共和國經濟史, 1945~1989』2, 교보문고, 1989.11
(공역).

3. 논문

(1) 「明代軍屯之硏究」, 국립대만대학 역사학연구소 석사학위논문, 1982.6.

(2) 「明代軍屯制硏究」, 『동방학지』 39, 1983.11.

(3) 「明代 軍戶制와 衛所制에 대하여」, 『동방학지』 43, 1984.9.

(4) 「明初 타집법(垜集法)에 대한 考察」, 『덕성여대논문집』 16, 1987.7.

(5) 「15세기 관료층의 국가관-『大學衍義補』의 '正朝廷'편을 중심으로-」, 『덕성여대논문집』 19, 1990.8.

(6) 「『대학연의보』의 저술 배경과 국가간의 한 유형-「정조편」을 중심으로-」, 『덕성여대논문집』 20, 1991.2.

(7) 「大學衍義補的理論體系及其特點」(中文), 『漢學硏究』 第十卷 第一期, 臺灣漢學硏究中心, 1992.6.

(8) 『大學衍義補硏究-15世紀 中國經世思想의 한 分析-』, 연세대학교 대학원 문학박사 학위논문, 1992.6.

(9) 「丘濬의 經世思想과 그 구체상-『大學衍義補』의 理財論 분석을 중심으로-」, 『동아시아의 人間像』, 황원구교수정년기념논총, 혜안, 1995.6.

(10) 「시스템이론에 의한 중국사 분석-중국 봉건사회의 '정체(停滯)' 원인과 관련하여-」, 『인문과학연구』 1, 덕성여대 인문과학연구소, 1995.11.

(11) 「신해혁명기 중국의 무정부주의 사조의 유입과 변용」, 『인문과학연구』 3, 덕성여대 인문과학연구소, 1996.12.

(12) 「丘濬의 『世史正綱』에 대한 고찰」, 『中國史硏究』 6, 1999.6.

(13) 「대학연의보의 조선전래와 그 수용」(상), 『中國史硏究』 14, 2001.8.

(14) 「대학연의보의 조선전래와 그 수용」(하), 『中國史硏究』 17, 2002.2.

(15) 「朝鮮(中·後期)的儒敎政治和『大學衍義補』」, 『明淸史硏究』 20(明淸史學會 創立二十周年紀念國際學術大會 特輯號), 2004.2.

(16) 「『世史政綱』과 經世」, 『韓國史學史學報』 9, 2004.3.

(17) 「明淸시기(16~17세기) 문인문화와 소비문화의 형성」, 『明淸史硏究』 23, 2005.4.

(18) 「『大學衍義補』와 正祖의 개혁정치」, 『崔韶子敎授정년퇴임논총』, 서해문집, 2005.8.

(19) 「明初 經筵制度의 배경과 그 특징-朱元璋의 經史 강론과 군주권 강화를

중심으로-」,『明淸史硏究』25, 2006.4.

(20) 「永樂帝(1403~1422)의 經筵 운영과 그 특징-북경 친도 추진과 관련하여-」,
『中國史硏究』49, 2007.8.

(21) 「宣德年間(1426~1435)의 經史講論과 그 특징-宣德 初 현안문제와 정국운
영과 관련하여-」,『中國史硏究』57, 2008.12.

(22) 「韓國明史硏究的現況」,『明代硏究』,臺灣 : 臺北 中國明代史硏究學會,
2009.6.

(23) 「正統·天順年間의 經史 講論과 정국운영-經筵의 제도화와 내각제 운영과
관련하여-」,『中國史硏究』61, 2009.8.

(24) 「도봉서원과 조선후기 '정신문화공동체'」,『인문과학연구』13, 덕성여대
인문과학연구소, 2010.2.

(25) 「成化年間(1465~1487)의 經筵과 정국운영-내각제의 쇠퇴와 科道官體系
의 성립과 관련하여-」,『明淸史硏究』34, 2010.10.

(26) 「弘治年間(1488~1505)의 경연제도와 정국운영-내각제의 복원과 공론
정치와 관련하여-」,『中國史硏究』73, 2011.8.

(27) 「明代 經筵制度와 政局運營의 추이-洪武(1368~1398)~弘治年間(1488~
1505)를 중심으로-」,『中國史硏究』75, 2011.12.

(28) 「20세기 초 중국 선구적 글로벌 여성리더 쏭메이링」,『여성의 역사를
찾아서』(東昭李培鎔교수정년기념논총), 나남, 2012.3.

(29) 「正德年間(1506~1521)의 정국 운영과 經筵」,『中國史硏究』85, 2013.8.

(30) 「嘉靖前期(1522~1528) '大禮議' 政局과 經筵」,『中國史硏究』92, 2014.10.

(31) 「嘉靖年間 '大禮議'의 연구동향과 몇 가지 의문점 재검토-특히 국내 연구
를 중심으로-」,『中國史硏究』97, 2015.8.

(32) 「융경연간(隆慶年間)(1567~1572)의 정국 운영과 경연(經筵)-'내각 파동
(각조(閣潮))'과 관련하여-」,『中國史硏究』105, 2016.

(33) 「嘉靖年間 '大禮議'에 대한 재 고찰」,『中國史硏究』112, 2018.2.

4. 서평, 참가기 등
(1) 「李紀祥 著,『明末淸初儒學之發展』臺北, 文津出版社, 1992」,『명청사연구』
3, 1994.

(2)「명청사연구회 제4회 夏季硏討會 참가기」,『명청사연구』 4, 1995.

5. 학회발표

(1)「大學衍義補的理論體系及其特點」, 臺灣漢學硏究中心, 1992.6.1.
(2)「明代 經筵제도와 정국운영 추이」, 연세대학교국학연구원·한국정치평론
　　학회 2011 공동 심포지엄, 2011.4.22.

6. 번역사업

(1)『大學衍義補』 번역(2015.4~2017.12, 한국연구재단)

연구실 문 앞에 붙어있는 수업 시간표를 보고 노크를 합니다. 그러면 힘 있고 낮은 "네"를 들을 수 있었습니다. 문을 열면 방금 그 목소리와는 정말 다른 환하게 웃고 계신 선생님을 뵐 수 있었습니다. 컴퓨터 키보드에 손을 얹고 계시거나, 뭔가 적고 계신 듯 볼펜을 한 손에 쥐고 계신 모습으로 돌아보셨기에 늘 바쁘시다는 것을 알 수 있었습니다. 하지만 찾아온 이가 행여 미안한 마음을 가질까 차 한 잔을 권하시며 반갑게 맞아주시던 선생님. 그런 선생님께서 항상 그 자리에 계실 것이라 생각했는데 이렇게 빨리 선생님을 그리워하는 글을 쓰게 될 줄은 몰랐습니다.

선생님께서는 1983년부터 1년간 원광대에서 학생들과 만나셨다고 하셨습니다. 그 당시 학생들과는 '동지'의 느낌으로 열정적인 일을 하셨다 추억하셨고, '동지'들은 30년이 지난 후 선생님 생신에 한달음에 달려와 함께 한 1년이 그저 그런 1년이 아니라 특별한 1년이었다는 것을 덕성여대 졸업생들에게 보여주었습니다. 선생님과 함께 한 1년이 그럴진대 1984년부터 2017년까지 무려 33년을 함께한 덕성여대 졸업생에게는 어땠을까요. 선생님께서는 진정한 스승이셨습니다.

매년 개설되는 같은 과목명의 수업이지만 단 한 번도 수업 내용이 똑같았던 적이 없었습니다. 덕분에 선배들의 노트를 물려받는다거나 하는 당시의 대학가 풍속은 통하지 않았습니다. 뿐만 아니라 많은 수강생들 중에 묻혀 조용히 지내면서 '선생님께서는 내 이름을 모르실거야'라고 생각하던 학생에게는 어느 날 갑자기 이름을 부르며 질문하시기도 하셨고, 선풍기를 틀어놓고 시험지를 날려 채점한다는 믿지 못할 소문이 떠돌던 시대에도 언제나 빨간색으로 첨삭이 가득하게 된 리포트와 시험지를 돌려주셨습니다. 이제는 대학에서 학생들을 가르치게 된 당시의 학생들이 각 학교에서 '듣고 싶은 수업' 목록에 이름을 올리는 것은 이러한 선생님의 가르침 덕분일 것입니다.

4월 19일 아침이면 누구보다 먼저 묘소를 조용히 참배하고 오셨고, 학생들의 마라톤 행렬에 운동복 차림으로 같이 뛰어서 경찰관에게 '학생'으로 불리기도 하셨습니다. 형편이 어려운 학생은 남몰래 도와주셨고, 그 학생이 계속 공부를 할 수 있도록 용기를 주셨습니다. 학생들이 '보답'이라도 하려하면 손사래를 치셨고 그래도 뭔가 해드리려고 하면 꽃을 꼭 한 송이만 사오라고 하셨습니다. 잘못된 일에 대해서는 무서운 꾸지람에 눈물을 쏟게 하셨고, 잘한 일에 대해서는 꽃다발을 안겨주시며 축하해주셨고, 아픈 일이 생기면 당신께서 아프신 것처럼 함께 울어 주셨습니다. 늘 아침 8시도 되기 전에 연구실에 출근하시는 통에 선생님보다 일찍 출근하겠다는 조교의 굳은 결심을 무참하게 만드셨고, 시간 약속에는 언제나 20분쯤 일찍 도착하시는 바람에 약속에 늦지 않으려 우리는 달리기 선수가 되어야 했었습니다. 선생님께서 돌아가시고 한 달 쯤 지난 후에 뵌 학교의 청소 아주머니께서는 선생님께서 너무나 잘 대해 주셨다며 연구실 청소를 한 번 해드리고 싶었는데, 늘 직접 하시겠다고 해서 못해드렸다고 눈물을 보이셨습니다. 아마도 졸업생들이 선생님을 진정한 '스승'이라 생각하는 것은 평소 선생님께서 보여주신 이러한 삶의 자세 때문일 것입니다.

영화배우 정우성도 잘생긴 줄 모르겠다고 하시던 선생님. 평생 연구와 사랑에 빠진 선생님. 그리고 그런 선생님을 사랑하는 졸업생들은 이 책으로 그리움을 대신하고자 합니다.

덕성여대 졸업생 일동

윤정분 선생님께서 덕성여대에 처음 부임하셨을 때, 선생님께서는 당신 자신에게 두 가지 약속을 했다고 하셨다. 하나는 선생님의 연구실이 문턱이 낮은 곳이 되게 하겠다는 것이었다. 다른 하나는 교수로서 연구와 교육 두 가지가 모두 중요한 일이나 과연 이 두 가지 책임을 동시에 다 잘할 수 있을까 라는 고민 끝에 교육에 집중하겠다는 것이었다. 대신 해마다 꼭 논문을 발표하겠다는 각오를 했다고 하셨다.

선생님께서는 평생 그 결심 그대로 교육과 연구에 성심을 다해 사셨다고 생각한다. 선생님께서는 선생님의 수업을 듣는 학생들의 모든 보고서에 빠짐없이 코멘트를 달아 돌려주셨을 뿐 아니라, 온갖 종류의 질문과 고민을 안고서 찾아뵈어도 늘 한결같은 마음으로 들어주시고, 함께 고민해주셨다. 선생님의 연구실은 사학과 제자들 뿐 아니라, 전공, 학과를 불문하고 모두에게 늘 따뜻하게 열려있는 곳이었다. 그리고 명대 정치사상 연구에 집중하여 매년 성과를 내셨고, 최근에는 『大學衍義補』 역주 사업에도 열정을 기울이셨다.

늘 제자들이 애틋하셨던 선생님께서는 어느 해 "이제 제자들과 함께 공부할 수 있는 준비가 마련된 것 같다"고 하셨기에, 제자들 또한 선생님과 함께 공부하는 그 날을 기대하면서, 각자의 길에서 성장하고자 더욱 노력하였다. 그런데 선생님께서 이렇게 황망히 갑작스레 떠나실 줄은 그 누구도 짐작조차 하지 못했다.

이 책을 내는 일이 도리어 선생님께 누가 되지는 않을지 걱정이 앞선다. 그러나, 스승에 대한 애달픈 그리움이 그 두려움을 이겼다. 이 책 『군신, 함께 정치를 논하다』는 생전에 제자들과 함께 공부하고 싶어 하셨던 바람을 들어드리지 못했던 불초한 제자들의 죄송한 마음과 선생님께 받은 사랑을 돌려드리고 싶은 이들의 마음을 모아서 내게 되었다. 제자들은 논의 끝에, 이 책에 선생님께서 생전에 마지막까지 천착하셨던 명대 經筵에 관한 글들을 모아 담기로 하였다. 그리고 오는 스승의 날에 선생님 영전에 이 책을 보여드림으로써 선생님을 기리는 마음을 다시 함께 나누고자 한다.

끝으로 이 자리를 빌어, 이 책이 세상에 나올 수 있도록 애써주신 분들께 감사드리고자 한다. 책의 제목은 선생님의 후배인 연세대학교의 차혜원 선생님께서 지어주셨다. 특히 차혜원 선생님은 이 책의 서문을 통해, 후학들이 선생님의 명대 경연 연구의 의미를 이해할 수 있도록 도와주셨다. 선생님의 후배인 규장각한국학연구원의 정호훈 선생님도 이 책의 구성에 도움을 주셨다. 추모의 정을 담아주신 두 분 선생님께 감사드린다. 이 책에 실린 논문들은 기존에 게재되었던 것들인데, 책으로 엮을 수 있도록 허락해주신 명청사학회와 중국사학회에도 감사드린다. 또한 짧은 기간에 이 책이 세상에 나올 수 있도록 물심양면 애써주신 혜안출판사에도 감사드린다.

2018년 4월   제자 일동